융합연구

-이론과 실제-

한국사회과학협의회 편

法 文 社

The Korean Social Science Research Council, ed. *Convergence Research: Theory and Practice*. Paju, Korea: Bobmunsa, 2013.

韩国社会科学协议会 编. 融合研究: 理论及实际. 坡州, 韩国: 法文社, 2013.

韓國社會科學協議會 編. 融合研究: 理論と實際. 坡州, 韓國: 法文社, 2013.

이 책은 한국연구재단의 2013년도 사회과학한국(SSK) 사업에 의해 지원받았음

권두언

전 지구적 도전과 세계 사회과학

해크만 하이디*

오늘날의 사회과학, 행동과학, 경제과학, 인간과학 등을 포함하는 글로벌 과학 공동체는 도전적인 환경에 직면해 있다. 지구와 사회의 위기가 축적되면서 과학은 지구 관리, 사회 평등, 인간 행복이라는 상호 연관된 쟁점을 다루기 위해 문제해결 지향의 지식을 전달하도록 좀더 많은 요청을 받고 있는 것이다. 사회가 현재 직면한 문제들에 대한 긴박감과 현실적인 문제 해결과 과학을 연계하려는 압력은 전례 없이 크다.

과연 과학 공동체는 이러한 요구에 효과적으로 대응할 수 있는가? 이는 개별 연구자들뿐 아니라 과학을 발전시키려는 국가, 지역 및 글로벌 체제, 과학에 의존하여 방향을 모색하려는 장관이나 정치가들, 일상의 삶에서 과학의 영향을 받는 우리 모두에게 있어 중요한 질문이다. 어떤 방식으로건 우리는 우리 시대의 거대한 도전적인 과제들을 과학이 해결해주기를 기대한다.

글로벌 환경 변화와 우리가 직면한 보다 폭넓은 지속가능성 문제는 모두의 통합된 과학적 노력을 필요로 하는 공동의 도전적 과제라는 인식이 국제 과학계와 과학 정책 공동체에서 확산되고 있다. 늘 해오던

* Heide Hackmann. 국제사회과학협의회(International Social Science Council) 사무총장. 이 글은 2013년 5월 16일 서울에서 열린 한국사회과학협의회 국제심포지움(글로벌 및 공공 문제의 해결을 위한 융합연구: 필요성과 가능성)의 기조 발표를 토대로 작성한 것임.

방식의 과학은 더 이상 선택 사항이 아니다. 지식을 구성, 지원, 생산하고 지식의 배포를 증진하며 올바른 상황에서 올바른 사람이 지식을 활용할 수 있도록 하기 위한 새로운 방식이 필요하다. 모든 부문과 분야를 가로질러 효과가 있는 융합적인 과학이 필요하며, 전 세계 모든 곳의 지식 공동체를 결합하는 진정한 글로벌 과학적 노력이 필요하다. 그리고 우리는 정책 결정가와 집행의 관리자, 민간부분의 리더, 시민사회 등 연구결과의 사용자가 지식의 공동 설계, 공동 생산, 공동 제공에 참여해야 한다는 것을 인식하면서, 사회를 위해서뿐만 아니라 사회와 함께 일하는 과학을 필요로 한다. 만약 과학이 구체적인 사회 생태학적 체계에서 구체적인 문제를 해결하기 원한다면 이는 필수 사항이다. 우리는 과학 분야, 지역, 부문의 연결고리를 구축함으로써만 과학적 지식이 견고하고 믿을 수 있으며 연관성이 있도록 할 수 있다.

융합 과학에 대한 필요성은 글로벌 사회과학 공동체에 새로운 요구와 책임을 부여한다. 국제사회과학협의회(ISSC)가 이러한 사안을 정면으로 다루고 있다. 국제사회과학협의회는 오늘날 글로벌 변화와 지속가능성 연구 분야에서 주로 활동하면서 사회과학의 참여를 활성화하고 재구성하기 위해 노력하고 있다. 국제사회과학협의회는 1952년에 설립되어 오늘날 독립적인 국제 비정부기구로 활동하고 있으며 유네스코(UNESCO)와 공식적인 제휴 관계를 맺고 있다. 국제사회과학협의회는 세계 모든 지역에서 사회과학, 행동과학, 경제과학을 대표하는 주요 국제학술단체이며, 국제학과목협회, 국가학술/연구위원회, 지역사회과학위원회 등이 회원으로 소속하고 있다. 국제사회과학협의회의 임무는 세계 모든 지역에서 사회과학의 질, 참신함, 유용성을 대표하고 발전시키는 것이다. 사회과학이 우리 시대의 세계적 우선순위 문제와 연관성을 갖도록 최상의 효과성을 추구한다. 글로벌 지속가능성이라는 중요한 주제와 관련하여 사회과학의 역할을 촉진한다. 세계사회과학보고서(World Social Science Report), 세계사회과학포럼(World Social Science Forum),

세계사회과학펠로우프로그램(World Social Science Fellows Programme) 등은 모두 혁신적인 부문간의 사회과학 지식 증진, (특히 개발도상국의) 신진 사회과학자들의 역량 강화, 정책과 실행 분야에서의 사회과학 지식 확보 등을 목표로 하고 있다.

국제사회과학협의회는 환경, 재난 위험, 빈곤, 성 등 다양한 주제에 대한 많은 국제 연구 프로그램과 네트워크를 공동 후원하고 있다. 이들 프로젝트는 전 지구적으로 다양한 파트너 및 여타 단체와 함께 수행된다. 지속가능성 과학의 분야에서 국제사회과학협의회는 국제과학협의회(International Council for Science), 벨몬트포럼(Belmont Forum), 유네스코(UNESCO), 유엔환경프로그램(UNEP), 유엔대학(UNU), 세계기상기구(WMO)와 더불어 2010년에 출범한 '글로벌 지속가능성을 위한 국제과학기술연합(International Science and Technology Alliance for Global Sustainability)'의 회원으로서 글로벌 변화 연구에 관한 주요 지원 단체들을 함께 묶는 연합체를 구성하고 있다. 이 연합체의 주요 사업에 지구 지속가능성에 대한 새로운 10년 프로그램인 '미래의 지구(Future Earth)'가 포함된다. 이 사업은 '2012 리오+20 유엔 지속가능 발전회의(the 2012 Rio+20 UN Conference on Sustainable Development)'에서 시작되었다. 이 사업은 변화하는 지구 체계와 그것이 지역과 글로벌 지속가능성에 주는 의미에 관해 지식을 발전시키고자 지난 30년간 활동해온 국제지구환경변화연구 사업 결과들을 결집한 기반 위에서 이루어질 것이다. 미래의 지구 중심에는 자연, 사회, 인간, 공학 과학에 걸친 통합 연구를 증진시키려는 야심이 있다. 마찬가지로 중요한 것은 해결 지향적 지식을 제공하려는 야심으로서 이러한 지식의 설계, 생산, 제공은 연구의 여러 사용자와 긴밀한 협력을 통해 이루어져야 한다.

미래의 지구와 같은 통합된 전 세계 과학 프로젝트의 틀 내에서 사회과학은 다른 과학 분야의 연구자들과 협력하면서 사회과학이 특유의 방식으로 무엇을 제공할 수 있는지에 대해 이해도를 높이는 것이 중요하다. 그리고 보다 구체적으로, 세계 변화의 많은 문제에 대해 효과적이고 공평하며 지속가능한 해결책을 알려주기 위해 사회과학이 할 수 있고 해야 하는 특유의 기여에 대해 분명히 할 수 있어야 한다.

2012년 5월에 국제사회과학협의회는 '글로벌 변화를 위한 사회과학 연구의 변혁적 초석(Transformative Cornerstones of Social Science Research for Global Change)'을 발표했다. 물, 에너지, 식량 안보, 기후 변화, 생물다양성 손실, 도시화, 생태계 서비스, 지구 공학 등 다루고 있는 구체적인 환경 또는 지속가능성 문제에 상관없이 제기해야 하는 다음과 같은 필수적인 사회과학적 질문의 틀의 윤곽을 명시했다.

- 글로벌 변화의 사회생태학적 체계 및 과정의 역사적 그리고 상황적 복잡성
- 전 세계의 다양한 지역 다양한 사람들에 대해 이러한 변화가 미치는 결과
- 개인, 제도, 체계별 사회적 변혁의 상태와 비전
- 글로벌 변화의 과정에 대한 주관적 해석과 이해
- 윤리적 책임과 판단
- 관리와 의사결정

모두 합쳐 6개의 변혁 초석은 과거와 현재의 사회체계 내에 있는 사회적 과정으로서 글로벌 변화를 이해하기 위한 렌즈가 된다. 이러한 체계는 사회과학으로 하여금 이들 체계의 형태와 미래의 과정을 다시 생각하고 이들 과정을 시험하고 도전하며 신중한 변화를 위한 조치를 알려줄 것을 요구한다. 글로벌 지속가능성에 대한 새로운 융합연구의 개발은 자연과학 및 인문학과의 협력에서 주도적인 역할을 수행하는 사회과학이 담당한다.

학문의 융합은 근본적인 과학정책 혁신이 여러 지식 주체와 자산을

결합, 동원, 관리하고 노력을 연계하고 과학, 기금, 정책 상황을 보다 잘 연결할 것을 요구할 것이다. 융합 연구는 기존 학계 구조와 관행에 도전하며 어떤 연구를 지원하는지, 연구를 어떻게 조직, 검토, 평가, 보상할 것인지에 영향을 미칠 것이다. 또한 융합연구는 포괄적 의제설정 과정, 혁신적 자금지원, 창의적 대화, 공동의 문제해결, 실험을 위한 공개된 공간 등을 중재하도록 과학단체와 자금 제공자에게 도전할 것이다. 한국사회과학협의회가 "글로벌/공공 문제 해결을 위한 예술, 인문학, 자연과학 및 사회과학의 융합연구: 필요성과 가능성"을 주제로 국제심포지움을 개최한 것은 정확히 이러한 공간을 제공했다. 국제사회과학협의회를 대표하여 미래 융합연구의 도전적 과제들을 선정하고 해결하기 위한 세계 과학자들을 한자리에 모은 이 심포지움 결과가 책으로 발간된 것을 축하한다.

차　　례

Contents

서 론

정 용 덕*

최근 국내외에서 융합 연구에 대한 담론이 활발하게 전개되고 있다. 이는 시대적으로 큰 의의가 있다. 학문 발전에 중요한 지적 제도인 대학에서 분과 학문들 간에 둘러쳐져 있는 제도적 울타리로 인해 초래되는 문제가 적지 않기 때문이다.

본래 학문에는 칸막이가 없었다. 오늘날과 같은 학문의 세분화는 근대화의 산물이다. 분화가 이루어지는 그만큼 개별 분과 학문들의 심화된 연구가 가능해졌다. 그러나 이로 인해 발생하는 부작용 또한 적지 않다. 사물에 대한 부분적 이해는 깊어져 왔으되, 그에 병행하여 전체에 대한 통찰력이 증대된 것인지 의문인 것이다. 좀 더 본질적으로는 사물을 부분으로 쪼개어 분석한 다음에 이를 다시 종합함으로써 전체를 이해하려는 접근방법이 과연 가능하고 적절한 것인가에 대한 존재론 및 인식론적 문제가 제기되고 있다.

이러한 문제 제기는 공공정책 문제의 해결을 위해 국가 기구를 어떻게 조직화할 것인가의 문제와도 일맥상통한다. 근대적인 국가 행정은 복잡한 공공정책 문제들을 해결하기 위해 그것들을 작은 단위로 분해하여 단순화하고, 각각 그에 대응하는 행정 기구들을 조직화하여 해결하는 방법으로 접근해 왔다. 그리고 이것을 다시 국가 행정 전체의 목표와 통합하기 위해 정책을 조정하는 접근방법을 적용해 왔다. 베버

* 한국사회과학협의회 회장. 서울대 행정대학원 교수.

(Max Weber)의 관료제 이념형이 그러하고, 사이몬(Herbert A. Simon)의 문제분해(problem decomposition) 방식의 조직화 또한 그러하다(Dryzek and Dunleavy, 2009: 259).

그러나 이와 같이 근대화 시대에 발전이 이루어진 분화(혹은 전문화)와 통합(혹은 조정)의 이원적 조직화 원리는 복잡성과 불확실성이 극대화되고 있는 오늘날의 공공정책 문제를 해결함에 있어서는 일정한 한계가 나타나고 있다. 전체 문제를 분해해서 하나하나 해결하는 경우에 그 결과 하나의 일관성 있는 전체로 다시 연결된다는 보장이 없는 것이다. 지구온난화 같은 전 지구적인 문제는 익히 알려져 있거니와, 세계에서 안보 인프라가 가장 잘 구축된 최강국 미국이 그것도 자국 내에서 '9 · 11 테러'를 당한 사건이나, 관료 기구의 망이 거의 빈틈없이 제도화되어 있는 일본이 '3 · 11 후쿠시마 원전' 사고를 속수무책으로 당한 경우 등 각 나라 내부에서도 무수한 사례를 찾아볼 수 있다(정용덕 · 안지호, 2011).

이처럼 학문 발전과 공공문제 해결 모두에서 제기되는 문제 인식이 오늘날 융합 연구에 대한 관심으로 귀결되고 있다. 한국에서 학문의 세분화가 본격적으로 이루어지던 시기인 1976년에 학제적 연구를 지향하면서 한국사회과학협의회(KOSSREC)가 설립된 것은 바로 이와 같은 문제 인식에 바탕을 둔 것이었다. 정치, 행정, 경제, 경영, 사회, 심리, 교육 등 사회과학분야 15개 학회의 협의회로서 한국사회과학협의회는 우선 사회과학 내에서라도 우리 사회의 각종 현안들에 초점을 두어 학제적 연구를 통해 문제 해결 방안을 모색하고 그것을 위한 이론 및 방법론을 개발하려고 힘써 왔다. 그러나 오늘날의 융 · 복합 연구는 여기서 한 단계 더 나아가야 한다. 이제는 사회과학의 범위를 넘어 인문학, 예술학, 자연과학과의 학술적 소통과 융합을 선도해야 하는 것이다. 한국사회과학협의회가 2012년과 2013년에 각각 한 차례씩 융합 연구에 대한 학술대회를 개최한 것은 이처럼 날로 높아가는 관심과 필요에 부응하기 위한 것이었다.

우선, 2012년 6월 8일에 한국과학기술한림원과 공동으로 학술심포지움("융합연구, 왜 그리고 어떻게 할 것인가")을 열었다. 김유신 교수(부산대 전자공학)의 "융합연구에 대한 과학철학적 접근"과 김학수 교수(서강대 커뮤니케이션학)의 "효과적 융합연구, 새로운 패러다임"의 논문 발표가 있었다. 이어서 정운찬 교수(한국사회과학협의회 이사, 서울대 경제학)의 사회로 진행된 종합 토론의 장이 열렸다. 한국과학기술한림원 측에서 김두철(이학부장, 고등과학원 통계물리학), 권숙인(공학부장, 고려대 금속공학), 이무하(농수산학부장, 서울대 식품과학), 이명철(의약학부장, 가천대 의학), 최양희(융합과학기술위원장, 서울대 정보통신학) 교수가 토론자로 참여했다. 한국사회과학협의회 측에서는 김교헌(한국심리학회장, 충남대 심리학), 김은미(한국국제개발협력학회장, 이화여대 사회학), 유관희(한국경영학회장, 고려대 경영학), 전종섭(미국행정한림원 회원, 캘리포니아주립대 행정학), 조흥식(한국사회복지학회장, 서울대 사회복지학) 교수, 그리고 박방주(한국과학기자협회장, 중앙일보) 기자가 토론에 참여했다.

예상했던 것처럼, 이 토론에서 전개된 다양한 견해들을 종합하여 융합 연구에 대한 어떤 합의를 이끌어내기란 어려웠다. 그러나 자연과학과 사회과학 분야의 중진 학자들이 자리를 함께하여 학문의 융합 문제에 대해 논의했다는 것만으로도 대단한 의의가 있었다. 더 나아가 이날의 총론에 이어 앞으로 각론에 대해 지속적으로 논의해 나갈 필요성이 있음에 모두 공감했다. 그래서 한국과 지구촌의 현안들을 풀어나가기 위해 한국의 사회과학자들과 자연과학자들이 힘을 합칠 수 있어야 한다는 것에 모두 동의했다.

2013년 5월 16일 한국사회과학협의회는 국제학술심포지움("글로벌·공공 문제 해결을 위한 인문학, 예술, 자연과학 및 사회과학간 융합연구: 필요성과 가능성")을 개최했다. 미국, 유럽연합, 일본, 중국, 한국에서 융합 연구의 권위자들이 참여하였으며, 임희섭(한국사회과학협의회 이사, 고려대 사회학), 원우현(한국사회과학협의회 이사, 고려대 언론학), 그리고 박찬욱(한국사회과학협의회 부회장, 서울대 정치학) 교수의 사회로 비교론적 시각에서 논문 발표와 토론이 이루어졌다. 한국 학자들의 발표는 2010년부터 한국연구재단의 '사회과학한국(SSK) 사업'을 통해 이루어진 융합연구 결과물이 중심이 되었다.

이 책은 이처럼 두 차례의 학술 심포지움에서 발표된 논문들과 그 밖에 융합 연구를 이해하는 데 도움이 되는 논문들을 모아 엮은 것이다.

제 1 절 융합 연구의 필요성

랃쉘더스(Raadschelders) 교수가 쓴 이 책의 제1장 서두 인용문에서 볼 수 있듯이, 학문 간에 둘러쳐져 있는 '칸막이' 현상의 지적과 올바른 진리 탐구를 위해 이 현상을 넘어서야 한다는 주장은 미국의 경우 이미 1930년대 듀이(John Dewey)에 의해 제기되었다. 그리고 이 무렵에 자연과학 분야에서는 학제적 연구의 필요성을 인정하기 시작했다. 1950년을 전후하여 '정책과정에 대한 지식(knowledge of policy)'과 '정책내용에 대한 지식(knowledge in policy)'을 통합한 정책학의 필요성을 주창하면서 사회과학과 다른 학문들간의 연합 학문적 접근의 필요성을 강조한 소수의 사회과학자들이 있었다(Lasswell, 1948a · 1951; 1948b · 1970; 오철호, 2008). 그러나 일반적으로 사회과학 분야에서 학제적 연구의 필요성을 받아들이기 시작한 것은 1970년대 이후였다. 그렇다면, 앞에서 지적한 것처럼, 사회과학 내에서나마 학제적 연구를 위해 1976년에 한국사회과학협의회가 창설된 것은 매우 진취적인 사건이 아닐 수 없다.

그러면 우리는 왜 분과 학문들 간의 칸막이 문제를 극복해야 하는 것인가? 이 질문에 대한 해답을 랃쉘더스 교수는 우리가 학문의 발전을 통해 해결하려고 하는 문제의 본질에서 찾고 있다. 그가 보기에 인류가 해결해야 할 중요한 문제들은 본질적으로 전 지구적(global)이며, 이러한 전 지구적인 과제들은 이윤 추구를 목적으로 작동하는 시장에서는 해결될 수 없기 때문에 결국 정부의 책임으로 남겨지는 공공 문제로서의 특성을 지닌다. 19세기 말부터 20세기 초까지 약 50년 사이에 인류가 산업화, 도시화, 인구증가라는 변화를 겪었다면, 20세기 후반부터 21세기 초 현재는 과학화, 정보화, 인구증가 등의 변화를 경험하고 있다. 이처럼 약 한 세기 반 정도의 시기에 이루어진 큰 변화로 인해 세계는 점차 하나의 지구촌(global village)화되었다. 이 지구촌에서 발생하는 대부분의 문제들은 한 개인이나 민간 주체가 처리할 수 없는 규모와 복잡성을 지닌 공공 문제적 특성을 지닌다. 공공 문제 가운데에서도 가장 해결이 힘든 것이 소위 난해한 문제(wicked problem)들이다.

난해한 문제란 그 문제의 해결 방안을 모색함에 있어서 (자연과학 및 인문사회과학 등) 기존 전문가들의 인과적 지식이 확실하지 않을 뿐더러, 그 문제의 해결을 기다리는 고객들이 추구하는 가치 혹은 목표가 다양하고 불분명한 경우가 대부분인 문제들이다. 부언하자면, 공공정책 문제란 본래 정의 내리기가 어렵고, 수많은 사람들이 다양한 가치와 목표를 정치적으로 추구하고 있는 상황에서 해법을 찾아 정책을 결정하고 집행하는 경우가 대부분이다. 그 중에서도 특히 난해한 문제들은 기존 전문가들의 인과적 지식이 불확실한 반면에 고객이 추구하는 가치나 목표는 많거나 불분명하거나 상충적인 경우들이다. 자연히 해당 정책의 가치에 대한 합의 도출을 위해 전문가와 이해관계자 모두가 의사결정 과정에 참여해야 할 필요성도 커진다. 난해한 문제에 대한 해결을 위한 학문적 접근이 개별 분과 학문의 접근방법을 넘어서야 하는 이유다.

제 2 절 융합 연구의 이론적 배경

그러면 융합 연구를 어떻게 할 것인가? 이 질문은 근본적으로 융합 연구가 무엇인가의 문제이기도 하다. 이 질문에 대한 다양한 이론적 시각들을 대충 세 가지로 유형화하여 정리할 수 있을 것이다. 첫째, 현재와 같이 세분화된 분과 학문들을 유지하면서 학제적 접근도 권장하는 시각이다. 둘째, 모든 학문을 융합하는 단일 학문을 발전시켜야 하고 그렇게 할 수 있다고 보는 시각이다. 셋째, 해결해야 할 문제의 특성을 중심으로 그 문제의 해결에 필요한 지식들을 분과 학문이나 학제적 접근법을 넘어서서 융합하는 것이 가능하고 바람직하다는 시각이다.

첫째, 기존하는 분과 학문 체계의 유지를 전제로 하되 학제적 연구의 필요성을 강조하는 시각이 있다. 여기서는 세분화된 분과 학문을 유지하고 발전시키면서 필요에 따라 혹은 각자의 발전에도 도움을 받기 위해 관련되는 분과 학문들 간의 학제적 연구를 병행하는 것이 바람직하다는 시각이다. 기존의 분과학문 체계의 유지를 전제로 하는 것이기 때문에 실천 과정에서 당면하는 현실적 어려움은 상대적으로 적을 것이다. 더 나아가 이 시각은 학문 발전의 측면에서도 나름대로의 명분을 지닌다. 학문이 분화(전문화)되어야만 심층 연구가 가능하고, 그래야 비로소 진정한 학문의 발전이 가능하다는 것이다. 일단 심층적인 연구에 의해 각 분과학문별 지식이 축적되고 난 다음에, 필요에 따라 학제적 융합을 시도할 수 있을 것이다. 이와 같은 견해는 2012년도 한국사회과학협의회와 국가과학기술한림원이 공동으로 주최한 학술심포지움에 참가한 자연과학 및 사회과학의 분과 학문들을 대표하는 토론자 대부분의 생각과도 일치한다.

융합 연구란 분과 학문들이 서로 힘을 합쳐 연구함으로써 사회적 혹은 기술적 문제를 해결하려는 것으로 정의하는 김유신 교수(제2장)의 시각도 크게는 이 시각에 속하는 것으로 이해된다. 김 교수에 의하면, 융합 학문 혹은 융합 연구란 개별 분과학문(혹은 연구)을 전제로 한다. 현실에 대한 파악은 실제로는 복합적인 현상을 개별 분과 학문적 시각에 의해 내용을 분리시키고, 개별 분과 학문에 포착된 내용을 분석하고, 이들을 종합하여 인식해 내는 것이다. 개별 분과 학문은 그 나름의 존재론을 바탕으로 그것의 완결성과 인식론적 배타성을 추구하는 일종의 민족주의적 성향과, 다른 학문을 자신의 학문 영역으로 환원하려는 일종의 제국주의적 성향을 모두 지닌다. 따라서 타 학문을 이해하고 협력하는 융합 연구가 필요하다. 이 융합 연구를 보편적으로 다루는 학문이나 교육훈련 분야는 없다. 따라서 소위 보편적인 융합형 인재를 만들려고 한다면 이는 오히려 전문성을 약화시킬 우려가 있다. 단약 융합 학문이 있다면, 그 학문과 다른 학문의 융합을 다루는 또 다른 학문의 존재를 인정하는 것이므로 무한 회귀가 이루질 것이다. 단일의 융합 학문이 존재하기 어렵기 때문에 개별 학문은 다른 학문들을 포용하고 협동하는 학문적 태도를 지향하는 것이 바람직하다는 것이다.

둘째, 이와는 정반대로 모든 분과학문을 통합하여 하나의 학문으로 발전시키는 것이 바람직하고 또한 가능하다고 보는 보편적 융합론의 시각이 있다. 전형적인 예로써 윌슨(Edward O. Wilson, 1998) 교수의 "컨실리언스(Consilience)" 개념을 들 수 있다(이 책의 제4장(이남인) 및 제5장(최재천)을 참조할 것). 그가 보기에 객관적인 실재(實在)는 궁극적으로 모든 인식과 환상이 그 곳에서 나오는 단 하나의 기본적 진리만이 존재한다. 그렇기 때문에 그 모든 지식들을 단 하나의 지식 체계로 통일할 수 있다. 즉 컨실리언스 방법을 통해 지식의 통일(unity of knowledge)이 가능하다는 것이다. 이는 사물을 설명할 때 다양한 개별 분과 학문별로 이루어지는 서로 다른 설명이 아닌, 오직 한 가지의 설명만이 가능하도록 하는 접근방법이다. 분과 학문별 지식을 바탕으로 제시하는 다양한 설명들 간의 "봉합선 없는 인과관계의 망"을 구축하려는 것이다. 윌슨 교수는 이처럼 자신의 컨실리언스 개념을 통해 모든 학문의 융합 필요성과 가능성을 과감하게 주창함으로써 학자들간에 융합 연구에 대한 지대한 관심을 불러일으킨 공헌이 실로 적지 않다. 그러나 그의 컨시리언스 개념이 자연과학, 특히 물리학의 인과적 설명 방식을 토대로 하는 물리학적 환원주의에 근거하는 점에서 비판의 대상이 된다. 그것도 자연 현상뿐만 아니라 세상의 모든 현상을 물리적 인과 관계의 틀 속에 존재하는 것으로 보고, 그것을 지배하는 법칙을 물리 법칙으로 환원시킬 수 있다고 주장하는 것이라면 더욱 더 그러하다.

물리학적 환원주의에 토대를 두어 모든 학문의 통일을 주장한 윌슨 교수와는 전혀 다른 접근을 통해 아라키(荒木義修) 교수(제3장)는 문(文)(인문사회과학)과 리(理)(자연과학) 간 융합의 필요성과 가능성을 제시한다. 그의 이러한 믿음은 21세기 초에 일본학술회의 부회장을 지낸 요시다(吉田民人) 교수가 사회과학이란 약속, 즉 '프로그램'(혹은 설계) 과학이라고 전제하면서 주창한 이른바 신과학론에 토대를 두고 있다. 요시다 교수는 법률학을 전형적인 예로 들면서, 이념이나 사상 등은 그 매스터 프로그램(master program)에 지나지 않는 것으로 보았다고 주장한다. 예로써, 신이 아닌 인간 중심의 근대 사회로 이행하면서 앞으로 사회 질서를 어떻게 유지할 것인가에 대해 고민한 끝에 홉스, 로크, 루소 등 이른바 사회계약설의 주창자들이 제시한 근대 국가는 사람들 사이의 계약 혹은 동의에 의해 만들어진 인공물이다. 그런데 이 인공물은 헌법이라는 매스터 프로그램(즉, 약속)일뿐, 인간들이 실제로 그러한 계약이나 동의를 주고받았다는 역사적 사실이나 그에 대한 실증적 입증이 이루어진 것은 아니다. 그렇다면, 인문사회과학은 지금까지 인과관계의 설명이나 예측을 위해 자연과학 방식에 의존하는 방식을 탈피하고 사람들 사이의 약속을 토대로 하는 프로그램 과학이 되어야 한다. 약속의 과학, 즉 프로그램(설계) 과학으로 되돌아갈 수 있을 때 이 약속의 공통 기반 위에서 사회과학의 개별 분과 학문들이 울타리를 허물고 사회 현상을 해명해 가는 새로운 길이 열릴 수 있을 것이라고 한다. 또한, 인간들의 삶은 그 자체가 문리 융합의 현상이다. 따라서 사회 현상과 물리 현상을 분리해서 고찰할 필요 없이 본래 융합된 유기체적 실체로서의 융합된 대상을 직시하는 학문 체계를 새롭게 구축할 필요가 있다고 한다. 근대 사회로 이행하던 시기에 사회 질서 유지를 위해 국가라는 인공물을 설계했듯이, 지구온난화 등 오늘날 인간들이 당면하고 있는 새로운 문제들에 대응하기 위해서는 새로운 프로그램들을 설계해야 한다고 한다. 이러한 새로운 약속 혹은 인공물의 설계는 시행착오를 거치면서 진화되는 것이다. 어떤 시기에 어떤 내용의 프로그램이 설계될 것인지는 사회적 선택의 문제로 남는다.

이처럼 윌슨 교수의 자연과학으로의 환원을 통한 학문의 통일이나 아라키 교수의 인간들 사이의 약속 혹은 프로그램 설계에 의한 학문 융합은 모두 단일 학문으로의 융합 가능성을 주창하는 것이다. 이러한 시각이 과감하고 야심적인 그만큼 그에 대한 비판과 반론 또한 만만치 않다. 앞에서 소개한 분과 학문 체계의 유지를 전제로 학제적 연구도 수용하는 학자들의 경우는 말할 것도 없거니와, 다음에 소개하는 절충적 시각을 제시하는 학자들도 강력하게 이견을 제시한다.

셋째, 모든 지식을 단일의 학문으로 융합하는 안이나 단순히 기존의 분과학문 체계를 유지하면서 학제적 연구의 필요성을 강조하는 안에 모두 동의하지 않으면서 일종의 절충안을 제시하는 학자들이 있다. 기존의 분과 학문 지식의 적절한 결합을 통해 도출하는 학제적 연구로는 충분하지 않다고 주장하는 란쉘더스 교수(제1장)가 여기에 해당한다. 그에 의하면, 학제적 접근방법은 공공문제들처럼 난해한 문제를 해결하는 데 특히 한계가 있다. 따라서 전통적으로 발전해 온 하나의 분과 학문이나 여러 분과 학문 간의 학제적 연구가 아닌, 근본적으로 탈(脫)분과학문적(a-disciplinary) 접근법에 의한 포괄적 학문(an umbrella discipline)을 구축할 것을 제안한다. 해결해야 할 문제에 대해 먼저 정의하고, 그 문제의 특성을 감안하여 그 문제를 해결하기 위해 가장 적합한 지식을 하나의 포괄적인 학문으로 발굴하여 적용하자는 것이다. 학제적 연구는 더 이상 충분하지 않으며, 고전적 의미의 단일 학문으로의 지식 통합도 불가능한 이상, 특정의 문제를 해결하기 위해 서로 다른 지식들을 융합하는 소위 분화된 통합(differentiated integration)이 대안이라는 것이다.

이와 같은 시각은 이남인 교수(제4장)의 견해와도 일치한다. 이 교수는 윌슨 교수의 컨실리언스 개념이 결국 물리학적 환원주의에 해당함을 밝히면서, 이 때문에 인문학이나 사회과학의 대상을 설명하려고 하는 경우에 근본적인 문제점이 있음을 지적한다. 윌슨 교수의 소위 보편적 통섭이 그의 주장처럼 완벽하게 이루어진다고 해도 여기에 포섭될 수 없는 지식이 존재할 수밖에 없다. 따라서 컨실리언스보다는 자연과학과 인문·사회과학의 정체성이 유지되면서도 융합 연구를 통해 양자의 내용이 확대되고 심화되는 것이 바람직하다고 본다. 이 견해는 학제적 연구 수준에서의 융합이라는 첫 번째 시각과 유사한 면이 있다. 그러나 학제적 연구에 참여하는 학문들이 부분적으로 융합 되면서, 그들간의 경계에서 새로운 학문 분야가 출현하는 방식이 바람직하고 가능하다고 보는 점에서는 랃쉘더스의 분화된 통합 개념에 더 가깝다. 행복학이라는 융합 학문이 가능하듯이, 사회가 당면한 다양한 문제들을 해결하기 위해 다양한 유형의 융합 학문이 출현할 수 있다는 것이다.

이와 같은 이남인 교수의 견지는 김유신 교수의 생성형 융합 연구와도 일맥상통한다. 앞에서 김유신 교수가 융합 연구의 첫 번째 유형, 즉 분과 학문 체계를 유지하면서 학제적 연구도 강조하는 시각에 해당하는 것으로 보았다. 그러나 김 교수는 분과 학문들 간의 학제적 연구가 모듈형, 침투형, 그리고 생성형의 세 가지 유형으로 융합될 수 있을 것으로 구분한다. 과학과 역사학의 융합으로 과학사학이 생성되고, 과학과 철학이 융합되어 과학철학이 생성된 경우를 예로 든다.

이와 같은 시각은 진정한 의미의 범학문적 접근(trans-disciplinary

approach)의 필요성을 강조하는 최재천 교수(제5장)의 견지와도 상호 부합한다. 최 교수가 보기에 작금에 이루어지고 있는 융합 연구들의 수준은 학제적 혹은 간학문적(inter-disciplinary) 연구를 한다고 하면서 사실은 다학문적(multi-disciplinary) 유희를 하고 끝나는 수준에 불과하다. 윌슨 교수의 컨실리언스 개념을 처음으로 한국에서 통섭(統攝)으로 번역한 최 교수이지만, 그는 자신의 통섭 개념이 윌슨의 컨실리언스나 그 밖의 관련 용어들과는 차이가 있다고 본다. 즉, 둘 이상의 이질적인 것들을 물리적으로 합치는 통합(統合)이나, 아예 둘 이상이 녹아서 하나가 되는 융합(融合)과는 달리, 통섭은 원래 구성 성분이 형체를 알아볼 수 없을 정도로 합쳐지는 것이 아니라, 각각의 속성을 잘 섞은 새로운 조합의 실체를 탄생시키는 생물학적 합침을 뜻한다는 것이다. 인간의 두뇌를 연구하기 위해 뇌과학, 심리학, 철학, 진화생물학, 컴퓨터공학, 기계공학 등이 만나 범학문적으로 태어난 학문인 인지과학을 예로 든다. 여기서 각각의 모 학문들이 여전히 존재한다는 점에서 최 교수의 통섭은 전통적인 학제적 연구와 일맥상통하는 것으로 볼 수도 있다. 그러나 인지과학이라는 새로운 학문의 탄생에 초점을 두는 점에서 그 역시 단순한 학제적 연구나 단일 학문으로의 (그것도 윌슨처럼 자연과학으로의 일방적인 환원에 의한) 통일을 모두 지양(止揚)하고, 대신에 분과 학문들간의 호상적 통섭(interactive consilience)이라는 절충적 접근법을 지지한다.

제 3 절 융합 연구의 적용 범위와 방법

어떤 주제를 대상으로 융합 연구를 시도할 것인가? 그리고 어떠한 방법으로 적용할 것인가? 이 질문에 대해 한국, 중국, 일본 세 나라를 대표하는 네 명의 학자들이 논문을 발표했다. 이 가운데 한국 학자들의 논문은 모두 2010년부터 시작된 한국연구재단의 사회과학한국(SSK) 사업에서 지원한 융합관련 연구의 결과물이다.

먼저 김문조 교수와 신은조 연구원(제6장)은 20세기는 인류가 그 이전까지 미분화 상태에 놓여있던 사고나 활동을 분화 혹은 전문화에 의해 분할하는 분화의 시대였다고 본다. 반면에 21세기는 지난날 세상의 변화를 주도해온 분할적 힘이 융합적 힘으로 대체되는 현상이 도처에서 드러나는 시기라고 한다. 그동안 융합 연구는 과학기술 분야에서 가장 활발히 진행되어 왔다. 그러나 지적 혁신과 정보통신망의 확산으로 인해 융합 연구가 학문 세계 전반으로 파급되면서 인문사회 분야에도 영향을 미치고 있다. 1960년대 이후 한국에서 이루어진 인문사회 분야의 융합연구 추세와 현황을 분석한 결과, 지적 개방성에 바탕을 둔 자유 결합적 성격의 융합 잠재력이 가장 의미 있는 부분으로 판단된다. 비록 과학기술 분야에 비해 양적으로나 질적으로 낙후된 연구 성과, 무늬만 융합인 사이비 융합 연구, 특정 분과나 주제에 대한 쏠림 현상 등의 문제가 나타나고는 있다. 그럼에도 불구하고, 저자들은 융합 연구가 두 문화라는 단절적 양상을 넘어서서 다양한 학문 영역을 포괄하는 종합 체제를 지향할 것으로 낙관한다.

이중식 교수(제7장)는 한국연구재단이 2009년부터 시작한 '인문사회 기반 학제간 융합연구 지원 사업'에 대해 소개한다. 당시 융합에 대한 사회적 관심이 증대되고는 있었으나 대부분 이공학 분야를 중심으로 진행되었고, 사회과학 분야의 융합 연구는 부분적이거나 수동적 참여에 그치는 수준이었다고 한다. 한국연구재단은 새로운 융합연구 지원 사업을 통해 2009년부터 매년 20～40개의 융합 과제를 공모하여, '씨앗형' 또는 '새싹형'이란 형식으로 단년 또는 다년 과제를 선정하여 지원하였다. 3년간의 운영 경험을 통해 2012년에는 서울대 차세대융합기술원 인문과기술연구소로 하여금 '융합연구총괄센터'로서, (1) 연구자들간의 협력 네트워크 역할, (2) 미래에 대한 고민을 통해 한국연구재단의 차년도 연구 과제의 방향성을 제시하는 역할, 그리고 (3) 새롭게 진입한 융합 연구자들을 지원하는 역할을 수행하도록 했다. 저자는 인문사회 분야 융합 연구의 총괄을 통해 (1) 참여 연구진의 연구력이 (분야별 핵심 인력의 참여 부족 등으로) 아직은 미약하다는 점, (2) 융합 연구의 목표를 연구 결과물보다는 새로운 문제를 발견하는 기회로 전환할 필요성, (3) 하향식 융합 연구의 한계점 등을 지적한다.

쩡쇼잉 교수와 왕호우천 교수(제8장)는 중국에서 융합 연구를 의미하는 '교차학과(交叉學科)'의 발전과 '교차학문' 연구의 실천 현황, 특히 사회과학과 자연과학 분야의 교차 범위 및 실천 분야에 대해 소개한다. 그들에 의하면 현대 과학은 '종합', '분화', '재종합'의 과정을 거쳐 왔다. 20세기 하반기에 들어선 이후 점점 더 많은 수의 교차학과들이 생기면서 과학의 선도적 문제 혹은 난해한 문제들을 해결할 수 있었다. 인구 관련 연구 분야의 예를 들면, 앞으로 노령화와 장애자 문제, 유행병학, 질병으로 인한 사망, 도시와 농촌 지역 의료 수준의 차이 등 인구의 건강과 관련된 문제에서부터 복지시스템, 의료, 양르, 사회적 형평성 등에서 교차학문 연구의 많은 수요가 있을 것으로 예상된다. 과학기술 분야 연구에 종사하는 일부 연구자들이 사회과학에 대한 이해가 부족하고, 그들이 갖고 있는 기술지상주의 편견이 남아 있는 문제가 있다. 그러나 교차학문 발전의 대세는 어느 누구도 막을 수 없는 현상이라고 결론짓고 있다.

나까오 마사요시 박사(제9장)는 2001년 일본 교토에 창설된 종합지구환경학연구소(總合地球環境學硏究所)가 수행한 융합 연구 결과에 대해 소개한다. 이 연구소는 지구환경 문제로 인해 도래하게 될 인간과 자연계 사이의 상호작용의 순환을 규명하는 지구환경학의 학문적 기반 형성을 목표로 설립되었다. 인문학과 사회과학에서 자연과학에 이르기까지의 여러 학문 분야를 종합하고, 국내외 대학 및 연구기관과 연결망을 형성하여 총합적인 연구 사업을 추진하고 있다. 저자는 이 연구소가 수행했던 사업 가운데 하나인 '오아시스 프로젝트'의 사례를 소개하면서, 다학제적 연구가 갖는 문제점과 과제들에 대해 분석한다. 일본에서 같은 주제를 다루는 연구자들끼리는 동료 의식이 강하며 연줄도 작용하는 속성을 감안할 때, 오아시스 프로젝트에 참가했던 많은 연구자들이 다른 분야의 전문가들과 서로 알게 된 것이 가장 의미 있는 일이었다고 본다. 어떤 의문이 생겼을 때 연줄이 있다고 생각하는 서로 다른 분야의 연구자들이 다수 생긴 것이다. 특히 젊은 연구자들일수록 유연성이 높았으며, 타 분야 학문에 대한 이해도 빠르고 다른 전문 분야에 자진해서 참여하는 등 보다 적극적이었다. 오아시스 프로젝트의 최대 성과 중의 하나는, 이러한 젊은이들이 생기 있고 활달하게 성장해 준 것이라고 한다.

제 4 절 융합 연구의 적용사례

모두 네 편의 융합 연구 적용사례들이 발표되었다. 2010년부터 시작된 한국연구재단의 사회과학한국(SSK) 사업에서 지원한 융합관련 연구 결과 가운데 선정되어 추진된 연구 성과물이다.

먼저, 조증열, 이광오, 박혜원, 박순길, 김영숙 교수팀(제10장)은 전지구화 시대에 교육 수요가 증대되고 있는 한국어의 문식성(literacy), 즉 문자 읽기와 쓰기의 발달 및 장애에 대한 융합 연구 결과를 소개한다. 언어와 문자의 학습은 그 자체의 특성 외에도 학습자 개인이 처한 환경, 나이, 인지적 특성 등 여러 요인으로부터 영향 받는다. 이 글은 (1) 한국어와 한글의 언어적 특성, 언어 및 문식성 발달에 관여하는 정신 과정, (2) 문식성 발달에 영향을 주는 인지적, 언어적 및 지각적 변인들, (3) 다른 문자의 영향 변인과의 차이를 언어심리학적 시각에서 비교한다. 또한 교육 환경이 열악한 저소득층 및 농어촌의 아동들, 특정한 인지-언어적 능력에서 결손을 보이는 문식성 장애 아동들, 이중언어 및 이중문자 사용자인 다문화 가정의 아동들을 대상으로 일반 아동들과의 비교를 통해 한국어 문식성 발달과 장애의 현실을 분석한다. 이와 같은 주제에 대해 심리학, 언어학, 교육학, 특수교육학, 아동학 연구자들이 '읽기 과학'에 대한 융합 연구를 시도한다.

김유신 교수와 김유경 교수(제11장)는 국가 브랜드 연구에서 나타난 융합 과정을 소개한다. 국가 브랜드 연구는 국가와 국가의 구성 요소인 국민, 주권, 영토에 관련된 다양한 활동과 그 가치를 증대시킴으로서 선진 사회를 위한 사회 통합적 시스템을 구축하기 위해 추진되었다. 국가 브랜드는 국가의 정체성, 즉 한 나라의 정신과 핵심 역량의 원천을 반영해야 한다. 우선, 여러 가지 변화 속에서도 지속적인 어떤 형태의 동일성이며 대개 철학적이고 형이상학적 주제인 정체성에 대해 해명해야 한다. 그리고 더 나아가 국가 정체성이 무엇인지에 대한 설명으로 연계되어야 한다. 이처럼 어려운 주제에 대해 철학, 경영학, 커뮤니케이션학의 세 축으로 접근하여 융합을 시도한다.

정미라, 권정윤, 박수경, 이방실 교수(제12장)는 뇌기반적 국가 인적자원 개발 연구의 일환으로 영유아기 뇌 발달과 관련된 주요 변인들을 검토하고, 유아교육과 연계시킬 수 있는 뇌과학 연구방법들에 대해 분석한다. 뇌과학과 유아교육 간의 융합 연구를 위한 시사점으로서 (1) 뇌 발달의 속도가 일생 중 가장 빠른 시기인 영유아기 경험의 중요성을 입증하는 실증적인 뇌기반 연구, (2) 뇌 발달에 영향을 주는 다양한 요인들을 과학적 방법으로 밝히는 유아교육 분야에서의 연구, 그리고 (3) 영유아기 발달 및 교육과 신경과학, 소아의학, 뇌과학 등이 연계된 학제간 연구의 활성화를 제시한다.

권만우 교수(제13장)는 영화 및 게임물 등급 분류에서 융합 연구의 필요성과 가능성을 실험하여 보여준다. 사람(심사위원)들의 주관적 판단에 대한 보완 혹은 대안으로써 수용자의 감정이나 흥분도 등의 인지

반응을 의공학적 장비를 이용해 객관적이고 과학적으로 측정하여 영상물과 게임물의 등급 분류 판정 척도를 개발하고, 아울러 그 타당성을 검증하기 위한 것이다. 우선 영상물과 게임물 각각에 대해 사람에 의한 기존의 등급 분류의 타당성을 과학적 방법을 통해 검증하고, 나아가 이러한 신경과학과 생리심리학적 반응을 통한 등급 분류 판정 척도를 개발하여 제안하고 있다.

제 5 절 결어 및 사사

이상에서 살펴 본 것처럼, 융합 연구는 그 필요성과 접근법에 대한 다양한 이론적 시각들이 존재한다. 이와 같은 상황에서 실제 융합 연구의 적용 범위와 방법이 다양하고 비체계적일 수밖에 없음은 쉽게 이해할 수 있다.

앞에서 융합 연구의 세 가지 형태가 있을 수 있음을 김유신 교수(제2장)가 제시했다. 첫째, 다른 학문 분야에 대한 비교적 단순한 이해를 가지고도 이루어질 수 있는 모듈형 융합 연구가 있다. 각각의 분과 학문은 자신의 존재론을 그대로 유지하면서 학문 영역을 고수하되, 다른 학문과 서로 성과를 활용하는 협력 방법이다. 둘째, 실제로 타 분야에서 축적된 연구 업적을 이해하고 그것을 반영하는 침투형 융합 연구이다. 분자생물학의 예에서 보듯이, 침투형의 융합은 새로운 존재론을 출현시키지만, 여전히 융합하기 전의 학문 확장으로 그치는 것이 대부분이다. 셋째, 서로 다른 학문의 융합 결과 서로 다른 존재론적 세계가 생성되어 본래 학문과는 다른 하나의 독자적 학문이 생성하는 경우가 생성형 융합이다. 이처럼 새로운 융합 학문의 출현이 가능하려면 자연히 많은 시간과 긴 학문적 여정이 필요하다. 김 교수는 한국연구재단의 사회과학한국(Social Science Korea) 사업의 지원에 의해 이루어지고 있는 인문사회과학 융합 연구는 대부분 모듈형의 융합 연구이고, 침투형 융합 연구는 극소수에 해당하는 것으로 파악한다. 한국에서 융합 연구는 아직 초기 단계에 있으며, 앞으로 갈 길이 먼 것이다.

이 책이 나오기까지 여러 분으로부터 많은 도움을 받았다. 두엇보다도 한국연구재단은 두 차례에 걸친 학술 심포지움을 지원하고, 그 발표 논문들을 이 책에서 묶어 낼 수 있도록 도움을 주었다. 그러나 좀 더 근본적인 도움은 사회과학한국(SSK) 사업을 통해 한국에서 융합 연구가 이루어질 수 있도록 2010년부터 학자들에게 연구비를 지원한 것에서 찾아야 한다. 2012년에 학술심포지움을 공동으로 개최해 준 한국과학기술한림원의 임원들께 감사한다. 두 차례의 학술심포지움 개최를 위해 노고를 아끼지 않은 한국사회과학협의회 강성남, 김근세, 김수욱, 이지수 위원장을 비롯한 한국사회과학협의회의 임원들과 김덕수 및 조희진 간사에게 이 지면을 빌려 깊은 감사의 마음을 전한다. 끝으로 열악한 한국의 출판 환경에도 불구하고 순수 학술 저서의 가치를 인정하여 선뜻 출간을 맡아준 법문사 관계자들께 감사드린다.

제 1 부 의의 및 이론

제 1 장

분과학문간 융합의 필요성과 가능성

랄쉘더스 조스*

[과학이] 물질주의에 바탕을 두고 있음에 따라 가치가 아닌 사물에게로 관심이 이끌려가고 있다(Whitehead, 1925: 202).

사회 탐구의 발전에 있어 실질적인 주요 걸림돌 중 하나는 사회 현상을 수많은 별개의 그리고 추정컨대 독립적이며 상호작용이 없는 분야로 나누는 기존의 방식인데, 이는 경제학, 정치학, 법학, 도덕, 인류학 등에 배정된 여러 부분에서 볼 수 있다. … 상호간에 아이디어 창출을 증진시키기 위해 이러한 개념적 장벽을 허물어야 할 시급한 필요성을 제시함이 타당하다… (Dewey, 1938: 508).

교육은 두 가지 목적이 있다. 한편으로는 사고방식을 형성하고, 다른 한편으로는 시민을 훈련시킨다. 아테네 사람들은 전자에 집중한 반면, 스파르타인은 후자에 집중했다. 스파르타인들이 승리했지만 아테네인들이 기억되었다(Russell, 1931; 1962: 243).

… 우리가 수행하고 있는 과학은 환원주의적이며 복잡한 사건에 대해 분석적인 시각을 갖고 있다…(Kandel, 2006: 381).

---

* Jos C.N. Raadschelders. 오하이오 주립대 및 라이든대 교수.

제1절 서 론

자연 및 사회의 다양한 문제들은 본질적으로 전(全)지구적이다. 많은 이들이 이러한 문제를 다양하게 숙고하고 평가하지만 어느 한 집단이 해결할 수는 없다. 예로써, 지구 온난화, 기후 변화, 해수면 상승, 대서양 및 동서 태평양의 쓰레기 지대, 이민, 빈곤 및 증대되는 소득 불평등, 테러, 핵 확산, 전염병과 질병, 민족이나 종교간의 충돌, 종의 멸종 등이 있으며, 몇 년 안에 물에 대한 전쟁도 포함될 것이다.

우리가 사는 세상은 상당히 상호 연결되어 있고, 변화는 가속 중이며, 그 어느 때보다 도전적인 과제가 커 보인다. 사회적 시간의 폭, 즉 한 사람으로부터 다른 사람에게 메시지가 도달하는 데 소요되는 시간이 몇 달에서 며칠이나 단 몇 초로 감소했고, 이 모든 것은 지난 20년 내에 이루어졌다. 우리는 자연 재해나 인간이 유발한 재해, 대형 교통사고, 예상치 못한 석유 유출, 인간의 비극적 상황, 테러 공격 등을 최소 몇 시간 내에 알게 될 것이다. 전 세계 뉴스에 대한 이러한 '24/7 창(window)'은 세상은 위험한 곳이고 실제 재난의 결과와 상상의 상황이 발생할 가능성을 다루기 위해 상당한 역량이 필요하다는 인식을 높이고 있다.

이러한 전 지구적인 도전적 과제들은 이윤에 위협을 가하지 않는 한 기업들은 흥미를 갖지 않는다는 특징을 지닌다. 그리고 이윤에 위협이 가해진다고 해도 기업들은 모든 시민을 위해 구속력 있는 결정을 내릴 수 있는 권위를 갖고 있지 않다. 학자와 전문가들이 정부가 "속을 비워내는(hollowing-out)" 현상에 대해 이야기하지만, 그래도 어떤 사회에서든 전체 시민을 위해 구속력 있는 결정을 내릴 수 유일한 주체가 정부다.

오늘날 세계에서 다양한 집단을 통해 사람들은 전 지구적으로 위험한 자연 및 사회 환경에 대한 도전적 과제들을 다루고 있으며, 이 중 가장 두드러진 것이 정부와 전문가들이다. 이 정부와 전문가들이 새로운 마법처럼 각각 받아들이고 있는 것은 '협력적 거버넌스(collaborative governance)'와 '학제적 연구성(inter-disciplinarity)'이다. 이러한 개념이나 유행어가 우리 시대에 있어 얼마나 독특한 것인지 이해하기 위해 우리는 잠시 한 발짝 뒤로 가서 1870년대부터 1920년대까지 수십 년 사이에 사람들이 경험한 중대한 변화(제3절)와 현재 우리가 경험하고 있는 변화(제4절)를 대조해볼 필요가 있다. 그런 다음에 우리는 정부가 직면한 도전적인 과제들의 특성을 고려해 볼 수 있다(제5절). 그리고 이 내용들이 전 지구적인 공공의 문제를 살펴보는 데 있어 매우 다양한 방법들임을 정리해 본다(제6절). 그러나 그에 앞서 우리 시대 정부의 특성(제2절)에 대해 먼저 생각해 보려고 한다. 전 지구적 및/혹은 공공의 문제에 관한 필자의 생각이 정부의 특성 문제에서부터 시작되기 때문이다.

제 2 절 정부와 집합적 문제의 해결

아마도 정부는 인간에 의해 만들어진, 그리고 그 이후 지난 약 2세기에 걸쳐 인간을 위해 운영되어 온, 가장 큰 제도적 장치일 것이다. 정부는 인공적인 현상이지, 자연의 힘에 의해 만들어진 것이 아니다. 18세기 후반에서 19세기 초 이후에 정부는 인간이 만든 다른 어떤 제도적 장치들(조직적인 종교, 정당, 노조, 운동 협회 등)보다 더 커졌다. 일반적으로 국민은 정부가 너무 크거나 부패하였거나 신뢰할 수 없다는 고정관념을 종종 갖고 있다. 그러나 적어도 선진국에서는 정부가 단지 국민으로부터 자원을 뽑아내기보다는 대체로 국민을 위해 봉사하도록 "성장"했다. 선진국에서 정부는 그것이 제공하는 서비스의 시각에서 접근하면서 성장해 왔으며, 그 결과로서 인력 규모, 조직 구조, 규제, 세입, 세출이 증대되었다. 이와 같은 현상, 즉 (어떻게 측정하건 간에) 빠르게 성장하는 정부가 여러 지식 분야의 학자들로부터 — 그러나 인문학이나 자연과학보다는 사회과학에서 더 많은 — 관심이 주어지고 있는 것은 당연하다.

이 점에서 2013년도 한국사회과학협의회 학술대회가 "전 지구 및 공공의 문제 해결을 위한 학문의 융합: 필요성과 가능성"을 주제로 선정한 것은 매우 선견지명이 있다. 여기에는 세 가지 요소들이 포함되어 있다. 첫째, "학문의 융합(convergence of disciplines)" 요소다. 이것은 적어도 학제간 연구(inter-disciplinarity)에 대한 관심을 포함하는 것이지만, 우리가 한발 더 나아가 단지 다양한 학문의 시각보다는 가까이에 있는 문제의 시각에서 '융합'을 고려할 것을 제시한다. 둘째, "전 지구적인 문제(global problem)"라는 개념은 한 국가 내에서 또는 한 국가가 해결할 수 없으며 인류 전체에 영향을 주는 사안을 의미한다. 셋째, "공공의 문제(public problem)"는 일부 문제는 정부만이 처리할 수 있다는 사실에 대한 인식을 나타내며, 이것이 전 지구적인 문제들을 포함하는 것이 분명하다.

예로써, 행정학 연구는 정부와 관련된 모든 지식과 정보를 그 아래에 모을 수 있는 포괄적 학문이다(Raadschelders, 2011). 행정학은 정부와 관련된 모든 것, 즉 정부의 내부 구조와 기능, 정부가 봉사하려는 사회에 이 모든 것이 어떻게 연관이 있는지 연구한다. 세계와 공공의 문제에 관해 행정학은 모든 제도적 합의체의 해결 능력을 초월한다고 인식되는 모든 것을 연구한다. 선진국 국민들은 정부를 좋아하지 않을 수도 있지만, 이들은 의식적으로 또는 직관적으로 정부가 국민 전체를 위해 구속력 있는 결정을 내릴 수 있는 유일한 사회적 주체임을 알고 있다. 이러한 일을 할 수 있는 권위, 즉 인정받은 권력을 지니고 있는 그 밖의 다른 사회 조직은 없다.

그러나 전 지구 및 공공의 문제를 해결하기 위해 필요한 것은 단지 하나의 또는 여러 개의 정부가 아니다. 이들이 주요 주체인 반면, 여전히 다른 주체들의 참여를 필요로 한다. 결국, 이번 학술대회의 부제, 즉 전 지구 및 공공의 문제를 해결해야 할 '필요성과 가능성'의 중요성을 인정하는 셈이다. 이는 공공, 비영리, 민간, (어떻게 정의되든) 다른 주체들이 기꺼이 협력하려는 수준에 의존하게 될 것이다. 이러한 협력은 현재에 대한 지식이 아니라 우리가 어디에서 왔는가에 대한 지식으로부터 시작한다.

제 3 절 과거의 산업화, 도시화, 인구 증가

서유럽과 북미는 지구상에서 처음으로 산업화가 된 지역이며, 이와 더불어 빠른 도시화(예로써, 1970년 이후 중국에서 경험하고 있는 것처럼)와 급격한 인구 증가가 나타났다. 많은 사람들이 도시로 이주하는 가운데 사회의 본질이 크게 바뀌었다. 사람들은 모두 이들이 다른 이들에 관해 알고 지내며 어려운 시기에 서로 의존할 수 있는 농촌 사회로부터 도시 사회로 이동했다. 도시 사회에서 사람들은 더 이상 이웃과 안면이 없고 수도 공급, 에너지(가스, 전기 등) 공급, 하수, 쓰레기 처리, 그 외 많은 사안에 대한 도움을 받기 위해 지방 정부에 의존해야 했다. 네덜란드와 프랑스에서 실시된 연구들을 통해 시민들이 지방정부의 공무원들에게 아주 구체적인 서비스를 요청해 왔음을 알 수 있다. 흔히 사람들은 공무원들이 지나치게 업무를 수행하기 때문에 정부가 커진다고 믿지만, 실제로는 민간이나 기업 부문에서의 집합적 행동으로는 해결할 수 없는 공공의 필요성에 대응해 정부가 커진다. 제공하기 시작한 서비스의 범위가 훨씬 크다는 측면에서 보면 — 예로써, 1870년부터 1930년까지 수십 년 동안에 나타난 — 정부는 역사적으로 그 이전의 정부와는 매우 달랐다. 그 결과, 정부의 조직 구조는 (수평적 및 수직적 조직의 분화 면에서) 훨씬 더 정교해지고, 세수와 세출은 증가했으며, 공공 인력도 늘어나고, 법률의 수 또한 증가했다.

현대인들은 정부의 이러한 빠른 성장을 목격하고, 진지한 학문(예로써, 관료제와 민주주의 간의 관계에 관한 Max Weber의 연구), 사회적 의견(독일 태생의 미국 저널리스트인 H.L. Mencken가 관료제에 대해 보인 경멸), 예술(Erik Satie의 *Sonatine Bureaucratique*와 Kafka의 *The Castle* 및 *The Trial*) 등을 통해 우려를 나타냈다. 이러한 우려는 이해할 만하다. 왜냐하면, 이러한 정부 성장의 형태는 전례가 없었고, 이처럼 커져가는 정부가 사회를 위해 무엇을 의미했는지 예술가들이 살펴본 것처럼, 학자들과 행정관리자들도 크게 증대되는 공공서비스의 범위와 공공의 요구에 어떻게 대처해야 할지 "실전 속에서 학습"해야 했기 때문이다. 이 시기에 공공부문의 인력이 점차 관련된 교육적 배경과 경험 그리고 가치를 기준으로 선택되게 된 것도 놀랍지 않다. 정부 성장의 이러한 외적 과정과 전문화의 내적 과정은 20세기에 지속되었다.

이러한 "새로운 정부"에 대한 반응 중 하나는 전문화된 지식과 교육을 추구하는 것이었다. 대학은 심리학, 정치학, 경제학과 같은 새로운 학과목의 설치로 대응했다. 더 높은 직업학교나 대학에서 행정, 경영, 회계, 간호, 삼림경영학, 농업, 공학 등에서 다양한 전문 학위도 생겨났다. 공공부문의 인력이 그 이전까지는 주로 법률을 공부했던 것에서 전문 학위를 받은 사람들로 대체되어 갔다. 선진국에서는 고급 학위가 없거나 아니면 이러한 전문 학위를 갖고 있는 사람들이 정부에서 일하게 되었다. 이 기간 동안에 전 지구 및 공공의 문제를 해결하기 위한 핵심 주체는 정부였으며, 이를 위한 주요 방식은 분과학문별 지식을 통해서였다.

제 4 절 현재의 과학화, 정보화, 인구 증가

오늘날 우리는 100년보다 더 이전에 사람들이 주로 농경사회에서 산업사회로 전환되면서 경험했던 것 같은 중대한 변화를 경험하고 있는가? 비록 다음과 같은 세 가지 발전이 매우 두드러지지만, 앞의 질문에 답을 하기에는 아직 이르다.

첫째, 인구 증가는 1870년대 이후 빠르게 이루어져 왔다. 이처럼 꾸준한 인구 증가로 인해 우리는 지속적인 정부 성장을 경험했다. 그러나 21세기 중반이 되면 안정될 가능성이 있다.

둘째, 우리는 과학화의 시대, 즉 정책 자문을 전문가에게 점점 의존하고 이에 따라 평범한 시민이 정책결정 과정에서 의견을 제공하는 것이 배제되는 시대에 살고 있다. 전문가가 대두되기 시작한 것은 1920년대이며, 과학적 지식은 다른 어떤 형태의 지식보다 우월한 지식으로 간주되는 시점에 도달했다. 심지어 케네디 대통령은 다음과 같이 제시했다. "현재 우리가 직면한 … 대부분의 문제는 기술적인 문제이며 행정적인 문제이다. 이러한 문제는 매우 정교한 판단을 필요로 하며 과거 빈번하게 이 나라를 흔들었던 거대한 열정적 움직임에 쉽게 여지를 주지 않는다. [이들은] 대부분의 사람들이 현재 이해할 수 없는 질문을 다루고 있다 …"(Lasch 언급의 인용 1978: 77; 강조 추가). 그러나 1920년대에 폴렛(Mary Parker Follett)은 대체적인 시민 참여의 중요성을 표현했다. 20세기 중·후반에 린드블롬(Charles Lindblom)은 그의 표현을 빌리자면 우리는 더 많은 "평범한 정밀조사(lay probing)"가 필요하다고 지적했다. 전문가의 가치에 관해 "… 전문가는 똑똑하기를 원하고 창의적으로 생각하며 복잡한 결합을 고려하기 때문에 알고리즘보다 열등하며 또한 인간은 복잡한 정보에 대해 간략하게 판단하는데 있어 매우 비일관적이다"라고 제시하는 많은 과학적 증거들이 현재 존재한다(Kahneman, 2011: 224). 우리는 전문가의 전문성을 다른 어떤 형태의 지식보다 우월하다고 간주하도록 사회화되어 있기 때문에 이러한 내용이 널리 받아들여지기까지는 상당한 시간이 소요될 수 있다.

세 번째 큰 변화는 기술 변화 덕분에 사람들은 사소한 사건에 대해서도 거대한 양의 정보와 즉각적인 전자적 상호작용(예로써, 페이스 북)에 접근하고 있다는 것이다. 이러한 '정보화'가 가져오는 효과는 전혀 분명하지 않다. 그러나 인터넷과 기타 통신 매체가 사람의 뇌가 정보를 흡수하는 방식을 빠르게 바꾸고 있다는, 즉 말 그대로 뇌를 다시 연결하고 있다는, 일부 조짐이 있다. 온라인(on-line) 환경은 피상적 독서를 장려하는 환경을 만들어 낸다. 즉, 사람들은 글을 면밀히 읽고 이해하기보다는 몇 페이지를 빠르게 읽거나 훑어본다. 그 결과, 정보를 단기 기억에서 장기 기억으로 옮기는 능력이 급격하게 떨어지고 있다. 장기 기억은 복잡한 개념이나 '개요(schema)'를 이해하는 능력이 머무는 곳이기 때문에 이 부분은 중요하다(Carr, 2010: 124). 컴퓨터가 정보를 흡수하고 저장하는 반면 인간의 뇌는 정보를 받고 한참 후에도 정보를 계속 처리한다. 뇌는 살아 있지만 컴퓨터는 살아있지 않다(위 글: 191). 정보혁명은 장기 기억의 강화를 위협하고 있으며 이에 따라 복잡한 개요의 발달과 조사를 위협한다(위 글: 193).

한편, 과학화와 정보화로 인해 사람들은 세계가 매우 상호 연결된 곳이라는 사실을 그 어느 때보다도 더 잘 인식하고 있다. 또한 개인이나 민간 주체가 처리할 수 없는 다양한 문제가 존재한다는 사실을 인식하고 있다. 다음 절에서 자세히 살펴 보겠거니와, 이러한 범주의 문제를 리텔과 웨버(Rittel & Webber, 1973)는 "난해한 문제(wicked problem)"라고 부르고 있다. 앞 절에서 정부가 (전 지구 및 그리고) 공공의 문제를 다루는 주요 주체로서 그리고 학문이 주요 방식으로서 인식되고 있음을 살펴 보았다. 지난 약 20년 동안 이것이 바뀌었다. '협력적 거버넌스'라는 개념은 정부가 집합적인 문제들을 해결하기 위해 협력하는 다양한 주체 중 하나라고 제시한다. 그러나 개인, 민간 기업, 두뇌 집단, 이익단체, 비영리 단체 사이에서 정부는 여전히 전체 시민을 위해 구속력 있는 결정을 내릴 수 있는 유일한 주체로 남아있다. 전 지구적 및 공공의 문제에 대한 해결(Rittel & Webber, 1973: 160)을 추구하는 주요 방식은 본질적으로 점점 학제적 연구가 되어가고 있지만, 이 정도면 충분할 것인가? 먼저 난해한 문제의 특성에 대해 살펴 보기로 한다.

제 5 절 난해한 문제들의 전 지구 및 공공적 특성

'난해한 문제'라는 용어를 만든 리텔과 웨버(Rittel & Webber, 1973)에 의하면, "정의와 분리가 가능하고 다양한 해결 방안을 찾을 수 있는 자연과학의 문제와 구별되는 정부 계획 — 특히, 사회 및 정책 기획 — 의 문제는 정의가 어렵고 해결을 위해 어려운 정치적 판단에 의존한다"(위 글: 160). 그리고 "수많은 사람들이 다양한 목표를 정치적으로 추구하고 있는 상황에서 대규모 사회는 어떻게 난해한 문제를 계획적으로 다룰 것인가? 평가 기반이 매우 다양할 때 어떻게 목표를 정할 것인가?"(위 글: 168)라고 문제를 제기한다.

포스터(Foster, 1981: 379-380)의 정책분석의 네 가지 유형(〈표 1〉)은 정부가 다룰 필요가 있는 정책의 범위를 매우 잘 보여주고 있다. 그는 자연과학과 사회과학의 기법들이 인문학의 목표와 현실 정치 모두에 대한 감각과 결합하기를 희망했다. 문제는 정부가 의존하는 지식 기반이 의학이나 공학과 같은 지식 기반처럼 정확하게 정의되지 않는다는 것이다.

포스터의 책이 나온 지 30년이 지난 후에 발린트 등(Balint et al.)은 유사한 매트릭스(〈표 2〉)를 제시했지만, 의사결정 문제의 특성에 초점을 두었다. 공공의 문제가 매우 가치 판단적이라고 인식될수록 전문가

〈표 1〉 정책 분석의 4가지 유형

		기존 전문가들의 인과적 지식	
		확실	불확실
고객목표	하나이거나 분명한 우선순위	여기에 맞는 공공정책 상황은 거의 없음.	단일의 고객에게 초점을 두는 옹호정책(advocacy policy).
	많거나 불분명한 우선순위	여러 전문직종의 일상적인 작업(예: 공공건설사업의 경우 기술적인 측면은 분명하지만, 지역이나 "인적 비용" 등은 덜 분명함).	불분명하거나 상충되는 목표들을 지닌 '난해한 문제들'.

출처: Foster, 1981: 382.

〈표 2〉 의사결정의 문제

		가치에 대한 합의	
		높음	낮음
지식의 상태	잘 발달됨	주기적인 이해관계자와 전문가 검토를 통해 정기적인 분석 결정이 용이.	주기적인 전문가 검토를 통해 이해관계자 숙의를 강조
	잠정적/격차/불일치/연구필요	주기적인 이해관계자 검토를 통해 전문가 숙의를 강조	이해관계자와 전문가 심의 모두를 강조 '난해한 문제들'!

출처: Balint et al. 2011: 10.

와 이해관계자 모두를 포함시킬 필요성은 커진다. 케네디 대통령이 지적했으며, 주로 기술적이고 행정적으로 다룰 수 있는 문제는 이제 왼쪽 상단 칸처럼 일상적인 문제로 보이는 반면, 나머지 칸에 속한 문제는 최소한 어느 정도의 이해관계자들의 참여를 필요로 한다.

오늘날 사회에서 정부의 가장 두드러진 특징은 무엇인가? 정부가 — 거의 인정받지 못하고 있기 때문에 네 번째 반복하는 내용인데 — 사회 전체를 위해 구속력 있는 결정을 내릴 수 있는 권위를 갖도록 남겨진 유일한 주체라는 사실을 고려할 때 정부는 많은 공공, 비영리, 민간 단체가 매일 직면하는 것과 같은 단순한 문제를 다룰 뿐 아니라 다른 어떤 주체도 다룰 수 없는 '난해한 문제'를 다루도록 특히 요구 받고 있다. 사실 적어도 19세기 말부터 정부는 난해한 문제들을 다루어 왔다. 이러한 문제들은 다음과 같은 이유 때문에 복잡하다:

- 다양한 존재론적 관점에서 고려할 수 있고 고려해야 한다.
- 다양한 학문의 관점에서 이해할 수 있고 이해해야 한다.
- 다양한 이데올로기와 가치철학적 관점에서 이해할 수 있고 이해해야 한다.
- 다양하고 상충되는 이해를 갖고 있는 많은 이해관계자를 포함하며, 이들이 문제를 이해한다.
- 다양하고 다른 기술과 수단을 통해 다룰 수 있다.
- 참고할 수 있는 과거 선례가 거의 없다.

제 6 절 네 가지 차원의 영역

공공과 글로벌 문제를 해결하는 전통적인 방식은 학문적 지식에 의존하는 것이다. 1930년대부터 '학제적 연구'는 미래지향적 방식으로 자연과학에서 인정받아 왔지만, 사회과학에서는 1970년 이후에나 받아들여졌다. 사회과학자들은 학제적 연구의 필요성에 대해 언급하고는 있지만, 주로 분과학문 지향적인 학술지에 논문을 발표한다. 사회과학자들은 또한 '다(多) 방법 연구(multi-method research)'의 가치에 대해 동의하지만, 막상 자신이 익숙한 한 가지 또는 소수의 방법으로 주로 작업해 왔다. 그 이유를 여기서 자세히 언급할 필요는 없다. 그러나 글로벌 및 공공의 문제를 올바로 다루고 해결하기에는 학제간 연구도 충분하지 않을 수 있다는 가능성을 고려하는 것이 중요하다. 어찌되었건, 학제간 연구 노력은 학문에 여전히 의존한다. 문제에 대한 모든 학제간 해결책은 분과학문적 의견의 (적절한) 결합을 통해서만 도출된다. 예로써, 학문으로서의 행정학은 하나의 분과학문이나 학제적 연구가 아닌 포괄적 학문(an umbrella discipline)으로서 근본적으로 탈(脫)분과학문적(a-disciplinary)이 될 수 있는가? 이 개념을 다음과 같이 보다 자세히 설명해 보기로 한다.

난해한 문제들을 해결하기 위한 입증, 이해, 함수화(probing, understanding, mapping) 등에 존재하는 도전적인 과제는 — 이해관계자가 제공한 다양한 의견들간의 상호작용을 교전 규칙으로 관리하는 — 네 집단의 긴장이 존재하는 영역을 그려봄으로써 이해할 수 있을 것이다.[1] 다음 네 집단의 긴장에 대해 논할 때, 이들 사이에는 아무런 상하 혹은 우열이 없음을 먼저 명확히 밝힌다. 이 각각의 긴장들은 글로벌 및 공공의 문제에 대한 전면적인 이해를 위해 투입되어야 할 의견으로서 모두 잠재적으로 중요하다. 각각의 긴장들이 얼마만큼 중요한가는 (1) 문제가 지닌 성격과 (2) 당면 문제에 어떤 해결이 가장 적절한가를 결정하도록 초대되는 사람들(즉, 권위자들)에 의해 달라질 것이다. 다음에 제시하는 두 개의 주요한 변동 요인에 따라, 주요 과제에 대해 누구를 의사결정자 및 연구자로 할 것인가가 언제나 제시된다고 하겠다.

첫째, '문제가 지닌 특성'은 특히 체계이론가를 비롯하여 다수의 학자들이 의존해 온 개념, 즉 "복잡한 문제는 계층제적 구조의 특성이 있다"라는 개념에 계속 집착할 때 더 어렵게 될 것이다(Checkland, 1981:

---

1) 여기서는 네 개의 긴장만 주목할 것이나, 물론 당연히 그 외의 다른 '긴장' 혹은 긴장의 영역으로 꼽아야 할 다른 형태에 대해서도 충분히 알아야 함을 명심할 필요가 있다. 예로써, 여기서는 '교전 규칙(rules of engagement)'은 고려에 넣지 않고 있다. '유용 중' 혹은 '외적 변수'에 대해서는 오스트롬(Ostrom, 2010: 647-651)을 참고할 것. 다만, 이러한 영역에서의 상호작용은, '교전 규칙'상, 경계를 긋지 않은 수 없으며, '난해한 문제'들을 다룰 때 무엇이 가능하고 무엇이 불가능한지 여부도 당연히 함께 결정하게 될 것이다.

81, 97; Raadschelders, 2011: 47-61). 우리들이 현실을 계층적 이해에로 축소할 수 있을지 없을지를 묻는 것이 오히려 적실한 질문이 될 것이다. 양자에서 조직 수준에 이르기까지 물리적 현실을 하나하나 꼽아 드러내는 것으로 일을 해낼 수도 또 일을 마무리지을 수 있다고들 흔히 말한다. 그러나 개인(인간)을 비롯해 문명 수준에 이르기까지의 사회적 현실을 전부 고려할 수 있을 때에만 실제로 일을 할 수 있는 것이 아닐까 한다(Riedl and Medicus의 주장에 관한 Raadschelders, 2001: 51-53의 지적). 사회는 다양한 요소들의 '행태'를 예측할 수 있는 기계처럼 작동하는 것은 아니다. 예로써, 행정학 연구가 '탈 분과학문성(a-disciplinarity)'을 지닐 때 비로소 그것이 행정관리자들에게 제공되어야 할 내용을 제공할 수 있게 된다고 내가 주장해 온 이유이다.

둘째, 난해한 문제에 직면하여 행동을 취하도록 결정하는 참가자들을 구성하기란 겉 보기처럼 그리 간단한 일이 아니다. 글로벌 및 공공의 문제들을 해결하도록 조력할 참가자들의 면면은 누가 정하는가? 학계의 전문가, 행정 전문가, 정치적 자리에 있는 사람, 혹은 적절한 목적의식을 가진 단체, 이익단체나 시민 등의 기준으로 그 참가자들은 선별되는 것인가? 이 문제 해결에 초대되는 참가자로 주식소유자 집단이 투입된다면 어떻게 평가될까? 한 집단의 의견이 다른 집단의 의견보다 더 중요할까? 만약 이러한 정황이라면, 왜, 그리고 어떤 방식으로 참가자들을 구성해야 할까? 공직자, 전문가 혹은 시민 등의 입장에 있는 사람들이 어떻게 그 문제를 정의할지는 — 그 해결책을 구하는 일에 참여하도록 누가 허용될지 혹은 투입된 참가자의 각 범위에 어떤 비중이 주어질지라는 부수적 혹은 결과적 결정에 의해서만이 아니라 — 문제의 성격이 무엇이며, 또 우리가 어떤 실천 가능한 해결책을 추구하고 있는가라고 하는 두 개의 주체적 결정에 의해서도 좌우되는 것이다.

내가 고려하고 있는 영역의 한 차원은 이러한 사회적(전 지구 및 공공의) 문제를 해결(즉, 이해)하려고 노력할 때 우리가 너무나 익숙한 분과학문적 시각(disciplinary perspectives) 차원이다. 특정의 분야에서 연구하는 학자가 일반적으로 정한 다소 확인 가능한 경계를 갖는 전통적인 분과 학문이 그것이다. 예를 들면, 경제학, 심리학, 정치학, 인류학, 역사학 등이 포함될 것이다. 따라서 이것은 (17세기, 일부는 19세기 이후) 전통적으로 정의한 학문적 지식의 차원(dimension of academic knowledge)이다. 많은 학자와 공공정책 입안자(그리고 해당 사안에 있어 많은 이해관계자)는 자신이 훈련받은 학문의 참조 기준 내에서 난해한 문제를 고려할 것이다. 이들은 경제학, 사회학, 인류학, 신학, 심지어는 물리학, 화학 등에 의존할 수밖에 없지만 이들 뿐만이 아니다….!

이들은 자신이 속한 조직의 관점에서 난해한 문제를 평가하는 것을 피할 수 없다. 따라서 두 번째 영역, 즉 조직적 지식(organizational knowledge)의 차원이다. 사람들은 정부 조직, 민간 부문, 비영리 조직, 두뇌집단, 이익단체 등에서 근무한다. 따라서 이들은 글로벌 및 공공의 문제를 학문의 관점뿐 아니라 조직의 관점에서도 '생각'한다. 나의 조직, 나의 고용주가 나에게 원하는 것은 무엇인가? 나는 (가급적 전문적이고 학문의 파악을 위험하게 만들지 않으면서) 어떻게 나의 조직의 이익에 가장 잘 부합할 수 있는가? 연구에 따르면, 사람들이 특정 조직에서 더 길게 근무할수록 이들은 해당 조직의 가치에 더 사회화될 것이다. 따라서 난해한 문제를 이해하려고 노력할 때 우리는 또한 정책 결정 과정에 있는 참가자가 어떤 조직의 배경을 보여줄 것인지 알아야 한다.

그 다음에 사람들은 사회적 지식의 차원(dimension of societal knowledge)을 고려하지 않을 수 없다. 평범한 지식이란 집단(타인과 상호작용을 통하지 않는다면 우리는 인간이 아니다), 거주하는 마을, 동일시되는 지역, 거주하는 국가, 이들이 속해 있다고 느끼는 세상에서 확인되는 것이다. 사람들은 정의 방식과 크기에 상관없이 집단과 관련하여 자신의 이익을 정의한다. 이들이 정의하는 집단은 가까운 곳의 전 지구 및 공공의 문제의 특성에 따라 달라진다. 범죄는 저소득, 고 실업률, 마약 사용이 빈

번한 지역에 거주하는 주민에게 난해한 문제가 될 수 있다. 반면에 범죄는 보안요원이 있는 외부인 출입제한 주택에 거주하는 주민에게는 큰 문제가 아닐 수 있다. 분명 지구 온난화는 사람들이 그렇게 믿는지에 상관 없이 전 지구적인 난해한 문제다.

마지막으로 네 번째 차원이 있는데, 이것은 해결책이 필요하다고 인식되는 전 지구 및/또는 공공의 문제의 특징에 의존하는 개인적 시각(individual perspective)에 관한 것이다. 이러한 개인적 시각의 차원은 종교, 역사, 정치적 충성, 철학적 관점, 삶의 경험, 사회적 문화와 윤리(그리고 그 외 인간이 행동을 하도록 "유도"할 수 있는 것)를 통해 확인한다. 미국에서 공화당원과 민주당원은 낙태, 안락사, 동성애 결혼에 대해 매우 다른 시각을 갖고 있다. 또한 이들은 기후 변화의 이해에 정보를 제공하는 과학에 관해 다른 시각을 갖고 있다. 이들 시각 중 일부는 또한 종교적으로 영감을 받을 수 있다.

이제 전 지구 및 공공의 문제가 바로 이 4차원의 영역에 '떨어진다'고 생각해보자. 우리는 난해한 문제를 해결하는 것은 차치하고 그 문제의 특성을 이해하는 것이 얼마나 어려운지, 그리고 이러한 난해한 문제를 다루는 것이 얼마나 어려운지 곧바로 '이해'하거나 최소한 느낄 수 있다. 전통적인 분과학문의 시각은 충분하지 않다. 학제간 시각은 분과학문들의 투입에 의존하기 때문에 마찬가지로 충분하지 않다. 난해한 문제의 특성을 이해하는데 도움이 될 수 있는 유일한 시각은 문제의 특성에 의해 활용되는 지식의 출처가 결정되는 탈분과학문적 시각이다. 만약 내가 지구 온난화에 관해 어떤 결정을 내리고자 한다면, 나는 신학보다는 기상학의 지식을 더 빨리 고려할 것이다. 나는 또한 군 장성보다는 미 환경보호국 과학자가 이 문제의 본질에 대해 다른 시각을 가질 수 있음을 인정해야 한다. 다시 말하거니와, 탈분과학문적 접근방식이란 어떤 지식 출처를 이용하는지가 문제의 특성에 의해 결정되는 접근방식이다. 사회, 조직, 개인적 지식의 출처는 다소간에 항상 적실성이 있으며,

특정 학문 분야의 적실성은 문제의 특성에 따라 달라지는 것 같다.

제7절 결 론

비록 어렵긴 하지만 전 지구적 및 공공의 문제에 관해 우리는 분과학문의 시각과 학제간 시각으로 우리의 탐구를 제한할 수 없다. 전 지구 및 공공 문제의 특성을 규명하는 잠재력을 지닌 학문이 행정 혹은 공공정책에 대한 학문이다. 처음에 (특히 미국에서는) 이 학문이 도구적이며 기술관료제(technocracy)적인 초점과 전통을 지닌 학문으로 시작했으나, 이제는 그보다 훨씬 확대되었다. 사실, 행정이나 공공문제를 연구하는 학자들은 위에서 파악한 네 가지 지식 출처(영역의 측면과 시각)를 통해 이해를 높일 수 있음을 인식할 때 난해한 문제들의 이해에 기여할 수 있다. 우리는 심지어 여기에 한 가지를 더 보태서 다섯 번째 차원을 설정할 수도 있을 것이다. 즉, 예산운영과 재무, 프로그램 설계, 정책 기획과 평가, 성과 관리와 측정, 인적자원 관리, 조직 리더십 등 '실행하고' 응용하는 데 필요한 기술들 — (영감을 주는 등의) 모든 종류의 개인적 기술들 — 이 그것이다. 행정 연구자나 실무자가 갖고 있을 것으로 생각 또는 기대되는 기술 중 상당수가 분과학문적 및 조직·사회·개인적 지식 기반을 갖고 있다.

행정에 대한 학문은 세상에 대해 단순하고 인색한 서술을 할 수 없다. 행정 연구자는 경제학자(희소성), 사회학자(상호작용), 심리학자(반복적 과정으로서 의사결정) 등이 활용하는 방식처럼 한 가지 구체적인 관점이나 시각으로 사회를 볼 수는 없다. 연구자와 분리되어 제시될 수 있는 객관적이고 사실적이며 과학적인 증거를 살펴봐야 할 뿐 아니라, 연구 품질의 계층구조 상단에 있는 무작위 임상 연구, 연구에 대한 체계적 검토, 메타 분석에서 시작하여 적절한 무작위가 없는 연구, 자연적 실험, 준실험 설계, 개입이 있거나 없는 시계열 분석, 회귀 연속 설계를 지나 하단에는 전문가 의견까지 다양한 부분을 살펴보아야 한다. 그 다음에 정책결정자와 학자는 체계적이지 않은 문제와 제시된 궁극적 증거 사이에서 분명한 선택의 순서에 따른 결과로서 증거를 고려해야 한다. 이 논리에 따르면 모든 정책분석은 체계적이지 않은 문제에서 시작되어, 이 문제가 그 다음 단계에서 연구 가능한 문제로 축소되고, 그 다음 이러한 연구 가능한 문제는 변수간 개념, 구성, 관계에 의해 정의된 후 공식적인 모형으로 해석되며, 이러한 모형의 속성을 파악하여 마침내 증거에 도달할 수 있다(Desai & Harlow, 2013: 21). 많은 정책결정과 이 중 특히 난해한 문제의 가치판단적 특성은 전지구·공공의 문제를 다루는데 있어 정부가 과학적 증거에 의존할 것을 요구할 뿐 아니라, 궁극적으로 '증거'를 가져오는 방식과 선택에 관한 정보에 의존할 것을 요구한다. 증거가 가치 판단적이 아니고 명확하다고 말하거나 무엇이 연구 가능한 문제의 일부인지 혹은 아닌지에 관해 선택하지 않았다고 말하거나 어떻게 개념을 정의했는지 등에 관해 선택하지 않았다고 말할 수 있는 과학적 근거는 없다.

지구상에서 발생하고 있는 일에 대한 앎이 점점 증가하고 있음을 감안할 때, 학제적 연구에 대한 요구는 더 이상 충분하지 않을 수 있다. 전 지구 및 공공의 문제는 탈분과학문적인 해결책을 요구한다. 고전적 의미의 지식 통합은 불가능하다. 왜냐하면, 각각의 문제들을 해결하기 위해 지식 출처의 서로 다른 융합이 필요하고, 어떻게 이들이 가장 잘 융합하는지는 시간과 상황에 따라 달라질 수 있거나 달라지기 때문이다. 특정의 문제를 둘러싼 이와 같은 지식 출처의 융합을 '분화된 통합(differentiated integration)'으로 지칭할 수 있다(Raadschelders, 2011: 190). 적어도 전지구·공공의 문제에 대한 이해의 포괄성을 개선하기 위해 행정 연구는 지식의 출처와 방대한 지식을 연결하는 방법을 증진시킴으로써 정부 운영에 가장 잘 기여할 수 있다.

제 2 장

융합 연구에 대한 과학철학적 접근

김 유 신*

제1절 서 론

요즈음 '융합'은 영역에 관계없이 하나의 대세이다. 학교나 기업은 물론이고 심지어 정치인들까지도 융합을 말한다. 예를 들면, 누구나 융합기술, 융합연구, 융합학문에서 융합인재라는 용어들은 사용한다. 아마도 정책이나 정치에도 융합을 붙여서 융합정책, 융합정치라는 용어도 곧 나오지 않을까 생각한다. 여기에다가 창의성을 하나 덧붙여서 창의적 융합형 인재라는 용어도 흔히 사용된다. 개별학문도 다 창의성이 목표이다. 그런데 유독이 융합이 나오는 경우에는 대개 창의성이 앞에 덧붙는다. 이처럼 융합이란 슬로건의 홍수 속에 살고 있다고 해도 과언이 아니다. 그럼에도 융합의 의미는 불분명하고 문맥에 따라 조금씩 다르다. 대체로 정리하면 융합연구의 의미는 분과학문들이 서로 힘을 합쳐 연구하여 사회적, 기술적 문제를 해결하려는 뜻으로 보면 될 것 같다.

이와 비슷한 의미로 통섭이라는 용어도 많이 사용된다. 통섭의 영어는 "consilience"로 생물학적 환원주의라는 의미를 지닌다. 그러나 한국

---

* 부산대 전자전기공학과 과학철학 교수.

에서는 그와는 달리 학문의 장벽을 넘나들어 두루두루 섭렵한다는 의미를 훨씬 더 많이 지닌다. 통섭이나 융합은 처음에 도입된 것과는 달리 다의적으로 사용된다. 융합이란 개념이 처음에는 외국의 학제간 연구에서 얻어지는 "convergence technology"를 표현하기 위해 도입되었다. 즉 이 convergence technology를 수렴기술로 번역하지 않고 "fusion"의 번역인 융합을 융합기술로 번역한 것이다.

융합기술의 융합에 대응되는 언어가 외국과 한국이 다른 것은 어느 한쪽이 틀린 것이 아니고 기술의 결합에 대한 양측의 해석의 차이와 언어사용 관습에서 비롯된 것이라고 필자는 생각한다. 기술은 해석을 필요로 하는데, 그 해석은 사회문화적 상황과 깊은 관련이 있다. 기술의 각 분야는 독자적 체계를 가지고 있기 때문에 제어체계가 각각 다르다. 이것이 기술의 일반적 특징이다. 융합과 convergence(수렴)의 차이를 보기 위하여 스마트폰을 예로서 살펴보자. 스마트 폰은 여러 기술을 하나의 시스템으로 제어할 수 있는 통합된 기술이다. 이 때 기술의 통합이란 서로 다른 제어체계를 가진 여러 개별기술이 하나의 제어체계에 지배받고 하나의 공간에 모은 기술로 해석할 수 있다. 이 모음을 강조하면 convergence technology가 (융합기술보다) 더 타당하다.

반면에 하나의 기술체계가 되려면 그 기술 간에 어떤 강한 결합이 있어야 한다. 이 결합에 해석의 초점을 두면 (convergence technology보다는) 융합기술이라고 부르는 것이 더 나을 수 있다. 물론 이 융합은 또한 모은다는 의미를 포함하기 때문에 우리의 언어로 융합이 조금 더 폭이 넓고 나은 것 같다. 그러나 이것을 영어로 fusion으로 번역하면 오해가 많을 수 있으니 영어 표현으로는 convergence로 하면 될 것 같다. 따라서 우리의 '융합기술'의 '융합'이란 용어는 우리의 기술에 대한 해석과 언어 관습과 관련이 있기 때문에, 타당한 사용이라고 볼 수 있으나, 융합의 의미에 대한 반성 없이 너무 넓게 애매하게 슬로건으로 융합이란 용어를 사용한다는 데에 문제가 있다.

최근에 많이 사용되는 융합형 인재는 여러 영역을 결합하여 응용할 수 있는 능력을 가진 인재 또는 서로 다른 종류의 학제(discipline)에 기반을 두고 있는 학문들을 두루 공부하여 문제 해결에 잘 적용하는 능력을 가진 인재라는 의미로 사용되고 있다. 이와 비슷한 용어가 또한 통섭이다. 인문사회와 자연을 넘나들면서 두루 이를 통합하는 인재가 바로 통섭형 인재라는 것이다. 그럴듯하지만 이런 형의 인재는 천재나 가능한 것이고 교육을 통해서는 불가능하다. 따라서 통섭이나 융합을 일반인재에게 적용하여 융합적, 통섭적 교육방식을 채용하면 전문성이 없는 얼치기를 배출하게 된다. 융합연구란 서로 다른 학문들이 협력하여 주어진 문제를 해결하기 위한 연구라는 의미로 사용되고 있다. 이러한 융합연구는 학문적 필요보다는 사회적 필요에 의해 시작되었고 문제해결을 위한 목적으로 이루어져 왔다.

융합이란 용어가 그렇게 강조되고 있음에도 불구하고 정작 융합연구가 무엇인지? 어느 정도 가능한지는 연구되고 있지 않다. 그러다가 최근에 통섭에 대해서는 비판적 반성적 연구가 진행되어 여러 심포지엄이 있어 여러 논문이 발표되고 있다.[1] 마찬가지로 최근 융합의 의미에 그리고 실천 방향에 대한 반성적 연구가 진행되고 있는 중이다.

한국어의 융합은 사실 convergence의 번역이다. 그런데 이 convergence는 기술에 주로 적용되는 반면에 융합은 기술, 학문, 연구 거의 모든 분야에 사용한다. 이 융합은 통합(integrate)과도 다르다. 오히려 학문 간의 상호작용을 통해서 새로운 무엇인가를 창출하고, 새로운 학문 영역을 만들어 내는 느낌도 준다. 우리 사회에서는 주로 이러한 뜻으로 융합을 사용한다. 과연 이러한 뜻의 융합이란 것이 가능한가? 이런 의미의 융합 담론은 잘못된 것이 아닌가? 학문의 본성상 개별 학문의 융합이 가능한가? 가능하면 어떻게 가능한가? 라는 철학적 질문을 할 수

---

1) 예로써, 박승억, 2008; 배식한, 2007; 이남인, 2010; 최종덕, 2007 등을 들 수 있다.

있다.

융합에 대한 여러 책들이나 논문들이 있다. 대개는 특정한 역사적 사례를 들어 융합과정을 설명하거나, 융합의 장애요소들, 융합 결과로 나타난 학문의 사례들을 제시하는 것이 대다수이고, 실천적으로 새로운 융합모델이 필요하다는 것을 주로 이야기 한다. 이 논문은 이러한 사례 중심의 연구보다는 학문의 본성에 입각하여 융합의 본성에 대한 과학철학적 접근을 하고자 한다. 융합연구란 무엇인가 융합연구를 어떻게 할 것인가를 직접 논의하기 보다는 학문간 융합이란 것이 무엇을 의미하는지, 융합연구란 어떤 연구를 의미하는 지에 대한 이론적, 혹은 개념적 토대를 살펴보는 것이 이 논문의 목적이다. 이 개념적 토대가 잘 밝혀지면 융합연구가 무엇이 되어야 할지를 방향을 정립하는데 도움이 될 것이지만, 이 논문은 본격적인 연구라기보다는 예비적 연구에 불과하다.

제 2 절 학문, 학문성, 학문범주

하이젠베르크는 보어의 대응원리를 사용하여 양자이론을 최초로 체계적 역학으로 만들었다. 하이젠베르크의 기본 아이디어는 원자가 방출하는 복사파를 원자내부에 존재하는 전자의 운등으로 기술하려는 노력을 포기하고, 원자 내에 전자현상에 시공간 기술을 적용할 수 없다는 가정에서 시작한다. 자연히 전자의 위치와 운등량은 시공간 개념이기 때문에, 그것을 대치하는 새로운 물리량을 도입해야 했다. 하이젠베르크는 보어의 대응원리를 사용하여 시공간 개념이 들어가지 않는 관찰가능한 파라미터로 구성된 집합을 사용하여 운동량과 위치를 대치시켜 새로운 운동학으로 양자역학을 만들었다. 보른은 이 집합이 바로 매트릭스란 것을 파악하고 하이젠베르크의 첫 이론을 정교하게 하여 보른,

하이젠베르크, 요르단의 이름으로 매트릭스 역학이란 체계적 양자역학을 만들었다. 이 매트릭스 역학은 불연속적 역학이었다. 따라서 전자의 궤적은 없다. 양자도약이 일어날 때에 전자의 도약과정의 시공간 궤적이 없다. 그러나 윌슨은 안개상자에 관찰된 전자의 흔적이 바로 전자의 궤적의 존재를 입증한다는 주장을 했다. 이것은 하이젠베르크의 이론에 대한 치명적 공격이 된다. 이로 인해 하이젠베르크는 무척 괴로워했지만, 자신의 수학은 워낙 일관성이 있었기 때문에 자신의 이론을 타당하다고 믿었다. 하이젠베르크는 이 문제에 대해 아인슈타인과 대화를 한 적이 있다. 이 때, 아인슈타인은 "무엇을 관찰할 수 있는지는 이론이 결정한다"라고 하이젠베르크에게 이야기했다. 이 대화는 하이젠베르크에게 자극을 주어 불확정성원리를 발견하도록 기여했다. 윌슨 안개상자의 궤적은 전자의 정확한 궤적이 아니다. 불확정성의 범위에서 마치 궤적인 것처럼 보이는 것이다. 아인슈타인의 이 충고는 하이젠베르크의 불확정성 원리의 발견에 영향을 주고 하이젠베르크는 자신의 양자역학이 옳음을 확신하게 했지만, 양자역학에 만족하지 않은 아인슈타인은 포돌스키, 로젠과 더불어 물리학의 학문성의 원리를 제안하여 양자역학의 핵심인 하이젠베르크의 불확정성을 공격하여, 양자역학의 불완전성을 드러내려는 논증을 폈다(Einstein, Podolsky, & Rosen, 1935: 777-780; 김유신, 2012: 3장, 6장). 이 논증은 저자들의 영문명의 첫 글자를 따서 'EPR 논증'이라 불리어지며, 이후 이 논증을 둘러싸고 수많은 논문이 나왔다. EPR이 제시한 물리이론의 완전성 기준에서 자극을 받아 학문의 융합 문제 논의를 위해 아래와 같이 수정했다.

모든 학문은 먼저 자신의 학문의 이론이 옳은가(correct)를 질문한다. 이 때 이론의 옳음은 이론의 결론과 인간의 경험 사이의 일치 정도로 판정된다. 이론이 세계의 '참(truth)'을 제시하는가 여부가 아니라, 이론이 실용적으로 현상을 적합하게 해명하거나 예측할 수 있는가에 초점을 둔다. 즉 이론의 경험적 성공을 다룬다. 이론이 경험적으로 성공한다고 하여 그 이론이 완전한 이론이 아니다. 그 다음 문제가 존재론이다. 학문은 기본적으로 자신의 학문이 성립하는 영역에서 세계에 무엇이 존재하는지를 그리고 그 존재자의 관계를 기술하고 설명하기 위해 자신의 존재론을 가지며 그 존재론의 완전성을 지향한다.

학문이 지향하는 존재론의 완전성이란 학문이 자신의 영역에 속하는 실재에 대한 기술을 완전히 해내는가이다. 즉 자신의 영역이 인정하는 세계에 존재하는 존재자들은 모두 거기에 대응되는 부분을 이론 속에 가지고 있어야 한다. 여기서 세계에 "존재하는 존재자"란 말의 의미는 철학적이면서 애매할 수 있다. 따라서 "존재한다"는 것의 의미를 EPR은 어떤 선험적인(a priori)[2] 방식에 호소하지 않고 어떤 물리량이 확률 1을 가지고 이론적으로 예측할 수 있으면 그 물리량은 세계에 존재한다고 정의한다. 이것을 원용하여 각 학문은 어떤 존재자가 "존재한다"는 것의 의미를, 각 학문이론이 관장하는 이론용어를 즉 이론이 인정하는 실험과 측정에 호소하여 직접적이든 간접적이든, 이론적으로 정확히 발견할 수 있으면 그 존재자는 세계에 존재한다는 것이다. 각 학문은 자신의 영역이 되는 세계에 존재하는 존재자는 다 기술하려 할 것이다. 이처럼 완벽한 존재론을 지향하는 학문은 어떤 의미에서 제국주의적 성질을 지닌다. 이것이 사회과학이든 자연과학이든 과학이라는 학문의 학문성이다. 서로의 독자적 존재론을 가지고 제국주의적 성향을 지닌 이러한 학문들의 관계는 어떠한가? 융합이 가능한가? 즉 융합학문이라면 존재론의 융합이 필수적인데, 그러한 존재론의 융합이 가능한가? 융합은 새로운 존재론을 만들어내는 것인가?

이를 위해 먼저 학문범주라는 개념을 제안하려 한다. 칸트는 현실이 가능한 경험의 대상이 되기 위해서는 인간의 인식활동에 의해 규정되

---

2) 전통적으로 a priori의 번역을 '선천적으로' 그리고 transcendental을 '선험적으로'로 번역했다. 최근에 a priori를 '선험적으로', transcendental을 '초월적으로'로 번역하는 경향이 있다. 나는 여기서 후자를 따랐다.

어야 하며, 인간의 지식능력의 종합적 성격을 통해서 지식의 객관성이 확보된다는 것이다(강영안, 2009: 20). 칸트 철학에서는 경험이란 세계의 존재자와 인식주체와 공동작업의 결과이다. 주어진 직관의 잡다(manifold)가 범주들에서 사고가 되는데, 이 범주들에 의해 직관의 잡다가 결합되어 감성을 촉발시킨 대상을 인식한다. 이 범주가 바로 경험의 가능성의 조건이다.

각 학문은 완전한 존재론을 지향하기 때문에, 이를 통합하는 하나의 통일된 학문이 존재하지 않고, 서로 환원되지 않는 여러 학문이 존재한다.[3] 이러한 학문들의 총체적 사용을 통해서 우리는 재단되지 않은 세계전체를 이해할 수 있다. 이러한 학문을 인식론적 관점에서 위에서 언급한 칸트의 범주라는 용어를 유비적으로 사용하면, 학문범주라고 부를 수 있다.[4] 세계는 복합적인데, 우리의 학문은 복합적 세계(칸트의 잡다와 유비됨)를 재단하여 각자 자신의 영역에 귀속시키고 그 학문영역에 주어진 잡다들을 결합하여 세계의 특징적인 모습을 인식한다. 이 인식 결과를 결합하여 우리는 세계에 대한 총체적 인식을 갖는다. 칸트의 범주는 경험적이지 않지만 학문범주는 경험적 산물이다. 그럼에도 이 범주

---

3) 학문 간의 통합 즉 통일과학 운동은 카르납을 비롯한 논리실증주의자들에 의해 한 때 주도되었다. 그리고 윌슨(Wilson, 1998)은 인문사회과학과 자연과학의 통합을 통섭(consilience)이라는 용어를 사용하여 주장했다. 여기에 대해 많은 비판이 있다(이남인, 2009: 259-312).

4) 유비는 칸트의 개념이다. 학문의 발전과정에서 영역이 균일하지 않기 때문에, 연역으로는 힘들다. 이 때 유비를 사용한다. 유비의 표현은 A:B=C:D로 표현할 수 있다. A, B와 C를 알면 유비 식에서 우리는 D를 구할 수 있다. 이것을 사용하여 나는 A를 직관된 잡다, B를 범주 직관된 잡다를 범주를 통해서 지성의 대상으로 바꾼다. C를 전체세계 혹은 총체적 세계라고 보면 유비식이 성립하려면 D는 학문범주 즉 완결된 존재론을 지향하는 개별학문을 학문범주라고 부른다. 이 개별학문들로 세계를 분해하여 얻은 인식을 통해서 총체적 세계를 인식한다. 이 학문범주가 없으면 세계는 일상으로만 이해되고 그친다. 이 학문범주는 칸트의 범주와 달리 무한히 많을 수 있다. 후설은 학문을 통해 세계가 지니는 다양한 특징을 경험할 수 있는데, 이것들은 생활세계에서 출발해야 하며 총체적으로 생활세계를 드러내는 것이라고 본다. 학문의 학문성은 주체가 세계에 대한 태도를 취함으로서 형성되는 것이다. 그렇다고 하여 구성주의는 아니다. 훗셀의 현상학은 관념론의 성격을 지니지만 관념론(idealism)이 아니라, 'meaning-idealism'이 옳을 것이다.

는 오랜 학문역사와 대학제도, 사회적 요구와 관련하여 형성되었기 때문에, 지속적으로 안정되어 있어 변화를 요구할 때는 특히 존재론의 변화를 요구할 때는 강하게 저항한다. 이 학문범주는 단순한 개별학문이 아니라, 많은 다른 학문을 하위학문으로 거느리고 있는 학문이다.

이 유비는 정확한 것은 아니지만, 우리는 세계를 개별 학문의 영역으로 추상화시켜 분할하고, 분할을 통한 인식결과를 결합하여 총체적 세계를 이해한다는 점에서 학문을 학문범주라 부를 수 있고, 이 학문범주는 대략적으로 현존하는 전통적 학문으로 구성된다고 할 수 있다. 이 학문범주는 내부구조란 내부의 여러 하위학문과 그 관계로 구성된다. 예를 들어 물리학을 세계의 물리적 영역에 대한 인식을 보여주는 학문범주라고 한다면, 그 내부에 고체물리, 역학, 소립자물리 등의 하위학문들이 있다. 정치학, 사회학, 경제학 등은 일종의 학문범주다 부를 수 있다. 세계의 정치적인, 사회학적인, 경제적인 측면을 바라볼 수 있게 한다. 사회적 세계를 이해하기 위해서는 이러한 사회과학적 학문범주와 물리과학적인 학문범주를 다 합쳐야 제대로 이해할 수 있다.

이러한 학문범주들에 의해 세계가 다 파악되는가? 즉 학문범주는 완결적인가? 칸트의 범주는 주어진 직관의 잡다를 결합시켜 이것을 통해서 감성을 촉발시킨 모든 대상을 인식하는데, 이 때 범주는 완결되어 있다. 그러나 학문범주는 자신의 존재론의 완결을 원하지만, 사회적 역사적 자연적 환경과 상호작용을 통해 우연히 생겨난 것이기 때문에, 필연적이나 고정적인 것이 아니라 변화 가능한 것이다. 세계에 대한 설명을 효율적으로 하기 위해서 변화가 가능하며, 확장 축소될 수 있다. 그리고 새로운 학문범주의 출현도 가능하다. 학문범주의 확장과 축소, 새로운 출현은 학문의 존재론의 변화를 조건으로 한다. 학문 간의 융합은 학문 간의 상호작용 학문과 세계와의 상호작용 속에서 이루어진다.[5]

---

5) 그런데도 범주라 부를 수 있는 것은 이러한 학문범주는 하위학문의 출현은 많이 하고 있지만, 안정적으로 대학의 학과로서 제도적 이론적으로 안정적 위치를 가져왔기 때문이다.

각 학문은 이상적으로 발전하여 완결된 존재론을 가지기를 원한다. 그러기 위해서 개별 학문은 자신과 존재론이 다른 학문의 성과를 이용해야 한다. 다른 학문과 존재론이 다르더라도 패러다임이 다른 것이 아니기 때문에 다른 학문과 동일한 의미론적 기반을 가지고 있다. 각 학문은 존재론에서는 타학문과 독립적이지만, 타학문을 이해하고, 발전과 적용을 위해서는 도구적으로 타학문의 성과와 존재론을 사용할 수 있다. 예를 들어 생물학은 화학이나 물리학에서 얻은 많은 성과를 이용한다. 그렇다고 물리학적 성과를 자신의 존재론의 핵심적 부분으로 포함시켜 다루는 것은 아니다. 다만 자신의 존재론을 구성하기 위한 부수존재자이다.

제3절 학문범주의 우연성과 융합모델

학문범주의 우연성이란 그 학문의 토대가 되는 존재론이 열려있음을 뜻한다. 그것은 세계에 대한 경험이 확장되면서 새로운 존재자들의 발견과 새로운 존재자의 세계가 형성된다. 곧 학문범주는 생성될 수 있다. 각 학문범주가 존재론의 완결성을 주장하기 때문에 열려있을 수밖에 없다. 왜냐하면 열려야 존재론적 확장이 이루어지기 때문이다. 학문의 제국주의는 이 열림을 최대한 활용하여 존재의 세계에 대한 병합을 시도한다. 따라서 기존의 학문범주는 자신의 존재론에 있지 않는 것을 발견하려고 노력한다. 그를 위해서 다른 학문범주와의 협력을 할 수 있는 조건을 갖추고 있다. 그리고 가능한 새로운 존재론적 세계의 출현을 새로운 존재자의 세계로 보기보다는 자신의 하위영역으로 병합시키려고 할 것이다. 학문제국주의의 특성상 그렇다.

학문범주는 열려있고 그것은 우연적이기 때문에, 사회세계가 복잡해지고, 기술이 발달하여 자연이나 사회에 대한 탐구가 정교해지면, 우리는 새로운 존재자 세계가 필요하다는 것을 인정하게 된다. 여기서 학문범주는 자신의 존재론을 완결시키기 위해서라도, 다른 학문범주의 성과를 활용하지 않으면 안 된다는 사실과 현실의 총체적 인식을 위해서 자신의 학문범주로서는 한계가 있다는 것을 깨달을 수도 있다. 이 때 새로운 학문이나 학문범주의 출현을 기대할 수도 있다. 학문범주의 상호작용이나 협력을 통해서 새로운 형태의 학문을 창안하거나 자신의 존재론을 확장시킬 수 있다. 이러한 상호작용과 협력이 바로 융합연구이다.

융합연구는 넓은 의미에서 서로 다른 학문 간의 협력의 방식이다. 같은 학문범주 내의 하위 분야 학문 간의 협력이 있을 수 있고, 학문범주 간에 협력이 있을 수 있다. 서로 다른 존재론적 체계 때문에, 융합방식이 모호하고 힘들지만 한 학문범주의 하위분야들 간의 융합은 유사한 존재론을 가지기 때문에 덜 힘들다. 융합연구 방식은 학문분야에 따라 다르다. 기술의 경우, 응용분야와 기초 학문은 차이가 있다.

융합방법이나 융합 모델은 융합 대상에 의존하고, 동시에 이러한 융합의 시작은 대개 사회적 필요에 의존한다. 융합방법은 크게 두 가지로 나눌 수 있다. 선형적 융합방법론과 비선형적 융합방법론이다.

1. 선형적 융합 방법론: 모듈형 융합 연구

현실의 복잡성으로 현실의 문제를 이해하고 해결하기 위해 학문 간의 협력이 필요하다. 이 방법은 전통적으로는 현실 문제를 각각의 존재자의 세계에 따라 분해하고, 그 존재자를 다루는 학문 영역에 배속 처리하여 결과를 산출한 다음 그 결과를 다시 결합하는 방식이다. 이것을 모듈적 방식이라고 부를 수 있다. 이때 결합은 모듈 간의 인터페이스만 처리하면 된다. 이 인터페이스는 각 학문 간에 단순한 상호 이해만 필요하다. 이러한 방식의 융합연구가 연구의 상당한 부분을 차지한다.

그 특징으로는 선형적 중첩과 환원적 방법을 사용한다. 이는 기술

발전으로 확대된 현실의 복잡성을 현실적 학문영역으로 분해하여 다시 합치는 것이다. 학문은 자신의 존재론을 그대로 가지기 때문에 자신의 학문 영역을 고수하면서 타 학문과는 서로의 성과를 활용하는 협력 방법이다. 선형적 융합방법에서의 융합은 존재론적 세계의 변화로서가 아니라 존재론을 그대로 인정하기 때문에, 결합의 성과를 비교적 예측 가능하다.

2. 비선형적 융합 방법론

선형적 중첩, 환원적 방법으로는 현실 이해가 매우 힘든 경우에는 비선형적, 비환원적 융합방법론을 채용해야 하며, 이러한 비선형적 융합은 두 가지로 나눌 수 있다. 하나는 침투형 융합이고, 다른 하나는 생성형 융합이다.

먼저, 침투형 융합이란, 서로 다른 학문이 협력할 때 서로의 존재론적 완결성을 지향하기 위한 새로운 존재자를 발견하고 그 발견된 존재자를 서로 각자의 존재론에서 흡수하되 공유하게 되는 경우이다. 이때 공유된 존재론적 영역이 학문적 조건을 갖추게 된다면, 새롭게 발견되는 학문영역이 될 수도 있다. 이에 대한 예로 분자생물학을 들 수 있다. 이 분야는 생물학과 화학의 융합으로 공유되는 존재자 세계의 출현으로 이루어졌다. 이것은 존재론적으로 생물학이 화학 방향으로 확장되고, 화학이 생물학 방향으로 확장되어 나타난 것이다. 생물학이 분자수준에서의 존재자들을 생물학적 세계의 존재자의 구성성분으로 탐구하게 될 때, 이들을 단순히 타 분야의 성과로서 생물학을 위한 부수적 조건이나 환경으로서 그치는 것이 아니라, 생물학 자신의 존재자로 인정하게 될 경우가 있다. 이때 새로운 존재자의 출현을 생물학은 경험할 것이다. 그리고 확장된 새로운 영역을 단지 생물학의 부수 존재자 이상의 핵심 존재론에 편입될 때, 독자적 학문으로 등장한다. 분자생물학이 바로 그런 예이다. 침투적 융합은 새로운 존재론을 출현시키지만, 대개 여전히 융합하기 전의 학문의 확장으로 그친다. 침투적 융합은 지식 성장과정 중에서 중요한 궤적일 수 있다. 분자생물학이 여전히 생물학 부분의 확장으로 비록 아직 새롭지만, 생성형 융합은 아니다.

다음으로 생성형 융합은 융합의 결과 서로 다른 존재론적 세계가 생성되어, 융합적 학문으로 활용은 하되 독립하여 자신의 독자적 학문을 생성하는 방식의 융합이다. 이것은 그 존재론과 방법론이 성숙할 때까지 많은 시간과 긴 학문적 여정이 필요하다. 이러한 융합의 존재론은 융합했던 학문범주 혹은 학문의 하위학문 영역으로 보기 힘든 독자성을 갖는다. 따라서 새로운 융합학문의 출현이라고 부를 수밖에 없다. 과학과 철학의 융합으로써 과학철학, 인지과학, 뇌과학으로 인간의 행복을 연구하는 학문을 만들 수 있다면, 그것은 행복학이라 부를 수 있는 하나의 새로운 학문이 될 것이다(이남인, 2010). 물론 이렇게 생성된 학문이 하나의 독자적 학문이냐 아니면 다른 학문의 분과학문이냐 하는 것은 보편적 기준이 있지 않고 문맥적이고 실용적인 기준만 있을 뿐이다. 예를 과학사-과학철학이 역사학이나 철학의 분과학문이 될 수 있지만, 한국의 현실적 상황에서는 (외국도 많은 경우에) 독립해서 존재한다.

뇌 연구를 생각해보자. 뇌는 생물학적 존재이고, 뇌의 내부에 존재하는 존재자들도 생물학적 존재로 본다. 그런데 뇌 연구는 뇌의 현상과 정신현상과 연결시킨다. 무엇이 정신현상인가, 그리고 어떻게 개별화하는지는 심리학 이론이 주로 결정한다. 따라서 심리학적 존재론을 뇌과학에서는 필수적으로 사용할 수밖에 없다. 원자를 이해하기 위해 태양계 모델을 사용하는데, 이 태양계 모델은 이론 구성적 메타포이다. 심리학에서 의식을 다룰 때 사용하는 이론 구성적 메타포로 컴퓨터 모델을 사용한다. 따라서 컴퓨터과학이 의식을 탐구하는 데에 중요한 역할을 한다. 그렇다고 하여 의식을 컴퓨터 과학이나 뇌 과학의 발전에 의해 다 이해한다는 것은 잘못이다. 어디까지나 의식의 존재론 영역에 어느 정도 침투하는 수준에서 컴퓨터과학의 존재론과 심리학의 존재론 그리고 생물학적 존재론들이 같이 사용되는 데에 불과하다. 생물학에서도 신경학, 이 신경학을 이해하기 위해서, 전자공학의 신호처리, 신경회로망, 생물물리학 등의 다른 하위학문들이 필요하기 때문에 공유하는 존재자들이 더 많다. 만약 이러한 존재론들을 하나의 통합적 존재론으로 만들 수 있으면, 뇌과학은 본격적으로 독자적 학문이 된다. 이 때 통합이라고 하여 세 학문의 각자의 존재론 전체를 통합하는 것이 아니라, 침투를 통해 공유된 영역만 통합하는 데 불과하다. 하지만 뇌과학은 현존하는 어느 학문범주의 분과학문이 되지 않기 때문에, 뇌과학이 새로운 학문으로 정착하여 발전하면 여러 분과학문을 거느리는 하나의 학문범주가 될 수도 있다. 그러나 뇌과학이 학문범주가 되려면, 뇌과학의 존재론은 관련된 주요 학문들의 존재론을 적절하게 결합하면서 자신의 새로운 독자적 존재론을 만들어내야 한다. 이러한 작업이 바로 생성형 융합의 전형적인 모습이다.

사실 뇌과학을 이용하여 최근에 여러 융합된 분과학문이 적절한 문제를 해결하기 위하여 초보적인 단계에서 출현하고 있다. 예를 들면 신경경제학, 신경정치학, 신경윤리학, 진화윤리학, 정신과학 등이 많이 있다. 정신분석학에서 신경생물학 등이 출현하고 있다. 이들이 본격적 학문이 되려면 자신의 존재론을 가져야 하는데, 그것이 무엇인지조차도 쉽지 않다. 그러나 점차 연구를 하면 방법론이나 존재론이 성숙할 수 있을 것이다. 그런데 융합학문의 출현이 목적이 아니라, 적절한 융합모델을 사용하여 복잡한 현실의 문제를 해결하는 것이 목적이기 때문에, 지나친 형이상학적 추론보다는 겸손한 태도를 취해 하나의 방법론 형성에 기여하는 것을 우선의 목적으로 삼아야 할 것이다. 예를 들어 정신분석학적 문제를 해결하기 위해 뇌의 생물학적 현상을 정신분석학과 상호작용하여 새로운 명칭을 가진 소위 신경생물학을 형성시킨다고 하더라도, 이것을 확장하여 정신은 물질로 환원된다는 주장은 인식의 본성을 오해하게 만들고 그 학문의 발전도 저해시킨다.

여기서 하나 중요한 것은 이론이 관찰을 결정한다는 명제가 하나의 메타포나 상징이면서도 복합적이고 깊은 의미를 갖고 있다는 점이다. 융합을 통해 하나의 이론이 형성될 때, 그 이론의 존재론이 다치 생활세계의 존재론처럼 그리고 타학문 범주의 존재론을 인정하지 않는 환원주의를 경계해야 한다. 이 경우는 이론이 관찰을 절대 결정하지 못한다고 해야 할 것이다.

제 4 절 인문사회과학과 자연과학의 융합

질문: 인문사회과학과 자연과학은 서로 근본적으로 다른 방법론을 사용하는 학문인가?

답변: 그렇지 않다. 두 진영은 인과적 설명을 받아들인다는 점에서 통일성을 지니며, 대상에 따라 다른 방법론을 사용하는 것뿐이다.

이 때 인과개념은 무엇인가? (1) 일반적으로 받아들이고 있는 흄의 주장을 따라 경험적주의 인과개념은 거부한다. 경험주의적 인과개념은 인과가 비관찰적 존재자이므로 법칙개념으로 환원 소위 인과법칙이라는 법칙개념을 받아들이지 않는다. (2) 인과 개념은 분야에 따라 달라지면서 핵심개념을 가지고 확장해가는 그러한 개념이다. (3) 해석이나 공감, 감정이입 같은 것을 고려하는 것이 인문사회과학의 특징인데, 이러한 것은 그 분야에서의 인과패턴을 규정하는 역할을 하기 때문에, 인과적 설명에는 해석과 공감, 감정이입 등이 다 포함된다. (4) 인과개념이란 모두 물리적 인과개념으로 보는 것은 잘못이다. (5) 무엇이 인과인가를 결정하는 분야-독립적이고 이론-독립적인 보편적인 기준은 없다. 그것의 추구는 실증주의의 보편숭배 사상에서 온 것이다.

인문과학과 자연과학이 근본적으로 다르다는 주장은 역사적으로는

19세기 중반의 딜타이, 양차대전 사이의 콜링우드, 최근의 하버마스, 드레이, 테일러 등에 의해 이루어져 왔다. 반면에 헴펠 같은 경험주의 철학자는 그의 논문 「역사에서 일반법칙의 기능」(Function of General Laws in History)에서 두 분야는 포괄법칙 모델로 설명 가능한 기본적 유사성을 가지고 있음을 주장한다. 물론 헴펠의 주장에는 문제가 많다. 그 이유는 인간행위는 동일한 지시체를 사용하지만 기술방식이 다를 때, 진리치가 바뀔 수 있고, 억지로 인간행위를 법칙으로 만들려면 그 법칙은 동어 반복을 야기할 수 있기 때문이다.

이 두 입장의 논쟁은 자연주의-해석주의라는 이분법적 논쟁으로 여전히 계속되고 있다.[6] 이러한 이분법을 정당화시키는 방법들 중 하나는 인문학은 가치와 의미, 삶의 목적 등을 다루는 학문으로 규정하고 자연과학은 사실과 관련되는 학문으로 규정하여, 목적과 대상이 다르기 때문에, 환원이 불가능하다는 것이다. 환원은 불가능하지만, 그렇다고 이분법적 범주는 그렇게 바람직한 것은 아니다. 인문과학과 사회과학의 하위 학문들 간에도 환원이 되지 않는다. 자연과학의 내부 학문들 간에도 서로 환원되지 않는다. 따라서 환원주의의 거부가 방법론이 근본적으로 다르다는 주장을 정당화할 수 없다.

예를 들면, 지질학과 물리학은 매우 다르다. 이것은 물리학이 심리학과 서로 다른 것보다 훨씬 많이 다르다. 경제학과 물리학의 유사성은 지질학과 물리학의 유사성보다 훨씬 크다. 필자는 생물학과 물리학이 서로 유사한 것보다는 물리학이 사회학에 더 가깝다고 본다. 그런데 우리는 지질학을 물리학과 같은 자연과학의 범주에 넣는다. 내 생각에는 물리학과 경제학, 심리학을 같은 범주에 넣고 지질학과 물리학은 서로 다른 범주에 넣는 것이 더 나을 것 같다. 대상이 다르기 때문에 방법론이 다를 뿐이다. 따라서 인문과학-자연과학 이분법은 시장에서 편의상

6) 최근에는 실재론적 인과개념과 실재론적 설명이론이 새로운 방식으로 이 논쟁을 해결하려는 경향이 두드러진다.

구별하는 것이라면 좋으나, 학문범주로서 그 역할을 하는 지금의 현상은 아주 잘못된 것이다.

어떤 학자들은 자연과학은 스스로 가치를 탐구 못하기 때문에, 자연과학의 방향이나 연구프로젝트 설정의 방향을 인문학적 성찰적 기능을 가지고 그 안에서 수행해야 한다고 하면서, 인문학과 자연과학을 구분하는 주장을 하는데 이것은 타당하지 않다. 가치와 사실은 이상화를 통한 추상적 구분을 할 수 있으나, 현실적으로는 구분이 그렇게 가능하지 않다. 가치와 사실 모두 이론 의존적이다.

막스 베버가 가치와 사실을 구분하면서 가치중립성 이야기를 하지만, 그 구별을 콘텍스트 의존적으로 이야기하지 그 구별을 가지고 마치 독립적인 가치중립적인 방법론이 있는 것처럼 구별하고 있지 않다. 가치 혹은 의식을 물리적 인과관계의 망에 의해서 파악할 수 없으며, 그러한 인과관계의 망에 의해 규정될 수도 없는 존재이다. 오히려 의식이 인과관계의 망이 무엇인지를 규정하는 존재라고 볼 수도 있다. 그러나 물리적 인과관계의 망과 완전히 독립적으로 의식을 이야기할 수는 없다. 막스 베버는 그의 사회학 방법론에서 이유가 원인이 될 수 있음을 인정하여 사회현상에 대한 인과적 설명을 하려 한다. 마찬가지로 가치 역시 인과관계를 규정하지만 물리적 인과관계의 망을 떠나서 가치를 이야기할 수 없다. 가치와 사실은 항상 같이 간다.

하버마스(Habermas, 1968)는 자연과학은 가설-연역적 방법을, 인문학은 해석학을, 사회과학을 비판이론적 방법을 그 특이한 방법론으로 사용한다고 한다고 하여 세 학문의 방법론의 특이성을 구별한다. 그러나 같은 논문에서 폴레스달에 의하면 해석학에서도 가설-연역적 방법을 사용한다고 주장한다. 텍스트를 해석할 때 해석학적 순환에 따라 텍스트에 대한 선이해를 전제로 하여 구절 구절을 해석할 때, 예를 들어 단어의 의미에 대한 가설을 제시하고 다음의 비슷한 맥락에서 그 단어가 나올 때, 연역적으로 그 해석이 맞는지를 살펴본다. 맞으면 그 가설은 수용한다. 폴레스달은 이러한 주장을 입센의 작품인 Peer Guynt 해석에 적용했다. 따라서 가설연역적 방법은 자연과학의 전유물이 아니다. 그리고 더 중요한 것은 사회과학적 데이터가 이론 의존적이듯이 자연과학적 관찰도 이론독립적인 관찰이 아니라 이론 의존적이다. 그렇기 때문에 관찰 자료의 해석의 문제가 구별의 핵심요인이 될 수 없다.

다만 여기서 인과개념은 경험주의자의 주장처럼 법칙개념으로 환원되는 것이 아닌 분야에 따라 다를 수도 있지만 여전히 이론에 의존적인 것이다. 따라서 인문과학이나 자연과학은 전연 이분법적으로 분리할 만한 근본적으로 다른 방법론을 취하지 않으며, 즉 인과적 설명을 한다는 점에서 방법론이 근본적으로 다른 것이 아니다. 둘 다 모두 인과적 설명을 기본으로 한다. 그런데 역사는 구별되는 방법과 목적, 예를 들면 감정이입(empathy)과 어떤 인간의 목적에 대한 구별되는 관심에 의존한다고 이의를 달 수 있을 것이다. 그러나 이 감정이입이나 인간에 대한 특별한 관심은 표준적 인과 패턴을 선택하는 것을 규율로 삼기 때문에 문제가 없다. 따라서 인과개념에 대한 어떤 선천적이거나 보편적인 정의를 할 수가 없지만, 분야에 따라 그 분야에서 동의하는 핵심개념으로 인과개념이 있다. 이 핵심 개념은 다양한 기초적 요소들로 구성되고, 거기에서 보다 복잡한 부분으로 적절한 과정을 거쳐서 확장된다(Miller, 1987: 73-86). 비록 인과개념이 분야-독립적인 보편적 기준에 의해 정의되지는 않지만, 이 핵심개념이란 것을 통해서 우리는 각 분야에서 인과개념을 적용하고 있는 것이다.

그렇다고 하여 가치와 사실이 구별되지 않고 인문학과 과학이 구별되지 않거나 자연과 사회가 구별되지 않는다는 뜻은 아니다. 그것은 추상적으로 구별되지만, 현실과정에는 항상 같이 간다. 마치 하나를 하면 다른 쪽은 못하고, 커리큘럼이나 입시제도나 대학교육에서 마치 신성불가침한 것으로 여겨 조직적으로, 이데올로기적으로 두 분야의 장벽을 두는 상황은 너무나 잘못된 것이다. 그 배경에는 근본적으로 다른 방법론, 다른 대상을 다룬다는 이데올로기가 깔려 있다.

이 배경을 가지고 융합과 관련해서 생각해보자. 물리학을 연구하는 사람은 철학을 배우지 않아도 가능하다고 생각할지 모른다. 철학적 언어가 물리학에서는 사용되지 않는다고 생각되기 때문이다. 그것은 잘못이다. 명시적으로 물리학을 하면서 칸트를 다루지 않는다. 필자는 고전전자기학을 가르치면서 칸트의 이름을 별로 들먹이지는 않지만, 현재가 우리가 하는 고전전기자기학(classical electromagnetic theory)이 지니는 암묵적 가정이 무엇인지를 드러내면서 칸트적 가정이 이미 일상에서 옴을 이야기한다. 즉 가능한 암묵적 가정을 하지 않고 그것을 명시적으로 드러내려 한다. 현재 우리 각 개인이 하고 있는 물리학은 정상과학의 일부분으로 현존하는 철학과 형이상학의 기본적 틀을 암묵적으로 이미 가정하고 수용하고 있음을 보여주면서 강의를 한다. 그것이 많은 효과가 있음을 필자는 느낀다.

그리고 정상과학의 내부에서도 변형이 일어날 때, 상상과 영감은 확장된 생활세계에서 온다. 이러한 확장된 생활세계란 이미 학문적 가정들이 생활세계의 암묵적 가정으로 들어와 그 학문이 발생하기 전보다는 확장되었다는 의미이다. 현존하는 물리학이 토대로 하는 기본 철학에 대한 의문을 가지고 질문을 하는 것은 학문의 역사를 통하서 세계를 보는 현대에는 비록 패러다임 천이가 생기는 수준이 되지 않더라도 가능하다.

상대성 이론이 처음 출현할 때, 포퍼는 뉴턴 역학의 시공간 개념이 선험적으로 참이고 결코 변화하지 않을 것으로 생각했다. 사실상 패러다임 천이가 일어나지 않을 때는 그러한 암묵적 가정이 드러나지 않는다. 그러나 양자역학, 상대성이론의 충격을 경험한 현대에서는 과학에서 가질 수 있는 암묵적 가정을 역사적 사유를 통해 비판적으로 생각할 수가 있으며, 드러낼 수 있다. 이 암묵적 가정은 철학적이다. 사회과학에서는 과학적, 과학철학적 물리 개념들과 과거에 비해 현대의 확장된 생활세계가 지니는 암묵적 사고방식, 세계를 보는 암묵적 모델, 가정을 드러낼 수 있는 능력을 가지고 있어야 한다. 이는 역사의 특징이면서 역사를 이해할 수 있는 시대를 사는 현대인의 학문 방식이다.

이 시대를 살아가는 사람은 시대적 반성을 할 수 있는 능력이 있어야 하고, 의식에 대한 반성적 지식이 필요하다. 물론 없어도 암묵적 지식만 가져도 과학을 할 수 있을지 모른다. 과학은 항상 물리적 인과연관 속에서만 이루어지는 것이 아니라, 의미연관, 목적연관, 동기연관도 필요하다. 두 분야를 다 가르쳐야 하고, 기초는 적어도 타 분야에서 하는 이야기를 이해할 수는 있어야 한다. 그리고 그것을 촉진하는 매개자 그룹을 육성해야 한다. 이러한 가능성의 토대는 바로 인문과학과 자연과학의 방법론이 근본적으로 다르지 않다는 것이다. 이처럼 인문과학과 자연과학이 인과적 설명을 한다는 점에서 서로 근본적으로 다르지 않다면, 인문과학과 자연과학의 융합연구도 가능할 것이다. 어떤 융합연구가 가능할까? 이 부분은 토론을 통해서 얻어질 수 있다. 예를 들어 사회과학자들의 문제의식, 자연과학자들의 참여를 통한 토론에서 주요 주제들이 얻어질 수 있다. 이 때 반드시 매개그룹의 참여가 있어야 한다. 필자의 경험으로 소통이 너무 힘들다는 것을 알기 때문에 매개그룹을 강조한 것이다.

융합학문의 예로 환경사가 있다. 이것을 설명하기 위해서는 역사학자, 환경학자가 있어야 하고, 또한 환경학은 화학, 경제학, 기상학, 생물학, 지질학, 농업학, 산림학, 천문학, 물리학, 생물학, 공학 등의 여러 학문이 같이 협력해야 한다. 어떤 부분은 모듈형 융합도 있겠고, 침투형 융합도 있겠지만, 이들을 모아서 자신의 존재론으로 만들어 환경학을 하나의 생성형 학문으로 만들 수 있을 것이다. 지금 환경학은 학문으로 정착되었다고 하는데, 하나의 학문범주로서 학과로 되기에는 물론 많은 시간이 걸릴 것이다. 식품문화학 같은 것도 식품학자, 역사학자, 경제사학자 등이 관련되는 학문으로 침투형 융합에서 독자적 학문으로 변할 수 있을 것이다. 농학사 같은 것은 경제학, 역사학, 농업학자 등이 참여한다. 그리고 인분 자체가 자원인데 비료로서 중요하다는 사실을 서양에서 유기농 비료개발을 위해 연구하면서 아시아에 이미 쓰고 있음을 보고 놀랐다는 주장이 있다.[7)]

다른 예로써 국제정치의 사회이론(Social Theory of International Politics)을 쓴 웬트(Alexander Wendt)를 생각해보자. 그는 사회과학이 데카르트적 과학의 토대 위에 놓였다고 비판하면서 자신의 중도적인(via media) 구성주의 철학을 양자역학의 토대 위에 놓으려고 시도한다. 오늘날 양자역학의 발견 아래 사회과학을 연구하는 사회과학자는 자신의 이론 형성이나 수용에 이미 고전물리학적 사유의 틀 아래 있음을 반성할 줄 알아야 된다고 생각한다. 이것을 웬트는 보여주고 있다(Wendt, 2006: 181-219). 물론 웬트는 시작이다. 필자가 이 논문을 읽으면서 우리의 질문하는 방식이 이미 고전적 사유 틀을 주어진 것으로 간주하고 있음을 깊이 느낀 적이 있다. 웬트에 대한 연구와 세미나는 사회과학자의 사유의 틀을 확장시켜주고 시야를 열어줄 것으로 생각한다. 행위와 구조(agency and structure)에서 구조는 가상으로(virtually) 존재하는데, 관찰을 통해서 시공간에 존재함이 드러난다는 기든스(Giddens, 1984)의 구조화(structuration) 이론은 양자역학의 관찰에서 파동함수의 붕괴가 일어나 입자로 관찰되는 것과 깊은 유비가 있음을 느꼈다. 뿐만 아니라, 뒤르켐의 사회적 사실이 개인의 합 이상이라는 개념이나, 집단무의식이라는 개념에 대한 이해에서 데카르트적 과학에 안주하는 사람과 양자과학에 기초를 두는 사람은 서로 다르다. 양자이론을 가지고 국제정치 현상을 설명하는 것은 메타포적인 것 같지만, 그 메타포는 이론 구성적 메타포로서 이론을 형성하고 발전시키는 데 필수적이다. 두뇌 현상을

7) 이 부분은 부산대 역사학과 최덕경 교수에게 자문했다. 최 교수와 대화한 결과 식품문화학, 농학사 등에 관심을 가져 한 연구가 바로 융합연구가 되는데, 문제는 자기 분야는 잘 알아도 타 분야 논문을 제시해 주어도 읽지 못해 소통이 힘들었다고 한다.

컴퓨터 처리에 유비하는 것은 두뇌가 컴퓨터는 아니지만 컴퓨터라는 이론 구성적 메타포는 상당히 성공적인 모델을 제공하고 있다.

여기서 염두에 둘 것은 이러한 메타포의 성공이 두뇌를 생물학적 컴퓨터라고 생각하게 하거나 의식철학의 무용론이나 불필요성을 주장하는 것은 잘못이다. 이론 구성적 메타포의 성공은 실재의 일부분을 반영하지만, 그것이 실재의 전부인 것처럼 보는 것은 아주 잘못이다.

또 다른 예로 한국연구재단의 사회과학한국(Social Science Korea) 사업의 인문사회과학 융합연구를 살펴보자. 이들 융합형태는 대개 모듈적 융합이 대부분인 것 같고 소수만 침투형 융합 연구이다. 그 이유는 타분야에 대한 지식을 갖지 않더라도 혹은 아주 최소한으로만 가져서도 이루어질 수 있는 것이 모듈형이고, 실제로 타분야의 논문을 읽고 그것을 반영하는 것은 침투형 융합형이라 부를 수 있다.[8)]

경영학자 캐롤(Archie Carroll)이 1991년 *Business and Society*지에 발표한 논문 "Corporate Social Responsibility"에서 사회책임에 대해 설명하면서 '피라미드식 사회책임 모델'을 제시했다(신동희, 2011: 171-173). "기업사회적 책임"이란 이론에서 융합연구 결과 하나의 책임학이란 학문을 만들어 낸다면 정말 좋은 것이다. 지금 기업을 이윤을 최대화시키는 존재자로 정의하여 사회적 책임을 방기하고 있다. 효용을 극대화 하는 경제인(homo-economicus) 개념이나, 이윤을 극대화하는 기업인 개념은 신고전파 경제학의 개념으로 모델 개념이다. 모델과 실재에

---

8) 그 중에서 김유경이 중심이 된 "선진사회 진입을 위한 국가브랜드 가치 제고의 통합시스템 구축 방안"에 필자가 참여한 적이 있다(이 책의 제3편 제12장 참조할 것). 국가브랜드를 위해, 경영학(마케팅), 언론학(홍보, 마케팅), 과학철학이 참여했는데, 여기서 국가를 브랜딩하기 위해서는 국가 정체성 탐구가 필수적인 것을 알았다. 그 때 국가정체성이란 무엇인가를 탐구하기 위해 일반 정체성 개념을 다루어야 한다. 과학철학에서부터 역사와 언론학 논문을 읽었다. 특히 문화이론, 정치학적인 문제와 관련된 논문들을 자신의 전공을 벗어나 실제로 읽고서 연구를 했다. 앞으로 한국의 정체성 탐구를 위해서 과학철학 논문, 역사학 논문, 언론학, 마케팅 등의 논문을 계속 읽어야 하기 때문에 이 연구는 전형적 침투형 융합 연구에 속한다.

서 모델은 반드시 실제는 아니다. 아주 순진한 실재론에서 모델의 개념을 문자적으로 실재하는 존재라고 생각하는데 이러한 사고는 잘못이다. 기업이 법인이라는 "人"을 붙이려면 도덕과 책임을 요구받는 자연인과 마찬가지로 책임을 반드시 고려해야 한다. 이러한 연구가 경제학 경영학, 윤리학, 사회학, 사회과학철학 등이 협력하여 연구한다면 모델로서 경제학적 모델로서 "homo-economicus"와 실천의 장에서 인간은 구별되어야 한다. 기업은 책임적 존재라는 개념 역시 이론에 들어가야 한다. 필자는 이 때 "모델과 실재"라는 과학철학적 탐구가 함께하면 위의 융합연구는 우리사회에 새로운 방향을 제기하는 중요한 연구가 될 수 있다고 생각한다. 이념적 문제를 과학적 문제로 바꿀 수 있는 계기를 제공할 수도 있다.

뿐만 아니라 사회의 윤리적, 문화적 분위기가 현대 경제학의 이론모델에 들어갈 수 있는 연구도 할 수 있다. 그렇게 될 때 경제행위를 단지 효용 극대화를 위한 것 이상인 윤리적 책임적 행위가 될 수 있음을 보여줄 수 있다. 융합연구는 이러한 새로운 학문을 만드는 데 큰 기여를 할 수 있다.

제 5 절 융합적 실천과 융합교육

본문의 흐름과 조금 다르지만, 여기서 융합학문과 융합실천의 장을 둔 이유는 융합학문이 장기적 과제이고, 우리의 현실에서는 사회적, 기술적 필요에 의해 강조된 만큼 실천과 단기적으로 밀접히 관련되어 있기 때문이다. 그러나 이 실천은 반성적 사유가 없었던 새로운 영역들이기 때문에, 융합방식, 실천조건 등의 새로운 영역이라 기준이나 규칙이 거의 없다. 창의성과 개인의 천재성을 누구나 발휘할 수 있도록 하는, 소위 보편화시킬 수 있는 규칙을 만들 수 없는 것과 마찬가지이다. 그러나 실천은 암묵적 훈련, 호기심이 자유롭게 접근할 수 있도록 각 학문영역의 장벽을 제거하는 일 등은 매우 중요하다. 다음은 융합실천가들의 예인데, 앞에서 논의한 융합의 본성, 융합모델 등의 이론적 내용을 알 필요가 없는 사람들이다. 그들은 호기심이 자유로이 발휘되도록 분위기를 만들어주어야 한다는 것을 보여준다.

스티브 잡스를 융합형 인재라고 본다. 그러나 융합연구를 하여 새로운 존재론을 만들은 것은 아니다. 스티브 잡스는 실천형 융합인재인데, 이러한 융합적 실천력은 어디서 왔는가?

스티브 잡스의 융합은 자신의 대학 때 전공 장벽을 넘는 선택의 기회에 달려 있었다. 중앙일보의 융합적 인간의 선정 7인을 살펴보면, 스스로 여러 분야의 공부를 했다. 이때 공부한 것은 여러 분야라고 하더라도 전통적 학문에서 인정하듯이 여러 분야의 이론적 토대를 깊이 따지는 경우도 있지만 반드시 그렇게 시작하는 것도 아니다. 흥미는 문제의식을 야기하고 그 문제를 해결하기 위한 지식들을 나름대로 습득한 것이다(신동희, 2011: 190-195). 이러한 융합실천은 개인에 특수한 재능에 의한 것이기 때문에 커리큘럼으로 만들 수 있는 보편적인 것은 아니다. 그러나 우리가 이들이 나올 수 있도록 자유로운 분위기를 만들어주기 위해 규칙들을 보편화시키는 것은 필요하지만, 융합실천은 특수한 재능을 가진 자들을 전통적 학문범주로 제한하지 않도록 해야 한다.

융합교육이라고 해서 융합적인 교육이 따로 있는 것이 아니다. 융합연구나 융합적 실천을 가능하게 하는 창의성과 사유의 유연성, 깊게 분석하는 능력 등을 키워야 하며, 학문간 장벽이 학문적 사고의 유연성을 막게 하지 않도록 해야 한다. 그러기 위해서는 현재의 교육방식을 변화시키는 것이 중요하다.

토대형 융합연구란, 침투형 및 생성형 융합이 가능한 인재를 양성하는 데에 필요한 적절한 프로그램을 개발하기 위한 실험적 교육을 위한 연구이다. 실험적으로 교육커리큘럼을 정하고, 두 분야를 이론적으로 모두 잘 아는 교수들이 이를 가르쳐야 한다. 따라서 이를 위한 연구가 필요하다. 이러한 연구는 융합연구가 가능하도록 토대를 제공하는 연구로서 주로 교육을 위한 연구이다.

모든 개별학문은 학문범주이든 하위학문이든 지식은 학문공동체의 역사나 전제가 되는 공통 의미기반이 있다. 여기에는 명시적으로, 즉 코드화되지 않는 암묵적으로 가정하는 암묵지(tacit knowledge)가 있다. 따라서 침투적 융합이나 생성형 융합은 상호 학문에 대한 이해가 충분히 있어야 한다. 예를 들어 암묵지는 문맥에서 발생하는 것으로 인터넷이나 사전에서 알 수 있는 지식처럼 코드화된 지식이 아니다. 따라서 이러한 암묵지는 그 학문을 연구하고 최소한 그 학문 공동체의 문제의식, 기본전제들을 알고 있어야 터득할 수 있는 지식이다. 따라서 침투적 융합이나 생성형 융합 같은 것이 실질적으로 이루어지기 위하여서는 충분히 두 학문을 공부하지 않으면 불가능하다. 초창기에는 한 개인이 두 학문을 충분히 깊이 다할 수 없기 때문에 매개자가 있어야 한다.

트랜지스터 발명의 예를 보자. 최근의 융합기술 총아인 스마트폰이 가능하기 위해서는 고체증폭기인 트랜지스터 발명이 필수적이었다. 이 트랜지스터의 발명에는 양자역학이 반드시 필요했고 세 사람이 협력하여 이것을 발명했다. 이론물리학자 존 바딘(John Bardeen)과 실제적 실험을 위해 실험 물리학자 월터 브래튼(Walter Brattain)이 필요했다. 이 둘을 연결시켜주는 매개자가 있어야 하는데, 이론과 실험에 능한 윌리엄 쇼클리(William Shockley)가 그 매개자였다.

융합연구를 제대로 하려면 융합을 위한 훌륭한 매개자가 필요하다. 이러한 매개자들이 존재하도록 훈련시키는 좋은 프로그램을 제시할 수 있도록, 즉 융합교육을 위한 융합연구를 시도해야 한다. 정부의 지원은 이러한 의미에서 중요하고 국립대학은 이러한 인재를 양성할 수 있는 좋은 기관이다. 그리고 대학은 기초를 강화해야 한다. 융합인재를 양성하기 위한 기초교육 강화는 국립대학에 정부가 실험교육을 지원하는 좋은 일이다. 그리고 이러한 융합분야로 졸업한 전공자를 적절한 학과에서 뽑을 수 있도록 정부가 지원해야 한다. 그리고 융합연구가 아직 초보에 머물텐데, 융합연구 결과를 실을 수 있는 융합저널도 있어야 한다. 이에 대해서는 연구재단의 지원이 필요하다.

제6절 결 론

학문범주로서의 학문영역은 전통적으로 대학의 학과가 대변해 왔다. 대학 학과의 형성은 새로운 학문이 시작되어 경험적으로 타당하고 오랜 시간의 논의를 거쳐서 형성되었다. 여기에는 순수하게 학문적인 필요나 이유도 있지만, 대학의 제도화와 국가와 대학의 정치 등이 관련되어 있다. 그러면 이 학문범주는 실재의 반영인가? 이것은 실재론, 경험주의, 도구주의, 구성주의 등의 철학적 입장에 따라 다르다. 이러한 학문범주들은 사회적 이해에 따른 구성요소도 있지만, "실재의 연결부위를 자르는 것(carve the joint)"으로 보는 견해가 많다. 그러나 실재란 원래부터 복잡하여 우리의 역사성과 출현에 있어서 우연성을 갖는 현존하는 학문범주가 다 세계에 대응되는 것이 아니고, 계속 새로운 학문범주가 형성되고 사라지면서 실재에 맞도록 학문세계가 변화해야 한다. 융합연구는 이러한 학문범주의 내부학문의 출현이 일어나도록 하고 또는 새로운 학문범주가 출현하도록 할 수도 있다. 이 새로운 학문범주의 출현은 아마도 훨씬 오랜 시간이 걸릴 수도 있다.

융합연구에 대한 큰 장애는 학문범주를 대학의 학과와 대응시키는 것이다. 따라서 학과의 장벽은 융합연구의 장벽으로 작용한다. 학문범주란 경험적이고 우연적이기 때문에, 장벽의 높이는 경험적 성격에 의해 변할 수 있음에도 순진한 실재론적 사고가 개입되어 그 벽이 너무 높다. 따라서 학문범주들의 상호작용과 협력이 제도적으로 어렵게 되었다. 대학학과는 학문범주가 아니다. 그럼에도 마치 학문범주인 것처럼 학과의 장벽은 철통같이 제도화되었고, 우리 역시 그 관습에 익숙했기 때문에, 중간단계로서, 연계전공, 복수전공, 융합전공 등등의 명칭 아래, 융합적 사유를 할 수 있는 인재들을 키워낼 수 있도록 해야 한다. 이를 위해서 정부는 융합연구를 위한 매개자 그룹을 양성하고 그들을 활용하여 융합연구를 지원해야 한다고 생각한다.

제 3 장

프로그램(설계) 과학과 문리 융합의 진화론적 접근

아라키 요시노부*

제1절 서 론

제2차 세계대전 직후 일본에서 사회과학은 마루야마 마사오(丸山眞男)가 제창한 '일본이라는 토양에 뿌리를 내린 사회과학'에서 출발하는 듯했다.[1] 그러나 여전히 마르크스주의의 영향이 뿌리깊었다. 1960년대의 고도 경제성장을 배경으로 미국의 행동과학이 금과옥조처럼 받아들여지던 시기도 있었다. 1975년 6월에 경제협력개발기구(OECD)의 과학기술정책위원회가 '사회과학의 발전과 이용'에 관한 조사단을 일본에 파견하여 2년후에 낸 보고서('일본의 사회과학 정책')에서 '일본의 사회과학은 구미 학문의 하수인에 지나지 않는다'라는 비판을 받기에 이르렀다.[2] 그 후 '오일 쇼크' 상황 하에서 저성장시대를 맞은 일본 사회가 수

---

* 荒木義修. 일본 무사시노대학(武藏野大学) 교수. 이 글은 '약속의 사회과학: 프로그램(설계)과학과 문리융합론(試論)', 政治社會論叢, 1(1), 2012: 3-14.을 가필 수정하여 발표한 것임. [번역: 김성주(Sungjoo K. Ogino) The Millennium Project, Japan Node Member]

1) 마루야마 마사오, "과학으로서의 정치학 -그 회고와 전망-," 현대정치의 사상과 미래, 미래사.

면 밑에서는 크게 변용하고 있음에도 불구하고 사회과학은 그저 이를 수수방관했을 뿐 그 어떤 진보를 기대할 만한 상태에 있지 않았다.

그런 중에 커다란 계기가 찾아왔다. 지구온난화 현상 등 인류가 지금까지 경험한 적이 없었던 문제에 직면하는 중에, 세계적으로 일반인들에게 드러나지는 않았지만, '일본학술회의' 내부에서 새로운 싹이 돋아나고 있었다. 제18기 일본학술회의(2000~2003년)에서 요시다 타미또(吉田民人) 부회장이 제기했던 '신과학론'이 바로 그것이다. 그는 "사회과학은 약속, 즉 프로그램(설계)과학"이며, "법률학이 그 전형적 예"라고했다. 그리고 "'이념'이나 '사상'으로 불리우는 것들은 그 매스터 프로그램(master program)에 지나지 않는다"고 집약하면서, "'설계'보다는 '프로그램' 이라는 용어를 사용하면 자연과학자들로부터도 이해가 쉬울 수 있지 않을까"라고 언급했다.[3)]

제2절 요시다 타미또(吉田 民人)의 '신과학론'과 일본학술회의

본래 요시다의 신과학론은, 제17기 일본학술회의(1997~2000년)에서

---

2) "일본의 사회과학을 비판한다," OECD조사단보고서, 코오단샤 학술문고.

3) 요시다 타미또의 간행된 저작에 관해서는 미쯔이시 히로유끼 씨가 작성한 "요시다 타미또 논문집J (CD판) "이 도움이 된다. 또, 하세가와 코오이찌 씨가 편집한 "요시다 타미또 선생님의 추억"에 유고가 들어있다. 더욱이 토오쿄대에서 츄우오대로 옮긴 후 집필한 논문을 수록한 저작집이 마사무라 토시유끼에 의해 편집 중이며, "사회정브학과 그 전개", "근대과학의 정보론적 전개 - 프로그램 과학론" 이상 2권으로 케이소오소보에서 곧 출판될 예정이다. 한편, 미쯔이시 씨는 요시다 타미또 연구를 (1) 행위주체의 사회인문학적 구조와 기능에 관한 연구(1950년대부터 1970년까지), (2) 자기조직성과 정보과학의 연구(1970년부터 1990년까지), (3) 자기조직성의 설계 과학론의 연구(1990년대부터 2009년까지) 등 3 시기로 구분하고 있다. 요시다 타미또 저, "부감형 연구의 대상과 방법 대문자의 제2 과학혁명의 입장에서," (프랑스어 번역), 센린킨란대 정기간행물 8 (통권 42호), 2011. 12. 30: 213-227 중 서문, 미쯔이시. 참조할 것.

요시카와 히로유끼(吉川弘之) 회장이 1999년 세계과학회의인 '부다페스트 회의'에서 행했던 기조강연에 근거했던 것이다. 이 회의에서는 지구의 온난화, 사막화, 대기오염 등의 문제를 배경으로 (1) 지식을 위한 과학(진보를 위한 지식), (2) 평화를 위한 과학, (3) 개발을 위한 과학, (4) 사회를 위한, 사회 속의 과학이라는 네 개의 주요 명제가 제기되었다. 이에 부응하여 요시카와는 일본학술회의의 자리에서 '부감형(俯瞰型) 연구 프로젝트'를 제창했다. '부감형 연구'란, '연구자가 연구 이후 응용 단계에서 필연적으로 발생할 부(負)의 측면을 미리 예상하여, 이 문제가 실제로 발생하는 것을 저지하거나 그 부작용을 완화시키는 방법을 연구나 프로젝트의 단계에 포함시키는 것'[4] 을 의미한다. 가치있는 명제를 검증하고 인식과 실천의 통일을 도모하는 '과학의 패러다임 전환'을 지향한 것이었다.

이어 요시카와가 회장을 맡았던 제18기 일본학술회의에서 운영심의회 부설 '신학술체계위원회'가 설치되었고, 부회장이었던 요시다가 이 위원회에서, 전술한 요시카와의 '부감형 연구'를 기반으로 한 신과학론을 전개한 것이었다. 그 내용은 이 위원회의 보고서("신학술체계: 사회를 위한 학술 및 문리융합") 제7장('신학술체계에 관한 이론과 일반 시론')에 나와 있으며, 요시다가 단독으로 집필했다. 이 견해에 대해 일본학술회의가 모든 회원들을 대상으로 실시했던 설문조사에 단지 77명만이 회답했을 뿐이며, 총회에서는 '학문 본연의 자세에 대한 통제'라는 지적이 나온 점으로 미루어 볼 때, '사회과학에 설계과학이라는 의미를 부여하는 것'에 대한 신중론을 짐작할 수 있다. 이러한 예를 통해 요시다가 제시한 신과학론에 대한 당시의 평가는 각양각색이었던 것으로 짐작할 수 있다. 각자의 학문적 입장의 근간을 다루는 문제이기도 해서, 그 의견 집약이 용이하지 않았을 것임을 이해할 수 있다.

4) 일본 학술회의 학술본연의 자세 상설위원회, "신학술의 본연적 자세 - 참된 science for society를 추구하며," 2005. 8. 29: 17.

다만, 다음 제19기 일본학술회의(2003~2005년)에서는 제18기의 '신학술체계'의 시각을 계승하며, '학술본연추구상설위원회'를 설치하여 '신학술의 본연적 자세: 사회를 위한 참된 과학을 추구하며'라는 보고서를 제출했다. 또한 이때 너무 난해한 요시다의 신과학론을 보다 쉽게 이해할 수 있도록 하기 위한 요약판도 게재되었다. 제20기 일본학술회의(2005~2008년)에서는 물질계, 생물계, 인간계라고 하는 3계층에 '물질과학', '생명과학', '인문 · 사회과학'이 대응한다고 지적한 요시다의 신과학론을 수용하여 조직개편을 단행했다. 일본학술회의의 7부제(인문학, 법학정치학, 경제학, 이학, 공학, 농학, 의학)를 3부제(인문학, 생명과학, 이공학)로 개편한 것이다. 여기에 더하여 '과학자 커뮤니티와 지식통합 위원회'가 설치되었고, '지식의 통합: 사회를 위한 과학을 향해서'가 제창되었다.

제21기 일본학술회의(2008~2011년)에 이르러서는 '사회를 위한 학술로서의 지식통합추진위원회'가 설치되고, '사회를 의한 학술로서의 지식통합: 그 구현을 향해'가 제언되는 등, 제18기 이래 '설계과학'이라는 시각이 일관되게 계승되었으며, 이른바 '문리융합'의 필요성에 대한 논의도 대두되었다.

이러한 경위를 되돌아볼 때, 요시다가 처음으로 제기했던 신과학론이 일본학술회의에 영향을 미친 것임이 명백하다. 요시카와나 요시다가 제기한 문제는, 요컨대 '과학을 위한 과학'에서 '사회를 위한 과학'에의 전환으로, 당시의 폐쇄된 사회 상황에의 '문제해결형 과학'을 지향하는 패러다임 전환이라고 볼 수 있다. 다만, 요시다의 신과학론이 일본학술회의에 영향을 미쳤음은 부정할 수 없는 사실이지만, 학술회의 밖의 일반 연구자들에게는 요시다의 신과학론이 알려져 주목되는 일은 거의 없이 오늘에 이르고 있다고 해도 과언이 아니다.

제3절 '약속'으로 이루어진 사회과학

제21기 일본학술회의의 말기에 '동일본 대지진 재해'가 발생했다. 동일본 대지진 재해에 대해, 기존의 학문체계및 학회 등이 너무나 무력했었음은 부정할 수 없는 사실이다. 일본학술회의가 종래의 학문체계의 패러다임 전환을 바로 전에 지향하기 시작했던 중이었음에도 불구하고, 그런 전환을 통해 얻을 수 있었던 교훈을 동일본 대지진 재해에 충분히 반영하지 못했던 것이다. 또한, 유감스럽게도 각 개별 과학에 자기점검이 요구되고 있다는 사실조차도 인지하지 못하는 상황이었다. 이러한 사태를 되돌아 볼 때, '사회를 위한 과학'을 지향하는 요시다의 신과학론에 다시 새로운 주목과 고찰이 필요하다고 하겠다.

"사회과학은 '약속'의 과학이다"라고 지적한 요시다의 견해는, 우리들의 맹점을 찌른 것이었다. 언어학자 소쉬르가 지적한 "언어의 '자의성(恣意性)'" 개념을 떠올리면, 인간 사회도 '자의적 특징'을 가지고 있음을 잘 알 수가 있다. 소쉬르 언어학에서의 '자의성'이란, '개'라는 말이 그 대상과 아무런 관련성을 갖지 않음에도 '사회적 약속'을 통해 그렇게 이름이 정해졌음을 가리킨다.

언어와 똑같이, '사회적인 약속' 역시 '자의적인 성격'을 지니고 있다. 즉, 자동차의 통행 구분으로, 일본에서는 도로 중앙선의 왼쪽 노선을 통행해야 하는 것을 당연시 하나, 중앙선의 오른쪽 노선을 통행했어도 무관했을 것이다. 실제로 한국이나 미국에서는, 일본과는 달리, 자동차의 통행 구분은 우측이다. 통행 구분으로서 어느 쪽이 더 좋을까라는 문제가 아니라, 그저 각 나라별로 지극히 '자의적'으로 정해진 것이다. 또, 일부일처제는 인간 사회가 정한 약속 중의 하나이지만, 일부다처가 지극히 예사로운 사회도 있음을 고려할 때, 일부일처제 역시 '자의적'인 것이라고 말하지 않을 수 없다. 이러한 '자의적인 약속'의 예는, 일상생활

중의 관습은 물론 각양각색의 제도나 법률에 이르기까지, 얼마든지 그 예를 들 수 있다. 우리들의 일상생활은, 전부는 아니지만, 이러한 다양한 자의적 약속으로 가득하다. 더욱이, 이러한 약속들은, 일부러 물리적 법칙까지 언급할 필요도 없이, 이렇게 하면 저렇게 될 것이라는 일상생활 중에서 축적되어 온 관찰과 경험을 통해 얻어진 '경험규칙(empirical rule)' 혹은 '예측'으로 채워져 있는 것이 보통이다. 즉, '자의적 약속'과 '물리 법칙 혹은 경험규칙'이 함께 융합하여 하나가 된 것이라고 해도 과언이 아니다. 왜냐하면, 그러한 함의(含意)를 갖지 않았었다면, 누구도 이 약속사항들을 지키려 하지 않았을 것이기 때문이다.

일본에서는 성인 연령이 20살로 설정되어 있기 때문에 그 나이가 되기 이전에는 음주가 금지되고 있다. 그러나 18년 7개월이라든지 20년 5개월의 나이로 정했어도 무관했을 것이다. 그저 일상생활의 경험규칙에서 온 지극히 자의적인 약속으로 20세라는 수치가 정해진 것은 단락이 좋은 숫자, 그 위에 사람들의 손가락 수가 전부하여 10개라는 간순한 십진법에서 비롯된 것이라 하겠다. 고속도로의 속도 표식도 대부분 80 km라고 표시된 경우가 많지만, 이것도 경험규칙, 혹은 경찰의 사고조사 등을 통해 사고율이 적은 안전속도로 인정된 수치로 짐작되는 예이다. 그 표식의 수치가 더욱 엄밀히 79.1km나 81.7km이었어도 이상하지 않았을 것이다.

일본민법에서 법정 상속분은 '자녀 및 배우자가 함께 상속인일 경우, 자녀의 상속분 및 배우자의 상속분이 각각 1/2로 한다'라고 되어 있고, 자녀의 수가 복수일 경우에는, 각 자녀의 상속분은 모두 똑같은 것으로 한다'고 규정하고 있다(민법 제900조). 그러나 배우자와 자녀의 상속분이 50 대 50이 아니라, 60 대 40이어도 무관했을 것이다. 자녀 상속인이 복수일 경우에는 각 자녀가 상속하는 몫이 배우자보다도 적어짐에도, 누구도 이의를 제기하지 않는다. 이러한 상속분도, 단순히 단락이 좋은 수적 배분에서 정해진 자의적인 약속으로, 이렇게 배분을 규정해 두면 아마도 가족 사이에 분쟁이 생기지 않을 것이라는 경험규칙 혹은 예측이 함의되어 있다고 하겠다. 민법뿐만 아니라 시행되고 있는 수많은 법령 조문은, 전부라 하지 않더라도, 어떤 의미로든 사람들 사이의 자의적인 약속을 구체화한 것으로 생각해도 무방하겠다. 요시다가 "법률학이 '자의적 약속(恣意的約束)의 사회과학'의 전형이다"라고 언급한 연유가 여기에 있다.

'매스터 프로그램'에 해당하는 것은, 자유, 평등, 평화, 안전, 정의 등의 이념(가치)들이다. 예를 들면, 모든 인간이 자유이며 평등하다는 것도, 인간들은 모두 자유롭고 평등하지 않으면 안된다고 약속한 것임에 다를 바 없다. 동서고금의 '사상가'로 불리우는 사람들이 고찰한 내용은, 극단적으로 말하면, 이러한 상위(上位)인 매스터 프로그램과 이를 구현한 하위(下位)인 약속, 즉 프로그램을 체계적으로 묶은 것이라고 볼 수 있으며, 일반적으로 사용되는 '제도의 설계'라는 말로 대신할 수 있겠다. 따라서, '사상'이라는 개념이 지금까지는 사람들 사이에서 애매모호하게 이해되어 온 경향도 있으나, 사람들이 살아가는 일상생활의 근본이 되는 매스터 프로그램임을 감안하면, 그 역할의 중요성을 거듭 새롭게 인식할 수 있을 것이다. 법철학, 정치사상(정치이론), 경제사상이라 불리우는 분야에 새로이 조명을 비추고 주목할 필요가 있다. 예를 들면, '평화의 정치사상'의 정의(定義)와 그 평화를 실현하기 위한 '제도의 설계'에 관해, 선인들이 어떻게 언급해 왔었는지를 재차 되돌아볼 필요가 있다.[5]

시점을 바꾸어 말하자면, 지금까지 많은 사상가들이 논해 온 것은 '새로운 사회의 구상'으로, 실은 '인간사회를 위한 매스터 프로그램의 탐구와 프로그램 설계이었다'고 단언할 수 있다. 이러한 사실을 인식하면, 종래의 법철학, 정치사상, 경제사상이라는 분야가 갖는 중요성을 재확인하게 되며, 일부러 다른 분야로서 구분할 필요도 없어진다.

5) 제도설계라고 하는 관점에서 치바 신 편저, "평화의 정치사상사"(오오후우 정치 라이브러리)를 읽으면 실로 흥미롭다.

제 4 절 사회계약설과 질서유지

'약속'이 사람들의 일상생활에서 필요한 것이라고 주목하게 된 이유는 그것이 사회의 질서유지와 통합에 필요불가결한 것이기 때문이라고 할 수 있다. 물론 이러한 인식이 오늘날에 이르러서야 시작된 것은 결코 아니다. 역사를 거슬러 올라가보면, 홉스, 로크, 루소가 외쳤던 사회계약설에 이르게 된다.

르네상스, 종교개혁, 과학혁명을 거치면서, '신(神)이 부재(不在)하게 된 사회의 질서를 어떻게 할 것인가'라는 문제제기를 했던 사람이 토마스 홉스이다. 홉스는 모든 사람들이 이미 출생시에 갖는 '생명력의 근원 '자기보존(自己保存) 본능'에 의해 야기되는 '만인의 만인에 의한 투쟁' 상태를 피하기 위해, 사람들이 '이성(理性)'을 통해 '계약'을 체결하여 만든 인공물인 '국가'라고 하는 괴물, 즉 '레비아탄(leviathan)'을 만들어 질서 유지를 도모하려고 한 것으로 유명하다. 또 존 로크(John Locke, 1698)는 '근대 국가의 출현'을 정당화하기 위해, 그 때까지의 왕권신수설을 근본부터 뒤짚고 그 후의 평화와 안전을 확보하기 위한 수단으로써 역시 '이성'을 구사하여 '계약' 혹은 '동의'를 맺은 사람들이 '정치사회(political society)'[6], 즉 '국가(commonwealth)'를 형성하고 있는 것이라고 주장했다. 이러한 그의 코페르니쿠스적 발상 전개가 이후의 근대 국가 발전에 가늠하기 어려울 정도로 커다란 영향을 주었음은 누구나도 잘 알고 있는 사실이다. 잘 알려지지는 않았지만, 장 자크 루소 역시 만년에 코르시카섬과 폴란드의 헌법제정 등에 몰두했었다고 한다. 그가 철학적이고 추상적인 사유만 했었던 것이 아니라, 실제로 헌법이라고 하는 '매스터 프로그램'과 그것을 실현하는 '제도의 설계' 자체도 구상하고

6) 로크, "통치론," 세계의 명저 27, 중앙공론사.

있었던 셈이다.[7] '사상'이 '제도의 설계' 즉 '프로그램의 설계'에 같은 의미임을 짐작할 있는 예라고 하겠다.

그렇지만, 홉스나 로크가 주장한 '국가'라고 하는 것이 실제로 '계약' 즉 인간에 의한 약속에 의해 성립된 것이라는 사실이 당시의 사람들 사이에서 충분히 인식되고 있었었는지에 관해서는 물론 의문이다. 다만 이러한 사고 속에, '인간의 본질 즉 인간은 사회 속에서' 약속을 맺는 동물 사회적 동물'이라는 사실이 놀라우리 만큼 명료히 묘사되어 있다. 이는 인간이 '주권자'라는 사실뿐만 아니라 왕권신수설로부터 해방되어 자립한 시민상, 시민사회(civil society)(John Locke, 1968)를 그 기초에 위치하게 만들었다. 동시에 이마다 타카토시(今田高俊)의 주장처럼, "오늘날, 이른바 사회과학이라고 칭해지는 학문분야가 태어난 것은, 이러한 질서에 관한 홉스의 문제제기가 그 계기로 …, 근대과학의 정수(精粹)는 … 신이 부재하게 된 사회에서 질서를 어떻게 가능하게 할 것인가라는 질서문제에 대처하는 것이었다"[8]는 지적은 지당하다고 하겠다.

그럼에도, 홉스나 로크의 사회계약설의 내용대로, 실제로 인간 자신이 계약이나 동의를 주고 받았던 역사적 사실이 있었는가하는 점에 관해서는 부정적이다. "그러한 동의가 조금이라도 행해진 일은 결코 없었으며, 하물며 완전한 형태로 이루어진 적은 한번도 없었다고 하는 것이 오히려 맞을 것이다. 따라서, 정부의 기초는 달리 존재함을 인정하지 않으면 안된다"라고 통렬하게 비판한 같은 시대 사람인 데이비드 흄[9]을 참고할 필요가 있다.

흄과 친교가 있었던 아담 스미스(Adam Smith)의 명저인 '도덕감정론'이 그 후 세상에 모습을 드러낸다. 그러면, 도오메 타꾸오(堂目卓生)

---

7) 루소, "코르시카헌법초안", "폴란드 통치론", 루소 전집, 5권, 하이수이샤.

8) 이마다 타카토시, "복잡계와 탈근대주의(Post Modern)-자기조직성론 시점에서- ", 이마다 타카토시 · 스즈키 마사토시 · 쿠로이시 스스무 편저, 복잡계를 고찰한다-자기조직성이란 무엇인가, 미네르바 쇼보: 7.

9) 흄, "원시계약에 관하여", 세계의 명저 27, 중앙공론사: 544.

의 지적처럼, "질서를 갖춘 사회에서 사람들은 법을 만들고, 이를 지키며, 안심되는 생활을 보낸다. 그렇다면, 어떠한 본래의 성질(本來的性質)이 인간으로 하여금 법을 만들게 하고 이를 지키게 하는 것일까? 달리 말하면, 사회 질서를 이끄는 인간본성은 무엇일까?"[10] 이 문제에 답하려고 한 것이 흄의 '동감' 개념을 계승한 스미스의 '도덕감정론'이다. 스미스에게 있어 사회 질서는, 의식적인 것이 아니라, "자연의 특별하고 애정이 넘치는 배려"로, 종(種)으로서의 자기보존을 촉진시키고자 하는 자연적 섭리"라고 기술하고 있다. 흄은 "인간의 타고난 성향 혹은 본능이다"[11]라고까지 말한다.

흄이나 스미스의 이러한 견해는, 최근의 생물학이나 진화론의 급속한 진전을 고찰할 때, 이 두 사람이 드러낸 통찰의 깊이에 크게 놀라게 된다. 인간이 왜 약속을 맺는지, 즉 왜 사회질서를 유지하려고 하는지에 관해 자연과학자들은 '인간의 약속은 단순히 생명체가 갖는 유전정보(지령)에 의한 것이 아닐까'라고 지적하고 있는데,[12] 이러한 견해는 설득력이 있다. 새의 알은 어미새가 알을 품든 품지 않든 외기의 온도가 27도가 되면 부화라고 하는 프로그램이 작동한다고 한다. 인간이 약속을 맺어 질서를 유지하고자 하는 것도 이와 크게 다르지 않다는 시각이다. 필시 로크가 주장했던 '이성'은 이렇듯 '유전자발현(發現), 즉 프로그램 발동을 조절하는 일종의 전사인자(轉寫因子)'와 같은 것이라는 추찰을 가능하게 한다.

결국 근대 이후, 급속한 기술혁신이 이루어짐과 함께 현저히 발달하게 된 자연과학에 압도되며 사회과학은, 물리학과 같은 '법칙 과학'을 모방하기도 하고 또 자본주의의 폐해가 이끈 마르크스주의에 밀리기도

10) 도오메 타카토, "아담 스미스(Adam Smith)," 츄우코오 신서: 26.
11) 흄, 원시계약에 관해서: 551.
12) 생물물리학자인 나가야마 꾸니아끼 씨의 발언. 학장 이니셔티브 사업 · 제2회 소오고오켄큐우다이가꾸인 대 포럼, 2013. 1. 31.

하면서, 본래의 사회과학이 약속을 맺고자 하는 인간의 본능적(유전적) 경영을 직시하는 자세를 취하고 있었다는 사실 — 바꾸어 말하면, 변용 가능인 동시에 위배가능이기도 한 '약속의 과학', 즉 '프로그램 과학'이었다는 사실 — 을 오랜동안 잊어버리려 온 듯하다. 홉스, 로크, 루소가 왕권신수설을 뒤엎고, 흄과 스미스가 사회 질서의 원점을 탐구하고자 했던 것처럼, 사회과학은 지금까지의 예측이론을 중심으로 기초의학적 연구법에 의거하는 과학주의로부터 인간 본래의 원점인 약속이나 인공물 제작, 즉 프로그램 과학으로 되돌아가, 종래의 이념이나 사상으로 불리웠던 개념들이 곧 매스터 프로그램에 상당한다는 발상으로 전환할 필요가 있다.

부언하면, '정치사회' 혹은 '국가'라고 하는, 인간이 고안해낸 프로그램인 이 인공물은, 사과나 귤처럼 눈으로 보고 직접 만져지는 대상이 아니다. 일반적으로, 약속이나 프로그램은 한 사람 한 사람의 머리 속에 언어로 존재하고 있어, '심볼성 프로그램'이라고 불리운다. 다만, 이러한 머리 속에 있던 '국가', '정당', '기업'이라고 하는 '심볼성 프로그램'을 일단 머리 밖으로 드러내 놓으면, 심볼성 프로그램 자체가 눈에 보이지 않는 실재(實在)로서 현실 사회에서 작동하고 있음을 인식할 수 있다. 예를 들어, 일본이라고 하는 '국가'도 머리 속에 있는 '심볼성 프로그램'이지만, 머리 밖으로 드러나면 프로그램의 형태로 현실에서 작동하고 있는 실재임을 인식하게 된다. 똑같이, '정당'이나 '기업'이라고 하는 조직도 '심볼성 프로그램'으로 인식될 수 있다. 즉, '자민당(自民黨)', '도요타(Toyota)'라고 하는 프로그램은 직접 만질 수도 없고 눈으로 확인할 수도 없는 실체이나, 우리들 눈앞에서 작동하고 있는 것이다. 시점을 달리하면, 이들은 '사회적 인공물'이라고 지칭해도 무방한 것들로, 실제의 '물질적 인공물'인 자동차, 전철, 비행기 등과 본질적으로는 조금도 다른 점이 없다고 하겠다. 따라서, '정당'이나 '조직'을 약속, 즉 프로그램, 혹은 인공물이라는 시점으로 재인식할 필요가 있으며, 법률학이나 정치학은 '사회적 인공물'을 다루는 한편, 경제학은 제품 등 '물질적 인공물'과 경제의 흐름 등 구조를 고찰하는 '사회적 인공물' 양자를 다루는 분야로 바꾸어 말할 수도 있다. 결국, '프로그램(설계) 과학'이 '인공물시스템 과학'이라고 불리우는 연유도 여기에 있다.

제 5 절 사회과학의 종합, 관찰=실천

사회과학이 '약속의 과학'= '프로그램(설계) 과학'= '인공물시스템 과학'이라면 이러한 공통된 기반 위에서, 법률학, 정치학, 행정학, 경제학, 경영학, 사회학 등이 각 개별 분과학문의 학문적 울타리를 허물고 함께 현대의 사회현상을 횡단적, 종합적으로 해명해 가는 길을 새로이 열 수 있을 것이다.

예를 들면, 법률학과 경제학은 각각 사회과학을 대표하는 학문이지만, 양자가 본질적으로는 '같은 학문'이라고 '동정(同定)', 즉 그 이름을 바로 잡을 수도 있다. 일상 생활을 다루고 있는 대량의 성문법은 약속들, 즉 프로그램의 집대성으로, 종래의 법률학은 이러한 약속들의, 즉 프로그램의 해명과 적용에 많은 시간을 할애하며 '법해석학'이라는 분야를 확립시켰다. 한편, 약속 사항, 즉 프로그램의 입안, 그 작성에 임하는 분야는 '법정책학,' '정책법학,' '입법학' 등의 이름으로 불리우기도 했으나, 요시다의 주장처럼, '그 중에서도 특히 핵심이 되는 법해석학의 경우, 구(舊)과학론이 가졌던 범(汎)법칙주의 밑에서 '과학'으로 자리매김하는 것을 단념 내지 거부하고, 스스로에게 "기술학(技術學)"이라는 위치를 부여하려 했던 경향도 있었다. 그러나, 지금은 사회과학을 대표하는 프로그램 과학이다'[13]라는 재인식이 가능하다.

---

13) 요시다 타미또, "대문자의 제2차 과학혁명," 정보사회학회지, 1(1), 2006: 21.

정의(正義)와 같은 매스터 프로그램을 구현하기 위한 약속, 혹은 프로그램의 작성과 해명이 곧 법률학이며, 한편, 경제 면에서 바람직한 상태를 실현하고자 맺는 약속, 그 프로그램의 작성과 해명이 곧 경제학이라고 동정(同定)하면, 양자는 수렴되어 융합한다. 현상 면에서 보아도 법률학과 경제학은 중복 교차한다. 예를 들면, 부가세 10%의 증세안이 국회에 제출되어 심의 가결된 후에 법률이 될 경우에 이러한 현상은 법률학적인 동시에 경제학적이기도 하다.

오꾸노 마사히로(奥野正寛), 스즈무라 코오타로오(鈴村興太郎)는 다음과 같이 적고 있다.

> "미시경제학은 경제의 자원 배분에 관계하는 다양한 문제 — 현실 경제에서는 어떻게 자원배분 이행해지고 있는지 어떠한 자원배분이 사회적으로 바람직한지 그 바람직한 자원배분이 이루어지기 위해서는 어떠한 제도의 경제구조를 설계하면 좋을지 등 — 를 주로 이론적으로 해명 고찰하고자 하는 경제학의 한 분야이다"(— 안은 필자보완).[14]

여기에 기술된 '사회적으로 바람직한 자원배분'은 곧 매스터 프로그램이며, '경제의 제도적 구조를 설계하는 것'은 곧 약속, 프로그램에 해당하며, 경제학이 '약속의 사회과학'='프로그램(설계) 과학'임을 분명하게 지적하고 있다. 잘 알려진 경제학 개론 교과서인 맨큐(Mankiw)의 '경제학 개론'[15]과 스티글리츠(Stiglitz)의 '경제학 개론'[16]에서도, 전자는 '규범적인 주장'과 '실증적인 주장', 후자는 '규범 경제학'과 '실증 경제

---

14) 오꾸노 마사히로 · 스즈무라 코오타로오, "미시경제학," 이와나미 쇼텐: 3.
15) 그레고리 맨큐(Gregory Mankiw), "맨큐 입문 경제학," 아다치 히데유키 외 역, 토오쿄케이신보오샤: 42-43과 스티글리츠(Stiglitz)의 '경제학 개론' 조세프 E. 스티글리츠(Joseph E. Stiglitz/칼 E. 월슈(Karl E. Walsh), "스티글리츠 입문 경제학", 야브시타 시로오 외 역, 토오쿄케이신보오샤: 36.
16) 조세프 E. 스티글리츠(Joseph E Stiglitz)/칼 E. 월슈(Karl E. Walsh), "스티글리츠 입문 경제학", 야브시타 시로오 외 역, 토오쿄케이신보오샤: 36.

학'이라는 용어로 과학으로서의 경제학을 설명하고 있어, 이 규범적인 문제가 곧 매스터 프로그램에, 그리고 실증적인 문제가 곧 프로그램의 해명과 설계에 해당하는 것으로 이해할 수 있다.

가장 근접한 학문인 경영학의 경우도 똑같다. 경영학이란 무엇인가에 관해서는 다양한 논의가 가능하겠으나, 이데 쯔기오(井出亞夫)에 의하면, "경영학의 유일한 목적은 이윤추구이다"라는 관점은 오류라고 한다. 그가 든 예로, 중소기업경영자 등을 회원으로 조직된 경제동우회가 전국회의에서 발행하고 있는 '경영지침 작성을 위한 안내'라는 책자에서 '경영이념', '경영방침(비젼)', '경영계획'의 세 개를 총칭해서 '경영지침'으로 다음과 같이 기술한 점을 주목할 필요가 있다.

> "'경영이념'이란, 기업의 목적이 무엇인가를 고찰하여 경영에 임하게 하는 근본적인 관점을 명시한 것이고, … '경영방침'은 그 이념에 근거하여 경영의 기본적 방향을 확립하는 것, … '경영계획'은 설정된 목표와 전략에 근거하여, 이를 달성하기 위한 수단, 대책, 순서를 구체적으로 척정하는 것이다."[17)18)]

명백한 구분은 어렵지만, '경영이념'에 해당하는 것이 곧 매스터 프로그램이며, '경영방침'이 중위 프로그램, '경영계획'이 하위 프로그램으로 볼 수 있어, 경영학 역시 프로그램(설계) 과학으로 간주할 스 있다. 동시에, 학자가 경영학을 탐구하는 것과 경영관리자가 안내에 근거해서 '경영 지침'을 작성하는 것이 또 같은 것이라고도 시사하고 있어, '관찰'과 '실천'이 같은 의미임을 보여주고 있다.

최근에 하라 죠오지(原丈人)는 미국형 '주주(株主)자본주의'나 '시장

17) 중소기업가동우회전국협의회, "21세기형 중소기업만들기의 결정적 수단, 경영 지침작성의 안내", 7-8.

18) 생물물리학자인 나가야마 꾸니아끼씨의 발언, 학장 이니셔티브 사업 · 제2회 소오고오켄큐우다이가꾸인대 포럼, 2013. 1. 31.

만능주의'의 한계를 지적하며 이에 대체하는 것으로 '공익자본주의'를 제창하고 있다. '지속 가능성', '공평성', '개량 개선성'이라고 하는 기업가치을 실현하려는 기업의 노력과 대책을 후원할 수 있는 제도적 구조를 만들어 가야 한다며, 일본에서 세계로 그 메시지를 발신하고 있다.[19] 이렇듯, 기업가가 경영현장에서 세계경제를 바꿀 수 있는 새로운 구조를 제창하고 '희망의 제도'까지도 수출하자고 발언하는 곳, 그 현장이 경제 활동의 근간이 되고 있는 것을 보면, 이러한 바람직한 경제상태가 실현되도록 하는 제도설계의 중심에 경제학자와 기업가가 수렴되고 '동정'된다는 의미에서도 경제학 역시 동일하게 '관찰'과 '실천'이 같은 뜻임을 함의한다고 하겠다.

이렇듯 사회과학에서는, 관찰과 실천이 부즉불리(不卽不離)의 관계에 있다고 하겠다. 이는 또 의학의 경우에도 해당되다. 임상과 기초 의학의 사이에 근본적인 차이가 없기 때문이다. 병리학자인 모리 와타루(森亘)의 다음과 같은 지적이 이를 대변한다. 즉, 수술에 실패한 의사가 고소당하기도 하고, 더욱이 요즘에는 건강진단을 이행하는 단체, 즉 병원까지도 고소당하는 예가 나타나고 있다는 것이다. 병리학자가 막연히 현미경만을 들여다보는 것만으로는 이에 대처할 수 없게 된 것이다.

결국, 오늘날 우리들이 살고 있는, 사회적 약속이며 사회적 인공물이기도 한 '정치사회' 즉 '시민사회'는, 지구 온난화뿐만 아니라, 다양한 측면에서 인류가 지금까지 경험한 적이 없었던 사태에 직면하고 있어, 새로운 대응이 불가피하게 되었다. 시민사회 이념의 재구축이 요구되며, 이를 달성하기 위한 예지있는 프로그램 설계도 기대되고 있다. 바람직한 상태(평화, 환경보전 등)를 이루기 위해서 인류는 그 어떤 프로그램 설계를 시도하지 않으면 안된다. 물론, 현실 세계에서는 100% 완벽이라

---

19) 하라 죠오지, "일본은 '희망의 제도'를 수출해라," Voice, 2011. 8.; "세계경제를 구하는 '새로운 구조'," J. 츄우오코오론, 2011. 12. 한편, '지속 가능성'은 목적이 아니고 방법이나 수단이므로 이념으로 설정하는 것은 적절하지 않다고 필자는 생각한다.

고 하는 '최선'의 프로그램 설계는 존재하지 않는다. 거의 작동하지 않은 채 그림의 떡으로 남는 경우가 대부분이다. 또, 프로그램 설계 자체가, 반드시 문제 해결에 타당한 합리적 선택의 결과가 아니라, 경과를 따라가던 중에 우연히 얻는 경로의존적 산물일 가능성도 있다. 이로 인해 부작용이나 '의도하지 않았던 결과'[20]를 수반하게 되어 새로운 사회 문제를 발생시키는 경우도 다반사이다. 그러한 예는 역사에서 얼마든지 찾을 수 있다. 그래서, 예를 들어, '저탄소사회(低炭素社會)'를 실현하려는 새로운 제도 형성도, 이러한 관점에서 보면, 예상외 혹은 상정외(上程外)라고 불리워질 위험한 함정이 숨어있을 가능성도 있다. 복수의 프로그램이 어울어짐으로써 가져오게 될 합성 혹은 간접(즉, 파급적 혹은 부차적) 효과를 해결해야 하는 더 힘든 문제도 있을 수 있다.[21] 그 밖에도 복수 프로그램들의 이념들이 서로 모순되어 충돌할 경우에 문제는 좀더 복잡해 진다. 이 문제들을 해결하려면 '기술 혁신'이 이루어지기를 기다릴 수밖에 없을 것이다. 다랑어잡이를 하면서 바다거북이 섞이어 포획되는 '리즈메 컴플렉스(resume complex)' 등이 대표적인 예이다. 결국, 인간 사회의 프로그램 설계는 시행착오를 되풀이하는 중에, 진화론적 길을 따라 가리라고 예상된다. 어떠한 내용의 프로그램 설계가 그 시기에 선택될지는 이른바 '사회적 선택'의 문제이다. 해당 문제에 대한 약속이나 프로그램에는 다양한 옵션이 있겠지만, 문제는 사회가 어떤 옵션을 선택할 것인가에 달려 있다. 사회적 선택이론과 후생경제학의 시각으로 보면, '사회적 선택 기구의 설계와 그 구현'의 문제이다. 다만, 이러한 "사회적 선택의 실천 이론"은, "최선의 파랑새를 좇지 않고 그저 눈앞의 상태를 개선하기 위한 것으로, 경제정책의 입안과 실행의 이

20) Robert Jervis, *System Effects: Complexity in Political and Social Life*, Princeton University Press, 1977. (복잡성과 국제정치 - 상호연관이라고 의도되지 않는 결과, 아라끼 마사노리 외 역, 브레인 출판.)

21) 요시다 타미또, "시스템, 정보, 자기조직성 - 지식의 정보론적 회전 -," 요시다 타미또, 스즈키 마사히또 편, 자기조직성이란 무엇인가, 미네르바쇼보오, 126.

론적 기초로서는 거의 도움이 되는 않은 지침이 되고 있는 실정이다"[22] 라고 스즈무라 코오타로오는 그 한계를 언급하고 있다. 현실적으로 이 사회적 선택은 그 시대의 '정치권력', 즉 민주주의 국가의 경우 의회 다수파의 당파성에 의해 좌우되는 것이다. 따라서 결코 '최선'의 선택이 행해지고 있다고는 말할 수 없으나, 한편 민주주의 국가가 가진 의회 민주주의의 생물학적 특질, 즉 '정권교체'라는 시행착오를 걸치면서 사회적 진화가 진행되고 있다고 보는 것이 타당할 것이다.

제6절 문리융합론과 그 효용: '돌연변이'와 '혁신'?

앞에서 언급한 사회적 선택에 관한 스즈무라 코오타로우의 견지는 동일본 대지진 재해에 긴급히 대응해야 할 경제정책에 대한 직언 중에 드러난 내용이다. 그는 그와 같은 사회적 선택과 동시에 '과학적 지식'과 '전문적 지식'이 보다 더 활성화되어야 한다고 주장한다. 동일본 대지진 재해 직후에 과학적 지식과 전문적 지식을 활성시키는 방법과 이른바 사회과학과 자연과학의 '문리융합' 필요성이 주창되었다. 재난 현장은 학문의 중립평형성 등을 입에 올리는 것조차 허락되지 않은 상황이었고, 재해 예방과 피해 축소를 위해 어떤 형태로든 프로그램을 설계해야만 했다. 이를 위해서는 자연과학적 지식이 필수적이기는 하나, 물론 그것만으로는 충분한 대책을 강구할 수 없었음은 말할 필요도 없다. 이념의 조정이나 지역 커뮤니티의 본연적 자세, 그리고 이에 관여하는 방법 등, 사회과학적 지식도 가미된 의사결정이 필요했으며, 자연과학과 사회과학을 융합한 종합적 의사결정과 그 대책의 필요성이 주창되었다.

---

22) 스즈무라 코오타로오, "위기대응을 위한 공공적 선택의 과제: 개선의 경제정책 구상과 구현," 미공개 논문: 6.

그러나, 자연과학과 사회과학을 융합한다고 해도, 그 구체적인 내용이나 방법론에 이르면 이렇다 할 의견 일치도 없이, 구체적인 성과도 올리지 못한 채로 있다. 앞서 기술한 제19기 일본학술회의(2003~2005년)의 보고서인 '신학술의 본연적 자세: 참된 사회를 위한 과학(science for society)를 추구하며'에서는 문리융합을 위해 나아가야 할 구체적인 노정을 다음과 같이 간결 명확하게 기술하고 있다.

> "물질계 생물계 인간계는 계층구조를 형성해 상위세계의 질서원리는 하위세계의 질서원리에 '경계조건(境界條件)'의 형태로 제약을 받고 있다. 이러한 인식과 학의 질서원리는 곧 설계과학의 질서원리이기도 하다. 단 설계과학은 … 위의 세영역 모두에 영향을 미치는 '인공믈시스템'을 대상으로 한다. 설계는 불변의법칙과 가변의 프로그램을 함께 조합함으로써 목적을 달성해 가치를 실현하는 지극히 인간적인 행위로 설계과학은 이를 위한 합리적 기반을 제공하는 인공물시스템 과학이기도 하다."[23]

몇 년 후 요시다는 — 나가야마 꾸니아끼(永山國昭)의 영향을 받아[24] — 변용불능인 동시에 위배불능인 '법칙 과학'을 '뉴우튼적 과학론'으로 명명하고, 변용가능인 동시에 위배가능한 '설계과학'을 '다원적 과학론'이라고 명명하며 양자간의 융합을 시도했다.[25] 그러나 법칙과 프로그램을 조합시킨다는 의미는 오히려 법칙을 집어넣어 프로그램을 작성한다고 해석하는 것이 타당하다. 즉, 프로그램 혹은 약속 안에는 이미 법칙이 가득 차 있다고 보는 것이 자연스러우며, 이때 법칙이라고까지는 불리워지지 않으나 '확립성이 높은 경험법칙'도 '법칙'과 동일하게 감안되

---

23) 동상, "신학술의 본연적 자세 - 참된 science for society를 추구하며": 17.

24) "다원적 과학론"이라고 하는 말을 최초로 사용한 사람은 나가야마 꾸니아키이다. 나가야마 꾸니아키, "생물물리학의 연구와 교육 - 신과학론과 실천적 학문의 추천," 소가베 마사히로 · 고오 노부히로 (편), 생물물리학과는 무엇인가, 코오리쯔 슛판,

25) 요시다 타미또, "뉴턴계 과학론과 다원계 과학론 - 물질과학 생명과학 인문사회과학의 연속성과 단절성-," 일본학사원 제1부 예회 논문보고, 2008. 5. 12.

어 프로그램 속에 들어 있다고 해도 무방하다. 그러므로 프로그램 속에 '문리융합'이라고 불리워지는 현상이 이미 내재하고 있다고 할 수 있다.

요시다는 '인공물 시스템 과학'의 시각에서 문리융합에의 길을 제창했다. 그러나 "학제/다학제/통학제성(inter/multi/trans-disciplinarity)"을 넘어, 통합성이라는 관점에서 "그 어떤 실천적 과제일지라도 자유로이 선택할 수 있고, 그 어떤 분과학문의 개념이나 명제일지라도 자유로이 감행할 수 있다는 이중 의미로 자유로운 학술영역을 의미"[26]하는 '자유영역 과학'에의 길도 시사했다.

한편, 문리융합의 문제를 생각할 경우, 중요한 것은 우리들 자신의 문제를 되새기는 것이다. 즉, '생물종(種)의 개체'라는 물리법칙에 제약받는 우리가, 아침에 일어나서 '(사회적 약속인) 정기권'을 사용해 '(물질적 인공물인) 전철'을 타고 출근하는 생활을 떠올리면 알 수 있듯이, 우리의 일상생활 구석구석까지 이미 문리융합이 스며들어 있음에도, 아무런 장해 없이 기능하고 있다는 사실이다. 즉 '사회 현상'이 곧 '문리융합 현상' 바로 그 자체인 것이다. 따라서, 사회 현상을 연구한다는 것은, 크든 작든 혹은 의식적이든 무의식적이든에 관계없이, 문리융합 현상이 그 토대라고 하겠다. 그러므로, 사회현상과 물리현상을 분리해서 고찰할 필요도 없이, 본래적으로 양자 모두가 '융합된 유기체적 실체'임을 파악해, 그러한 융합된 대상을 직시하는 학문 체계를 새롭게 구축할 필요가 있다. 문제는 인간 사회나 그 환경을 관찰하는 개별 분과과학들이 인간의 머리 속에서 조각조각으로 해체되어 유리되어 있다는 점이다. 학문이 극히 전문화, 세분화되어 깊이 안으로 들어가기만 할 뿐, 출구가 막힌 형태를 띠게 되었다. 그 결과 머리 속에서 융합하거나 복안적으로 사물을 보는 것은 이제는 불가능하게 되었다고 하겠다.

행여 불변인 법칙과 가변의 프로그램을 조합하여 '자유영역 과학'의

---

26) 일본학술회의 운영심의회부속 신학술체계위원회, "신학술체계-사회를 위한 학술과 문리융합-," 7장: 110.

문리융합이 장래에 가능하게 된다고 할지라도, 그런 환경에서 무엇이 얻어질 수 있을까라는 문제가 남는다. 즉, 레오나르도 다 빈치와 같은 '지식의 거인'이 아닌 한, 한 개인이 전문 분과학문을 세 개이상 통달한다는 것은 극히 어려운 일이다. 그래서 분야가 서로 다른 몇 명의 연구자가 모였다고 하더라도 과연 어떤 산출을 낼 수 있는지, 또 문리융합 연구를 평가하는 기준을 어디에 두고 추구해야 할 것인지 등의 의문이다. 문리융합적 공동 연구에는 리더가 중요할뿐더러 구성원 전원의 수준 또한 높아야 한다. 자연현상 내부에서나 사회현상 내부에서 제 각각의 현상들의 상호관련성뿐만 아니라, 자연현상과 사회현상 양자의 상호연관 속에 얽혀져 있는 끈들의 매듭을 푸는 것도 대단히 중요하지만, 이에 더해 문리융합 연구의 효용 혹은 평가 기준의 축을 경영학에서 말하는 '혁신(innovation)'에서 추구할 수 있을 것이다. 지금까지의 논의에서 알 수 있듯이, '학문적 혁신'은 실제 경제 등 '인간 활동에의 혁신'에 직결하는 것이기 때문이다. 혁신의 개념 정의 방법에 의해서도 문제가 바뀌겠지만, 문리융합 연구에 요구되고 있는 것은 진화론에서 말하는 돌연변이와 비슷한 형태라고 추찰된다. 따라서, 학문적 혁신을 유도하기 위해서는 다음과 같은 이찌카와 아쯔노부(市川惇信)가 지적한 '타개(Break through)적 진화 시스템 5개조'를 참고할 필요가 있다.[27)]

1. 넓은 영역에 걸쳐 그 진수(眞髓)를 이해할 수 있는 우수한 연구자를 채용한다. (막다른 길에 빠지는 일없이 다양한 유전자를 보유한 유전형을 취할 것.)
2. 다른 배경을 가진 연구자를 모은다. (다른 유전형을 모아 유전자의 다양성을 확보할 것.)
3. 연구자에게 명확한 비젼을 준다. (도태압(淘汰壓)을 제공할 것.)

---

27) 이찌카와 아쯔노부, "과학이 진화하는 5가지 조건," 이와나미쇼텐: 110.

4. 연구자에게 자유로운 발상을 하게 한다. (이변을 제약하지 않을 것.)
5. 상호 서로 자극하는 좋은 분위기를 유지한다. (유전형의 교배를 촉진할 것.)

제7절 결 론

마지막으로, 사회과학자로부터가 아닌 자연과학자로부터의 신과학론으로서, 위와 같은 이치까와의 최근 연구를 언급하지 않을 수 없다. 심볼 언어론 등의 예를 든 요시다와 공통점도 많으나, 요시다와의 근본적인 차이가 어디에 있는가를 말하자면, 이찌카와의 경우 목적(가치)론을 배제하고 있다는 점이다. 그는 자연현상에는 정합성(整合性)이라는 것이 있어 포퍼(Karl Popper)류의 '모델 형성과 그 검증의 루프(loop)가 반복된다'라는 과학론이 '반례(反例)'(반증가능성)를 드러내는 진화 시스템의 형태로 점점 더 인식되어 가고 있음에 주목하도록 주창한다. 이러한 과학관은 자연과학자와 사회과학자 모두가 공통의 이해로서 받아들이기 쉬울 것이다.

이찌카와에 의하면, 정합성이란 '대상 세계에 존재하는 모든 원인과 결과의 일련(인과관계)은 같은 원인에 대하여 같은 결과가 대응하는, 즉 대상 세계에는 모순이 존재하지 않음'을 의미한다고 한다. 그의 시선은, 정합성이 없는 사회현상을 어떻게 볼 것인가에 이른다. 이찌카와 씨의 의견은, '사회현상에는 정합성이 없으므로, 인간이 법률, 규칙, 윤리 등의 약속을 만들어서 모순을 없애며 그 정합성을 유지하고자 한다'는 것이다. 그러나, '심볼 언어로 적혀지기 때문에 언어만으로는 정합성을 드러내지 못하고, 결국은 정합성을 만들어내기 위해 인간은 가상의 보편적인 구조(假構)를 끌어내려고 한다. 그것이 곧, 이념, 가치, 정의 등의 체계이다'라고 설명한다. 중세 그리스도교사회, 공산주의사회, 나치즘

사회를 그 단적인 예라고 제시하며, 이러한 이해위에 이찌카와 씨는 장대한 정치사회론을 전개시킨다.[28)]

결국, 이찌카와에게, 목적(가치)은 정합성의 일종이며, 한편, 요시다에게도, 목적(가치)은 매스터 프로그램이어서 프로그램의 일종으로 고찰되고 있다. 따라서, '정합성'과 '프로그램'은 유사성을 갖는다.

'목적(가치)이 정합성의 일종이다'라는 의미는, 예를 들면, '자우라고 하는 가치를 추구할 때, 그러한 상태를 낳기 위해 인간의 행동을 구속하며 정합성이 있는 행동을 취하게 하여, 결과적으로 자유라고 하는 정합성이 있는 행동정황이 만들어진다'는 것이다. 자연과학자의 눈으로 보면, '가치를 선택한다고 하는 것은 단지 인간이 정합성에 유사한 행동을 취하는 것'이라는 지적이다. 이 이상의 것을 논의하자면 결국, '왜 인간은 유사 행동을 취하는 것인가'라는 질문이 던져지고, 다시 말해, '가치, 즉 일체의 질서는 어째서 이루어지는 것일까', 달리 적으면, '왜 인간은 약속을 만들어서 질서유지를 하고자 하는가'라는 근본적인 문제에 다다르게 된다. 즉, 앞서 적은 것처럼, 이는 이미 흄이나 스미스가 답하고자 했었던 그 문제들로, 유전지령(정보)이라고 하는 인간 본능을 그 답으로 주목했었던 이들의 고찰이 곧 문제를 푸는 새로운 빛을 드리워 줄 것이라고 생각한다. 결국, 근대에 들어, '신의 부재' 이후의 질서를 어떻게 할 것인가라고 하는 문제는 지금도 끊임없이 우리들에게 그 답을 구하게 하고 있다.

---

28) 이찌카와 아쯔노부, "(진화)과학은 사람과 사회에 어디까지 다가왔나 - 유동과 상호작용의 시점에서-," 소오고오켄큐우다이가꾸인대학 하야마이호오, 1, 2012.

제 4 장

인문학과 자연과학의 만남

이 남 인*

제 1 절 서 론

최근 한국 사회의 학계 안팎에서 통섭 개념이 두루 사용되고 있다. 통섭 개념이 이처럼 인구에 회자되는 이유는 그것이 현재 한국 사회 전반에서 일고 있는 경계 허물기의 분위기와 맥을 같이 하기 때문이다. 실제로 한국 사회에서 통섭 개념은 경계 허물기와 관련해 나름대로 중요한 역할을 수행해 왔다. 그럼에도 불구하고 정작 통섭이 정확히 무엇을 뜻하는지 이해하려고 하면 우리는 커다란 어려움에 봉착한다. 현재 이 개념은 불투명하고 다의적으로 사용되고 있다.

이러한 사실을 반영하듯 그동안 학계 내부에서는 이 개념이 가지고 있는 문제점이 여러 차례 지적되었다.[1] 예로써, 고인석(2007)은 "환원주의와 반환원주의는 서로 대립하면서 양항으로 남아야 한다"고 지적하

---

* 서울대 철학과 교수. 이 글은 "인문학과 자연과학은 어떻게 만날 수 있는가?: 통섭 개념에 대한 비판을 토대삼아," 철학연구, 87: 259-311을 가필한 것임.

1) 통섭 개념을 집중적으로 고찰하면서 그에 대해 비판적인 견해를 피력한 글로는 고인석(2007), 최종덕(2007), 강신익(2007; 2008), 김흡영(2008), 이상욱(2007), 이종관(2008), 이광래(2008), 김영식(2009), 박승억(2008) 등을 들 수 있다.

면서, 환원주의의 문제점과 관련해 "경계해야 할 일은 서로 뭉뚱그려지지 않는 것들을 자기 눈의 초점을 흐릿하게 만들면서까지 하나로 뭉뚱그려지는 양, 그것이 아름다운 통합의 길인 양 생각하거나 말하는 것"이라고 지적하고 있다. 최종덕(2007)은 윌슨(Wilson, 1998)의 "책이 번역되면서 생긴 문제점은 컨실리언스 개념이 지닌 이런 포섭 관계의 실체가 분명히 논의되지 않고 인문학과 자연과학의 수평적 통합처럼 오해되고 있다는 점"이며, "이런 오해는 오해를 넘어 왜곡되면서까지 많은 지식인들에게 급속히 전파되고 있다는 점이 더 큰 문제이기도 하다"고 지적하고 있다. 강신익(2007; 2008)은 "진정한 지식의 대통합을 위해서는 삶에 대한 과학적 설명과 과학적 사실에 대한 인문학적 해석이 모순없이 만날 수 있어야 한다. 인문학적 반성을 거친 과학, 과학적 사실을 녹여낸 인문학, 그리고 그 둘의 자유로운 소통이 학문 통합의 전제조건이다. 쉽지 않은 일이다."라고 지적한다. 또 이상욱(2007)은 "필자가 보기에 적어도 학술적 영역에서의 '통섭'의 유행은 '통섭' 개념 자체에 대한 치밀한 분석과 이해에 기반한 것이라기보다는 최근 학계에서 강조되고 있는 학제적 연구나 여러 학문 넘나들기 등의 경향에 편승한 측면이 더 많다고 본다. 왜냐하면 '통섭'으로 규정될 수 있는 학술적 행위가 어떤 것인지에 대해서 백 명의 학자가 백 가지 다른 견해를 가지고 있는 경우가 허다하기 때문이다"라고 지적한다.

그런데 통섭 개념에 대한 비판적인 견해는 이미 2006년 9월 2일 이화여자대학교 통섭원 개원을 기념하기 위해 개최된 심포지엄에서 발표된 논문들을 통해서도 개진되었다. 예로써, "에드워드 윌슨의 통섭론을 읽으면서 때때로 느껴지는 독단주의의 혐의들도 최한기의 사상처럼 자기 체계의 무오류성을 과신하고 있기 때문은 아닐까?"(전용훈, 2007: 124), "지식의 통합을 역설하는 윌슨을 바라보는 요즘 철학자들의 시선은 착잡하기 그지없다. 그것은 바로 지난 수십 년간의 철학적 논의의 결과가 과학자들에게 조금도 반영되지 않았거나, 아무런 영향도 미치지 못했다는 것을 확인하는데서 오는 착잡함이다. 물론 만약 윌슨이 1900년대 초반의 사람이었다면 그런 착잡함은 없었을 것이다. 왜냐하면 그 때에는 지식의 통합을 희망차게 피력하던 논리실증주의자들이 있었기 때문이다. 하지만 논리실증주의자들의 희망은 1950년대 이후 꺾이기 시작했다"(배식한, 2007: 249), "유전자의 기능에 대한 설명을 바탕으로 인간의 본성을 이해하고, 이러한 인간 본성에 대한 이해에 기초해서 문화와 사회를 이해함으로써 과학과 인문학의 통섭을 꾀한다는 윌슨의 주장은, 그 환원주의적인 방법에 동의한다고 해도, 현재로서는 정확히 기약을 할 수 없는 미래에나 가능한 것이다"(홍성욱, 2007: 261) 등을 들 수 있다.

이러한 사실은 이 개념이 학계 밖에서 아주 자명한 개념인 것처럼 아무런 반성 없이 사용되고 있는 것과는 대조적이라 할 수 있다. 그럼에도 불구하고 학계 안에서 그에 대한 정밀한 검토 작업과 학문적 토론은 아직 이루어지지 않고 있다. 두말할 것도 없이 이러한 현실은 학문과 사회의 발전을 위해서 바람직하지 못하다. 이러한 상황에서 통섭 개념을 통해 추구하고자 하는 경계 허물기 작업이 학계 안팎에서 올바로 이루어져 학문과 사회가 건전하게 발전할 수 있기 위해서도 통섭 개념에 대해 진지하게 토론하면서 그에 대해 반성적으로 성찰할 필요가 있다.

이 글은 통섭 개념에 대한 비판적 검토를 통해 인문학/사회과학과 자연과학 사이의 학제적 연구가 어떻게 이루어져야 할지 모색하면서 양자 사이의 학제적 연구가 올바른 방향으로 활발하게 이루어질 수 있는 토대를 마련함을 목표로 한다. 이러한 목표를 위해 필자는 우선 제2절에서 이 글의 논의 전개를 위해 필요한 한에서 윌슨의 통섭 개념의 핵심적인 내용을 정리할 것이다. 윌슨은 자연과학적 방법을 사용해 자연과학과 인문학/사회과학을 하나의 지식 체계로 통섭하는 일이 원칙적으로 가능하다고 주장한다. 그러나 필자의 견해에 의하면 윌슨이 제시하는 통섭의 프로그램은 원칙적으로 완벽하게 수행될 수 없다. 필자는 제3절에서 인문학/사회과학의 다양한 분야의 지식이 가지고 있는 특성을 제시하면서 통섭의 프로그램을 완벽하게 수행하는 일이 원칙적으로 불가능하다는 사실을 해명할 것이다. 거기에 이어 제4절에서는 인문학과 자연과학 사이의 학제적 연구가 필요한 이유를 해명하면서 양자 사이의 학제적 연구와 관련해 윌슨의 통섭 프로그램이 가지고 있는 문제점을 검토한다. 제5절에서는 양자 사이의 학제적 연구에는 어떤 유형의 것이 있을 수 있는지, 그것은 어떤 방식으로 수행될 수 있는지, 그리고 학제적 연구 및 교육 단위는 어떤 방식으로 설정될 수 있을지 하는 등의 문제를 살펴볼 것이다. 제6절에서는 이 글의 논의가 인문학과 자연과학 사이의 학제적 활동에 대한 논의의 서론 정도에 해당하는 것임을 지적한 후, 앞으로 연구 영역뿐 아니라, 교육 영역과 삶의 현장에 있어서의 양자 사이의 학제적 활동에 대한 논의 역시 활발하게 이루어져야 하며, 앞으로 양자 사이의 다양한 학제적 활동이 보다 더 탄탄한 토대 위에서 이루어질 수 있도록 통섭 개념에 대한 보다 더 철저한 논의와 반성적 성찰이 필요하다는 사실을 지적하면서 이 글의 전체적인 논의를 마무리 지을 것이다.

제 2 절 윌슨의 통섭 개념

윌슨은 *The Insect Societies*(1971), *Sociobiology*(1975), *On Human Nature*(1978) 등의 3부작을 통해 사회생물학적 입장에서 통섭에 기초한 학문의 통일을 위한 구상을 마련하였으며, 1998년에 출간된 *Consilience: The Unity of Knowledge*에서 통섭을 통한 "지식의 대통합"의 구상을 체계적으로 전개하고 있다. 윌슨에 의하면 『통섭』이라는 저서가 다루고 있는 주제는 한 마디로 "지식이 가지고 있는 본유의 통일성"(Wilson 1998: 25) 또는 "과학의 통일성"(34)이다. 이러한 생각에 의하면 이 세상에는 서로 다른 다수의 진리가 존재하는 것이 아니라, "객관적인 실재에는 궁극적으로 모든 지식과 환상이 그곳에서 나오는 단 하나의 기본적인 진리만이 존재하며"(6), 따라서 모든 지식은 단 하나의 지식체계로 통일될 수 있다. 『통섭』이란 저서는 말하자면 다양한 유형의 지식을 한 가지 유형의 지식으로 통일하려는 구상을 담고 있다. 이러한 구상에 의하면 물리학, 화학, 생물학 등 자연과학의 제 분과가 통합될 수 있으며 더 나아가 자연과학이 사회과학, 인문학과도 통합되어 하나의 통일적인 지식체계를 형성할 수 있다.

그런데 이처럼 학문의 통일을 가능하게 해주는 것이 통섭이다. "통섭은 통일의 열쇠이다"(40). 통섭은 자연과학적 탐구를 가능하게 하는 "인과적인 설명"(460)을 토대로 모든 현상들을 남김없이 해명하려는 시도이다. "학자들은 행동과 문화를 다룰 때 개별 분과들에 적절한 여러 유형의 설명들, 예컨대 인류학적 설명, 심리학적 설명, 생물학적 설명 등을 언급하는 습관이 있다. 나는 본래 단 한 가지의 설명만이 있다고 논증했다. 그 설명을 통해 우리는 다양한 수준의 시공간과 복잡성을 넘나들어 결국에 통섭이라는 방법으로 여러 분과들의 흩어진 사실들을 통일한다. 통섭은 봉합선이 없는 인관관계의 망이다"(459). 여기서 윌슨이 통섭을 "봉합선이 없는 인과관계의 망"에 비유하듯이 통섭은 모든 학문의 경계를 허물고 모든 학문을 하나로 통일하려는 시도이다.

통섭을 지탱해주는 것은 바로 물리학적 환원주의이다. 이러한 입장에 의하면 존재하는 모든 것은 "물리적 인과관계"의 그물망 속에서 존재하며, 따라서 존재하는 모든 것들을 지배하는 법칙들은 물리법칙으로 환원될 수 있다. 이 점과 관련해 윌슨은 다음과 같이 주장한다. "그러면 통섭적 세계관의 핵심은 무엇일까? 그것은 모든 현상들 — 예컨대, 별의 탄생에서 사회조직의 작동에 이르기까지 — 이 비록 길게 비비 꼬인 연쇄이기는 하지만 궁극적으로는 물리법칙들로 환원될 수 있다는 생각이다"(460). 윌슨은 자신의 물리학적 환원주의와 관련해 "통섭적 세계관의 요점은 인간 종의 고유한 특성인 문화가 자연과학과 인과적인 설명으로 연결될 때에만 온전한 의미를 갖는다는 점이다"(460)라고 주장한다. 물리학적 환원주의에 의하면 물리학을 위시한 자연과학과 인문학/사회과학의 "차이는 단지 문제의 크기 차이일 뿐 문제의 해답을 찾는데 필요한 원리들의 차이는 아니다. 인간의 조건은 자연과학의 가장 중요한 미답지이다. 역으로 자연과학에 의해 드러난 물질세계는 인문·사회과학의 가장 중요한 미답지이다. 그렇다면 통섭 논증은 다음과 같이 압축될 수 있다. 두 미답지는 동일하다고"(461).

윌슨은 물리학자이자 역사학자인 제럴드 홀턴이 사용한 개념인 "이오니아의 마법"(31)에 대한 논의를 출발점으로 삼아 통섭의 구상을 전개한다. 그에 의하면 통일과학에 대한 믿음은 서양철학의 효시로 간주되는 고대 희랍의 이오니아의 철학자인 탈레스에게서 시작되었다. 만물의 근원을 물이라고 주장한 탈레스는 "세계의 물질적 기초와 자연의 통일성에 대한 형이상학"(34)을 상정하면서 "통일과학"(34)에 대한 믿음을 처음으로 표출한 철학자인데, 이러한 통일과학에 대한 믿음이 바로 "이오니아의 마법"이다. 이오니아의 마법은 그 후 세련되어 가면서 계속해서 과학사상을 지배해 왔다.

이오니아의 마법에 따라 학문의 통일을 시도할 때 그 출발점은 자연과학이다. "과학은 실제세계를 탐구하는 가장 효과적인 방법이며"(100), "세상에 대한 지식을 모아서 그 지식을 시험 가능한 법칙과 원리로 응축하는 체계적이고 조직화된 탐구이다." 우선 자연과학의 영역에서 통섭이 이루어져 다양한 자연과학 분야 사이의 경계가 무너지고 그들이 통일될 수 있다. 실제로 자연과학의 다양한 분야 사이에서 통섭이 이루어지고 있다. "통섭에 대한 믿음은 자연과학의 근간이다. 적어도 물질세계에 대해서만큼은 개념적 통일성을 향해 나가고 있음이 분명하다. 자연과학 분야 사이의 경계들은 혼성 영역들이 계속 생겨나면서 점점 사라져가고 있으며 그 영역들에서 조용하게 통섭이 이루어지고 있다.

이런 영역들은 물리화학에서부터 분자유전학, 화학생태학 그리고 생태유전학에 이르기까지 다양한 수준의 복잡성을 가로지르며 형성된다"(43).

그러나 통섭이 자연과학의 영역에만 한정되는 것은 아니다. 통섭은 자연과학의 영역을 넘어서 사회과학과 인문학의 영역으로도 확장될 수 있다. 이 점과 관련해 윌슨은 "인간이 물리적 인과관계에 따른 사건들에 따라 행동하는 존재라면 사회과학과 인문학은 왜 자연과학과의 통섭에서 배제되어야 하는가?"(43)라는 질문을 던지고 있다. 그에 따르면 인간이 "물리적 인과관계에 따른 사건들에 따라 행동하는 존재"인 이상 인간을 탐구하는 사회과학과 인문학은 당연히 자연과학과 통섭될 수 있다. "자연과학과 인문학은 21세기 학문의 거대한 두 가지가 될 것이다. 반면 사회과학은 계속해서 세분화되면서 그 중 어떤 부분은 생물학으로 편입되거나 생물학의 연장선 위에 있게 될 것이며 그 밖의 부분들은 인문학과 융합될 것이다. 사회과학의 분과들은 계속해서 존재하겠지만 결국 그 형태는 극단적으로 변할 것이다. 그런 와중에 철학, 역사학, 윤리학, 비교종교학, 미학을 아우르는 인문학은 과학에 접근할 것이고 부분적으로 과학과 융합할 것이다"(45). 이처럼 자연과학과 인문학/사회과학을 아우르는 통섭을 통해 자연과학과 인문학/사회과학 사이의 경계가 사라지고 이 모든 학문들이 통일되어 진정한 의미의 통합학문이 나타날 수 있는 것이다.

그런데 자연과학의 영역을 넘어 인문학/사회과학의 영역에 걸쳐 통섭을 수행함에 있어 특히 중요한 의미를 지니는 두 학분 분과는 뇌과학과 진화생물학이다. 이 점에 대해 윌슨은 "지난 몇 세기 동안 통섭은 자연과학의 모유였다. 현재는 뇌과학과 진화생물학이 이런 방법론을 전적으로 받아들이고 있으며 사실 이 두 분과는 사회과학과 인문학을 잇는 교량 역할을 가장 잘 하고 있다"(459)고 말한다. 그러면 뇌과학과 진화생물학이 인문학/사회과학과 자연과학을 연결함에 있어 중요한 역할을 할 수 있는 이유는 무엇인가? 우선 뇌과학은 의식의 문제를 과학적으로 해명하면서 심리학을 자연과학과 "봉합선 없이" 연결시켜 줄 수 있기 때문에 인문학/사회과학과 자연과학의 통섭에서 중요한 역할을 한다. 그리고 진화생물학은 유전자와 더불어 "인간 본성"(291)이라 불리는 후성 규칙들"(291), 즉 "문화의 진화를 한쪽으로 편향시켜 유전자와 문화를 연결해주는 정신발달의 유전적 규칙성"(291)을 연구하면서 자연과학과 역사학을 비롯한 인문학/사회과학을 "봉합선 없이" 연결해줄 수 있기 때문에 인문학/사회과학과 자연과학의 통섭에서 중요한 역할을 할 수 있다.

윌슨은 자신이 견지하는 물리학적 환원주의의 입장을 일종의 "세계관", 즉 "통섭 세계관"(460)이라고 부른다. 그는 통섭 세계관을 "형이상학적 세계관"(40)이라 부르기도 하고 "통합적인 형이상학"(44)이라고 부르기도 한다. 그가 "통섭 세계관"을 "통합적인 형이상학"이라고 부르는데서 알 수 있듯이 그의 통섭 세계관은 일종의 형이상학, 즉 철학이다. "통섭 세계관"으로서의 "통섭적 형이상학"은 윌슨이 모든 학문의 통섭을 통해 추구하고 있는 철학이다. 통섭적 형이상학에 대한 그의 믿음에서 엿볼 수 있듯이 윌슨은 통섭을 통해 모든 학문을 통일하는 일이 원칙적으로 가능하다고 생각한다. 이 점과 관련해 그는 통섭적 설명이 학문의 모든 갈래들에 똑같이 적용된다는 "명제를 거부해야 할 증거들은 그 어디에도 없으며"(459), "그 누구도 그와 같은 통합이 이룰 수 없는 일이라는 증거를 단 하나도 제시하지 못했다"(26)고 주장한다. 통섭적 형이상학에 의하면 과학이 무한히 진보하면 언젠가는 학문의 통일이 이루어질 수 있다.

제3절 인문학적 지식과 통섭의 원칙적 불가능성

1. 통섭의 원칙적 불가능성이란?

윌슨이 제시하는 통섭 프로그램이 완벽히 수행되기에는 여러 가지 현실적인 난점이 도사리고 있다. 그 자신도 이 점을 인정하고 있다. 자연과학과 인문학/사회과학을 하나의 원리로 통합하려는 야심적인 통섭 프로그램을 제시하면서도 이 프로그램을 완벽하게 수행하는 데 수많은 난점이 있음을 인정하는 것이다. 예를 들어, 그는 "생물학 분야들 간의 통합은 이 장의 맨 처음에 언급된 미로의 딜레마 때문에 아직은 요원"(Wilson 1998: 162)하고, "흔히 전일론적 접근이라고 부르는 종합을 통한 통섭은 조직의 수준이 점점 높아지면서 복잡성이 엄청난 비율로 증가한다는 복병 때문에 골머리를 썩고 있다"(160)고 한다. 이는 통섭이 얼마나 많은 현실적인 난점을 안고 있는지 보여주는 것이다.

그러나 윌슨의 통섭 프로그램에 그처럼 현실적 난점이 많이 있다고 하더라도 그것이 곧 바로 통섭 프로그램의 원칙적 불가능성을 입증하는 것은 아니다. 그러한 난점들은 과학이 무한히 진보함에 따라 언젠가는 극복될 수 있을지도 모르기 때문이다. 실제로 과학사는 과학이 진보함에 따라 수없이 많은 현실적 난점들이 극복되면서 특정한 과학적 프로그램이 현실화되는 다양한 예를 보여주고 있다. 그리고 분과 학문에 종사하는 연구자들 중에서 이러한 신념을 가지고 연구에 임하는 사례는 흔히 찾아볼 수 있다. 예를 들어 von Neumann과 Morgenstern (1990: 8)은 게임이론을 경제학에 적용하는 연구와 관련해 "모든 수리화하는 과학이 이러한 연속적인 진화의 과정을 거쳐 왔음은 잘 알려진 사실이다"라고 지적하면서 이런 신념을 표명하고 있다. 윌슨 역시 바로 이러한 신념을 가지고 자신의 통섭 프로그램이 원칙적으로 가능한 것으로 간주하는 것이다.

필자는 통섭 프로그램에 들어있는 현실적인 난점이 완전히 해소될 수 없을 것으로 생각한다. 윌슨 자신도 인정하듯이 "조직의 수준이 점점 높아지면서 복잡성이 엄청난 비율로 증가한다는 복병"이 존재하기 때문에 생물학의 영역에서도 통섭 프로그램을 완벽하게 수행하기란 쉬운 일이 아니다. 그러나 인문학의 영역으로 넘어가면 저 복병은 수도 없이 많고 또 힘도 훨씬 더 강해서 인문학 분야에서 통섭 프로그램을 수행하기란 거의 불가능에 가깝다고 해야 할 것이다. 그리고 설령 인문학의 영역에서 통섭 프로그램을 수행했다고 하더라도 경우에 따라서 그를 통해 정립되는 이론들이 과연 얼마만큼 이론으로서 신빙성을 가질 수 있을지 있는지 하는 점도 문제일 것이다. 윌슨 자신도 "예술의 생물학적 기원 가설은 후성 규칙들이 실재하는지, 그리고 그 규칙들이 만들어내는 원형들이 어떤 것인지에 의존하는 하나의 작업가설"(395)이라고 지적하듯이 인문학의 경우 통섭 프로그램을 통해 등장한 이론들은 경우에 따라 그저 하나의 가능한 제안 정도에 불과하거나 또는 상상의 산물에 불과할 수도 있다.[2)]

그러나 우리의 견해에 의하면 윌슨의 통섭 프로그램에 들어있는 모든 현실적인 난점이 완전히 해결된다고 하더라도 가능한 모든 지식을 포괄하는 완벽한 통섭은 원칙적으로 불가능하다.[3)] 우리는 완벽한 통섭의 불가능성이 무엇을 의미하는지 구체적으로 이해하기 위해서 윌슨이

2) 물론 통섭 프로그램을 통해 실현된 모든 인문학적 이론들이 하나의 가능한 제안 정도에 불과하거나 또는 상상의 산물에 불과할 수도 있다는 것은 아니다. 통섭 프로그램을 통해 설득력 있는 훌륭한 인문학 이론도 등장할 수 있음은 두말할 필요도 없다. 이 글에서는 통섭의 원칙적 불가능성을 중심으로 논의를 진행하고자 하며 따라서 통섭 프로그램이 가지고 있는 현실적 난점에 대해서는 더 이상 논의하지 않기로 한다.

3) 이 경우 "원칙적으로 불가능하다" 함은 전지전능한 신의 경우에도 불가능함을 뜻한다. 다시 말해 "원칙적으로 불가능함"은 아무리 과학기술이 발전해 인간이 전지전능한 신의 위치에 오른다고 하더라도 "불가능함"을 뜻한다. 따라서 "원칙적으로 가능함"은 "전지전능한 신의 경우에는 가능함"의 뜻을 지닌다.

두 가지 유형의 통섭을 구별하고 있다는 사실에 유의할 필요가 있다. 통섭에 대한 논의를 진행시키면서 윌슨은 몇몇 학문 분과들 사이에서 일어날 수 있는 통섭과 모든 학문을 아우르는 통섭을 구별하고 있다. 그는 모든 유형의 학문을 아우르면서 통일시키는 통섭을 "보편적 통섭"(446)이라고 부르고 있는데, 우리는 이러한 보편적 통섭과 구별되는 바, 몇몇 특정한 학문 영역에서 이루어지는 통섭을 "부분적 통섭"이라고 부를 수 있을 것이다. 부분적 통섭의 대표적인 예로는 윌슨이 "골수 이오니아인"이라고 부르는 아인슈타인이 꿈꿨던 바, "물리학의 거대한 통합"(35)을 가능하게 해주는 통섭 또는 물리학, 화학, 자연과학의 통일을 가능하게 해주는 통섭 등을 들 수 있을 것이다. 완벽한 통섭이 원칙적으로 불가능하다 함은 윌슨이 제시하는 보편적 통섭의 프로그램을 완벽하게 수행해도 이 프로그램에 포섭될 수 없는 지식이 존재할 수밖에 없음을 뜻한다. 다시 말해 그것은 과학이 무한히 진보하여 그가 "보편적 통섭"이라고 부르는 것이 현실적으로 완벽하게 이루어진다고 하다라도 그것은 모든 가능한 지식을 포괄할 수 없으며 따라서 그것은 진정한 의미에서 "보편적 통섭"이라 불릴 수 없음을 뜻한다.

윌슨이 제시하는 보편적 통섭에 포괄되지 않는 다양한 유형의 지식이 존재한다는 사실을 이해하기 위해서 우리는 윌슨의 통섭에 포괄되는 지식의 근본적인 특성이 무엇인지 기억할 필요가 있다. 앞서 논의되었듯이 윌슨의 통섭에 포괄되는 지식은 모두 "자연적 인과관계" 혹은 "물리적 인과관계"의 망 속에서 존재하는 대상들과 관련된 지식들이다. 또 이러한 지식을 획득하기 위해서는 관찰과 실험의 방법이 필요하며 많은 경우 관찰을 위해 현미경, 망원경 등의 첨단 장비들도 동원된다. 따라서 만일 그 어떤 지식이 "자연적 인과관계" 혹은 "물리적 인과관계"의 망 속에서 존재하지 않는 것들에 대한 지식일 경우 그러한 지식은 윌슨이 제시하는 통섭 프로그램에 포섭되지 않을 것이다. 실제로 인문학/사회과학의 지식의 많은 부분은 통섭 프로그램에 포섭될 수 없는 유형의 지식인데, 이제 이 점을 몇 가지 예를 통해 구체적으로 살펴보자.

2. 통섭의 원칙적 불가능성에 대한 해명 (1): 의식에 대한 심리학적 연구를 중심으로

앞서 우리는 윌슨의 통섭 프로그램에서 뇌과학과 진화생물학이 인문학/사회과학과 자연과학을 "봉합선 없이" 통섭함에 있어 중요한 역할을 담당한다는 사실을 살펴보았다. 그러나 뇌과학과 진화생물학을 통해 인문학/사회과학과 자연과학을 봉합선 없이 통섭하는 일은 원칙적으로 불가능하다. 우선 이 장에서는 뇌과학을 통해 인문학/사회과학을 봉합선 없이 통섭하는 일이 왜 원칙적으로 불가능한지 살펴보자.

잘 알려져 있듯이 의식은 인식론, 존재론, 심리철학 등 다양한 철학 분과에서 다루어지고 있는 핵심적인 주제이다. 마음 혹은 의식은 윌슨의 통섭 프로그램에서 아주 중요한 위치를 차지하는 현상이다. 이 점과 관련해 그는 "이런 기본적이면서도 우리를 혼란스럽게 만드는 심오한 사실 때문에 마음은 통섭 프로그램의 가장 중요한 주제이기도 하다"(183)고 지적하면서, 이 주제를 "마음"이라는 제목을 달고 있는 『통섭』의 6장에서 자세하게 다루고 있다. 윌슨은 거기서 자신의 통섭 프로그램의 근본 입장에 따라 의식을 "물리적 인과관계"의 망 속에서 존재하는 대상으로 간주하면서 그에 대해 다루고 있다. 그러면 우선 윌슨이 의식에 대한 지식과 관련해 어떤 입장을 취하는지 살펴보자.

> "지식의 통일성 — 미로의 실재 — 에 대한 믿음은 궁극적으로 모든 정신 과정이 물리적 기초를 가지고 있으며 그 과정이 자연과학에 잘 부합한다는 가설에 근거해 있다"(183).

> "오늘날에도 사람들은 바로 이러한 이유 때문에 자기 자신의 마음보다

자동차에 관해 더 많은 것을 알고 있다. 마음에 관한 근본적인 설명이 철학이나 종교적인 탐구라기보다 경험적인 탐구인 것도 같은 이유 때문이다. 이런 탐구는 아직도 어둡기만 한 뇌 내부로의 여행이다"(185).

"이 주제에 대한 전문가인 모든 과학자와 철학자들은 의식과 합리적 구성들로 구성되어 있는 마음이 바로 뇌의 작용이라는 점에 동의한다"(187).

"의식은 정신활동에 참여하는 회로가 대량으로 연결되어 있는 집합체이다"(205).

"지금까지 나는 마음을 만들어내는 물리적 과정에 관해 말했다"(203).

"뇌라는 기계는 아직까지도 우리에게 엄청나게 낯설다. 과학자들은 뇌회로의 극히 일부분만을 알아냈을 뿐이다. 뇌의 주요 부위들이 왜 그렇게 생겼는지에 대해서는 아직도 잘 모르고 있다. 단지 그것들이 다양한 기능을 하고 있다는 것을 통해 많은 것을 배울 뿐이다"(193).

"마음의 본성이 이런 작용들의 산물임을 주장하기 전에 나는 잠시 물리학적 정지 작업을 하고자 한다"(193).

이 인용문들을 살펴보면 알 수 있듯이, 윌슨은 뇌과학이 의식의 비밀을 남김없이 해명할 수 있을 것으로 믿고 있다. 현재의 뇌과학이 의식의 비밀을 해명함에 있어 한계를 가지고 있지만, 뇌과학이 무한히 진보하면 뇌의 구조를 완벽하게 해명하면서 의식의 비밀을 완전히 해명할 것으로 간주하는 것이다. 그러나 과연 뇌과학이 의식의 신비를 완전히 해명할 수 있을까? 그렇지 않다. 이 점을 확인하기 위해서 뇌과학이 의식의 비밀을 해명한다고 할 경우 그것이 정확하게 무엇을 의미하는지 살펴보자.

뇌과학은 의식을 물리적 인과관계의 망 속에 놓인 것으로 간주하고 그러한 한에서 의식을 해명하는 것이다. 물리학이 물리현상을 연구할 경우와 유사하게 뇌과학은 의식의 구조를 해명하기 위해서 우선 뇌의 구조를 외부에서 관찰해야 하며 필요할 경우에는 실험을 하면서 뇌의 어느 부위가 어떤 의식 현상과 관련이 있는지 또는 뇌의 어느 부위의 활동이 어떤 의식을 발생하도록 하는지 해명한다. 위의 인용문에도 나타나 있듯이 뇌과학은 "마음을 만들어내는 물리적 과정"으로서의 의식, "정신활동에 참여하는 회로가 대량으로 연결되어 있는 집합체"로서의 의식, 다시 말해 "뇌의 작용"으로서의 의식을 해명할 수 있다.

의식에 대한 뇌과학적 연구를 통해 의식의 비밀이 부분적으로 밝혀질 수 있다는 점은 분명하다. 그러나 뇌과학적 연구가 의식의 구조를 해명할 수 있는 유일한 연구는 아니다. 그 이유는 뇌과학처럼 외적 관찰과 실험을 통하지 않고 우리는 의식의 구조를 해명할 수 있기 때문이다. 이 점과 관련해 우리는, 우리가 뇌과학에 대해서 아무것도 알지 못한다고 할지라도, 우리 자신의 의식에 대해 많은 내용을 알고 있다는 사실에 주목할 필요가 있다. 우리는 매순간 기쁨, 슬픔, 배고픔, 충일감, 허무감, 허전함 등 수없이 많은 의식에 대해 알고 있다. 이러한 사실은 현대를 살아가고 있는 우리에 대해서만 타당한 것이 아니라 뇌과학이 등장하기 전에 살았던 사람들의 경우에도 타당하다. 그들 역시 우리와 마찬가지로 다양한 유형의 의식에 대해 알고 있었음은 두말할 필요도 없다. 이러한 관점에서 보자면 "오늘날에도 사람들은 [...] 자기 자신의 마음보다 자동차에 관해 더 많은 것을 알고 있다"는 윌슨의 주장은 심각한 문제점을 안고 있다. 이러한 주장은 뇌과학의 입장에서는 타당하다고 할지라도 의식에 관한 학 일반의 관점에서 볼 때는 타당하지 않기 때문이다.

그런데 뇌과학이 없어도 의식에 대해서 알 수 있는 것은 우리가 내적 지각 또는 반성의 능력을 가지고 있기 때문이다. 말하자면 반성의 능력은 그를 통해 우리가 의식의 비밀을 해명할 수 있는 하나의 능력이다. 그리고 이 능력은 그 어떤 다른 능력에 의해 대체될 수 없으며 나름의 고유한 권리를 가지고 있다. 말하자면 뇌과학을 가능하게 하는 최첨단 실험장비도 반성의 능력이 수행하는 역할을 대신할 수 없다. 이러한 사실은 뇌과학이 최첨단 실험장비를 통해 의식의 비밀을 아무리 많이 해명한다고 하더라도 그것은 반성의 능력이 해명할 수 있는 의식의 비밀을 조금도 해명할 수 없다는 사실을 함축한다.

이처럼 반성의 능력을 통해 의식 현상을 탐구하는 분야를 현상학, 해석학의 전통에서는 의식에 대한 기술적 심리학이라 부른다(이남인, 2004: I장). 기술적 심리학적 연구는 다양한 방향으로 전개될 수 있다. 예를 들어 그것은 다양한 의식 현상이 그 본질적인 구조에 있어 어떻게 구별되는지 연구할 수도 있고 어떤 의식 현상이 어떤 사회적 맥락, 역사적 맥락에서 어떤 의미를 지니는지 연구할 수도 있다. 그러나 의식의 심리학이 어떤 방향으로 연구되던 간에 그것은 뇌과학과는 구별되는데, 그 결정적인 징표는 그것이 실험과 관찰의 방법이 아니라, 반성의 방법을 사용하며 따라서 그것은 의식 현상을 물리적 인과관계의 범주를 통해서가 아니라 여타의 다른 범주들, 예를 들어 의미연관, 목적연관, 동기연관 등의 범주를 통해 연구한다는 데 있다.

이처럼 의식에 대한 기술적 심리학은 나름의 고유한 권리를 가지며 뇌과학에 의해 대치될 수 없다. 더 나아가 그것은, 뇌과학이 그런 것처럼, 인간의 삶을 위해서도 꼭 필요한 학문이다. 뇌과학은 물리적, 생화학적, 생리적 원인을 가지고 있는 인간의 질병, 특히 정신적 질환을 치료하는 데 효과적으로 사용될 수 있다. 이처럼 뇌과학이 인간의 삶을 위해 중요한 의미를 지닐 수 있는 이유는 그것이 인간의 의식을 물리적 인과관계의 망 속에서 존재하는 것으로 간주하면서 그에 대해 탐구하기 때문이다. 기술적 심리학 역시 인간의 삶을 위해 중요한 의미를 지닌다. 그 이유는 그것이 의식을 물리적 인과관계의 범주와는 다른 의미연관, 목적 연관, 동기 연관 등의 범주를 통해서 탐구하며 이러한 범주들이 인간의 삶을 위해 필수적이기 때문이다. 말하자면 기술적 심리학은 인간의 삶 중에서 의미연관, 동기연관, 목적연관과 관련하여 발생할 수 있는 여러 가지 문제들을 치유하는 데 결정적으로 기여할 수 있다.

더 나아가 기술적 심리학은 뇌과학적 연구를 위해서도 꼭 필요한 학문이다. 앞서 살펴보았듯이 뇌과학은 의식과 관련하 "마음을 만들어내는 물리적 과정"을 해명함을 목표로 한다. 그러나 자신의 연구를 구체적으로 수행하기 위해서 뇌과학은 기술적 심리학의 도움이 필요하다. 이 점과 관련해 우리는 의식이라는 개념이 다의적으로 사용되며 또 다양한 유형의 의식이 존재한다는 사실에 유의해야 한다. 예를 들어 의식은 "지향적 의식", "반성적 의식", "집단의식", "사회의식", "역사의식", "계급의식" 등 다양한 뜻을 가지고 있으며, 이 각각의 의식 역시 다의적으로 쓰이거나 다양한 내용을 포함하고 있다. 예를 들어 지향적 의식이라 할 경우 그것은 외적 지각, 내적 지각, 판단, 추론, 본질직관, 연상, 상상, 기억, 예상, 기대, 소망, 의지, 결단, 감정, 충동 등 다양한 유형으로 분류될 수 있으며 이것들 각각도 다시 자세하게 분류될 수 있다. 예를 들어 기억은 그것이 미치는 과거의 범위에 따라 방금 전의 것을 떠올리는 기억, 가까운 과거의 것을 떠올리는 기억, 먼 과거의 것을 떠올리는 기억 등으로 분류될 수 있다. 바로 이처럼 다양한 유형의 의식을 구별하면서 각각의 의식의 유형의 구조를 해명하는 학이 기술적 심리학이다. 그런데 기술적 심리학은 뇌과학적 연구가 구체적으로 수행될 수 있기 위한 전제조건이다. 그 이유는 뇌과학적 연구가 구체적으로 수행되기 위해서 연구자는 자신의 연구 주제를 한정해야 하며, 이처럼 연구 주제를 한정하기 위해서 연구자는 연구 주제인 의식이 무엇인지에 대한 반성적 지식을 가지고 있어야 하는데, 바로 의식에 대한 이러한 반성적 지식은 뇌과학이 제공해줄 수 있는 것이 아니라, 기술적 심리학이 제공해줄 수 있는 것이기 때문이다. 이처럼 기술적 심리학적 분석을 통해 다양한 유형의 의식에 대한 반성적 지식을 앞서 가지고 있지 않으면 그 누구도 뇌과학적 연구를 수행할 수 없다. 그리고 어떤 뇌과학자가 어떤 유형의 의식을 "만들어내는 물리적 과정"에 대한 연구를 수행하고 있는 한 그는 이미 그 의식에 대한 반성적 지식을 가지고 있다고 할 수 있다. 말하자면 그는 이러한 반성적 지식을 등대삼아 의식에 대한 뇌과학 연구를 수행할 수 있는 것이다.

이 점과 관련해 제기될 수 있는 반론 두 가지를 검토하고 넘어가자. 가능한 반론 중의 하나는 뇌과학 역시 기술적 심리학이 제공하는 유형의 지식을 제공할 수 있기 때문에 기술적 심리학의 도움이 필요하지 않으리라는 것이다. 그러나 실상은 그렇지 않다. 그 이유는 서로 구별되는 다양한 유형의 의식에 대한 지식은 "반성의 방법"을 통해서 획득될 수 있는 것이며, 뇌과학적 지식은 "반성의 방법"이 아니라, 외부로부터의 "관찰의 방법"을 통해 획득될 수 있는 것이기 때문이다. 물론 어떤 한 개인이 뇌과학적 연구도 수행할 수 있고 동시에 기술적 심리학적 연구를 수행할 수 있음은 두말할 필요도 없다. 그러나 그가 뇌과학적 연구를 수행하는 한 그는 뇌과학자라 불리는 것이고 그가 기술적 심리학적 연구를 수행하는 한 그는 기술적 심리학자라 불리는 것이다.

또 하나의 반론은 우리가 상식의 차원에서도 이미 기술적 심리학이 제공하는 지식을 가지고 있으며 따라서 우리는 뇌과학 연구를 수행함에 있어서 기술적 심리학의 도움이 필요하지 않으리라는 것이다. 예를 들어 기억을 연구하는 사람의 경우 이미 상식의 차원에서 기억이 무엇인지 알고 있기 때문에 기억에 대한 기술적 분석을 수행하지 않고서도 뇌과학 연구를 수행할 수 있다는 것이다. 물론 이러한 반론은 부분적으로 타당하다. 실제로 우리는 기술적 심리학적 분석을 구체적으로 수행하지 않더라도 상식의 단계에서 이미 의식에 대한 반성적 지식을 어느 정도 가지고 있다. 그리고 의식에 대한 이러한 반성적 지식은 뇌과학 연구를 함에 있어 등대 역할을 담당할 수 있다. 그러나 뇌과학 연구를 보다 더 상세하며 구체적으로 수행할 수 있기 위해서 우리는 그에 상응해 의식에 대한 보다 더 상세하며 구체적인 반성적 지식이 필요한데,

이처럼 보다 더 상세하며 구체적인 반성적 지식은 상식을 통해서가 아니라 기술적 심리학적 분석을 통해서 획득될 수 있다. 그리고 우리가 상식의 차원에서 가지고 있는 의식에 대한 반성적 지식은 경우에 따라 부정확할 수도 있으며 따라서 그러한 지식이 뇌과학 연구를 위한 등대 역할을 수행하지 못할 수도 있다. 이처럼 부정확한 지식을 정확한 지식으로 바꾸어 그 지식이 뇌과학 연구를 위한 등대 역할을 올바로 수행할 수 있도록 하기 위해서도 우리는 기술적 심리학을 필요로 한다.

지금까지의 논의를 통해 알 수 있듯이 의식은 뇌과학을 통해서만 연구될 수 있는 것이 아니다. 뇌과학은 의식을 연구할 수 있는 다양한 학문 중의 하나에 불과하다. 뇌과학은 우리가 의식에 대해 취할 수 있는 다양한 태도 중에서 특정한 하나의 태도를 취할 때 가능한 학문이다. 뇌과학을 가능하게 하는 태도는 바로 의식을 "물리적 인과관계"의 망 속에 존재하는 것으로 간주하는 태도로서 우리가 이러한 태도를 취하면 의식은 물리적 인과관계의 한 항을 점할 수 있는 대상, 즉 일종의 물리적 대상으로 경험된다. 우리는 이러한 태도를 물리학적 태도 또는 자연과학적 태도라 부를 수 있다. 그러나 앞서 살펴보았듯이 의식은 기술적 심리학의 관점에서도 연구될 수 있다. 의식이 이처럼 새로운 관점에서 연구될 수 있는 이유는 우리가 의식에 대해서 물리학적 태도와는 다른 태도를 취할 수 있기 때문이다. 이러한 새로운 태도를 통해 심리현상은 의미연관, 목적연관, 동기연관 속에서 존재하는 것으로서 경험된다. 우리는 이러한 새로운 태도를 기술적 심리학적 태도라 부를 수 있을 것이다.

3. 통섭의 원칙적 불가능성에 대한 해명 (2): 진화생물학과 역사학을 중심으로

이처럼 뇌과학을 통해 자연과학을 인문학/사회과학과 통섭하려는 시도는 원칙적으로 불가능하다. 그러나 진화생물학을 통해 자연과학을 인문학/사회과학과 통섭하려는 시도 역시 원칙적으로 불가능하다. 그러면 이러한 시도가 도대체 무엇인지 살펴보고 왜 그것이 원칙적으로 불가능한지 진화생물학과 역사학의 관계를 예로 하여 검토하기로 하자.

진화생물학은 생명체를 자연적 인과관계의 망 속에서 존재하는 것으로 간주하면서 연구하는 학문으로서 그것은 자연과학의 일종이다. 자연과학으로서의 진화생물학은 물리학과 원칙적으로 통섭 가능하다. 이 점과 관련해 윌슨은 "자연과학은 양자물리학에서 시작하여 뇌과학과 진화생물학을 아우르는 인과적 설명의 직조물을 짜 왔다"(229)고 말한다. 그러나 이러한 "인과적 설명의 직조물"은 진화생물학을 토대로 인문학/사회과학의 영역으로 확장될 수 있다. 이러한 점에서 진화생물학은 단순히 자연과학의 한 분과에 머무는 것이 아니라, 자연과학을 인문학/사회과학 사이에 다리를 놓고 둘을 통섭하는 역할을 수행할 수 있는 위치에 있는 학문이다.

이러한 통섭 프로그램에 의하면 모든 인문학/사회과학의 분과들이 진화생물학을 매개로 해서 자연과학과 통섭될 수 있으며 이 점에 있어서 역사학도 예외가 아니다. 역사학은 인문학/사회과학이 진화생물학을 매개로 하여 자연과학과 통섭될 수 있는 가장 대표적인 예이다. 이 점에 대해 윌슨은 "이제까지 내 가상의 분석가들은 역사적 현상에서부터 뇌과학과 유전학에 이르는 인과적 설명의 아리아드네 실타래를 추적해 왔다"(336)고 주장하는데, 역사학에 대한 그의 견해는 다음의 인용문에 잘 나타나 있다.

> "인간이 물리적 인과관계에 따른 사건들에 따라 행동하는 존재라면 사회과학과 인문학은 왜 자연과학과의 통섭에서 면제되어야 하는가? 인문.사회과학이 그런 통섭으로 인해 어떤 이득도 볼 수 없단 말인가? 이런 질문에 대해 인간행위는 역사적이며 역사는 고유한 사건의 펼침이라고 대답하는 것은 충분하지 않다. 인간의 역사과정을 물리적 역사과정에서 — 그것이 별의 역사든 아니면 생물의 역사든 — 분리할 만한 근본적인 차이는 인간의

역사에 존재하지 않는다. 천문학, 지질학 그리고 진화생물학 역시 일차적으로 역사적인 분과들이다. 하지만 그것들은 통섭을 통해 자연과학의 다른 분과들과 연결되어 있다. 오늘날 역사학은 그 자체로 기초 학문 중의 하나이다. 하지만 만일 1만 번의 인간 역사를 지구를 닮은 1만 개의 행성에서 추적할 수 있으며 그런 역사들에 대한 비교 연구로부터 경험적 시험과 원리가 진화했다면 어떠하겠는가? 그렇게 되면 역사기술방법론은 이미 자연과학일 것이다"(43).

이 인용문에 나타난 역사학에 대한 윌슨의 견해는 다음과 같이 요약될 수 있다.

1) 인간은 물리적 인과관계에 따라 행동하는 존재이며 따라서 인간의 역사과정은 별의 역사, 생물의 역사 등 물리적 역사와 본질적으로 구별되지 않는다.
2) "1만 번의 인간 역사를 지구를 닮은 1만 개의 행성에서 추적할 수 있는" 가능성이 존재하듯이 모든 자연적인 사건과 마찬가지로 인간의 역사과정도 귀납적이며 인과적인 설명을 통해서 완벽하게 해명될 수 있다.
3) 따라서 현재 기초 학문 중의 하나로 간주되고 있는 역사학은 천문학, 지질학, 진화생물학 등과 통섭되면서 일종의 자연과학, 다시 말해 고도로 복잡한 자연과학, 즉 응용자연과학으로 탈바꿈할 것이다.

그러나 윌슨의 견해는 많은 문제점을 지니고 있다. 우선 인간이 물리적 인과관계에 따라 행동하는 존재라는 그의 견해가 지니고 있는 문제점을 살펴보자. 물론 인간이 물리적 인과관계에 따라 행동하는 존재라는 윌슨의 견해는 부분적으로 타당하다. 예를 들어 어떤 사람과 돌을 건물의 옥상에서 떨어뜨릴 경우 돌과 마찬가지로 저 사람 역시 중력 법칙의 지배를 받으면서 땅으로 떨어질 것이며, 그러한 한에서 저 사람은 돌과 마찬가지로 "물리적 인과관계"의 망 속에서 존재하는 것이라 할 수 있다. 이러한 점에서 인간의 역사와 "별의 역사" 사이에 공통점이 있다고 할 수도 있다.

그러나 돌, 별 등과 인간 사이에 이러한 공통점이 있음에도 불구하고 양자 사이에는 본질적인 차이점 또한 존재한다. 그 본질적인 차이점은 돌이나 별이 오직 "물리적 인과관계"의 망 속에서만 존재할 수 있는 것들임에 반해 인간은 "목적 연관" 내지 "동기 연관" 속에서 살아가는 존재라는 사실에 있다. 인간은 매순간 어떤 목적을 가지고 선택을 하면서 살아가는 존재이다. 그리고 어떤 목적은 인간의 어떤 행위가 존재하기 위한 원인의 역할을 한다. 예를 들어 우리가 건강해지기 위해서 운동할 경우 건강이라는 목적은 운동의 원인이며 지식을 얻기 위해서 공부할 경우 지식을 얻음은 공부하는 행위의 원인이다. 이러한 예에서 알 수 있듯이 어떤 목적이 인간의 어떤 행위가 존재할 수 있는 원인이기 때문에 우리는 이 목적을 행위의 원인이라 부를 수 있으며, i) 행위와 ii) 행위의 원인으로서의 목적 사이에 존재하는 인과관계를 자연적 인과관계와 구별하여 "목적 인과관계"라 부를 수 있다.

여기서 우리는 목적 인과관계가 물리적 인과관계와 본질적으로 다르다는 사실에 유의할 필요가 있다. 양자의 차이점은 물리적 인과관계의 경우에는 어떤 행위 또는 사건의 원인이 행위 또는 사건보다 시간적으로 늘 앞서는데 반해 목적 인과관계의 경우에는 반대로 어떤 행위 또는 사건의 원인이 행위 또는 사건보다 시간적으로 늘 뒤에 온다는데 있다. 예를 들어 어떤 당구공이 다른 당구공을 쳐서 그것을 움직였을 경우 양자 사이에는 물리적 인과관계가 존재하며 이 경우 i) 하나의 당구공이 다른 당구공을 치는 사건이 ii) 맞은 당구공이 움직이는 사건보다 시간적으로 늘 앞서지만 건강을 위해 운동을 할 경우 운동이라는 행위의 원인인 건강이 운동보다 시간적으로 늘 나중에 온다.

그런데 오직 물리적 인과관계의 관점에서 대상을 연구하고자 하는 자연과학의 경우 목적 인과관계의 관점은 대상을 연구함에 있어 아무런 의미도 지니지 못한다. 말하자면 자연과학은 목적 인과관계의 관점에서 대상을 연구하는 학문이 아니며 따라서 자연과학은 목적 인과관계에서 드러날 수 있는 대상에 관해 그 어떤 지식도 알려줄 수 없다. 예를 들어 천문학은 지구가 태양의 주위를 도는 목적이 무엇인가 하는 질문을 제기하지 않고 그에 대해 연구하지도 않는다. 그러나 역사학의 경우는 사정이 다르다. 목적 인과관계의 관점은 역사학을 위해서 아주 중요한 의미를 지닌다. 많은 경우 역사학은 어떤 행위가 있을 경우 그 사건의 주체들이 무슨 목적으로 그런 행위를 했는지 하는 질문을 제기하고 그에 대해 답하고자 시도한다. 이처럼 목적 인과관계의 관점이 물리학을 위해서는 아무런 의미도 지니지 못하지만 역사학을 위해서는 중요한 의미를 지니기 때문에 자연과학과 역사학 사이에는 지울 수 없는 경계가 존재하며 자연과학은 역사학과 원칙적으로 "봉합선 없이" 통섭될 수 없는 것이다.

이 점과 관련해 혹자는 자연과학과 역사학 사이의 직접적인 통섭은 불가능하지만 진화생물학을 통한 양자 사이의 통섭은 가능하리라고 주장하면서 그 이유로서 진화생물학 역시 생명체의 진화를 다루며 생명체의 진화를 다루는 한 생명체를 목적 인과관계의 관점에서 다룰 수 있기 때문이라고 주장할 것이다. 물론 "목적 인과관계"의 관점에서 생명체의 진화를 연구하는 진화생물학이 존재한다면, 우리는 이러한 진화생물학이 역사학과 통섭될 수 있는 가능성이 존재한다는 사실을 인정해야 할 것이다. 물론 이 경우 통섭은 윌슨식의 통섭이 아니라, 역사학을 중심으로 한 통섭이라고 할 수 있을 것이다. 그러나 윌슨이 주장하듯이 진화생물학이 철저하게 물리학에 기초해 "물리적 인과관계"의 관점에서 생명체의 진화를 연구하며 그런 한에서 물리학과의 통섭을 통해 성립한 학문이라고 한다면 진화생물학은 역사학과 원칙적으로 통섭될 수 없다. 이 경우 진화생물학은 목적 인과관계의 관점에 따라 생명체를 연구하는 학문이 아니기 때문이다. 따라서 윌슨이 주장하는 것과는 달리 진화생물학을 통한 자연과학과 역사학의 통섭은 원칙적으로 불가능하다.

이처럼 자연과학이 역사학과 통섭될 수 없다는 사실은 역사학의 목표가 무엇인지, 그리고 역사학이 구체적으로 어떤 방식으로 연구를 수행하는지 살펴보면 보다 더 분명히 밝혀진다. 우선 역사학의 목표와 관련하여 우리는 역사학이 자연과학과 동일한 목표를 추구하는 학문이 아니라는 사실에 유의해야 한다. 자연과학은 반복되는 관찰 및 실험에 기초한 귀납을 통해 자연현상을 지배하는 일반법칙을 발견하고 이러한 법칙을 토대로 다양한 현상을 자연적 인과관계의 관점에서 설명함을 목표로 한다. 물론 윌슨이 "1만 번의 인간 역사를 지구를 닮은 1만 개의 행성에서 추적할 수 있는" 가능성을 언급하듯이 역사학의 목표 역시 자연과학의 경우와 유사하게 귀납에 기초한 일반법칙을 토대로 역사현상을 "자연적 인과관계"의 관점에서 설명하는 데 있다고 주장할 수도 있다. 그러나 필자는 역사학자를 비롯해 대부분의 사람들은 이러한 윌슨의 견해에 동의하지 않으리라 생각한다. 설령 백보를 양보해 윌슨이 제시하는 이러한 목표를 역사학의 목표로 인정한다고 하더라도 그러한 목표는 역사학의 유일한 목표가 될 수도 없고 가장 중요한 목표가 될 수도 없다. 역사학의 가장 중요한 목표 중의 하나는 과거에 있었던 역사적 사건의 정체가 정확히 무엇이지 재구성하고 그것이 인간의 삶에 대해 어떤 의미를 지니는지 자연과학적으로 "설명"하는 데 있는 것이 아니라 해석학적으로 "이해"하는 데 있는 것이다.

그리고 이처럼 과거의 사건을 재구성하고 그 의미를 이해하기 위해서 역사학은 자연과학과는 다른 연구방법을 동원한다. 앞서 지적했듯이 자연과학은 관찰과 실험이라는 연구방법에 토대를 두고 있으며 이를 위해 망원경, 현미경 등의 첨단 장비가 동원된다. 물론 역사학 역시 과거의 사건을 정확하게 재구성하기 위해서 망원경, 현미경 등의 첨단 장비를 동원할 수 있으며 첨단 장비가 역사학 연구를 위해 큰 기여를 할 수 있음은 두말할 필요도 없다. 그러나 역사학 연구가 이러한 첨단 장비만으로 완벽하게 이루어질 수 있는 것은 아니다. 비록 첨단 장비가 역사학 연구를 위해 큰 도움을 줄 수 있을지라도 그를 통해 대치될 수 없는 역사학 나름의 고유한 연구방법이 있는데, 그것이 바로 "해석"의 방법이다. 역사학은 과거의 사건을 재구성하고 그 의미를 이해하기 위해서 문헌을 해석해야 하며 문헌 해석을 위해서 해석의 방법을 사용해야 하는데, 이러한 해석의 방법은 망원경, 현미경 등의 첨단 장비를 통해 대치될 수 없다. 성능이 아주 좋은 망원경, 현미경을 사용한다고 해서 어떤 문헌의 의미가 그렇지 않을 경우 보다 더 잘 해석될 수 있는 것은 아니다. 이러한 첨단 장비는 문헌 해석을 위해 아무것도 기여할 수 없다.

4. 통섭의 원칙적 불가능성에 대한 해명 (3): 자연에 대한 다양한 연구를 중심으로

뇌과학과 진화생물학을 통해 인문학/사회과학과 자연과학을 통섭하려는 윌슨의 시도를 통해 알 수 있듯이 그는 의식이든 역사든 그 어떤 대상의 진리를 파악할 수 있는 단 하나의 관점이 존재한다고 생각한다. 그 관점이란 다름 아닌 대상을 "자연적 인과관계"의 망 속에서 파악하고자 하는 자연과학적 관점이다. 이처럼 자연과학적 관점을 현상을 올바로 연구할 수 있는 유일한 관점으로 간주하기 때문에 그는 "우리의 공동 목표 중의 하나는 철학을 과학으로 최대한 빨리 전화시키는 것이다"(44)라고 주장하기도 하고 "그 와중에 철학, 역사학, 윤리학, 비교종교학, 미학을 아우르는 인문학은 과학에 접근할 것이"(45)라고 주장하는 것이다. 그러나 뇌과학/심리학과 진화생물학/역사학에 대한 앞서의 논의는 윌슨의 견해에 커다란 문제점이 있음을 보여주고 있다. 자연과학적 입장은 어떤 대상을 연구할 수 있는 다양한 관점 중의 하나에 불과하기 때문이다.

인문학/사회과학에는 다양한 학문 분야가 있고 이들 각각의 분야 역시 다양한 주제를 각기 다른 관점에서 연구할 수 있다. 자연과학적 관점은 이처럼 다양한 관점 중의 하나의 관점에 불과하다. 그리고 인문학/사회과학의 주제들이 자연과학적 관점에서 파악되어 넓은 의미에서 자연적 인과관계의 망 속에서 연구될 경우 그를 통해 정립되는 인문학/사회과학의 분과들은 원칙적으로 자연과학과 통섭가능하다. 그 대표적인 예는 뇌과학이다. 앞서 살펴보았듯이 뇌과학은 "마음을 만들어내는 물리적 과정"을 해명하고자 하는데, 이러한 과정은, 그를 해명함에 있어 현재 현실적인 난점이 있는 것은 사실이지만, 원칙적으로 자연과학적 방법을 통해 해명될 수 있으며 따라서 뇌과학은 원칙적으로 자연과학과 통섭가능하다.

그러나 뇌과학뿐 아니라 인문학/사회학의 분야에서 자연과학과 통섭될 수 있는 분야들이 많이 있다. 인문학/사회과학이 다루는 다양한 현상들 중에서 그 무엇의 "발달"(291), "기원"(295), "발생"(295), "진화" 등의 현상은 자연적 인과관계의 망 속에서 존재하며, 따라서 이러한 현상은 자연과학적 방법을 통해 해명될 수 있고 그러한 한에서 이러한 현상을 다루는 인문학/사회과학의 다양한 분과들은 자연과학과 원칙적으로 통섭가능하다. 이 점과 관련하여 우리는 윌슨이 『통섭』이라는 저서의 6장에서 11장 사이에서 자연과학과 통섭가능한 것으로 제시하는 인문학/사회과학의 다양한 분과들은 대부분 발생적 기원의 문제를 다루는 분과들이라는 사실에 유의할 필요가 있다. 우선 "마음"을 다루고 있는 6장은 물리적 기초를 토대로 의식이 발생하는 과정을 논의하고 있고, "유전자에서 문화까지"라는 제목을 달고 있는 7장은 유전적 기초를 토대로 문화가 발생되는 과정을 해명하고 있으며, "인간본성의 적응도"라는 제목을 달고 있는 8장은 인간 본성의 발생과정을 다루고 있다. 이러한 논의에 이어 "사회과학"이라는 제목을 달고 있는 9장에 따르면 인류학, 사회학, 경제학, 정치학 등의 사회과학은 "특정한 행위과정을 선택했을 때 사회에서 어떤 일이 일어날 것인지 예측하고자"(317) 하는데, 여기에 나타나 있듯이 사회과학은 어떤 조건에서 어떤 일이 "일어날" 것인지 예측하는 학문으로서 바로 "발생"의 문제를 다루는 학으로 이해되고 있다. 더 나아가 "예술과 그 해석"을 다루고 있는 10장은 예술과 관련된 두 가지 물음으로서 "역사적.개인적 경험이 어디에서 연원하는가 하는 질문"(364)과 "참됨과 아름다움이라는 본질적 속성이 일상언어를 통하여 어떻게 기술될 수 있는가 하는 물음"(364)을 제시하면서 예술적 경험의 발생적 기원에 대한 물음을 예술과 관련된 중요한 물음 중의 하나로 간주하고 있다. 마지막으로 "윤리와 종교"의 문제를 다루고 있는 11장은 우선 "윤리의 기원"(411)에 대한 경험론적 입장과 초월론적 입장 중에서 경험론적 입장이 타당함을 해명하면서 윤리학의 물음을 윤리적 기원의 물음과 동일한 것으로 간주하고 있다. 거기에 이어 11장은 "윤리철학을 과학과 손잡게 만드는 논리가 종교 연구에도 그대로 적용된다. 종교는 초유기체에 비유된다. 종교도 생활사를 가진다. 그것은 태어나서 자라고 완성되고 번식하며 충분히 시간이 흐르면 대부분 죽는다"(442)고 말하면서 종교학을 종교 및 종교적 체험의 발생적 기원의 문제를 해명함을 목표로 삼는 학문으로 간주한다.

이처럼 자연적 인과관계의 관점에서 마음, 문화, 인간본성, 인간행동, 예술, 윤리, 종교 등의 발생적 기원을 해명하는 일이 인문학/사회과학의 중요한 목표임은 두말할 필요도 없다. 그러나 여기서 우리가 유의해야 할 점은 자연적 인과관계의 관점에서 대상의 발생적 기원의 문제를 해명하는 일이 인문학/사회과학의 유일한 과제는 아니라는 사실이다. 인문학/사회과학은 자연적 인과관계의 관점 이외의 다양한 관점에서도 대상을 연구하고자 하며 그에 따라 다양한 방향으로의 인문학적 연구가 가능하다. 두말할 것도 없이 이처럼 자연적 인과관계라는 관점

이외의 다양한 관점에서 대상을 연구할 경우 그를 통해 전개되는 인문학/사회과학은 더 이상 자연과학과 "봉합선 없이" 통섭될 수 없으며 양자 사이에는 지울 수 없는 경계가 존재한다. 이 점을 관악산 정상에 있는 어떤 바위를 연구할 경우를 예로 들어 살펴보자.

통섭 프로그램을 신봉하고 있는 윌슨의 경우 관악산 정상에 있는 어떤 바위는 자연적 인과관계의 망 속에서 존재하며 따라서 그것을 연구할 수 있는 유일한 관점은 자연과학적 관점이라고 생각할 것이다. 물론 그 바위가 자연과학적 관점에서 자연과학적 대상으로 연구될 수 있음은 두말할 필요도 없다. 그 바위는 우리가 자연과학적 태도를 취하게 되면 자연과학적 대상으로 경험된다. 예를 들어 우리가 물리학적 태도를 취하면 그것은 물리학적 대상으로 경험되며, 우리가 지질학적 관점을 취하면 지질학적 대상으로 경험된다. 이처럼 우리가 자연과학적 태도를 취할 경우 저 바위는 물리적 인과관계의 망 속에서 존재하는 대상으로 경험된다. 이 경우 우리는 여타의 자연과학적 대상과 마찬가지로 이 바위를 조작적 실험, 관찰 등의 방법을 통해 연구하면서 그것이 지니고 있는 다양한 속성을 밝혀낼 수 있다. 자연과학적 연구를 위해 일반적으로 망원경, 현미경 등의 최첨단 장비가 사용될 수 있듯이 그 바위를 자연과학적으로 연구할 경우에도 다양한 최첨단 연구 장비가 사용될 수 있다.

그러나 통섭 프로그램이 구상하는 것과는 달리 관악산 정상의 바위가 자연과학적 대상으로만 연구될 수 있는 것은 아니다. 그 바위는 자연과학적 대상 이외의 다양한 모습으로 우리에게 경험될 수 있다. 그런데 이처럼 동일한 바위가 다양한 방식으로 경험될 수 있는 이유는 바로 연구자가 그 대상을 대하면서 가지고 들어가는 관점이 다양할 수 있기 때문이다. 이처럼 연구자가 어떤 대상을 연구함에 있어 취하는 관점을 우리는 "태도"라 부를 수 있다. 이 경우 태도는 주체가 세계 전체를 어떻게 대하느냐 하는 방식을 뜻한다. 주체가 세계에 대해 어떤 하나의 태도를 취하게 되면 그것은 그에게 그러한 태도에 따라 나름의 고유한 방식으로 경험된다. 그리고 주체가 어느 하나의 태도로부터 다른 태도로 이행하게 되면 어떤 방식으로 경험되던 세계가 다른 방식으로 경험되게 된다. 이처럼 주체가 세계에 대해 다양한 태도를 취함에 따라 세계는 다양한 방식으로 주체에게 현출한다. 그리고 이처럼 세계가 다양한 방식으로 주체에게 현출함에 따라 세계에 있는 개별적인 대상도 다양한 모습으로 우리에게 드러나게 되는데, 이 점에 있어서는 관악산 정상의 바위도 예외가 아니다.

그 바위는 일차적으로 일상적인 삶을 살아가는 사람들에게는 일상적인 생활세계적 대상으로 경험될 수 있다. 예를 들어 그것은 등산객이 등산을 하면서 피로를 풀기 위해 그 위에서 쉴 수 있는 대상으로 경험될 수 있다. 이러한 점에서 저 바위는 그 옆에 있는 나무, 등산객의 모자, 배낭, 지팡이 등과 유사하게 경험되는 것이다. 이 경우 등산객이 만나는 모든 대상은 등산을 위해 유용한 대상으로 경험되는 것이다. 이처럼 어떤 바위가 등산을 비롯해 일상적인 삶을 위해 유용한 대상으로 경험될 수 있는 이유는 우리가 생활세계적 태도를 취하기 때문이다.

우리는 생활세계적 태도를 취하면서 그를 통해 드러나는 생활세계 및 생활세계적 대상들을 학문적으로 연구할 수 있으며 그를 토대로 생활세계에 관한 학문을 전개해 나갈 수 있다. 생활세계에 관한 학을 통해 각각의 주체가 경험하는 생활세계가 사실은 주체가 부여하는 다양한 의미들의 총체, 또는 다양한 의미들의 연결망이라는 사실이 밝혀질 수 있다. 그리고 이처럼 생활세계에 대한 학문을 전개할 경우 관악산 정상에 있는 저 바위 역시 이러한 학문에서 다루어질 수 있음은 두말할 나위도 없다. 다른 여타의 생활세계적 대상과 마찬가지로 그 바위 역시 다양한 의미들의 연결망으로서의 생활세계 안에서 나름의 위치를 차지하는, 의미를 지닌 대상임이 밝혀질 수 있다. 앞서 언급되었듯이 그 바위는 예를 들어 "등산객이 등산을 하면서 피로를 풀기 위해 그 위에서 쉴 수 있는 대상"임이 해명될 수 있는 것이다. 물론 이러한 의미 이외에도 저 바위는 다양한 다른 의미들도 가질 수 있는데, 그것들 역시 생활세계에 관한 학문을 통해 해명될 수 있다.

일상적인 생활세계는 미적 요소, 윤리적 요소, 종교적 요소, 물리적 요소 등을 비롯해 무수히 많은 요소들이 혼재해 있는 세계이다. 바로 이러한 일상적인 생활세계에서 출발해 특정한 태도를 취하면 그에 상의해 특정한 유형의 세계가 우리에게 경험될 수 있다. 이 점에 있어서는 앞서 살펴본 자연과학적 세계도 예외가 아니다. 자연과학적 세계는 일상적 생활세계에서 출발해 자연과학적 태도를 취함으로써 우리에게 경험되는 세계이다. 이러한 점에서 일상적인 생활세계는 모든 여타의 세계들의 모태에 비유될 수 있으며 따라서 생활세계는 여타의 다른 세계들에 비해 특수한 위치를 차지한다.

따라서 우리는 생활세계에서 출발해 자연과학적 태도뿐 아니라, 그 이외의 다양한 태도를 취하면서 그 바위를 연구할 수 있다. 예를 들어 우리는 생활세계에서 출발해 미학적 태도를 취하면서 그 바위를 연구할 수 있다. 이처럼 우리가 미학적 태도를 취하게 되면 저 바위는 아름다운 대상, 아름답지 않은 대상 등 미적 가치 판단의 대상으로 경험된다. 이처럼 미학적 태도에서 미학적 대상으로 경험될 경우 저 바위는 더 이상 물리학적 태도에서 파악되던 물리학적 대상과 동일한 것이 아니다. 이처럼 저 바위가 미적 가치 판단의 대상으로 경험되는 한에서 그것은 우리가 루브르 박물관에서 감상할 수 있는 어떤 대가의 미술 작품과 동일한 범주에 속한다고 할 수 있다. 그리고 이 미술 작품과 마찬가지로 저 바위 역시 다양한 방식으로 연구될 수 있다. 예를 들어 그것은 그것이 가치고 있는 예술적 가치와 관련해서 연구될 수 있다.

우리는 다시 생활세계에서 출발해 종교적 태도를 취하면서 저 바위를 경험하고 연구할 수 있다. 이처럼 종교적 태도를 취하게 됨에 따라 저 바위는 종교적 대상으로 경험된다. 물론 우리가 어떤 종교를 믿고 있느냐에 따라 저 바위는 서로 다른 종교적 의미를 지닌 대상으로 경험될 수 있다. 예를 들어 불교 신자에게 저 바위는 불교적 세계관과 연결된 의미를 지닌 대상으로 경험될 것이다. 이 경우 저 바위는, 예를 들어 주위에 있는 연주암, 연주대와 연결되어 경험될 수 있을 것이다. 그리고 그리스도교 신자에게 저 바위는 그리스도교적 세계관과 연결될 의미를 지닌 대상으로 경험될 수 있을 것이다. 예를 들어 그것은 하느님에 의해 창조된 만물 중의 하나로 경험될 수 있을 것이다. 그리고 샤머니즘을 믿는 이들에게 저 바위는 샤머니즘의 세계관과 관련된 의미를 지닐 것이다. 예를 들어 저 바위는 무당이 관악산 산신을 위해 굿을 할 수 있는 성스러운 장소라는 의미를 지닐 수 있을 것이다.

우리는 다시 생활세계에서 출발해 윤리적 태도를 취하면서 저 바위를 경험할 수 있다. 예를 들어 누군가가 저 바위 위에 정으로 자신의 이름을 새겨 놓고 그 위에 페인트까지 칠해 놓았다고 하자. 이 광경을 목격하고 우리는 저 바위가 저런 모습을 지니게 된 것에 대해 개탄하면서, 이름을 새기고 페인트를 칠해 놓은 사람을 도덕적으로 비난할 수 있다. 이 경우 우리는 윤리적 태도를 취하면서 이 바위를 경험하고 있는 것이며, 이러한 경험을 토대로 환경윤리의 관점에서 윤리적인 연구를 수행할 수도 있다.

더 나아가 우리는 생활세계에서 출발해 수학적 태도, 논리적 태도 등 순수형식과학적 태도를 취하면서 이 바위를 경험할 수 있다. 이 경우 우리는 지금까지 우리가 다양한 태도를 취할 때 이 바위가 가지고 있었던 다양한 내용들을 추상한 채 그것을 순수하게 형식적인 관점에서 고찰하게 되는 것이다. 말하자면 이 경우 이 바위는 그것이 하나의 대상인 한에서 수학에서의 정수 1로서 경험될 수도 있고 논리학에서의 순수논리적 기체 X로 경험될 수도 있는 것이다.

그러면 이제 이 바위가 경험될 수 있는 이러한 다양한 태도들 중에서 자연과학적 태도와 여타의 태도를 비교해 보자. 이 바위가 자연과학적 태도에서 경험될 때 그것은 오직 물리적 인과관계의 망 속에서 존재하는 대상으로 연구된다. 이 경우 우리는 여타의 물리적 대상과 마찬가지로 이 바위를 망원경, 현미경 등의 최첨단 관찰 장비를 가지고 조작적 실험을 하면서 연구하고 그를 통해 이 바위에 대해 보다 더 풍부하고 자세한 내용을 경험할 수 있다. 그러나 자연과학적 태도 이외의 태도를 취할 경우 이 바위는 더 이상 물리적 인과관계의 망 속에서 존재하는 것으로 경험되지 않으며 따라서 이 경우 대상에 대한 연구는 대상을 물리적 인과관계의 망 속에서 파악하는 방식으로 진행되지 않는다. 더 나아가 이 경우 아무리 물리학적 연구를 위해 필요한 최첨단 장비가 발명된다고 하다라도 그것이 대상을 연구함에 있어서 결정적인 의미를 지닐 수도 없다. 예를 들어 우리가 종교적 태도를 취할 경우를 살펴보자. 우리가 종교적 태도를 취하면 이 바위는 그것이 지니고 있는 종교적 측면과 관련해 연구되는 것이다. 이 경우 이 바위는 그것이 지니고 있는 다양한 종교적인 의미 연관 속에서 연구되는 것이다. 여기서 유의해야 할 점은 이러한 종교적인 의미 연관이 자연적 인과연관과는 전혀 다른 것이라는 사실이다. 따라서 우리는 이 바위를 종교학적으로 연구하기 위해서 그것을 자연적 인과관계의 망 속에서 파악하려고 시도해서는 안 된다. 따라서 망원경, 현미경 등 최첨단 자연과학적 연구장비도 이 바위를 종교학적으로 연구함에 있어 아무런 도움도 주지 못한다. 망원경, 현미경 등이 이 바위가 지니고 있는 종교적 의미를 파악할 수 있는 수단이 될 수 없기 때문이다. 이러한 장비들은 이 바위를 자연적 인과관계의 망 속에 들어있는 것으로 파악하는 한에서 나름의 역할을 수행할 수 있을 뿐이다.

5. 양적 연구와 질적 연구

흔히 자연과학적 태도에서 수행되는 연구를 양적 연구라 부르고 자연과학적 태도 이외의 다양한 다른 태도에서 수행되는 연구를 질적 연구라고 부른다. 자연과학적 태도에서 수행되는 연구를 양적 연구라 부르는 이유는 그것이 측정의 방법을 사용하며 측정을 위해 대상을 양적인 관점에서 파악하며 연구하기 때문이다. 그리고 자연과학적 태도 이외의 다른 태도에서 수행되는 연구를 질적 연구라 부르는 이유는 그것이 수량적으로 측정될 수 없는 대상의 속성들, 예를 들어 "의미", "동기", "목적" 등을 탐구하기 때문이다. 지금까지 살펴본 기술적 심리학, 역사학을 비롯해 자연과학적 태도 이외의 태도에서 전개될 수 있는 생활세계의 학, 미학, 종교학, 윤리학 등은 모두 질적 연구의 예라 할 수 있다. 물론 질적 연구가 이러한 예에만 국한되는 것은 아니며, 그 범위는 훨씬 더 넓다. 예를 들어 문학, 언어학, 심리학, 인류학, 사회학, 정치학뿐 아니라 법학, 경영학, 행정학 등에 걸친 제반 인문학/사회과학의 분야에서도 질적 연구를 수행할 수 있다.

지난 20~30년 사이에 한국 학계에서뿐 아니라, 전 세계적으로 질적 연구에 대한 관심이 비약적으로 증가하고 있다(이남인, 2005). 질적연구 관련 학술단체 및 학회지가 수없이 많이 등장하고 있으며 질적 연구를 주제로 한 다양한 학술대회가 전 세계에 걸쳐 개최되고 있으며 다양한 학술지와 연구서를 통해 질적연구에 관한 많은 연구결과들이 발표되고 있다. 이처럼 인문학/사회과학의 분야에서 질적 연구가 활발하게 이루어지고 있는 이유는 그동안 인문학/사회과학의 영역에서는 양적 연구가 나름의 의미도 있지만 현장 개선의 효과 등에서 많은 문제점을 지니고 있으며 따라서 양적 연구와 더불어 질적 연구가 필요하다는 사실을 연구자들이 깨닫게 되었기 때문이다. 앞으로 인문학/사회과학 분야에서 질적 연구에 대한 관심은 계속해서 고조될 것이며 질적 연구가 더욱 더 활발하게 이루어질 것으로 전망된다.

그런데 우리의 논의와 관련해 중요한 의미를 지니는 것은 질적 연구를 통해 정립될 수 있는 인문학/사회과학의 다양한 분야들은 자연과학과 원칙적으로 통섭될 수 없다는 사실이다. 그 이유는 질적 연구란 대상을 "자연적 인과관계"의 망 속에서 존재하는 것으로 상정하면서 수행되는 연구가 아니기 때문이다.

제4절 학제적 연구의 필요성과 통섭 프로그램의 문제점

윌슨이 주장하는 것과는 달리 인문학/사회과학과 자연과학 사이에는 지울 수 없는 경계선이 존재하며 양자를 "봉합선 없이" 완벽하게 통섭하는 일은 불가능하다. 물론 앞서 논의되었듯이 인문학/사회과학이 "자연적 인과관계"의 관점에서 어떤 대상의 발생적 기원의 문제를 다루는 한에서 양자는 통섭될 수 있다. 그러나 인문학/사회과학은 자연과학과 그 어떤 "봉합선도 없이" 완벽하게 통섭될 수 있는 것은 아니다. 인문학/사회과학의 다양한 주제들을 고려하면 우리는 인문학/사회과학과 자연과학의 통섭이 부분적으로만 가능함을 알 수 있다. 그러면 이제 지금까지의 논의를 토대로 윌슨이 제시하는 통섭의 프로그램이 학제적 연구와 관련하여 어떤 의의와 한계를 가지는지 살펴보자.

학제적 연구의 필요성을 이해하기 위해서는 우선 학문의 존재 이유가 무엇인지 살펴볼 필요가 있다. 모든 학문은 일차적으로 호기심이라고 하는 인간의 근원적인 욕구를 만족시키기 위한 활동의 소산이라 할 수 있다. 이러한 점에서 아리스토텔레스가 그의 『형이상학』 1권 1장에서 "모든 사람은 본성상 알기를 원한다"(Aristotle, *Metaphysics*, 980a.)고 지적하면서 『형이상학』의 전체적인 논의를 시작하고 있음은 우연이 아니다. 그러나 아리스토텔레스의 이러한 지적은 단지 형이상학에 대해서만 타당한 것이 아니다. 인간의 모든 학문 활동은 알고자 하는 욕구를 충족시키기 위한 활동이라 할 수 있다. 이 점과 관련해 우리는 호기심이라는 인간의 욕구가 얼마나 끈질기고 강한 것인지 기억할 필요가 있다. 배움에 대한 열망을 이기지 못해 노년에 대학에 입학하는 사람들, 배움에 대한 욕구가 충족되지 못해 극도의 불행함을 맛보는 수많은 사람들은 호기심이 얼마나 강한 인간의 욕구인지 잘 보여주고 있다. 강하고 끈질긴 인간의 호기심은 학문 활동을 하기 이전의 일상적인 삶 속에 뿌리박고 있다. 전철 안에서 어떤 사람이 신문을 보고 있을 때 그 옆에 앉아 있는 사람이 신문 기사의 내용이 궁금해서 눈알을 살짝 굴려 신문을 훔쳐보는 경우, 유치원에 입학하기 전의 아동이 부모에게 무언가에 대해 끊임없이 질문하는 경우 등은 호기심이 일상적 삶 속에 얼마나 강하게 뿌리박고 있는지 잘 보여주고 있다.

학문이 호기심이라는 근원적인 욕구를 만족시키기 위한 활동의 소산이기 때문에 호기심이 올바로 충족될 경우 모든 학문 활동은 우리에게 즐거움을 안겨준다. 플라톤의 대화편『국가』의 7권에 등장하는 동굴의 비유(Plato, *Politeia*, 514a.)는 학문의 즐거움이 무엇인지 잘 보여주고 있다. 플라톤에 의하면 동굴을 벗어나 동굴 밖의 세계에서 사태의 진상을 경험한 사람들은 동굴 밖의 세계에서 전개되는 삶이 얼마나 즐거운지 잘 알고 있다. 그들은 이러한 즐거움을 한번 맛본 후 다시는 동굴로 내려가지 않고 영원히 그 세계에 머물러 살면서 저 한없는 즐거움을 맛보고자 한다. 동굴의 비유가 알려주듯이 모든 학문은 우리에게 즐거움을 안겨주며, 학문이 주는 이러한 즐거움이 바로 인간에게 학문이 존재해야 하는 이유라고 할 수 있다.

그러나 학문이 주는 즐거움이 학문이 존재할 수 있는 유일한 이유일 수는 없다. 학문이 인간에게 즐거움을 안겨주고 나름의 고유한 가치를 지니고 있다고 하더라도 학문은 학문의 세계에 안주하면서 복잡다단한 현실의 문제와 현실의 위기를 외면할 수 없다. 플라톤 역시 동굴의 비유에서 이러한 사실을 지적하고 있다. 앞서 살펴보았듯이 동굴 밖의 세계를 경험한 철인들은 그곳에서 그들이 누리는 즐거움 때문에 그 누구도 동굴 속으로 다시 내려가려 하지 않는다. 그러나 동굴 속에서 살아가는 사람들을 가르치고 그들을 위해 봉사하기 위해 누군가는 동굴 속으로 돌아가야 한다. 바로 이러한 이유에서 플라톤은 동굴 밖의 세계를 경험한 철인들은 순번을 정해 동굴의 세계로 내려가야 한다고 주장한다. 동굴의 비유는 학문의 존재이유 중의 하나가 사회에 대한 봉사에 있음을 잘 보여주고 있다. 그에 따르면 학문 활동은 복잡다단한 현실의 문제를 해결하고 현실의 위기에 대처하기 위한 가장 극단적인 인간의 실존 행위 중의 하나이다.

플라톤 이래 서구 철학의 전통은 반복해서 학문 활동을 현실의 문제를 해결하고 현실의 위기를 극복하기 위한 수단으로 간주해 왔다. 근대철학의 문을 연 데카르트 역시 학문 활동을 복잡다단한 현실의 문제를 해결하고 현실의 위기에 대처하기 위한 인간의 가장 극단적인 실존적 행위로 간주한다. 그는 『철학원리』(Descartes, 1978: 14) 서문에서 철학의 나무에 대해 논하는 자리에서 학문 전체를 하나의 나무에 비유하는데, 이러한 그의 구상은 학문이 현실의 문제를 해결하고 현실의 위기에 대처하는데 있다는 그의 생각을 잘 보여주고 있다. 거기서 그는 철학의 나무의 뿌리는 형이상학이요, 그 둥치는 자연학이며, 그 가지는 여러 가지 실용적인 학문들로서 그것들은 크게 역학, 의학, 도덕학 등 세 가지 유형으로 나누어진다고 말한다. 여기서 형이상학과 자연학에 토대를 두고 있는 실용 학문들이 세 가지로 나누어지는 이유는 인간이 처할 수 있는 현실적인 문제가 크게 세 가지 유형으로 나누어지기 때문이다. 그 세 가지 문제란 다름 아닌 외계의 현실 때문에 생기는 문제, 우리의 몸 때문에 생기는 문제, 우리의 마음을 비롯해 타인과의 관계에서 발생하는 문제들인데, 이러한 문제들을 해결하기 위해 필요한 학문이 각각 역학, 의학, 도덕학이다. 여기서 알 수 있듯이 데카르트에 의하면 형이상학, 자연학과 더불어 그에 토대를 두고 있는 역학, 의학, 도덕학 등 모든 학문을 포괄하는 철학의 나무는 인간이 살아가면서 만나는 다양한 문제들을 해결하기 위해서 존재하는 것이다.

학문이 현실의 문제와 현실의 위기를 해결하기 위해 존재하는 것이라는 생각은 현대철학의 경우도 예외가 아니다. 그 가장 대표적인 예는 현상학의 창시자인 후설이다. 그가 생전에 출간한 최후의 저술(Husserl, 1954)은 『유럽학문의 위기와 초월론적 현상학』이라는 제목을 달고 있는데, 이 저작에서 그는 현대가 일대 위기에 처해 있다고 진단한다. 그가 몸소 겪었던 제1차 세계대전, 국가사회주의자들의 만행, 고향상실과 인간성의 상실 등은 현대가 처한 위기의 대표적인 사례에 해당될 것이다. 그런데 그는 이러한 현대의 위기가 현대의 제반 학문이 위기에 처해 있기 때문에 나타난 것이며 궁극적으로는 철학이 위기에 처해 있기 때문에 나타난 것으로 진단한다. 물론 그가 철학을 비롯한 현대의 제반 학문이 위기에 처해 있다고 진단하면서 현대 학문이 이론적으로 눈부시게 발전하고 있다는 사실을 부정하는 것은 아니다. 현대의 학문이 위기에 처해 있다고 진단하면서 그가 강조하고자 하는 것은 현대의 학문이 이론적으로는 비약적으로 발전하였음에도 불구하고 그것이 본래 인간의 삶을 위해 지녀왔던 본래적인 가치와 사명을 망각하고 있다는 사실이다.

철학을 비롯한 현대의 제반 학문이 인간의 삶을 위해 지녀왔던 본래적인 가치와 사명을 망각하게 된 데는 여러 가지 원인이 있는데, 그 중의 하나는 현대 학문이 전문화되고 세분화됨에 따라 각자가 자신이 쳐놓은 칸막이 속에 머물면서 파편화되고 다른 학문 및 현실과 소통할 수 없게 되었다는 데 있다. 데카르트의 철학의 나무의 예가 보여주듯이 모든 학문은 다른 학문들과의 유기적인 연관 속에서만 존재할 수 있는 것이다. 철학의 나무는 하나의 유기체이며 모든 유기체가 그러하듯이 철학의 나무를 구성하는 모든 부분은 다른 부분들과의 유기적인 연관 속에서만 존재할 수 있는 것이다. 철학의 나무의 뿌리에 해당하는 형이상학은 자연학과 역학, 의학, 도덕학 등의 실용학문이 없이는 존재할 수 없고 역학, 의학, 도덕학 등의 실용 학문 역시 형이상학과 자연학이 없이는 존재할 수 없으며 자연학 역시 여타의 다른 학문이 없이는 존재할 수 없는 것이다. 그리고 이처럼 다양한 학문이 다른 학문들과 유기적으로 연결되어 있을 때 비로소 철학의 나무 전체는 현실과 소통하면서 인간의 삶의 현실에서 제기되는 다양한 문제들을 해결할 수 있는 능력을 가질 수 있는 것이다. 그러나 현대에 접어들면서 제반 학문은 전문화되고 세분화됨에 따라 각자 자신이 쳐놓은 칸막이 속에 머물면서 파편화되어 결국 현실과의 소통이 이루어지지 않은 채 위기에 처하게 된 것이다. 따라서 현대 학문이 처한 위기를 극복할 수 있는 길 중의 하나는 바로 다양한 유형의 학제적 연구를 통해 학문 사이에 놓인 칸막이를 걷어내고 다양한 학문이 서로 소통할 수 있도록 하는 일이다.

학문의 통섭에 대한 윌슨의 구상은 학제적 연구의 필요성에 대한 전통적인 논의와 맥을 같이 한다. 그 역시 현대 사회가 절박한 위기 상황에 처해 있다고 진단하면서 다음과 같이 말한다. "위험은 얼마나 절박한가? 내 생각에는 인류가 자기 보존에 관한 생각을 근본적으로 바꾸어야 할 만큼 충분히 절박하다"(481). "과학적이고 기발한 천재가 나타나 계속되는 위기를 해결할 것을 기대하고 계속 밀어붙이는 것은 지구 생물계의 쇠퇴 위기 또한 유사하게 취급될 수 있다는 것을 의미한다. 앞으로 수십년 후에는 그것이 가능할지도 모르지만 아직은 그 방법이 보이지 않는다. [...] 인간이 만들어 낼 수 있는 생물학적 항상성은 알려져 있지 않다. 그런 것이 있다고 믿는다면 지구는 쓰레기장이 되어 버리고 인류가 멸종 위기에 처한 종이 되어 버릴 것이다"(481).

윌슨은 거기서 한 걸음 더 나아가 현대가 처한 다양한 유형의 위기는 복합적인 성격을 가지고 있어서 어느 한 가지 학문만으로는 그것을 해결할 수 없다고 주장한다. 그에 의하면 이처럼 다양한 문제들을 해결하기 위해서 필요한 것이 바로 통섭 프로그램을 통한 학제적 연구이다. "균형 잡힌 관점은 분과들을 쪼개서 하나하나 공부한다고 얻을 수 있는 것이 아니다. 오직 분과들 간의 통섭을 추구할 때만 가능하다. 그런 통합은 쉽게 성취되지 않을 것이다. 하지만 그렇게 할 수밖에 없지 않은가? 지적인 관점에서 보면 그런 통합은 진리의 울림이다. 통합은 인간 본유의 충동을 만족시켜 준다. 학문의 커다란 가지들 사이의 간격이 좁아지는 만큼 지식의 다양성과 깊이는 심화될 것이다"(47). 윌슨은 "통섭이 가장 매력적인 이유는 그것이 지적인 모험의 전망을 열어 주고 비록 만족스럽지는 않더라도 인간의 조건을 보다 더 정확하게 이해하도록 이끈다는데 있다"(40-41)고 지적하면서, "계속 줄어드는 산림 보존 지역을 통제하기 위한 정책"(42)을 개발하기 위해 환경정책학, 윤리학, 사회과학, 생물학 등이 통섭적 연구를 수행할 수 있는 가능성을 언급하고 있다. 통섭적 연구는 "산림 보존 지역을 통제하기 위한 정책"을 개발하기 위해서 뿐만 아니라, 현대 사회가 처한 다양한 위기를 극복하기 위해서 다방면으로 수행되어야 한다.

통섭 프로그램에 대한 윌슨의 구상은 이처럼 학제적 연구의 필요성에 대한 전통적인 논의와 맥을 같이 하고 있다. 그럼에도 불구하고 그의 통섭 프로그램이 현실의 위기를 극복할 수 있는, 진정한 의미의 학제적 연구 프로그램인지 하는 점은 극히 의심스럽다. 이 점에 대해 필자는 만일 학제적 연구가 통섭 프로그램에만 국한된다면 그것은 현실의 위기를 극복할 수 있는 진정한 의미의 학제적 프로그램이 될 수 없다고 생각한다. 이 점과 관련해 우리는 현실의 문제가 다양하기 때문에 그처럼 다양한 문제를 해결하기 위해서는 다방면으로 다양한 학문 분과들이 참여하는 다양한 유형의 학제적 연구가 수행되어야 한다는 사실을 염두에 둘 필요가 있다. 그러나 그가 제시하는 통섭의 프로그램은 모든 학문들이 참여할 수 있는 진정한 의미의 학제적 연구의 프로그램이 아니다. 그것은 "자연적 인과관계" 또는 "물리적 인과관계"의 망 속에서 존재하는 현상만을 파악할 수 있는 학문들만의 학제적 연구 프로그램이다. 그것은 일종의 자연과학적 제국주의 또는 생물학적 제국주의의 프로그램으로서 앞서 살펴본 다양한 유형의 인문학/사회과학의 분야를 모두 아우를 수 없다. 따라서 이 프로그램이 완벽하게 현실화된다고 하더라도 그것은 우리가 경험할 수 있는 무수히 많은 현상들 중에서 일부만을 연구의 대상으로 삼을 수 있는 일면적인 학제적 프로그램이다. 따라서 이처럼 현상 전체를 아우르지 못하고 현상들 전체의 한 부분만을 연구 대상으로 삼는 이러한 프로그램이 성공한다고 하더라도 그것이 현실에서 제기되는 다양한 문제들을 해결함에 있어 커다란 한계를 지닐 수밖에 없음은 두말할 필요도 없다. 윌슨이 주장하는 것과는 달리 그의 통섭 프로그램은 진정한 의미에서 "균형 잡힌 관점"(47)도 제공할 수 없고 "지식의 다양성과 깊이"(47)도 보장할 수 없다.

제5절 대화와 소통에 기초한 인문학/자연과학간 학제적 연구의 유형과 방식

그러면 지금까지의 논의를 토대로 인문학과 자연과학 사이의 학제적 연구의 유형, 방식 등을 검토하기로 하자. 양자 사이의 학제적 연구는 양자 사이의 진정한 대화와 소통에 토대를 두고 이루어져야 한다. 이 경우 양자 사이의 진정한 대화와 소통은 부분적인 통섭만 가능할 뿐 보편적 통섭은 불가능하다는 사실을 인정할 때, 다시 말해 양자 사이에 부분적으로 연속성이 존재하며 따라서 양자가 제한적으로 연구방법을 공유할 수 있으나 이러한 연속성의 이면에 본질적인 차이와 단절 또한 존재하며 따라서 양자 사이에 영원히 지울 수 없는 경계가 존재한다는 사실을 인정할 때 비로소 가능하다. 양자 사이의 보편적 통섭이 가능하리라는 전제에서 출발해 이러한 보편적 통섭을 통해 양자 사이의 경계를 완전히 허물어버리고자 하는 윌슨의 통섭 프로그램은 양자 사이의 진정한 대화와 소통을 부정하는 프로그램이라 할 수 있으며, 바로 이러한 이유에서 우리는 이 프로그램을 자연과학적 제국주의 또는 생물학적 제국주의라 불렀던 것이다.

인문학과 자연과학 사이에 부분적인 통섭만 가능할 뿐 보편적 통섭은 불가능하다는 사실을 고려하면 양자 사이의 학제적 연구는 1) 윌슨이 제시하는 통섭의 형태로 수행되는 학제적 연구와 2) 자연과학과 통섭될 수 없는 인문학/사회과학과 자연과학 사이의 학제적 연구 등 두 가지로 분류될 수 있을 것이다. 필자는 이러한 두 유형의 학제적 연구와 관련해 다음의 두 가지 사실을 지적하고자 한다.

첫째, 앞서 지적되었듯이 윌슨이 제시하는 통섭의 프로그램은 자연과학적 방법을 통해 인문학적 혹은 사회과학적 주제를 자연과학적 방법을 통해 연구하면서 인문학/사회과학을 자연과학에 포섭시키고자 하는 프로그램으로서 그것은 일종의 자연과학적 제국주의라고 불릴 수 있다. 통섭이 자연과학적 방법을 통해 이루어지기 때문에 혹자는 통섭이 자연과학의 여러 분과들 사이에서의 학제적 연구를 위해서는 중요한 의미를 지닐 수 있지만 인문학/사회과학과 자연과학 사이의 학제적 연구를 위해서 아무런 의미도 지닐 수 없을 것이라고 생각할 수도 있다. 그러나 통섭이 자연과학적 방법을 통해 인문학적 내지 사회과학적 주제를 다룰 수 있는 한에서 그것은 인문학/사회과학과 자연과학 사이의 학제적 연구를 위해서 나름의 의미를 지닐 수 있다. 예를 들어 어떤 특정한 문제를 해명하기 위해서 자연과학의 분과들과 통섭을 통해 새로 개척될 수 있는 인문학/사회과학의 분과들 사이에 학제적 연구가 진행될 수 있음은 두말할 나위도 없다. 최근 진화론과의 대화를 통해 정립된 철학의 다양한 분과들, 예를 들어 진화론적 인식론, 진화론적 윤리학 등은 그 대표적인 예에 해당할 것이다(철학연구회, 2003). 그뿐 아니라 윌슨이 제시하듯이 마음, 문화, 인간본성, 인간행동, 예술, 윤리, 종교 등의 발생적 기원을 해명하기 위해서도 인문학/사회과학과 자연과학 사이의 학제적 연구가 수행될 필요가 있다.

둘째, 이러한 두 가지 유형의 학제적 연구는 나름의 장단점을 가지고 있다. 윌슨이 제시하는 통섭의 형태로 수행되는 학제적 연구는 자연과학적 방법에 친숙한 연구자들 사이에 이루어지는 연구이기 때문에 비교적 쉽게 이루어질 수 있다는 장점을 가지고 있다. 그러나 이러한 유형의 학제적 연구는 자연과학적 방법에만 경도될 수 있어 경우에 따라서는 자칫 해결해야 할 문제를 총체적으로 보지 못할 위험도 아울러 지니고 있다. 이에 반해 두 번째 유형의 학제적 연구는 서로 다른 방법을 사용하는 연구자들의 공동 작업을 통해 이루어지기 때문에 특히 상대방이 사용하는 방법에 대한 이해가 충분하지 않을 경우 학제적 연구 자체가 시작되지 않을 수도 있으며 또 시작된다고 하더라도 상호 이해 부족으로 인해 연구 작업이 오래 지속되지 않을 위험도 존재한다. 그러나 이러한 연구는 올바로 수행되기만 하면 서로 다른 다양한 관점에서 문제에 접근할 수 있기 때문에 문제를 총체적이며 근원적으로 해결할 수 있다는 장점을 지니고 있다.

그런데 이러한 두 가지 유형의 학제적 연구는 다시 다음과 같은 두 가지 방식으로 수행될 수 있을 것이다.

첫째, 양자 사이의 학제적 연구에 참여하는 학문들이 융합되면서 자연과학과 인문학/사회과학의 경계에서 새로운 학문 분야가 출현하는 방식으로 학제적 연구가 수행될 수 있을 것이다. 해결해야 할 문제의 성격에 따라 다양한 학문이 이러한 학제적 연구에 참여하면서 새로운 융합학문을 출현시킬 수 있을 것이다. 예를 들어 행복에 관한 학제적 연구의 경우 생물학, 의학 등의 자연과학과 철학, 종교학, 문학, 심리학, 사회복지학 등 다양한 학문들이 참여하면서 행복학이라는 융합 학문분야를 출현시킬 수 있을 것이다. 현대 사회가 당면한 다양한 문제들이 있기 때문에 이러한 문제들을 해결하기 위해 다양한 유형의 융합 학문이 출현할 수 있을 것이다.

둘째, 그러나 양자 사이의 학제적 연구가 꼭 융합 학문을 출현시키는 방식으로만 진행될 수 있는 것은 아니다. 인문학/사회과학과 자연과학 사이의 학제적 연구는 양자의 정체성이 유지되면서 그를 통해 양자의 내용이 확대되고 심화되는 방식으로 수행될 수 있다. 인문학/사회과학과 자연과학의 분과가 다양하기 때문에 양자 사이에는 다양한 방식으로 이러한 유형의 학제적 연구가 수행될 수 있다. 예를 들어 자연과학의 한 분과인 나노과학과 인문학의 한 분과인 윤리학 사이에 이런 방식으로 학제적 연구가 수행될 수 있다. 이러한 방식의 학제적 연구를 통해 나노과학은 윤리학과의 학제적 연구를 통해 보다 더 탄탄한 윤리학적 토대에 정초되면서 윤리성이 함양된 보다 더 바람직한 학문으로 거듭날 수 있을 것이며 윤리학은 윤리학 나름으로 나노 과학과의 학제적 연구를 통해 구체적인 나노 현상과 관련하여 자신의 내용이 보다 더 확대되고 심화될 수 있을 것이다. 오직 융합 학문의 출현에만 관심이 있을 경우 이러한 방식의 학제적 연구가 지니고 있는 가치를 올바로 평가하지 못할 수도 있다. 그러나 이러한 방식의 학제적 연구는 융합 학문을 탄생시키는 학제적 연구 못지않게 중요한 의미를 지닌다. 우선 이러한 유형의 학제적 연구를 통해 거기에 참여하는 븐과 학문의 폭이 넓어지고 깊이가 더해질 수 있다. 그리고 이처럼 분과 학문의 폭이 넓어지고 깊이가 더해지는 일은 수준 높은 융합 학문의 탄생을 위해서도 아주 중요한 의미를 지닌다. 그 이유는 융합 학문이 피상적인 수준에 머물지 않고 높은 수준을 유지할 수 있기 위해서는 그에 참여하는 분과 학문들이 높은 수준에 도달해 있어야 하기 때문이다.

그런데 우리는 다시 양자 사이의 학제적 연구를 구체적으로 수행할 수 있는 연구/교육 단위와 관련하여 두 가지 유형을 나눌 수 있는데, 그것은 1) 새로운 연구/교육 단위를 신설하여 학제적 연구를 수행하는 경우와 2) 새로운 연구/교육 단위를 신설하지 않고 기존의 학과(들) 또는 단과대학이 중심이 되어 다른 단과대학 또는 다른 단과대학의 다른 학과(들)과 협동하면서 학제적 연구/교육을 하는 경우이다. 앞서 살펴본 바, 학제적 연구를 통해 특정의 학문 분과의 내용이 확장되고 심화되는 경우에는 새로운 연구단위를 신설하지 않고 기존의 학과나 단과대학이 중심이 되어 학제적 연구를 수행하는 것이 효과적일 것이다. 분과 학문의 질적 변화를 위해서 앞으로 이런 유형의 학제적 연구가 활발하게 이루어져야 한다. 그러나 융합 학문이 출현하는 형태로 이루어지는 학제적 연구의 경우, 특히 다양한 분과 학문이 참여하여 융합 학문이 출현하는 형태로 이루어지는 학제적 연구의 경우는 어느 한 학문 분과가 연구를 주도할 수 있는 처지에 있지 않기 때문에 새로운 연구 단위를 신설해 연구를 수행하는 편이 효과적일 것이다. 실제로 그동안 학제적 연구/교육을 하기 위해서 새로운 연구/교육 단위가 신설되는 경우가 많았다. 그 가장 대표적인 경우는 — 서울대학교에 한정해 논의하자면 — 대학원 협동과정, 융합대학원, 자유전공학부의 설립과 부전공제, 복수전공제, 이중전공제, 연계전공제, 설계전공제 등의 도입을 들 수 있다.

그런데 학제적 연구/교육을 담당하는 단위 문제와 관련하여 현재 한국 사회에서는 통섭 개념이 회자되고 있는데, 이러한 현상은 많은 문제점을 가지고 있다. 그 문제점이란 바로 통섭 개념이 극히 불투명하고 모호하다는데 있다. 통섭 개념은 종종 그것을 사용하는 사람에 따라, 경우에 따라서는 동일한 사람의 경우에도, 다른 의미를 지닌다. 우선 통섭은 앞서 살펴보았듯이 윌슨의 경우처럼 방법론적 일원주의의 프로그램을 지칭한다. 그러나 통섭 개념이 이런 방식으로만 이해되고 있는 것은 아니다. 예를 들어 학계 일각에서는 통섭을 학제적 연구 일반과 동일시하는 경향이 있고, 학계를 넘어서면 통섭은 다양한 분야 사이의 경계 허물기 정도를 의미하기도 한다. 그리고 윌슨의 제자이자 『통섭』의 한국어 번역자 중의 한 사람인 최재천(2008)은 윌슨의 통섭 개념에 문제가 있다는 사실을 지적하고 그와 거리를 취하면서 자신의 통섭 개념을 정립하고자 시도한다. 그는 인문학/사회과학과 자연과학이 방법론에 있어서 서로 다르다는 사실을 인정하면서 통섭 개념을 정의하고자 시도한다. 그에 의하면 통섭과 유사한 개념으로는 통합과 융합이 있다. 그러나 통섭은 통합이나 융합과는 다르다. 통합은 "모두 합쳐서 하나로 모음 또는 둘 이상의 것을 하나로 모아서 다스림"을 뜻하는데, 통일 또는 응집의 의미를 지니며 대학에서 여러 학과들이 하나의 학과로 묶이는 과정 또는 서로 다른 정당들을 모아 새로운 정당을 만드는 과정이 이에 해당한다. 융합은 "녹아서 또는 녹여서 하나로 합침"이라는 뜻으로 흔히 핵, 세포, 조직 등이 합쳐지는 과정을 묘사할 때 쓰인다. 이에 반해 통섭은 "서로 다른 요소 또는 이론들이 한데 모여 새로운 단위로 거듭남"을 의미하며, 따라서 그것은 단순한 병렬적 수준의 통합이나 융합을 넘어 새로운 이론 체계를 찾으려는 범학문적인 접근(transdisciplinary approach)을 의미한다.

물론 최재천의 통섭 개념은 인문학/사회과학과 자연과학의 방법론적 차이를 인정하고 있다는 점에서 윌슨의 통섭 개념보다 훨씬 더 바람직하다고 할 수 있다. 그럼에도 불구하고 필자는 그가 사용하는 통섭 개념도 명확하게 잘 정의되어 있지 않다고 생각한다. 그는 통섭이 "서로 다른 요소 또는 이론들이 한데 모여 새로운 단위로 거듭남"을 의미하며 따라서 그것은 단순한 병렬적 수준의 통합이나 융합을 넘어 새로운 이론 체계를 찾으려는 범학문적인 접근을 뜻한다고 말하는데, 과연 통합이나 융합이 언제나 단순한 병렬적 수준에만 머물러야 하는 것인지 살펴볼 필요가 있다. 물론 통합이나 융합이 올바로 이루어지지 않을 경우 그것은 단순히 병렬적 수준에 머물 수도 있다. 그러나 제대로 된 통합이나 융합은 "서로 다른 요소 또는 이론들이 한데 모여 새로운 단위로 거듭남"을 뜻한다. 예를 들어 최재천이 예로 들고 있는 학과들의 통합 또는 당의 통합이 올바로 이루어질 경우 서로 다른 학과나 당이 모여 새로운 단위로서의 새로운 학과나 당이 생겨나는 것이며 핵융합이나 세포 융합의 경우에도 융합을 통해 새로운 핵이나 새로운 세포가 생겨나게 되는 것이다. 이렇게 본다면 그가 통섭이라고 부르는 것은 "올바로 이루어진 통합 내지 융합"을 뜻하는 것이지 통합 내지 융합과 다른 것을 뜻한다고 할 수 없다.

이처럼 현재 한국 사회에서 많이 사용되고 있는 통섭 개념은 아주 불투명하고 모호하다. 그리고 최근 한국 사회에서 이 개념이 유행처럼 번지면서 대학가에서 통섭학과, 통섭대학, 통섭대학원 등을 설립하려는 움직임이 있는데, 한국 대학의 장래, 더 나아가 한국의 장래를 위해서도 이러한 움직임에 대한 철저한 학문적 성찰이 필요하다. 물론 통섭이라는 개념은 아주 매력적으로 들린다. 따라서 비록 그것이 모호한 개념이긴 하지만 일반인들이 이 개념을 사용하는 것은 어느 정도 이해할 수 있다. 일상적인 생활세계적 삶에서는 개념의 애매성, 모호성은 어느 정도 인정될 수 있으며 경우에 따라 선호되기도 하기 때문이다. 그러나 개념의 정확성을 생명으로 하는 학문 세계의 경우는 사정이 전혀 다르다. 학계에서 그처럼 불투명한 개념을 사용하는 일은 피해야 하며, 특히 학과, 대학, 대학원의 명칭에 불투명한 개념이 들어가는 일은 피해야 할 것이다.

우리 모두가 명심해야 할 것은 어떤 학과나 대학, 대학원 등 새로운 기관을 신설할 경우 연구 및 교육 목표 등을 비롯해 그 기관의 사명이 무엇인지 명확하게 기술되어야 한다는 사실이다. 그렇지 않을 경우 여러 가지 심각한 문제들이 발생할 수 있다. 실제로 학제적 연구를 수행함을 목표로 하는 연구/교육 단위를 신설할 경우 통섭처럼 명확하지 않은 개념을 사용하면 심각한 문제가 발생할 수도 있다. 예를 들어 기관의 사명이 불투명하게 기술되어 학생, 학부모 및 일반인에게 커다란 혼란을 줄 수 있고, 실제로 기관을 운영함에 있어서 커다란 혼선과 파행이 나타날 수도 있다. 무엇보다도 심각한 점은 이러한 문제점 때문에 그 기관이 학문의 경계를 넘어서는 활발한 학제적 연구를 목표로 하고 있음에도 불구하고 이러한 목표를 달성하지 못하게 될 수도 있다는데 있다. 극단적인 경우에는 해당 기관의 사명이 처음부터 도저히 실현 불가능한 사명이 될 수도 있다. 예를 들어 어떤 학과를 설립하면서 통섭학과라는 명칭을 사용했다고 하자. 이 경우 만일 통섭을 학제적 활동과 같은 뜻으로 사용하게 되면 이 학과는 자신의 사명을 결코 완수할 수 없을 것이다. 그 이유는 이 학과는 "학제적 학과"가 될 것이며 학제적 활동에는 그처럼 다양한 것들이 있을 수 있는데, 그처럼 다양한 유형의 학제적 활동을 이 학과 혼자서 감당하는 일은 아예 불가능할 것이기 때문이다.

필자는 새로운 연구/교육 단위의 명칭을 정하고 그 사명을 기술하기 위해서는 통섭이라는 개념보다는 지금까지 그래왔듯이 "학제적"이라는 개념을 비롯해 그의 종개념에 해당하는 "융합", "협동" 등 그 의미가 분명한 개념들을 사용할 것을 제안한다. 그 이유는 통섭의 경우에는 다양한 유형의 통섭이 있음에도 불구하고 그 각각이 서로 구별되는 명칭을 가지지 못한 채 모두 통섭이라는 명칭으로 블리면서 혼란을 초래하는데 반해 학제적 활동의 경우에는 "융합", "협동", "부전공", "복수전공", "이중전공", "연계전공" 등 서로 구별되는 다양한 유형의 학제적 활동이 있고 이 각각의 활동이 나름의 고유한 명칭을 가지면서 아무런 혼란도 초래하지 않기 때문이다. 말하자면 학제적 활동의 경우 유개념과 종개념들이 서로 구별될 수 있기 때문에 아무런 혼란이 발생하지 않는데 반해 통섭의 경우 유개념과 종개념들이 고두 하나의 이름으로 불리기 때문에 이 개념을 사용할 경우 그것이 정확히 무엇을 의미하는지 불투명해져 커다란 혼란이 생길 수밖에 없다. 물론 "융합", "협동", "부전공", "복수전공", "이중전공", "연계전공" 등의 개념을 사용할 경우에도 이 각각의 것이 다시 세분화될 수 있기 때문에 필요할 경우 그 각각의 것이 어떤 유형의 활동을 뜻하는지 구체적으로 명시할 필요가 있을 것이다.

제6절 학제적 활동의 활성화와 통섭 개념의 성찰 필요성

지금까지 우리는 통섭 개념을 비판적으로 검토하면서 인문학과 자연과학 사이의 학제적 연구가 어떻게 이루어져야 할지 살펴보았다. 그러나 지금까지의 논의를 통해 양자 사이의 학제적 활동에 대한 논의가 모두 이루어진 것은 아니다. 지금까지의 논의는 양자 사이의 학제적 활동에 관한 논의의 서론에 해당하며 앞으로 그에 대한 보다 더 상세한 논의가 다방면으로 이루어질 필요가 있다. 그러면 양자 사이의 학제적 활동과 관련해 앞으로 더 논의되어야 할 내용 몇 가지를 지적하면서 이 글을 마무리하기로 하자.

첫째, 지금까지 우리는 양자 사이의 학제적 활동에 대한 논의를 주로 연구 영역에 초점을 맞추어 진행시켜 왔다. 앞으로 인문학/사회과학과 자연과학은 각자 자신의 경계를 넘어서 상대방과 활발하게 대화하고 소통하면서 다방면으로 학제적 연구를 수행할 필요가 있다. 그런데 연구 영역은 한편으로는 교육 영역과 연결되어 있고 다른 한편으로는 삶의 현장과 연결되어 있다. 따라서 연구 영역에 있어서의 학제적 활동에 대한 논의와 더불어 앞으로 교육 영역과 삶의 현장에서의 양자 사이의 학제적 활동에 대한 논의도 활발하게 진행시킬 필요가 있다. 이처럼 다방면에 걸친 학제적 활동에 대한 논의는 현대 사회가 당면한 다양한 복합적인 문제들을 해결하기 위한 첫 걸음이라 할 수 있다.

둘째, 양자 사이의 학제적 연구에 대한 우리의 논의는 일반적인 수준에서 진행되었는데, 이러한 일반적인 수준의 논의를 토대로 양자 사이의 학제적 연구에 대한 논의가 구체화될 필요가 있다. 이 점과 관련해 일차적으로 유의해야 할 점은 자연과학의 여러 분과들 사이에, 그리고 특히 인문학으로 분류되는 여러 분과들 사이에 학문적 특성이 서로 상당히 다르다는 사실이다. 예를 들어 자연과학의 경우 물리학과 생물학이 모두 자연과학이라고 불리지만 과연 물리학과 생물학의 학문적 특성이 얼마만큼 동일하며 실제로 양자가 어느 정도까지 동일한 방법을 사용하는지 하는 점은 자세하게 검토할 필요가 있다. 이러한 사실은 생물학의 다양한 분과의 경우에도 마찬가지라고 생각한다. 예를 들어 물리학적 방법, 화학적 방법을 주로 사용하는 분자생물학이 사회생물학과 얼마만큼 학문적 특성이 동일한지 검토할 필요가 있다. 이러한 사실은 인문학의 경우에 특히 두드러진다. 예를 들어 역사학과 철학이 모두 인문학으로 분류되지만 양자 사이의 학문적 특성은 여러 가지 점에서 다르다. 예를 들어 역사학이 과거의 역사적 사실을 다루는 사실과학인데 비해 윤리학, 인식론, 논리학 등을 포함한 철학의 많은 분과들은 규범과학에 해당하며 따라서 역사학 방법론과 철학의 방법론은 여러 가지 점에서 다를 수 있다. 따라서 앞으로 인문학과 자연과학 사이의 학제적 연구에 대한 논의는 거기에 참여하는 학문들의 다양한 특성을 고려하면서 보다 더 구체적인 차원에서 이루어질 필요가 있다.

셋째, 우리는 통섭 개념을 비판적으로 검토하면서 인문학과 자연과학 사이의 학제적 연구에 대한 논의를 진행시켰다. 그럼에도 불구하고 지금까지의 논의를 통해 통섭 개념에 대한 비판적 검토가 모두 이루어진 것은 아니다. 학제적 연구를 포함한 학제적 활동 일반에 대한 논의와 관련해 앞으로 통섭 개념에 대한 보다 더 상세하며 포괄적인 반성적 성찰이 필요하다. 통섭 개념이 학제적 활동과 관련해 현재 한국 사회의 학계 안팎에서 중요한 역할을 담당하고 있지만 이 개념은 앞서 살펴본 것 이상으로 많은 문제점을 지니고 있다.

예를 들어 윌슨의 통섭 개념은 작은 문제점들에서부터 시작해서 큰 문제점들에 이르기까지 다양한 문제점을 안고 있다. 예를 들어 그는 자신의 통섭 개념과 관련하여 "물리학의 거대한 통합을 시도했던 아인슈타인은 골수 이오니아인이었다"(35)고 말하면서 아인슈타인이 마치

"골수 이오니아인", 즉 "보편적 통섭주의자"인 것처럼 주장하는데, 이러한 그의 주장은 사실과 일치하지 않는다. 아인슈타인이 모든 물리학자의 염원인 물리학의 거대한 통합을 시도했다고 해서 곧바로 보편적 통섭주의자가 되는 것은 아니다. 실제로 윌슨의 주장과는 달리 아인슈타인은 자연과학과 인문학 사이에는 지울 수 없는 경계가 존재한다는 사실을 인정하면서 보편적 통섭의 가능성을 부정한 반통섭주의자였다. 이 점과 관련해 그는 『만년의 회상』에서 "우리는 순수과학이라는 영역 내에서는 '거짓말하지 말라'와 같은 문장과 마주칠 기회가 없다. … 사실 및 관계들에 관한 과학적 언명은 … 윤리적 명령을 산출하지 못한다"고 적고 있다(Singer, 1981: 김성한 역, 1999: 115에서 재인용). 이러한 아인슈타인의 견해는 바로 윌슨의 입장과 배치되는 것이며 바로 이러한 이유에서 싱거(Singer, 1981)는 윌슨의 『인간의 본성에 관하여』라는 저서에 나오는 다음의 구절을 인용하면서 그것을 아인슈타인의 견해와 대비시키고 있다: "조만간 과학은 인간의 가치(이와 같은 인간의 가치로부터 많은 윤리적 판결 및 정치적 관례가 도출되었다)가 어디서 유래했으며 그 의미가 무엇인가를 탐색할 수 있는 위치에 오르게 될 것이다"(김성한 역, 1999: 115에서 재인용).

이러한 사소한 문제점 이외에도 윌슨의 통섭 프로그램은 심각한 문제점도 지니고 있다. 예를 들어 그는 철학을 "모르는 것에 관한 숙고"(44)라고 정의한 후 "우리의 공동 목표 중의 하나는 철학을 과학으로 최대한 빨리 전환시키는 것이다"(44)라고 주장하면서 『통섭』의 여기저기서 철학을 신랄하게 비판한다. 이처럼 그가 철학을 신랄하게 비판하는 이유는 그가 통섭 프로그램, 즉 "지식의 합일이라는 전망은 몇몇 전문철학자들과는 궁합이 맞질 않는다"(44)고 생각하기 때문이다. 그러나 철학에 대한 그의 견해는 많은 문제점을 지니고 있다. "모르는 것에 대한 숙고"라는 철학에 대한 그의 정의도 비판적으로 검토할 필요가 있다. 그러나 여기서 지적하고 싶은 것은 어째서 철학이 통섭 프로그램과 궁합이 맞지 않는가, 즉 어째서 철학자들이 그의 통섭 프로그램에 대해 비판적인가 하는 점이다.

이 점과 관련해 우선 지적해야 할 점은 철학이 학제적 연구와 무관한 학문이 아니라, 본성상 학제적 연구를 생명으로 하는 학문이라는 사실이다. 형이상학, 인식론 등 철학의 분과에 대한 명칭에서 알 수 있듯이 철학은 그 본성상 학제적인 연구이다. 그 이유는 자연학(physics)이 없이 형이상학(metaphysics)은 불가능하며, 학적 인식(episteme, knowledge)이 없이는 그에 대한 반성적 학문인 "인식론"(epistemology, theory of knowledge)도 불가능하기 때문이다. 다양한 학문 활동과 관련해 다양한 유형의 철학, 즉 수리철학, 자연철학, 역사철학, 종교철학, 문학철학, 언어철학, 심리철학, 사회철학, 정치철학, 경제철학, 경영철학, 법철학, 환경철학, 체육철학, 기술철학, 의료철학, 간호철학 등 다양한 철학이 가능하다는 사실은 철학이 본성상 학제적 성격을 지니고 있음을 잘 보여준다. 따라서 철학이 통섭 프로그램에 대해 비판적인 이유는 철학이 학제적 연구를 기피하거나 혐오하기 때문이 아니다.

철학이 통섭 프로그램에 대해 비판적인 이유를 이해하기 위해서 우리는 윌슨이 제기하는 "지식의 통일이 가능한가?"하는 문제는 바로 인식론의 핵심적인 쟁점이며 윌슨이 이 문제를 제기하는 한 그는 더 이상 생물학자가 아니라, 철학자라는 사실을 이해해야 한다. 바로 이 주제가 철학의 핵심적인 쟁점이기 때문에 다른 분야의 전공자들이 아니라 특히 철학자들이 그에 대해 논의하고 그 속에 들어있는 문제점을 지적하면서 비판하는 것이다. 말하자면 철학자들은 생물학자로서의 윌슨이 아니라, 동료 "철학자"로서의 윌슨에 대해 비판하는 것이며, 생물학 이론이 아니라 철학 이론으로서의 통섭 프로그램을 비판하고 있는 것이다.

이처럼 철학은 학제적 연구 및 통섭에 대한 논의와 관련해 중요한 의미를 가지고 있다. 그러나 철학은 통섭에 대한 윌슨의 논의에서, 예외가 있기는 하지만, 주로 부정적인 시각에서 언급되고 검토된다. 필자는 이러한 방식의 논의가 생산적이지 않다고 생각한다. 학제적 활동에 대한 앞으로의 논의가 생산적인 논의가 될 수 있도록 하기 위해서는 윌슨의 철학 개념에 초점을 맞추어 그의 통섭 개념을 철저하게 검토해볼 필요가 있다.

앞서 살펴보았듯이 윌슨의 통섭 개념뿐 아니라, 『통섭』이 한국어로 번역되어 소개되면서 한국의 학계 안팎에서 사용되고 있는 통섭 개념 역시 많은 문제점을 지니고 있다. 이 글의 제5절에서 필자는 최재천의 통섭 개념이 안고 있는 문제점 하나를 살펴보았다. 그러나 필자는 그의 통섭 개념 내지 통섭 개념에 대한 그의 이해에는 이러한 문제점 이외에도 몇 가지 문제점이 더 있다고 생각하며, 그에 대해서는 다음에 논의할 기회를 가질 수 있게 되기를 바란다. 현재 통섭 개념이 학계 안팎에서 많이 사용되고 있는데, 필자는 이 시점에 우선 학계 안에서 이 개념에 대해 철저하게 논의할 필요가 있다고 생각한다. 물론 통섭 개념에 문제가 있다고 해서 이 개념을 중심으로 한 그동안의 다양한 학제적 활동의 의의를 폄하하려는 것은 아니다. 필자는 무엇보다도 『통섭』을 번역하여 통섭 개념을 한국에 소개하면서 다양한 학제적 활동을 수행해 온 최재천의 공적을 높이 평가하며 앞으로도 계속해서 활발한 학제적 활동을 하게 되기를 바란다. 그러나 이처럼 이 개념이 그동안 학제적 활동을 위해 나름대로 많은 기여를 해온 것이 사실이지만 앞으로 학제적 활동이 보다 더 탄탄한 토대 위에서 올바르게 이루어져 학문과 사회의 발전에 더 많이 기여할 수 있도록 앞으로 그에 대한 활발한 논의가 본격적으로 이루어지길 기대해 본다.

제 5 장

사회과학과 진화생물학의 통섭

최 재 천*

나는 그 동안 주로 '개미박사'나 '생태학자'로 불렸는데 최근에는 종종 '통섭학자'라고 소개된다. 내가 몇 년 전 우리 사회에 화두로 던진 통섭(統攝)이 기대 이상으로 빠르고 광범위하게 우리 사회 전반으로 퍼져나간 덕택이다. 통섭이라는 단어는 이제 어느덧 지하철에서도 들을 수 있는 일상용어가 되었다. 통섭은 내가 2005년 하버드 대학의 진화생물학자 윌슨(Edward O. Wilson)의 저서 *Consilience: The Unity of Knowledge* (1998)를 번역하며 우리 사회에 화두로 던진 개념이다. '통섭'이라는 용어와 개념은 꺼내놓기 무섭게 마치 날개가 달린 듯 학계는 물론 기업과 사회로 퍼져나갔다. 마치 도킨스(Richard Dawkins)가 '문화유전자'의 개념어로 설정한 선전자(宣傳子, meme)처럼 횡적으로 한국 사회 곳곳으로 전파된 것이다.

Consilience는 19세기 영국의 자연철학자 윌리엄 휴얼(William Whewell)이 1840년『귀납적 과학의 철학(*The Philosophy of the Inductive Sciences*)』에서 처음 소개한 개념이다. 그 개념은 다양한 학문 분야들을 가로지르며 현상들과 그 현상들에 기초한 이론들을 한데 묶어 공통된

---

* 이화여대 에코과학부 교수. 이 글은 아래의 글들을 일부 수정하여 편집한 것이다. 최재천. 2005, 2006, 2007a, 2007b, 2010; 최재천 · 전상인 · 정범모 · 김형국. 2008; 최재천 외. 2008.

하나의 설명체계를 이끌어내는 것을 의미한다. 윌슨은 'coherence(일관성, 일치)'나 'convergence(합일)'처럼 사람들에게 이미 친숙해져 있는 단어를 택하지 않고 굳이 잊혀진 단어인 consilience를 택한 이유를 오히려 희귀하여 그 의미가 훼손되지 않고 잘 보전되어 있기 때문이라고 설명했다. 번역을 하는 과정에서 나도 똑같은 이유로 '일치', '합치', '합일', '통일', '통합', '정합'과 같은 기존의 단어들을 붙들고 숙고하다 우리말 사전에도 잘 나오지 않는 '통섭'을 택했다.

통섭은 사실 새로운 용어가 아니다. Consilience에 대한 적절한 번역어를 찾느라 고심하던 중에 우연히 두툼한 한글 사전에서 '통섭(通涉)'을 찾았다. 하지만 나는 consilience가 "사물에 널리 통함"이라는 뜻의 '통섭(通涉)'보다는 좀더 포괄적인 개념이라고 생각하여 '큰 줄기' 또는 '실마리'의 뜻을 지닌 '거느릴 통(統)'과 '잡다' 또는 '쥐다'의 뜻을 지닌 '잡을 섭(攝)'을 붙여 새로운 단어를 만들었다. 쉽게 말하면 "큰 줄기를 잡다"라는 의미가 된다. 그러나 책이 출간되자마자 어느 불교학자의 지적으로 '통섭(統攝)'은 원효대사가 화엄을 불교의 가장 최고 경지로 상정하고 그 경지에 이르는 방법론으로 제시한 개념이었다는 것을 알게 되었다. 화쟁사상(和諍思想)을 설명하며 원효대사가 자주 사용하던 용어라고 한다. 훗날 조선의 실학자 최한기도 그의 기(氣)철학을 설명할 때 이 말을 종종 사용한 것으로 드러났다. 정치적으로는 '총괄하여 관할한다'는 뜻을 지녀 '삼군(三軍)을 통섭한다'는 방식으로 쓰이기도 했다.

나는 한국 학계에 통섭의 개념을 소개하며 동료학자들에게 진리의 궤적을 따라 과감히 그리고 자유롭게 학문의 국경을 넘나들 것을 요청했다. 진리의 행보는 학문의 경계 따위는 존중해주지도 않건만 우리는 스스로 쳐놓은 학문의 울타리 안에 갇혀 잠시 들렸다 사라지는 진리의 옆모습 또는 뒷모습만 바라보며 학문을 하고 있다고 자위하며 산다. 나는 이제 우리 학자들이 학문의 국경을 넘을 때 여권을 검사하는 거추장스러운 입국절차를 생략할 때가 되었다고 생각한다. 간학문적(interdisciplinary) 연구를 한다고 하면서 사실은 다학문적('multi'-disciplinary) 유희를 하고 끝나는 수준을 넘어 진정한 의미의 범학문적 접근(trans-disciplinary approach)을 통해 지식의 큰 줄기를 잡아야 한다. 하지만 내가 통섭을 꺼내놓자 기존에 우리가 사용하던 통합이나 융합과 어떻게 다르냐는 질문이 이어졌는데, 고맙게도 2005년 서울대학교 개교 60주년 기념 학술대회에 모인 여러 분야의 학자들이 마치 인터넷 백과사전 「위키피디아(Wikipidia)」를 만들 듯 가지런히 정리해주었다. 나는 이 글을 통해 통합, 융합, 통섭에 관한 그 후의 내 생각들을 다시 한번 정리하고자 한다.

내가 서울대학교에 재직하던 시절인 2000년대 초반 교육인적자원부의 주도로 여러 학과와 연구소 단위로 나뉘어 있던 생물학 관련 조직들이 한데 모여 생명과학부로 통합되는 일이 벌어졌다. 자연과학대학의 생물학과, 분자생물학과, 미생물학과의 교수들과 유전공학연구소의 교수들에 사범대학 생물교육과의 일부 교수들이 합류하여 거대한 새 학부가 탄생했다. 그런데 행정적으로는 하나로 묶였지만 우리는 여전히 예전의 조직에 충성을 다하고 있었다. 전체 교수회의 끝나면 곧바로 예전 조직들이 따로 모여 그 날 교수회의에서 무엇을 잃었으며 다음 교수회의에서 그 잃었던 것들을 어떻게 탈환할 것인가에 대해 논의하곤 했다. 이 같은 동상각몽(同床各夢)은 내가 서울대학교를 떠난 후에도 계속 이어지다가 새로운 학부의 교수로 들어온 신임교수들의 숫자가 상당히 늘어 조직의 색깔이 전체적으로 바뀐 후에야 비로소 희미해졌다고 한다.

통합(統合)은 둘 이상을 하나로 모아 다스린다는 뜻으로 다분히 이질적인 것들을 물리적으로 합치는 과정이다. 전쟁 때 여러 나라의 군대를 하나의 사령부 아래 묶어 연합군 또는 통합군을 만들어보지만 병사들간의 완벽한 소통은 기대하기 어렵다. 노무현 정부 말기에 통합신당이라는 정당이 만들어졌다. 계파가 다른 정치인들이 오로지 정권재창출이라는 공동의 목표 아래 뭉치긴 했지만 한나라당에게 참패하고 말았다. 나는 이명박 정부의 '대통령 직속 사회통합위원회'의 민간위원으로 위촉되어 일한 적이 있다. 정권 초기에 만들어진 '미래기획위원회'와 2008년 8월 15일 이명박 대통령이 한국 정부의 미래 비전으로 '저탄소 녹색성장'을 공표한 후에 만들어진 '녹색성장위원회'와 달리 한국 사회의 진보와 보수 진영의 인사들이 고르게 위촉된 것 같아 나도 참여하기로 했다. 하지만 처음부터 나는 위원회의 이름에 '통합'이라는 단어가 포함된 것이 위원회가 추구하겠다고 밝힌 원래 취지와 어울리지 않는다고 지적했다. 어느 한국어 사전은 통합을 "구성원이 공통된 사회규범과 가치를 지니며 공통된 권위에 대해 충성하는 상태"라고 정의하고 있다. 소통을 원활하게 하여 화목한 사회를 이뤄보자는 것이 위원회가 추구하는 목표인 만큼 차라리 '사회융화위원회' 또는 '사회화합위원회'라고 했더라면 더 좋았을 것이라고 생각한다. 통합은 어딘지 모르게 하향식(top-down) 조정 방식의 합침이라는 느낌이 든다.

융합(融合)은 핵융합이나 세포융합에서 보듯이 아예 둘 이상이 녹아서 하나가 되는 걸 의미한다. 융(融)은 원래 '굽은 다리 셋을 단 솥'이라는 뜻을 가진 '솥 력(鬲)'에 '곤충 충(虫)'이 합쳐져 만들어진 말이다. 솥 안에 이것저것을 넣고 끓이면 그것들이 녹으며 솥뚜껑 틈으로 김이 새 나오는데 그 모습이 마치 벌레와 같다고 해서 만들어진 말이란다. 따라서 융합은 원래의 형체를 알아볼 수 없을 정도로 녹여서 하나로 만드는 과정을 뜻한다고 보면 좋을 것 같다. 수소(H) 분자 둘과 산소(O) 분자 하나가 융합하면 원래 수소와 산소 분자와는 형태가 전혀 다른 물(H_2O)이 탄생한다. 통합이 물리적인 합침이라면 융합은 다분히 화학적 합침이다. 이런 관점에서 보면 우리들이 요즘 흔히 말하는 '기술의 융합'이라는 표현은 적절한 것 같다. 하지만 '학문의 융합' 또는 '지식의 융합'은 대체로 불가능하거나 어색하다. 영문학과 물리학이 융합하여 도대체 무엇이 된다는 말인가? 하지만, 예를 들어, IT와 NT의 융합은 이미 벌어지고 있고 그래야만 실제로 사용할 수 있는 새로운 기술을 만들어낼 수 있다.

융합과 달리 통섭은 합쳐지는 과정에서 원래 구성 성분이 형체를 알아볼 수 없을 정도로 녹아 없어지는 게 아니라 그들의 속성을 잘 섞은 새로운 조합의 실체를 탄생시킨다. 따라서 통섭은 생물학적 합침이다. 남남으로 만난 부부가 서로 몸을 섞으면 전혀 새로운 유전자 조합을 지닌 자식이 태어나는 과정과 흡사하다. 21세기 들어 인지과학의 기세가 등등하다. 인지과학이 어떤 학문인가? 심리학이 어느 날 갑자기 인지과학으로 변한 것인가? 인지과학은 도대체 우리 인간의 두뇌가 어떻게 생겨먹은 것인가를 논의하기 위해 뇌과학, 심리학, 철학, 진화생물학, 컴퓨터공학, 기계공학 등이 만나 범학문적인 거쳐 태어난 학문이다. 부모학문들의 유전자를 적절히 잘 섞어 매우 흥미롭고 발전적인 자식학문이 탄생한 것이다. 그렇다고 해서 부모학문들이 죄다 녹아 형체를 알아볼 수 없게 되었는가? 부모학문들도 여전히 존재하는 가운데 새로운 학문이 태어난 것뿐이다. 재생산 또는 번식(reproduction) 과정과 흡사하다.

통섭은 비록 consilience의 번역어로서 출발했지만 나름대로 생명을 지닌 존재처럼 새로운 의미로 진화했다. Consilience의 번역어로 "사물에 널리 통함"이라는 의미를 지닌 보다 많이 알려진 통섭(通涉) 대신 통섭(統攝)을 택함으로써 나는 휴얼(W. Whewell)과 윌슨(E.O. Wilson)의 개념에 동양적인 변이를 보탰다고 생각한다. 휴얼의 통섭은 다분히 가법적 통섭(additive consilience) 또는 융합적 통섭(confluent consilience)이다. 그의 저서 『귀납적 과학의 역사(*History of the Inductive Sciences*, 1837)』에서 휴얼은 과학을 강에 비유한다. 여러 갈래의 냇물들이 모여 강을 이루듯이 먼저 밝혀진 진리들은 하나 둘씩 합쳐져 결국 하나의 강령에 포함될 뿐 그 어느 것도 다른 것으로 환원되지 않는다는 것이다. 냇물이 강으로 환원되지 않듯 진리는 환원되는 것이 아니라 다른 진리들과 합류될 뿐이라는 것이다.

나는 휴얼의 통섭에는 그다지 큰 매력을 느끼지 못한다. 그런 통섭은 우리가 오랜 세월 해오던 방법과 그리 다르지 않다고 생각한다. 특히 동양의 전통적인 전일론(holism)과는 거의 다를 바 없어 보인다. 그래서 윌슨은 자연과학에 바탕을 둔 환원적 통섭(reductionistic consilience)을 주장한 것이다. 휴얼의 강 유비(類比)의 합류성에는 동의하지만 한번 흘러가면 영원히 돌아오지 못하는 강물 유비는 결정적인 한계성을 지닌다. 휴얼의 통섭 개념은 각 합류점마다 이른바 창발성(emergent properties)의 가능성을 열어놓은 점을 장점으로 들고 있지만, 창발성은 그 자체가 언젠가는 반드시 설명되어야 할 개념이라는 점에서 미완성 개념일 수밖에 없다.

나는 윌슨의 통섭 개념에도 나름대로 한계가 있다고 생각한다. 환원주의와 통섭은 태생적으로 상반되는 개념이기 때문이다. 그럼에도 불구하고 환원주의가 통섭적 연구를 하기 위한 하나의 방법론일 수는 있다고 본다. 그러나 모든 통섭적 연구가 다 환원주의적으로 이뤄질 수는 없을 것이다. 이런 점에서 나는 '강의 유비'가 아니라 '나무의 유비'로 통섭을 설명한다. 나무는 줄기를 가운데 두고 위로는 가지와 이파리들로 분화되어 있으며 땅 밑으로는 많은 뿌리들을 뻗고 있다. 하늘을 향해 펼쳐진 수많은 가지들이 다양한 현상들을 관찰하고 기술하며 의미를 부여하는 인문학과 자연과학의 일부를 의미한다면, 땅 밑의 뿌리들은 우리 눈에 보이지 않는 부분을 측정하고 이론화하는 학문들을 나타낸다. 대부분의 분석과학 분야들이 여기에 속할 것이다. 나는 뿌리와 가지들을 연결하는 줄기가 통섭의 현장이라고 생각한다. 나는 통섭이 일방적이 아니라 상호 영향적이어야 한다고 생각한다. 그래서 내가 생각하는 통섭은 분석과 종합을 모두 아우르는 호상적 통섭(interactive consilience)이다.

이쯤 되면 어느덧 내가 말하는 통섭은 휴얼과 윌슨의 consilience로부터 분화되어 또 다른 갈래로 진화된 새로운 개념으로 봐야 할 것이다. 나의 통섭은 적어도 윌슨의 consilience에 비해 다분히 동양적인 배경을 지닌다. 나 자신의 성장과정이 어쩔 수 없이 영향을 미쳤으리라 생각한다. 나는 학문의 대통합이 오로지 자연과학의 주도로 이뤄져야 한다고 생각하지 않는다. 진정한 통섭은 자연과학과 인문학의 원활한 소통으로부터 나온다. 나는 자연과학자이지만 모든 학문은 인문학에서 출발하여 인문학으로 마무리된다고 생각한다. 학문이란 어차피 언어를 사용하는 인간이라는 동물의 지적 활동이기 때문이다. 인문학과 자연과학은 방법론의 본질적인 차이 때문에 통섭을 이루기 대단히 어려울 것이라는 걸 모르는 이는 없다. 그래도 나는 인문학과 자연과학의 통섭을 우한 노력이야말로 윌슨의 표현대로 "인간 지성의 위대한 도전"이라고 생각한다. 그리고 그 노력의 결실이 맺어지는 일이 21세기에 벌어지리라고 믿는다.

아리스토텔레스, 레오나르도 다 빈치, 연암 박지원, 다산 정약용. 언뜻 보아 한데 묶일 수 있는 공통점이 전혀 없어 보이는 이들은 모두 한 분야가 아닌 여러 분야에서 탁월한 업적을 남긴 전천후 학자들이다. 남들은 평생 한 분야에서도 이렇다 할 업적을 세우지 못해 쩔쩔매건만 이들은 어떻게 그 많은 분야들을 넘나들며 종횡무진 활약할 수 있었을까? 여러 가지 긍정적인 평가들이 가능하겠지만 나는 여기서 대단히 인색한 평가를 하나 내놓으려 한다. 그들이 활약하던 시절에는 다뤄야 했던 지식의 총량이 그리 방대하지 않아 한 특출한 개인이 여러 분야를 섭렵할 수 있었다고 감히 그들을 폄하하려 한다. 다산이 화성을 축조하려고 토목공학 박사 학위를 취득한 것은 아니지 않은가? 문헌을 뒤져본 것은 아니지만 기껏해야 청나라에서 건축 관련 서적을 한두 권 구해서 읽어본 정도였을 것이다. 그 당시에는 그 정도만 해도 기본적으로 명석한 두뇌만 가지고 있으면 조선팔도 최고의 토목공학자로서 당당히 일할 수 있었다. 그러나 나는 더 이상 우리 사회에 그들과 같은 학자는 나타나지 않을 것이라고 단언할 수 있다. 지난 두 세기 동안 즉 19세기와 20세기를 거치며 우리 인류가 축적한 지식의 종류와 규모가 한 개인이 감당할 수 있는 수준을 훨씬 넘어섰기 때문이다. 이제 한 개인이 여러 학문 분야를 완벽하게 통달한다는 것은 물리적으로 불가능한 일이 되었다.

그래서 우리는 언제부터인가 한 분야를 좁고 깊게 파고들어가는 시도를 해왔다. 이것이 바로 전문화이며 우리들 대부분은 모두 나름대로 자기 분야의 전문가들이다. 그런데 자칭 전문가들인 우리들은 각자 자기 분야에서 진리를 향해 파고드는 데 상당한 어려움을 느끼고 있다. 깊게 파고들면 들수록 점점 더 좁아지는 전문공간에서 몸을 제대로 움직이기조차 힘들어하고 있다. 도대체 무슨 연유일까 고민하던 나는 2006년 말 동아일보의 '내 마음속의 별'이라는 코너에서 가야금의 명인 황병기 선생님이 첼리스트 장한나에게 덕담으로 들려준 우리 옛말을 듣고 깨달음을 얻었다. "우물을 깊이 파려면 넓게 파라." 요즘에는 집집마다 김치냉장고가 있어서 더 이상 하고 있지 않지만 얼마 전까지만 해도 우리는 김장을 하고 나면 김장독을 묻어야 했다. 김장독을 한 번이라도 묻어본 사람 중에 묻어야 할 독의 지름을 재고 정확하게 그 넓이만큼 땅을 판 사람은 아무도 없을 것이다. 독의 지름보다는 훨씬 넓게 파기 시작해야 묻을 수 있다는 것을 우리는 거의 본능적으로 안다.

21세기는 혼자 파는 시대가 아니다. 여럿이 함께 넓게 파기 시작하면 여럿이 함께 깊게 팔 수 있다. 진리를 파고드는 것도 마찬가지다. 나는 21세기의 학문 중 그 어느 것도 다른 학문의 도움 없이 홀로 존재할 수 있는 것은 없다고 생각한다. 설령 있다 하더라도 홀로 좁고 깊게 파는 일은 여전히 힘든 일이다. 진리의 심연에 이르려면 깊게 파야 하고, 그러자면 넓게 파기 시작해야 하는데 혼자서는 평생 동안 파도 표면조차 제대로 긁지 못하는 게 현실이다. 나는 이것이 바로 통섭을 해야 하는 무식하리만치 단순한 이유라고 생각한다. 분과학문의 20세기가 저물고 바야흐로 '통섭학문의 21세기'가 열렸다.

인간의 두뇌는 그 자체가 하나의 작은 소우주로서 자연생태계에 못지않은 구조적 복잡성과 기능적 탁월함을 지닌다. 흥미롭게도 다윈(Charles Darwin)은 1859년 『종의 기원(*On the Origin of Species*)』의 마지막 장에서 다음과 같이 적고 있다.

> "먼 장래에는 훨씬 더 중요한 연구들을 위한 분야들이 열릴 것인데, 심리학은 전혀 새로운 기초 위에 놓일 것이다."

더욱 흥미로운 것은 그로부터 거의 한 세기 반이 지난 2004년 DNA 이중나선 구조의 발견 50주년 기념 강연에서 왓슨(James Watson)은 다음과 같은 말로 화답한다.

> "[21세기는] 생물학과 심리학을 만나게 할 것이다. 과학이 우리를 인간 본성으로부터 구원해줄 필요가 있을지도 모른다."

이 두 위대한 생물학자들은 시간 차이를 두고 나란히 뇌과학 또는 인지과학의 도래를 예견한 것이다. 이들이 얘기하는 '심리학'은 더 이상 전통적인 심리학이 아니다. 생물학을 기반으로 하여 물리학, 화학, 전기공학, 컴퓨터공학, 철학 등이 한데 어우러진 새로운 통섭학문이 탄생하고 있다.

데카르트는 인간을 생각하는 존재로 상정하여 다른 동물들로부터 구별해내려 했다. 기독교 문화권에서 태어나 자라면서 인간을 모든 다른 사물로부터 분리하는 이원론적 사고의 틀을 벗어나지 못했던 데카르트로서는 생각하는 존재로서의 인간 자아밖에는 상상할 수 없었을 것이다. 하지만 이제 우리는 생물학의 발달로 신경세포들이 단순한 망의 구조를 이루는 진화의 단계를 거쳐 드디어 신경절 덩어리(ganglionic mass)를 이루는 플라나리아 같은 편형동물에 이르면 그 작은 원시적인 뇌를 가지고 나름대로 생각이라는 걸 할 수 있게 된다는 사실을 알게 되었다. 플라나리아가 T-미로의 분기점에 다다랐을 때 일정한 방향으로부터 가벼운 전기 자극을 주는 실험을 몇 차례 반복하면 전기 자극이 없더라도 플라나리아는 분기점에 이르기 무섭게 자극의 반대방향으로 몸을 튼다. 플라나리아는 그 작은 뇌 속에 기억 정보를 저장해 두었다가 적절한 상황에 맞춰 추출해내어 행동에 반영하고 있다. 물론 우리 인간이 사고하는 수준은 분명히 아니지만 원시적인 수준의 사고라고 보아도 무방할 것 같은 행동이다.

진화생물학자들은 뇌의 진화는 '생존의 뇌(survival brain)', '감정의 뇌(feeling brain)', '사고의 뇌(thinking brain)'의 세 단계로 나눈다. 인간은 사고의 뇌를 갖춘 대표적인 동물로 간주된다. 하지만 정도와 방법의 차이는 있을지 모르지만 뇌를 가진 동물이라면 누구나 나름대로 사고할 줄 아는 능력을 갖췄다. 특히 영장류, 그 중에서도 침팬지나 보노보에 이르면 그들의 뇌는 우리 인간의 뇌와 구조적으로 거의 구별이 되지 않는다. 그래서 나는 여기에 네 번째 단계로 '설명의 뇌(explaining brain)'를 제안하려 한다. 다른 많은 동물들도 생각하는 뇌는 갖고 있다. 하지만 그들은 그들의 생각을 설명하고 구연할 줄 모른다. 꿀벌은 꿀이 있는 장소로 동료들을 인도하기 위해 춤이라는 상징적인 기호를 사용하여 방향과 거리에 관한 정보를 전달한다. 그러나 그들의 귀납 능력은 한 두 영역에 제한되어 나타난다. 우리 인간은 모든 현상을 독립적으로 경험하며 그 인과관계를 익히지 않는다. 서로 다른 현상들의 귀납들을 한데 묶어 의미를 추출한다. 신화를 창조할 수 있는 유일한 동물이 바로 우리 인간이다. 피카소는 예술을 가리켜 "우리로 하여금 진실을 볼 수 있게 해주는 거짓말"이라 했다. 인간은 예술과 종교를 창조할 줄 아는 유일한 동물이다.

나는 데카르트의 유명한 언명 "나는 생각한다, 그러므로 존재한다(Cogito, ergo sum)"의 대안으로 "나는 설명한다, 그러므로 존재한다(Enarro, ergo sum)"를 제안한다. 지금까지의 뇌과학은 '생각하는 뇌'를 들여다보기에 바빴다. 인간이나 다른 동물들이 사고할 때 뇌의 어느 부위가 활성화되는지를 촬영하기에 급급했다. 나는 이제부터 뇌과학자들과 인지과학자들이 우리의 '설명하는 뇌'를 연구해야 한다고 생각한다.

'설명하는 뇌'는 아마 '생각하는 뇌'와 '느끼는 뇌'가 보다 긴밀하게 협조하는 관계 속에 존재할 것이다. 통섭은 바로 이 '설명하는 뇌'의 작용이다. 나는 21세기에는 이 두 뇌들의 합주를 듣게 될 것이라고 생각한다.

1959년 스노우(Sir Charles P. Snow)는 문학으로 대표되는 인문학과 과학을 근본적으로 융화되기 어려운 '두 문화'로 규정한 바 있다. 하지만 그는 전통적인 문학의 세계와 새롭게 떠오르는 과학문화 사이에 엄청난 괴리가 존재함에도 불구하고 전통이 과학을 끌어안는 노력을 해야 한다고 역설했다. 곧 이어 터져 나온 유드킨(Michael Yudkin) 등의 반론에 답하면서 그는 1963년 '제3의 문화(the third culture)' 즉 사회사(social history)의 태동이 이미 시작되었음을 알렸다. 그에 따르면 사회사란 사회학자를 비롯하여 정치학자, 경제학자, 심리학자는 물론 의학이나 건축학 등에 종사하는 이들의 지적 활동 모두를 포괄한다. 이는 일찍이 19세기 말 헉슬리(Thomas Henry Huxley)가 사회학과의 창설을 주창하며 문학이란 결국 여러 모양의 탈을 뒤집어쓴 사회학이라고 말한 것과 맥을 같이 한다.

반세기가 흐른 21세기의 문턱에서 윌슨은 또 다시 지식 탐구의 두 거대 주류인 인문학과 자연과학의 통섭은 예전에도 그랬고 앞으로도 여전히 지성의 최대목표라고 말한다. 철학자 러빈(George Levine)도 이제는 '하나의 문화'를 말할 때라고 역설한다. 러빈이 생각하는 '하나의 문화'란 과학과 문학이 하나의 분야로 합쳐져야 한다는 것은 아니지만 적어도 하나의 문화적 담론으로 거듭나야 한다는 것을 의미한다. 범학문적 접근이 절실하다는 말이다. 이제는 진정 학문간의 눈을 녹일 때가 되었다. 여기서 내가 얘기하는 '눈(snow)'에는 두 가지 의미가 담겨 있다. 고유명사 스노우 경의 이름 Snow와 학문간에 쌓여 녹지 않던 눈(snow)이 그들이다. 지구온난화의 도움을 받아서라도 인문학과 자연과학 사이에 쌓인 눈을 녹이고 싶다.

통섭을 화두로 던진 후 내가 가장 많이 받은 질문 중의 하나는 지금이 순간 이 땅에서 과연 통섭이 가능한가 하는 것이다. 솔직히 쉽지 않아 보인다. 기왕에 분과학문적인 교육을 받은 우리들에게는 통섭이 요원해 보일 수밖에 없다. 그러나 다음 세대가 어떤 형태로든 통섭적인 교육을 받게 된다면 통섭의 시대는 훨씬 앞당겨질 것이다. 그래서 통섭 노력이 가장 먼저 결실을 맺어야 할 곳은 다름 아닌 교육이다. 이런 점에서 최근 하버드대학이 새롭게 개정한 핵심교육과정(Core Curriculum)은 충분히 주목 받을만하다. 1978년에 처음으로 만들어진 하버드의 핵심교육과정 제도는 지식의 내용 자체보다 지식을 탐구하는 사고의 방법을 교육하는 것이 그 목적이다. 이번에 새롭게 개정되어 2009년부터 실시될 새 핵심교육과정은 각종 기초학문을 실제 삶의 문제들과 연계하여 통섭적인 사고를 요구하는 방향으로 만들어졌다.

그러나 아직도 문과와 이과로 나눠 고등학교 교육을 실시하고 있는 지구상 최고의 원시국가 대한민국에서는 통섭은 불가능해 보인다. 우리는 흔히 미국의 고등학교 교육이 엉망이라고 흉을 본다. 고등학교를 졸업하고도 글을 읽지 못하는 학생들이 수두룩하다고 비웃는다. 하지만 그것은 멕시코 등지에서 건너온 아이들의 경우를 말하는 것이다. 미국 고등학교 교육을 제대로 받고 대학에 진학한 학생들은 다르다.

개인적인 경험을 한 가지 소개하련다. 미국에서 교편을 잡고 있던 시절 미국 대학생들, 심지어는 하버드 대학의 학생들도 한국 대학생들에 비해 수학 실력에 있어서는 전반적으로 뒤쳐져 보이는 게 사실이다. 학기 초 수업 시간에 미적분학 공식을 들먹이면 고개를 떨구던 학생들이 학기 중반이면 큰 어려움 없이 따라온다. 어떻게 했느냐는 내 질문에 그들의 답은 도서관에서 미적분학 책을 펴 놓고 공부를 했다는 것이었다. 미적분학을 독학했다는 그들의 말을 나는 믿을 수가 없었다. 한국 대학의 문과 계열 학생들에게는 한마디로 불가능한 일이기 때문이다. 영문학과 학생에게 물리학과의 양자역학 수업을 들으라고 하면 시작조차 하지 못한다. 교과서의 단 한 페이지도 읽어내지 못할 것이다. 미국의 대학생들은 다르다. 고등학교 시절 대학에 가면 어느 전공이라도 노력만 기울이면 어느 정도 따라갈 수 있도록 교육을 받은 덕택이다. 한국 대학생들은 사실 이른바 '수학능력 시험'을 통과한 학생들이다. 그러나 한국의 대학생들은 수학능력자들이 아니라 좀 거친 표현을 쓰면 '수학장애우'들이다. 통섭의 시대를 위한 근본적인 교육개혁이 필요하다.

21세기로 접어들며 학문의 지형도가 변하고 있다. 분과 학문의 시대를 넘어 바야흐로 학문의 경계를 넘나드는 융합과 통섭의 흐름이 도도하다. 통섭의 시대를 열려면 그에 걸맞은 인재를 길러내야 한다. 이과의 문과의 장벽을 허물고 폭넓게 학문을 섭렵할 수 있도록 교육을 개혁해야 한다. 앞에서 이야기한 것처럼, 아리스토텔레스, 레오나르도 다 빈치, 연암 박지원, 그리고 다산 정약용 같은 학자는 더 이상 우리 사회에 나타나지 않을 것이라고 단언한다. 지난 두 세기 동안 즉 19세기와 20세기를 거치며 우리 인류가 축적한 지식의 종류와 규모가 한 개인이 감당할 수 있는 수준을 훨씬 넘어섰기 때문에 한 분야를 좁고 깊게 파고들어가는 전문화(specialization)를 시도했다. 그 결과 우리들 대부분이 나름대로의 자기 분야의 전문가들이다. 그런데 자칭 전문가들인 우리들은 각자 자기 분야에서 진리를 향해 깊이 파고드는 데 상당한 어려움을 느끼고 있다. 깊게 파고들면 들수록 점점 더 좁아지는 전문공간에서 몸을 제대로 움직이기조차 힘들어하고 있다.

나이가 조금 지긋한 이들은 학창시절 '가지 않은 길'이라는 시를 외던 기억이 날 것이다. 그 시를 쓴 로버트 프로스트(Robert Frost)의 또 다른 시 '담을 고치며(Mending wall)'에는 다음과 같은 구절이 있다. "좋은 담이 좋은 이웃을 만든다(Good fences make good neighbors)." 담이 없으면 이웃이 아니라 한 집안이다. 한 집안이라고 해서 늘 화목한 것은 아니다. 학문의 구분과 사회의 경계는 나름대로 다 필요한 것이다. 물리학, 생물학, 경제학, 법학 등이 왜 따로 존재해야 하는지에 대해서는 다 그럴만한 역사적 및 학문적인 이유가 있다. 다만 지금처럼 담이 너무

높으면 소통이 불가능하다. 통섭은 서로의 주체는 인정하되 담을 충분히 낮춰 소통을 원활하게 만들려는 노력이다.

나는 2003년 제12회 '민주공원 민주항쟁 기념관 민주주의사회연구소' 정례연구발표회에 초대 받아 "사회과학, 다윈을 만나다"라는 제목의 강연을 했다. 나는 이 발표에서 진화사회과학(evolutionary social science)의 정립을 제안했다. 내가 몸담고 있는 사회생물학(sociobiology)이 기존의 자연사 연구에 진화론적 체계와 개체군생물학(population biology)과 유전학(genetics)의 방법론을 도입하여 재정립한 것이라면, 나는 사회과학에도 진화유전학적 사고와 개체군생물학적 정량화를 도입하여 진화사회과학을 정립할 수 있다고 생각한다. 근래 진화생물학과 심리학이 만나 새롭게 탄생한 학문인 진화심리학(evolutionary psychology)은 인간의 본성과 심리를 진화의 관점에서, 즉 진화적 적응 환경(environment of evolutionary adaptation: EEA) 속에서 분석한다. 같은 방법으로 진화사회과학은 기존의 사회과학에 비해 훨씬 정량적인 실험을 통해 진화적 가설을 검증할 수 있다. 그리 되면 사회과학은 자연과학적 객관성과 더불어 역사적 통찰을 얻게 될 것이다. 나는 아무리 생각해도 이 같은 통섭적 시도에서 사회과학이 잃은 것은 하나도 없다고 생각한다.

그렇다고 해서 사회과학과 자연과학이 졸지에 하나의 학문으로 합쳐지는 일은 없을 것이다. 하지만 이제는 두 학문 주류가 자주 만나야 한다. 학문의 융합은 쉽지 않지만 지식의 통섭은 자유롭게 일어나야 한다. 서로의 존재를 충분히 존중하면서도 충분히 서로의 장점을 배우며 새로운 길을 모색할 수 있을 것이다. 레바논 태생의 철학자이자 작가인 칼릴 지브란(Kahlil Gibran, 1883~1931)의 '함께 있되 거리를 두라'라는 시가 있는데 인문학자와 자연과학자가 통섭을 대하는 태도를 다듬는 데 도움이 될 것 같아 여기 소개한다.

함께 있되 거리를 두라
그래서 하늘 바람이 너희 사이에서 춤추게 하라
서로 사랑하라
그러나 사랑으로 구속하지는 말라
그보다 너희 혼과 혼의 두 언덕 사이에 출렁이는 바다를 놓아두라
서로의 잔을 채워주되 한쪽의 잔만을 마시지 말라
서로의 빵을 주되 한쪽의 빵만을 먹지 말라
함께 노래하고 춤추며 즐거워하되 서로는 혼자 있게 하라
마치 현악기의 줄들이 하나의 음악을 울릴지라도
줄은 서로 혼자이듯이
서로 가슴을 주라, 그러나 서로의 가슴속에 묶어 두지는 말라
오직 큰 생명의 손길만이 너희의 가슴을 간직할 수 있다
함께 서 있으라, 그러나 너무 가까이 서 있지는 말라
사원의 기둥들도 서로 떨어져 있고
참나무와 삼나무는 서로의 그늘 속에선 자랄 수 없다

사회과학과 자연과학은 사원의 기둥들처럼 함께 학문의 세계를 떠받치고 있어야 한다. 두 기둥이 한데 뭉쳐져 하나가 되면 오히려 불안정한 상태가 되고 만다. 참나무와 삼나무처럼 사회과학과 자연과학도 서로의 그늘 속에선 제대로 자랄 수 없다. 그래서 나는 어느 한쪽이 압도하는 관계보다는 호상적 통섭을 꿈꾼다.

제 2 부 범위와 방법

제6장

한국에서의 인문사회분야 융합 연구

김문조 · 신은보*

제1절 서　론

긴 시선으로 인류의 발자취를 뒤돌아 볼 때, 20세기까지의 인류 역사는 미분화 상태에 놓여있던 사고나 활동들이 분화나 전문화 과정을 거쳐 분할을 거듭해 온 '분화의 시대'로 일괄할 수 있다. 그러나 금세기에 들어서면서 지난날 세상의 변화를 주도해온 분할적 힘이 융합적 힘으로 대체되는 현상이 도처에서 드러나고 있다(김문조 · 김남옥, 2011). 그러한 경향은 학문세계에서도 관망할 수 있다. 지적 통섭에 대한 강조와 더불어 학과 경계를 넘나드는 다(多)학문적(multi-disciplinary) · 간(間)학문적(inter-disciplinary) · 통(通)학문적(trans-disciplinary) 연구 활동들이 속출해 다양한 전공 지식들을 포괄한 융합지(融合知)가 증식하고 있기 때문이다(Wilson, 1998; 김광웅, 2012).

융합연구는 과학기술 분야에서 가장 활발히 진행되어 왔다. 이 때 'Bio-informatics'나 'Neuro-informatics' 등과 같은 사례들을 통해 식별

---

* 김문조: 고려대 사회학과 교수, 신은보: 박사과정 학생. 이 연구는 2011년도 정부재원(교육과학기술부 사회과학연구지원사업비)으로 한국연구재단의 지원을 받아 연구되었음(NRF-2011-330-B00121).

할 수 있듯, 각종 지식정보를 시공간 초월적으로 매개하는 첨단 IT가 과학기술의 융합에 중추적 역할을 담당해 왔다. 그러나 융합연구는 과학기술 영역에만 국한된 것이 아니다. 융합이 지적 혁신을 불러일으키고 실시간 정보통신망의 확산으로 융합연구가 학문세계 전반으로 파급되면서 인문사회 분야의 융합연구도 배가되고 있다.

이 글에서는 (1) 국내외 융합연구의 추진 배경을 간략히 소개하고, (2) 융합연구기관 및 논저에 관한 조사 결과에 기초해 국내 융합연구의 동향을 개관한 후, (3) 인문사회 분야의 융합연구 현황을 집중적으로 분석함으로써, (4) 인문사회기반 융합연구의 속성과 동학을 규명해 보려고 한다.

제 2 절 연구의 배경 및 방법

1. 융합연구의 개황

1) 해외 상황

미래학자 앨빈 토플러(Toffler & Toffler, 2006)가 지식사회의 진전과 더불어 영역 간 경계가 약화되어 국가 관계는 물론이요 정부, 기업조직 및 교육시스템이 융합적 형태로 바뀔 것이라고 예고한 바 있듯이, 융합은 오늘날 시대 사조를 대변하는 메가트렌드의 하나로 간주되고 있다.

따라서 미국 정부는 2000년대 초부터 신과학기술정책인 '국가나노기술전략(NNI)를 수립해 융합연구의 진흥에 주력하여 나노기술, 생명과학, 재료기술, 정보기술 등의 융합기술연구개발에 14.5억 달러를 투자, 인간수행능력 향상을 위한 융합기술전략의 개발에 매진해 왔다. 국가정보위원회(NIC)도 '2025년 세계적 추세: 변화된 세계'라는 보고서에서 미국경제를 선도할 '혁신적 민간기술' — 생물노화기술, 에너지저장소재, 생물연료 및 생물기반화학, 청정석탄기술, 서비스로봇, 유비쿼터스 네트워킹기술 — 6가지를 지정해 육성에 진력해 왔다(최상균, 2008).

유럽연합도 건강, 교육, 정보통신, 환경, 에너지의 5개 융합영역을 설정하여 기술개발, 연구환경조성, 사회적 윤리적 책임강화 등에 관한 가이드라인을 정립, '2010 유비쿼터스 융합기술개발'이라는 프로그램을 추진 중이다. 특히 신기술예측 고위전문가위원회는 2004년 '유럽지식사회를 위한 융합기술(CTEKS: Converging Technologies for European Knowledges Society)' 강령을 마련하였는데, CTEKS는 미국과 달리 미래융합기술에 사회과학 및 문화적 요소를 추가함으로써 미래과학기술 발전의 인문사회과학적 측면을 강조하고 있다.

일본의 경우, 미국이나 EU 수준에 상응하는 국가차원의 융합기발에 대한 비전이나 종합적 추진계획을 공식으로 제시하지는 않았지만, 2004년부터 '신상업창조전략'을 정립해 기술융합형태의 기술개발 프로그램을 추진 중이다(정보통신연구진흥원, 2008).

2) 국내 상황

한국 정부도 산하 부처들의 협업을 전제로 한 융합관련 육성정책을 강구하는데 힘써왔다. 즉, 2006년 4월 과학기술관계 장관회의에서 '융합기술 종합발전계획 수립방안'을 심의해 범부처 5개년 종합발전계획을 입안했고, 2007년 4월 '국가융합기술발전 기본방침'을 심의확정(국가과학기술위원회)하여 부처 간 연구수행 및 주체 간, 분야 간 연계 협력에 대한 가이드라인을 제시했다. 이 같은 노력 끝에 2008년 11월 '국가융합기술발전 기본계획(2009~2013)'을 제정해 범정부적 융합기술 지원정책을 확립하였다.

학계에서도 융합관련 대학원 및 연구소 설립 등을 통해 융합기술인력 양성 및 학제적 연구에 진력해 왔다. 그 결과, 2001~2007년 세계 융합기술관련 SCI 게재논문 86,154편 중 2,651편인 3.1%를 점유함으로써 세계 10위권에 도달하게 되었다. 산업계에서도 일부 대기업과 벤처기업에서 융합기술을 이용한 제품개발과 상용화에 관심을 기울여 2011년 4월 산업융합에 관한 최초의 법률인 '산업융합촉진법'을 제정하였다.

이런 과정과 더불어 신기술 간의 결합만으로 인식되던 융합이 경제사회적 요구에 상응한 과학, 기술, 문화 등의 창조적 결합이라는 개념으로 확장되어, 융합은 이제 사회체계 전 부문과 연관된 시대적 과업으로 간주되고 있다. 학술연구의 사례를 놓고 보더라도, NBIC, 즉 NT, BT. IT 및 CT(인지과학)을 중심으로 착수된 융합연구는 최근 항공기술(ST)이나 에너지 환경기술(ET)은 물론이요 문화기술(CT)이나 인간기술(HT) 등으로까지 외연되고 있으나, 아직 한국의 융합기술 수준은 선진국 대비 50~80% 정도에 불과한 것으로 평가되고 있다(국가과학기술위원회, 2008).

2. 연구의 방법

융합적 사회발전을 향한 높은 열망에도 불구하고, 융합연구를 위한 기본 여건은 대단히 미흡한 실정이다. 무엇보다 현실 진단에 필요한 기초자료가 양적으로는 물론이요 질적으로 매우 부실한 까닭이다. 따라서 이 글에서는 다음 두 가지 방식으로 융합연구의 현황을 점검해보고자 한다. 첫째, 국내 융합관련 연구기관을 전수조사해 융합연구의 활동 상황을 조망해 본다. 둘째, 융합연구 문헌에 대한 키워드 검색을 통해 국내 융합연구의 현황과 동향을 분석해 본다.

1) 융합 연구기관에 관한 조사

융합연구기관의 활동 상황은 인터넷 자료를 의거한 국내 융합연구소의 활동 내역 및 운영주체에 관한 전수조사 결과에 의거한 것으로, 분석은 국가융합기술발전 기본계획에서 정한 네 가지 영역 — 표준과

학, 생명공학, 전자통신, 인문사회 — 에 준거하였다.[1)]

2) 융합 연구물에 대한 키워드 분석

키워드 분석은 1960년대 이후부터 현재에 이르는 50여 년간 축적된 논저를 대상으로 한 것이므로, 분류방식이 일차적으로 문제시될 수 있다. 그러나 일단은 선정 오픈소스의 데이터에 구분된 분류 형식에 준거해 분석에 임하고자 한다. 또 DB화하는 과정에서 활용된 논문의 제목이나 주제어와 더불어 내용도 참작함으로써 융합관련 논문들의 분포에 관한 오류를 최소화하고자 했다. 내용분석에 있어서드 연구자의 주관적 견해에 의한 영향을 배제하기 위해 소속 학회의 특성을 감안하였다.

분석은 연구설계, 논문선정, 논문분석의 3단계 과정으로 진행하였다. 연구설계 단계에서는 연구방법 및 연구의 기준을 설정하고, 주 분석대상인 논문의 분석기간과 적합도를 설정했다. 논문선정 단계에서는 선정원칙을 엄수해 분석의 신뢰도를 높이고자 했다. 논문분석 단계에서는 키워드별로 논문을 코딩하여 분야별, 내용별, 방법별 비율을 산정하고자 했다. 이 때, 인문사회 분야의 융합연구에 대한 집중적 분석을 시도해, 인문사회 융합연구의 현황을 보다 상세히 검토하고자 했다([그림 1]).

특히 인문사회분야의 융합연구 대상 논문의 선정은 연구동향 분석의 중요한 절차에 해당하므로, 선정 요건에 대한 연구자간 협의나 점검을 통해 분석자료의 신뢰도를 높이고자 했다. 그러나 기본적으로 국외 논저의 경우 해외 최대 학술지 풀인 'SCOPUS' 홈페이지에 게재된 해

---

1) 즉, (1) 표준과학: 자연과학 분야 전반에 걸친 연구 및 핵융합 연구; (2) 생명공학: 바이오나노연구단을 통해 단백질칩, 나노입자 및 생체소재, 나노바이오분야 등의 연구개발, 의학융합분야에 집중; (3) 전자통신: 융합기술연구부문을 통해 IT-NT, IT-BT, NIT 등의 분야에서 IT 중심의 융합기술 연구개발 수행, 방송통신의 영역에서 융합기술의 활용; (4) 인문사회: 과학과 인문의 융합연구중심, 예술과 과학, 식문화와 과학, 문학과 과학 등의 인문과 과학간의 연구(국가과학기술위원회, 2008).

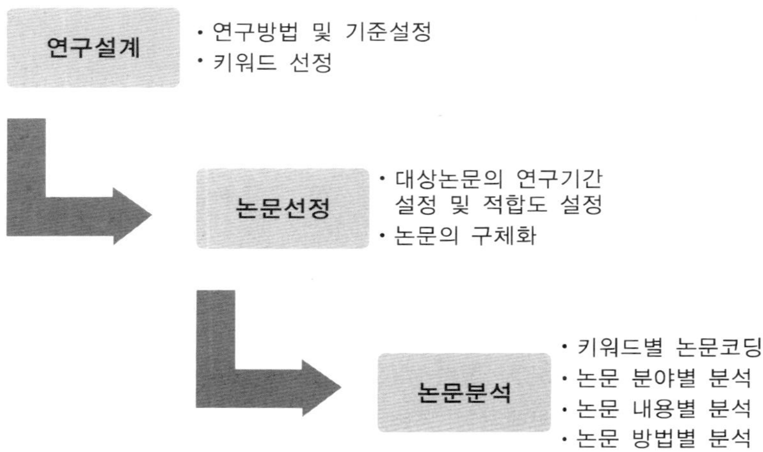

[그림 1] 키워드 분석의 절차

당기간의 논문, 국내 논저의 경우는 한국연구재단에 게재된 논문의 제목, 키워드(융합 및 통섭) 및 본문 내용에 근거해 추출하였다.

제 3 절 분석 결과

1. 국내의 융합 연구기관

1) 연구기관 현황

융합 연구기관은 표준과학 10개, 생명과학 14개, 전자통신 14개 인문사회과학 6개가 있다(〈부록〉 참조).

2) 연구기관의 영역별 분류

현재 온라인 웹과 연계하여 활동하고 있는 44개의 융합관련 연구기관을 앞서 제시한 4대 학문영역별로 구분한 결과, 전자통신과 생명공학 연구소가 32%로 가장 높은 비율을 차지하고 있음이 밝혀졌다. 반면 인문사회분야의 연구소는 13%정도 수준으로 생명공학, 표준과학에 비해 열등한 것으로 나타났다([그림 2] 참조).

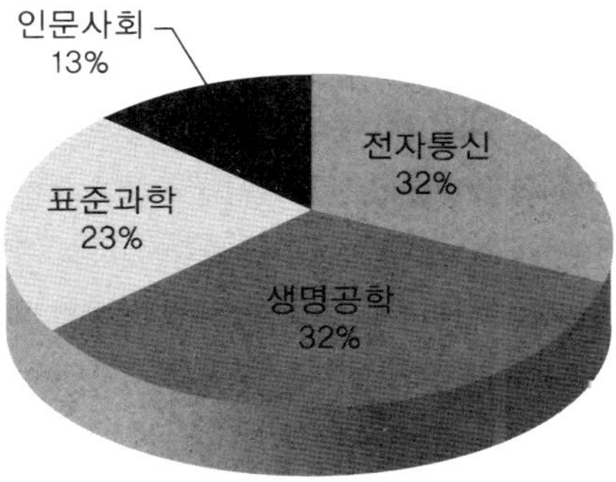

[그림 2] 국내 융합 연구기관의 영역별 분포

3) 운영주체별 구분

현재 융합연구를 시행하는 연구소를 운영주체에 따라 개인 운영자에 의해 자발적으로 운영되는 체제, 정부의 지원을 통해 운영되는 체제, 기타단체 및 학교에 의해 운영되는 체제로 구분해 보면, 개인운영자형의 경우는 전체를 통틀어 단 한 곳이었고, 정부지원형은 11곳, 나머지 32곳은 기타단체 및 학교형이었다.[2)]

2) 기타 단체 및 학교형: 기후에너지환경융합연구소, 에너지 환경기술융합연구소, 차세대융합기술연구원, HIC연구소, 관동대 IT융합연구소, 기초과학융합연구소, 나노소재기반 휴먼인터페이스 융합연구센터, 나노정보융합연구소, 뇌교육융합연구소, 미래융합기술연구소, 바이오나노역학융합연구실, 식품바이오융합연구소, 융합과학기술대학원, KAIST 나노융합연구소, KAIST 바이오융합연구소, 경북대학교 IT자동차 융합연구센터, 대한민국

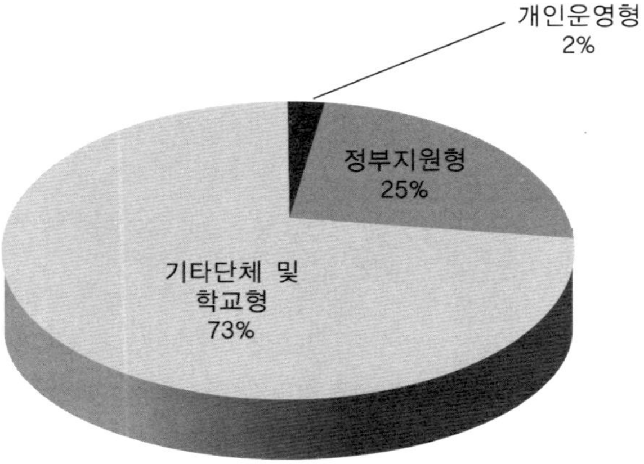

[그림 3] 국내 융합연구기관의 운영주체별 분포

즉, 운영주체별 비율은 기타단체 및 학교형의 경우가 73%, 정부지원형이 25%, 개인운영형이 2%였는데([그림 3] 참조), 이는 많은 인력이나 자원이 요구되는 연구기관을 운영하기 위해서는 정부나 외부단체의 지원이나 협력이 불가피함을 시사한다. 특히 국내 융합연구는 아직 과학기술기반의 연구가 대부분이므로 외부 지원이 필수적이라고 여겨진다.

4) 운영주체별 · 영역별 구분

융합 연구기관의 운영주체를 4대 영역으로 구분해 비율을 살펴보면 다음 [그림 4]와 같다.

RFID표준개발 프로젝트, 디지털융합연구원, 융합기술 글로벌연구소, 융합기술원SNS마케팅센터, 융합소프트웨어연구소, 정보융합보안연구소, 지식서비스연구소, KAIST IT융합연구소, 예술과학융합연구소, 인문기술융합연구소, 지식융합연구소 27, 반도체융합기술연구원, 나노융합실용화센터, 경북 IT융합산업진흥원, 부산IT융합부품연구소, KIAES(이상 32곳). 정부지원형: 국가핵융합연구소, 국가핵융합연구소퓨전아이, 한국전기연구원 융합기술연구단, 의과학융합연구소, ETRI융합기술연구생산센터, KBS방송기술연구소, SW-SoC융합연구소, 기술인문융합창작연구소 스마트 IT융합시스템 연구단, 한국로봇융합연구원, 한국화학융합시험연구원.(이상 11곳). 개인운영형: 비즈니스융합연구소(이상 1곳).

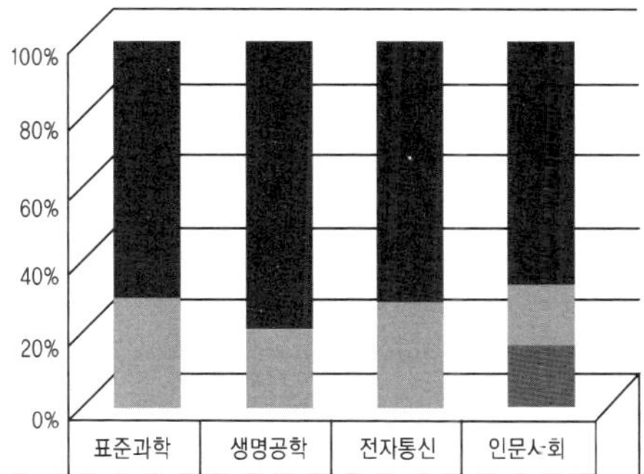

	표준과학	생명공학	전자통신	인문사회
■기타단체 및 대학형	7	11	10	4
■정부지원형	3	3	4	1
■개인운영형	0	0	0	1

[그림 4] 영역별 · 연구주체별 융합연구기관 수

[그림 4]를 통해서는 표준과학, 생명공학, 전자통신의 경우 기타단체 및 대학형이 공통적으로 가장 높은 비율을 차지하되, 개인운영형이 전무함을 확인할 수 있다. 인문사회의 경우도 기타단체 및 대학형이 가장 높은 비율을 점하고 있지만, 개인운영형의 연구소가 존재하는 유일한 영역임이 밝혀졌다. 그러나 운영주체별 연구기관의 수효를 비교해 볼 때 기타단체 및 대학형이 전체의 압도적 다수를 점하는 바, 이는 아직 융합연구가 대부분 학교위주의 운영체제를 벗어나지 못하고 있다는 점을 뜻한다.

2. 융합연구물에 대한 키워드 분석

1) 국내 융합연구물의 연도별 · 분야별 추이

[그림 5]는 1960년대부터 검색된 학술논문, 저널, 단행본에 수록된 융합연구 논문의 검색결과이다. 검색논문은 인문사회, 전자통신, 생명과

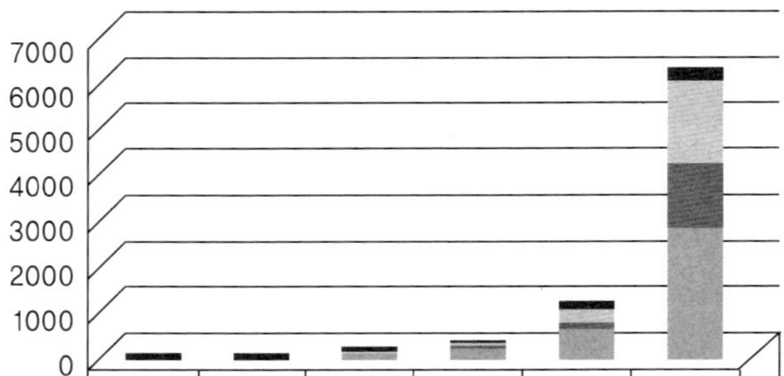

	1960년대	1970년대	1980년대	1990년대	2000~2005년	2006년~2012년
■ 인문사회	2	6	10	21	196	340
■ 전자통신	0	0	0	32	287	1798
■ 표준과학	0	0	3	32	134	1402
■ 생명공학	0	16	175	254	670	2872

[그림 5] 국내 융합연구의 연도별 · 분야별 분포

학, 표준과학의 분류로 검색하는데, 자료를 통해 관망할 수 있는 가장 큰 특성은 2000년대부터 융합연구가 본격화하였었으나 2005년을 기점으로 그 추이가 급상승했다는 점이다. 또 분야별로 살펴볼 때, 1960년대와 70년대는 기존의 연구 분야를 거점으로 한 융합연구가 주류였다면, 1980년대부터는 생명공학중심의 융합연구가 새로운 대세를 이루기 시작했다는 점을 식별할 수 있다. 또 1990년대에 인터넷이 확산되면서 전자통신의 분야의 융합연구가 성행하여 현재까지 그 기조를 유지하고 있음도 확인된다.

이러한 결과는 미국이나 유럽 선진국들이 주도해온 융합연구의 세계적 추세와도 크게 다르지 않다([그림 6] 참조). 최근 우리 정부에서는 '창의산업'이나 '창의경제' 육성전략의 일환으로 융합기술을 과학기술 범주를 벗어난 보다 확장된 영역으로 외연하려는 새로운 기획을 시도하고 있는 만큼, 전자통신 부문의 융합연구 성장세는 국가 미래전략과

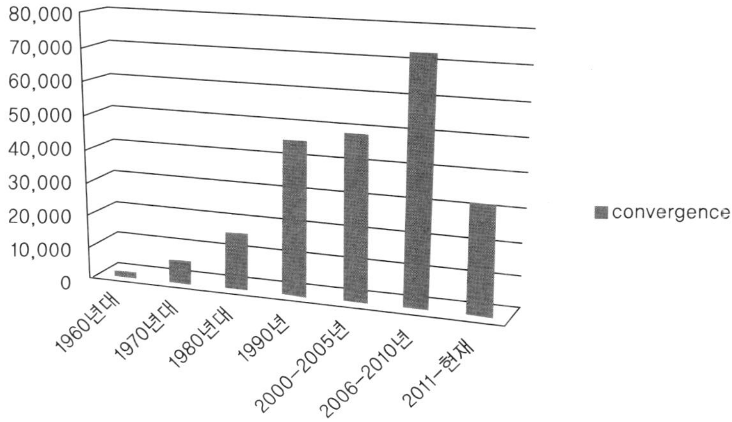

[그림 6] Convergence 관련 해외 융합연구의 시기별 동향 검색결과[3)]

연계해서도 함축하는 바가 크다고 본다.

제 4 절 인문사회 영역의 융합연구 동향

1. 인문사회 영역에서의 융합 연구: 분야별 · 세부분야(분과)별 개황

현재 한국에서 활용되는 논문의 오픈소스 데이터는 총 9개 영역으로 분류된다. 공학, 농학, 사회과학, 수해양, 어문학, 예체능, 의약학, 인

3) 2013(278) 2012(15,599) 2011(17,888) 2010(16,785) 2009(16,372) 2008(14,498) 2007(13,507) 2006(12,174) 2005(10,820) 2004(9,967) 2003(7,843) 2002(7,332) 2001(7,046) 2000(6,835) 1999(6,212) 1998(6,156) 1997(6,268) 1996(6,147) 1995(4,661) 1994(4,848) 1993(3,869) 1992(2,947) 1991(2,883) 1990(2,662) 1989(2,379) 1988(2,158) 1987(2,098) 1986(2,006) 1985(2,021) 1984(1,866) 1983(1,540) 1982(1,373) 1981(1,277) 1980(1,075) 1979(1,104) 1978(1,016) 1977(991) 1976(965) 1975(937) 1974(944) 1960년대(4,041) (http://www.scopus.com/home.url, convergence 참조)

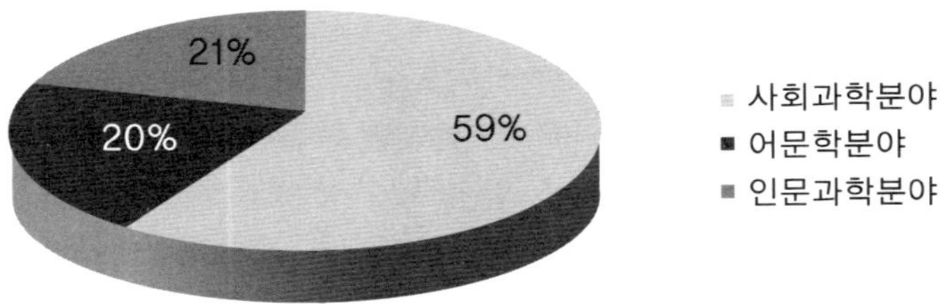

[그림 7] 인문사회영역의 분야별 융합연구 비율

문과학, 자연과학이 그들인데, 이들 중 본 발표에서는 인문사회 영역에 속하는 사회과학, 어문학 및 인문과학(어문학을 제외한 인문학)의 융합연구 논문을 집중적으로 분석해보고자 한다.

우선 사회과학, 어문학, 인문과학분야별 융합연구의 비율을 살펴보면, 사회과학의 경우 전체의 59%(767편)을 차지하고 있으며, 다음으로 인문과학분야가 21%(267편), 어문학분야가 20%(265편)을 차지한다. 사회과학이 여타 두 분야보다 높은 비율을 나타내는 이유는 1990년대부터 급격히 증가한 신문방송학, 사회학, 행정학, 경영학의 분과의 연구물 때문으로, 그 점은 분과별 연구 비율에 관한 [그림 7]을 통해 확인할 수 있다.

한편, [그림 8]로 축약된 분과별 융합연구 논문편수를 살펴보면 사회과학분과 중 신문방송학에서 192편이라는 가장 많은 융합연구 논문이 나왔고, 다음이 사회학/복지의 분야였다. 가장 저조한 분과는 어문학분야의 일어학(18편)과 인문사회분야의 인류학(23편)이었다. 이렇듯 논문편수 상으로는 인문과학 분야가 어문학보다 많은 것으로 나타났으나, 인문과학 분야는 융합논문의 분야별 편차가 크지 않음이 드러났다. 이에 반해 어문학분야에서는 중국어학 분과에서의 융합연구가 다른 어문계열 분과의 그것보다 독보적으로 많은 것으로 나타나 융합연구의 내적 불균형이 극심함을 확인할 수 있다.

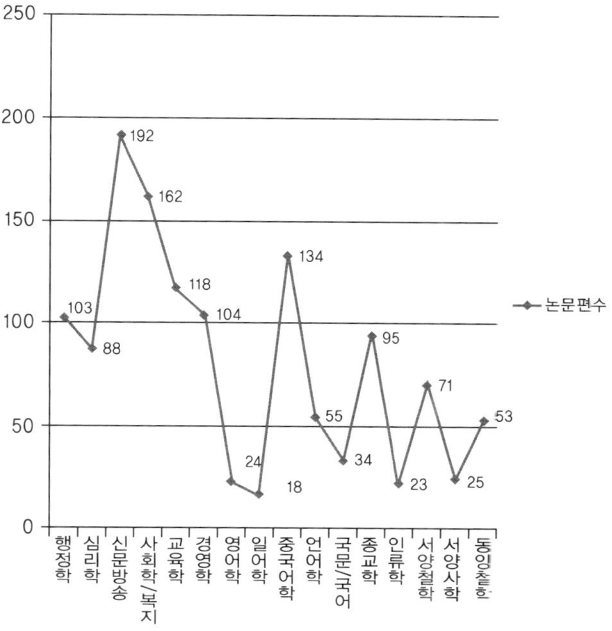

[그림 8] 인문사회분야의 분과별 융합논문 편수

2. 사회과학 분야의 연도별 · 분과별 현황

사회과학 분야는 총 17개의 하위분야[4]로 구분되어 있다. 그 중 융합연구를 진행한 분과는 행정학, 심리학, 신문방송학, 사회학, 교육학, 경영학의 6개 분과였다. 특히 [그림 9]를 보면, 신문방송학 분야가 다른 분야에 비해 단연 많은 융합연구를 수행해 왔음을 알 수 있다. 이는 1990년대 인터넷의 확산을 계기로 한 미디어 융합의 영향이 결정적 원

4) 사회과학분야: 경영학, 경제/산업교육, 경제학, 관광학, 교육, 문헌정보학, 법학, 사회복지, 사회학, 신문방송, 심리학, 인문지리, 정치/외교학, 지역개발, 행정학, 회계학, 기타의 이상 17개의 분야임(http://kiss.kstudy.com, http://www.dbpia.co.kr. 참조).

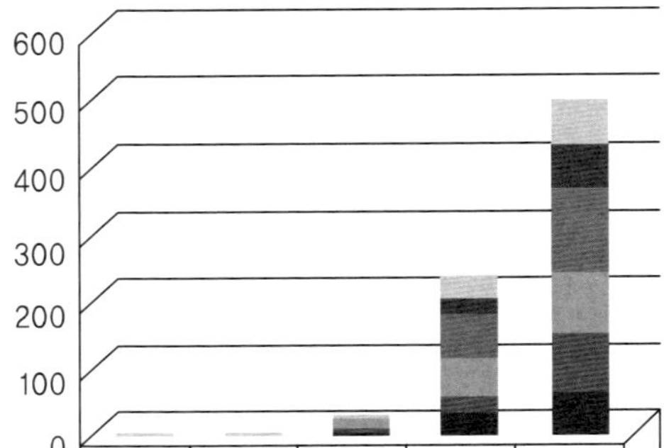

	1960년대	1970년대	1980년대	1990년대	2000~2012년
행정학	0	0	0	36	67
심리학	0	0	0	23	65
신문방송	0	0	0	67	125
사회학/복지	0	0	14	56	92
교육학	0	0	6	25	87
경영학	0	0	5	34	65

[그림 9] 사회과학 분야의 연도별 · 분과별 융합연구 논문 편수

인이었을 것으로 판단된다. 한편, 교육학의 경우는 7차 교육과정의 도입과 함께 융합형 인재와 융합교육에 대한 필요성에 직면해 통합적 교육 모형을 구축하기 위한 융합연구가 급등한 것으로 여겨진다.

3. 어문학 분야의 연도별 · 분과별 현황

어문학 분야는 총 15개 분과로 구성되어 있다.[5] 그 중 융합연구가 진행된 연구분야는 총 5개 분과로서, 영어학, 일어학, 중국어학, 언어학, 국문/국어학이 그에 속한다. 이들 중 가장 주목을 요하는 대목은 중국어학 분야에서의 융합연구로, 1980년대부터 중국어 분야의 융합연구

5) 어문학분야: 국문학, 국어학, 기타제어문, 노어노문, 독문학, 독어학, 불어학, 서반어문, 아랍어문학, 언어학, 영문학, 영어학, 이탈리어문, 일어일문학, 중어중문학 이상 15개의 분야임.

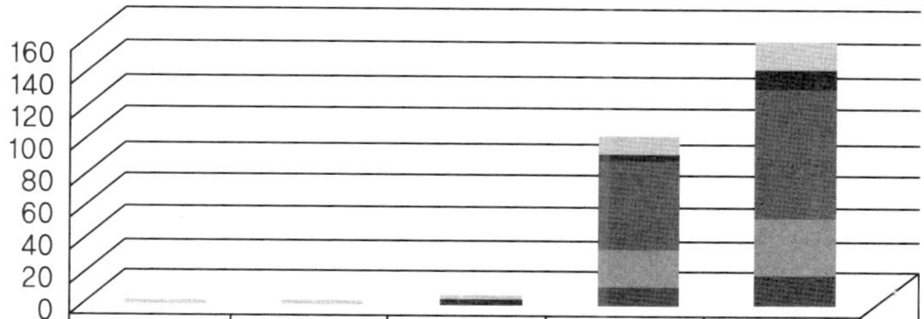

	1960년대	1970년대	1980년대	1990년대	2000~2012년
영어학	0	0	0	9	15
일어학	0	0	0	5	13
중국어학	0	0	2	54	78
언어학	0	0	0	23	32
국문/국어	2	0	0	11	21

[그림 10] 어문학 분야의 연도별 · 분과별 융합연구 논문 편수

가 개시된 이래 그것은 어문학계열의 융합연구를 양적으로 압도해 왔다([그림 10] 참조). 이는 한자문화권에서 중국어가 차지하는 문화적 함의, 다양한 유형의 방언이 존재하는 중국어의 특수성, 거기에 세계무대에서 날로 증대되고 있는 중국의 경제적 · 정치적 · 문화적 영향력 때문이라고 추정된다. 그러나 여타 분과의 융합연구는 매우 저조하며, 연구의 내용 또한 언어학적 접목이나 활용의 수준에 그치고 있다. 언어가 해당 사용권의 문화와 역사를 대변한다는 언어사회학적 명제를 되새겨 볼 때, 발전적 융합연구를 위해서는 어문학과 인문사회과학, 혹은 어문학과 과학기술의 다채로운 결합이 적극적으로 모색되어야 할 것으로 본다.

4. 인문과학 분야의 연도별 · 분과별 현황

인문과학분야로 분류되는 비어문계 인문학 분야는 총 9개 분과로 구성되어 있다.[6] 그 중 융합연구가 진행되고 있는 분야는 총 5개 분야로 종교학, 인류학, 서양철학, 서양사학, 동양철학이 그에 해당한다. 우선 인문과학 분야는 인문사회 영역의 여타 분야와 달리 융합연구가 2000년대 이후로 상대적으로 뒤늦게 시작되었다는 점을 확인할 수 있다([그림 11]).

인문과학 분야의 최초의 융합연구는 동양철학 융합연구로서 유학과 예술사상의 조화를 시도한 것이었다. 서양사학 분과에서는 역사적 사건과 인물을 중심으로 한 융합적 시도가 이루어졌다. 이처럼 당시의 대부분 융합연구는 분야와 분야 간의 융합이라기보다는 분야 내 요소들 간

	1960년대	1970년대	1980년대	1990년대	2000~2012년
종교학	0	0	0	0	95
인류학	0	0	0	0	23
서양철학	0	0	0	0	71
서양사학	0	0	0	0	23
동양철학	0	0	0	0	52

[그림 11] 인문과학 분야의 연도별 · 분과별 융합연구 논문 편수

6) 인문과학분야: 동양사, 동양철학, 민속학, 서양사, 서양철학, 인류학, 종교학, 한국사, 기타의 9개 분야임.

의 결합에 그친 것들이 대부분이었다. 2000년대에 접어들면서 종교학과 서양철학 분야에서도 다양한 융합연구가 시도되기 시작한다. 종교학 내의 융합연구는 한국사회의 다양한 종교적 지형을 반영하고 있다는 점에서 흥미롭다.

인문과학 분야의 융합연구에서 가장 주목을 요하는 부분은 융합연구의 다양성이다. 특히 철학 분야에서의 철학과 공학의 접합에 관한 시도(정영기, 2012), 농학과 사학의 연결(최덕경, 2009), 컴퓨터와의 결합을 통한 자아의 주체성 논의(김선희, 2005) 등은 지난날 일개 학문 분야에 국한되어왔던 지적 융합이 보다 다양한 형태로 진전되고 있음을 실증하는 사례라고 할 수 있다. 비록 인문학 자체의 특성상 특정 결과물을 기획하고 시작한 연구라기보다 성찰적이고 과정론적인 연구들이 많은 비중을 차지하고 있지만, 분야의 한계를 넘어서는 초학문적 시도는 융합연구의 진일보한 측면으로 높이 평가할 만하다.

5. 인문사회 융합연구의 내용별 분석

연구내용별 분석은 기존 연구동향에서 설정한 범주를 바탕으로 진행하였다.[7] 즉, 융합연구의 내용별 분석은 이론/내용분석, 실태/인식분석, 효과분석, 개발분석이라는 4개의 유형으로 구분하였다. 이론/내용분석은 주체 학문분야의 이론 혹은 융합 연구의 이론적 토대나 내용을 주제로 한 논문에 해당하고, 실태/인식분석은 진행 중인 융합연구의 동향 같은 것에 해당하며, 효과분석은 구체적 융합 사례에 대한 평가위주의 연구를 말하며, 개발분석은 분야 간 융합을 통한 새로운 프로그램 개발을 주제로 한 연구에 해당한다.

7) 연구 내용은 권난주·안재홍(2012)의 연구에서 활용한 분석틀의 형태로 기준을 설정하였다. 권난주·안재홍은 융합연구에서 특히 과학교육관련 연구동향분석으로 학회지별 구분을 통해 융합연구에서 과학교육이 어떻게 이루어지고 있는가를 확인한 논의였다.

연구영역에 따른 내용분석을 살펴보면, 먼저 사회과학의 경우 융합연구 초기에는 이론 및 내용 분석에 해당되는 논의들이 주류를 이루다가, 2000년대 이후로 개발분석과 효과분석에 초점을 맞춘 논의들이 급등하게 된다. 특히 신문방송학과 행정학의 경우 속출하는 뉴미디어와 관련된 다양한 평가분석들이 이루어졌는데, 이는 곧 프로그램개발연구로 이어지게 된다. 물론 신문방송학과 행정학 분과의 모든 연구가 개발이나 효과분석을 지향한 것은 아니었지만, 당시 뉴미디어 시스템 구축 및 방송통신분야의 새로운 협약이 그 분야 연구를 자극하는 가장 절박한 정책 아젠다였다는 점에서 이론/내용분석이나 실태/인식분석보다는 실용 가능한 프로그램의 생성발전이 중시될 수밖에 없었으리라고 여겨진다. 교육학 경우에 있어서도 초기에 이론/내용분석의 시도가 존속하다가 실태 분석 쪽으로 관심이 이동되는데, 이는 곧 융합인재의 양성이라는 새로운 교육정책의 개발을 위한 정책적 필요성에 의한 결과라고 판단된다.

어문학 분야의 경우 융합연구의 초기 단계에서는 이론/내용분석이 주류를 점하였다. 그러나 초기에 사용된 융합이라는 용어는 실질적 주제와 직결된 것이라기보다 주제의 상관성을 보조하는 뜻으로 사용된 경우가 많다. 이 같은 현상은 중국어학 연구에서 이론/내용분석이 중심적 위치를 점유하여 이질적 문화 간의 언어적 소통에 대한 쟁점으로 연결되면서 개선되어가고 있다. 하지만 언어학 분야에서의 융합연구 중에는 여전히 주로 연구 주제에 대한 가교적 역할에 머문 채 주제의 핵심을 빗겨간 경우가 적지 않다고 본다.

한편, 인문과학 분야의 융합연구는 진입 시기가 다소 지체된 것이 사실이나, 현 시점에서는 인문사회 영역의 평균 수준에 근접한 것으로 보인다. 또 중국어학 연구가 전체의 70%정도를 점유할 정도로 편중적 모습을 보이는 어문학 분야와는 달리, 인문과학의 경우 소속 분야들 간의 편차가 그리 심하지 않다. 물론 내용상으로는 소정의 분야 간 편차가 엄존하는데, 서양철학이나 서양사의 경우 이론과 내용분석에 치중된 반면, 종교학이나 인류학, 동양철학의 경우에는 이론/내용분석뿐만 아니라 실태/인식분석도 병행되고 있음이 확인된다. 어떻든 인문과학 분야의 융합연구는 초창기에는 이론/내용분석에 편중되었으나 2000년대 후반에 들어서면서부터는 다양한 학과로 확산되는 바람직한 모습을 현시한다. 인문과학 분야 융합연구의 이러한 경향은 외적 요청에 의한 반강제적인 융합프로그램의 개발이 아닌 자발적 지적 성찰의 결과로 해석된다는 면에서 긍정적으로 평가할 소지가 많다고 본다.

인문학에서의 융합연구는 1960년대부터 국문학의 이론/내용분석에 관한 것이 효시를 이루었다. 당시 연구에 융합연구라는 자격을 부여하기가 충분치 않은 것이 사실이나, 시기상으로는 자연과학에서 진행된 융합연구들보다 먼저 출현한 선도적 시도였다는 점은 분명해 보인다.

세부 내용을 검토해 보면, 어문학분야에서는 이론/내용분석에 대한 논의가 활발하며, 그 점은 인문과학 분야에서도 마찬가지라고 생각된다. 사회과학의 경우 효과분석에 치우친 경향을 보이는데, 이는 2000년대 급속하게 성장한 융합연구가 신문방송학을 중심으로 확장된 때문이라고 판단된다. 그런데 최근 사회과학뿐만 아니라 인문과학의 경우에 있어서도 개발과 실태/인식분석이 점증하고 있음은 주목을 요한다. 흥미로운 점은 철학과 역사학 영역에서 자연과학이나 생명공학의 분야를 자신의 영역과 접목시키는 시도가 줄기차게 모색되고 있다는 점이다. 반면 인문과학 전 분야에 걸쳐 효과분석에 해당하는 연구는 매우 희소하다. 이는 인문과학 분야의 융합연구가 아직은 주제와 대상이 매우 한정적임을 시사한다. 전체적으로 인문과학에서의 융합연구에서는 문학과 철학을 중심으로 한 이론/내용분석에서 점차 개발분석의 방향으로 확대되고 있음이 드러나고 있다. 그러나 융합 본연의 의미를 되살리기 위해서는 인문사회과학 내의 분과별 연계는 물론이요, 인문사회 영역과 과학기술 영역을 횡단하는 전향적 융합연구가 보다 적극적으로 시도되어야 할 것으로 본다.

6. 인문사회 융합연구의 연구방법별 분석

인문사회분야에서 융합연구를 위한 연구방법은 크게 정량연구, 정성연구, 혼합연구의 세 가지로 구분된다. 정량연구는 개발분석이나, 효과분석, 반면 정성연구는 이론/내용분석 및 실태/인식분석과 친화력이 높은 것이 사실이다. 따라서 [그림 12]에서 살펴볼 수 있듯, 이론/내용분석은 정성연구가 대부분을 차지하며, 개발적용분야에서는 정량연구나 혼합연구가 대종을 이루고 있다.

하지만 모든 영역의 연구는 분야별 성격에 따라 연구방법이 달라질 수 있다. 따라서 보다 상세한 경향을 파악하기 위해서는 연구방법의 차

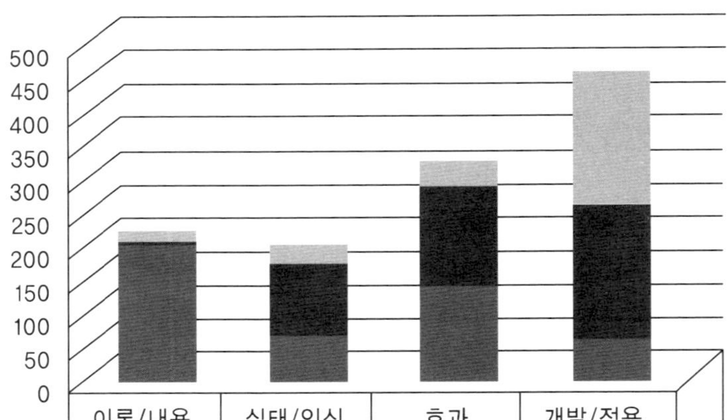

	이론/내용	실태/인식	효과	개발/적용
혼합연구	19	29	36	196
정량연구	3	108	148	201
정성연구	205	69	143	63

[그림 12] 연구방법 및 연구내용의 논문편수

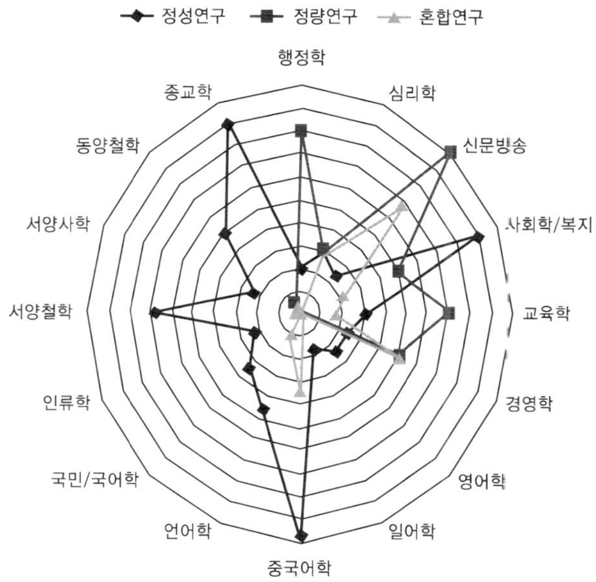

[그림 13] 인문사회 융합연구의 분과별 · 연구방법별 분석

이를 분과별로 나누어 상세히 살펴볼 필요가 있다.

[그림 13]에서 보듯, 어문학 분야인 언어학, 중국어학 외의 분야들, 그리고 인문과학분야인 철학과 사학 등과 같은 분과에서는 정성연구가 주 연구방법으로 활용되는 반면, 사회과학 분야인 교육학, 신문방송학, 행정학의 경우 정량연구가 주류를 이루고 있다. 또 사회과학 분야의 경우 정량연구와 혼합연구를 연구방법으로 채택하는 경향이 큰 반면 인문과학과 어문학은 정성연구를 연구방법으로 활용하는 추세가 지배적인데, 이는 기존 학문의 전통이 반영된 당연한 결과라고 본다. 그러나 향후 융합연구가 새로운 인지적 지평을 열어가기 위해서는 현존 분과나 분야 혹은 현존 영역의 굴레에서 벗어난 연구방법의 다각화를 적극적으로 추진해야 할 것이다. 요컨대, 인문사회의 각 분과는 기존 연구방

법에 대한 과도한 집착에서 벗어나 타 학문분야의 연구방법을 적절히 수용하는 개방적 태도를 취지하는 것이 바람직하다고 본다.

제5절 결 론

최근 국내외에서 각광받고 있는 융합연구에 관한 개관은 과학기술 분야를 중심으로 진행되어온 것이 대부분이다. 따라서 인문사회 분야의 융합연구에 대한 독자적 논의는 거의 없었다고 본다. 이번 연구는 1960년대부터 현재에 이르는 근 반세기 동안 국내 학계에서 수행되어온 융합연구, 특히 인문사회 분야의 융합연구에 관한 추세와 현황을 파악하기 위한 예비적 작업의 일환이라고 할 수 있다.

본 논문에서는 일차적으로 온라인오픈소스를 통해 확인 가능한 국내 융합관련연구기관을 전수적으로 조사해 연구영역, 핵심 연구분야 및 운영주체를 알아보았다. 다음에는 학술지나 단행본에 수록된 융합연구 논저의 키워드 분석을 통해 1960년대 이후의 융합연구 동향을 개관한 후, 인문사회 분야로 시야를 집중해 인문사회 기반 융합연구의 추이와 특성을 시기, 분야, 분과, 내용 및 연구방법 별로 분석하였다. 그 결과, 양적 · 질적 한계에서 불구하고 몇 가지 특징적 현상을 추출할 수 있는데, 가장 큰 의미를 부여할 수 있는 것은 인문사회 연구전통에 내재한 지적 개방성에 근거한 자유결합적 성격의 융합 잠재력이라고 본다.

인문사회 분야의 융합연구는 많은 문제점과 한계를 내포하고 있음이 사실이다. 과학기술 분야에 비해 양적으로나 질적으로 낙후된 연구성과가 무엇보다 큰 문제라고 할 수 있지만, 그 밖에도 무늬만 융합인 사이비 융합연구의 범람이라든가 특정 분과나 주제에 대한 쏠림 현상도 시급히 극복해야 할 과제라고 본다. 그러나 원전사고, 지구온난화, 에너지 위기, 혹은 신종 바이러스 등과 같이 인류의 존립을 위협하는 심각한 도전 과제들이 과학기술적 요소와 인문사회적 요소가 뒤얽힌 융복합적 성격을 담지한 것인 만큼, 현실문제의 극복을 위한 지적 대응은 과학기술적 상상력과 인문사회적 상상력 모두를 필요로 한다. 융합 연구가 '두 문화(two culture)'라는 단절적 양상을 벗어나 다양한 학문 영역을 포괄하는 종합적 체제를 지향해야 하는 것은 바로 그 때문이다.

〈부록 1〉 국내 융합연구기관 개요

분류	연구소명	웹주소	연구분야	운영주체
표준과학(10)	국가핵융합연구소	http://www.nfri.re.kr	핵융합에너지개발, 플라즈마응용연구	교육과학기술부
	국가핵융합연구소 퓨전아이	http://www.fusioni.re.kr	과학영상, 물리학 연구	교육과학기술부
	기후에너지 환경융합연구소	http://www.anyang.ac.kr/kor/07__plaza	국제적 기후변화규제 대처, 저탄소 녹색환경, 에너지 정보기술의 융합연구	안양대학교
	반도체융합기술 연구원	http://www.isft.or.kr	반도체, 디스플레이, 센서기술	대구광역시
	에너지환경기술 융합연구소	http://old.mju.ac.kr/energyenv	신재생에너지개발, 수질관리,	명지대학교
	스마트 IT융합시스템 연구단	http://www.smart-it.re.kr	소자, 시스템기술 영역 간 융합 플랫폼제시	교육과학기술부
	차세대 융합기술 연구원	http://aict.snu.ac.kr/kor	글로벌 원천기술 개발, 대형연구과제수행, 융합연구의 대표성 확보	서울대학교
	한국전기연구원 융합기술연구단	http://www.keri.re.kr/eftrl	전기전력관련 융합연구	지식경제부
	한국로봇융합 연구원	http://www.piro.re.kr	로봇핵심기술, 의료로봇, 해양로봇, 문화로봇 등의 로봇실용화연구	한국로봇 산업진흥원
	HCI연구소	http://www.ihci.re.kr	지능형 HCI융합연구센터, 지능형로봇개발	성균관 대학교
	관동대 IT융합연구소	http://www.koreahealthlog.com	IT의료융합을 통한 스마트한 병원서비스, 프로그래밍	관동대학교

	기초과학융합 연구소	http://ricbs.hanyang.ac.kr	생명과학, 물리, 화학 바이오환경센서 기술연구	한양대학교
	나노소재기반 휴먼인터페이스 융합연구센터	http://hint.skku.edu/main/main.php	나노소재, 금속산화물소재개발	성균관 대학교
	나노융합실용화 센터	http://www.npac.or.kr	나노테크놀로지, 나노공정, 분석, 기술동향	대구광역시
	나노정보융합 연구소	http://nit.ajou.ac.kr	소재개발, 소자구현요소기술, 전·광 특성분야, 에너지변환 및 저장기술 중심	아주대학교
생명공학 (14)	뇌교육융합연구소	http://www.global.ac.kr/web/kor	뇌활용 융합이론, 산관학협동연구	글로벌사이버대학교
	미래융합기술 연구소	http://www.yict.kr	전기재료연구 및 특성화, 바이오 의학 연구 및 협력연구	연세대학교
	바이오나노역학 융합연구실	http://avics.korea.ac.kr	바이오와 나노의 동역학진동 및 기계역학적 특성을 이용한 연구	고려대학교
	식품바이오융합 연구소	http://cals.snu.ac.kr/research	농업을 위한 생물신소재 개발과 응용기술, 농업미생물 유래 기능성 유전자소재 및 기능성 생물 신소재개발	서울대학교
	융합과학기술 대학원	http://gscst.snu.ac.kr/kor	융합과학부, 분자의학 및 바이오제약학과	서울대학교
	의과학 융합 연구소	http://www.kribb.re.kr	유전체, 단백질, 노화과학, 바이오나노과학	교육과학 기술부

	한국화학융합시험연구원	http://www.ktr.or.kr	'의료기기 GMP 교육기관' 지정을 받아 정부관련부처, 품질관리심사기관, 학계 및 의료기기업체, 국제인증기관 등의 일정한 자격요건과 경력을 갖춘 의료기기 분야 전문	지식경제부
	KAIST 나노융합연구소	http://nanocentury.kaist.ac.kr	Energy&Environment Information-Technology,NanoBio-TechnologyGraphene Center	KAIST
	KAIST 바이오융합연구소	http://biocentury.kaist.ac.kr	신의약개발, 생물모니터링 및 바이오소자개발분야, 시스템 및 합성 생명공학분야	KAIST
전자통신(14)	경북 IT 융합산업기술원	http://www.gitc.or.kr	IT융합부품산업	경산시
	경북대학교 IT자동차 융합연구센터	http://webzine.ieek.org/webzine__user	IT와 자동자의 융합을 통한 융합인력양성. 차량용 통신응용기술개발	경북대학교
	대한민국 RFID표준개발 프로젝트	httc://ucrc.kookmin.ac.kr	유비쿼터스융합연구, 컴퓨터엔지니어링	국민대학교
	디지털융합연구원	http://www.digital.re.kr	유무선디지털융합, IP기반 유무선 통합망구축	한양대학교
	부산IT융합부품연구소	www.cidi.re.kr	IT융합부품개발 및 신기술창출	부산광역시
	융합기술 글로벌연구소	httc://cafe.naver.com/hansungfusion	융합기술, 컨설팅, IT연구, 기업경영관련	한성대학교

융합기술원 SNS마케팅센터	http://www.snsmc.org	SNS마케팅, 정보통신연구	숭실대학교
융합소프트웨어 연구소	http://cit.korea.ac.kr	융합소프트웨어분야 기술을 연구,개발 및 소프트웨어 인력양성	고려대학교
정보융합보안 연구소	http://secu.kiu.ac.kr	통신 분야의 융합기술 중 가장 많은 관심을 받고 있는 유휴 주파수 대역을 효율적으로 이용하기 위한 차세대 기술인 인지무선(Cognitive Radio) 기술에 초점을 맞춘 보안 연구	경일대학교
지식서비스연구소	http://iks.hanyang.ac.kr	기술경형, IT융합	한양대학교
ETRI융합기술 연구생산센터	http://ctcc.etri.re.kr	기업연구, 정보처리기술, 기업 간 융합연구	지식경제부
KAIST IT융합 연구소	http://itc.kaist.ac.kr	Future-Communications & Energy, Bio-Medical Care, Knowledge-Convergence	KAIST
KBS방송기술 연구소	http://tri.kbs.co.kr	매체융합서비스	한국방송공사
SW-SoC융합 연구소	http://www.etri.re.kr/etri/res	시스템반도체 하드웨어와 소프트웨어의 결합 전자부품개발	한국전자통신연구원

인문사회(6)	기술인문융합 창작연구소	http://www.bebin361.com	인문기술간 허브, 네트워크연구, 창의적 융합형연구	한국산업기술연진흥원
	비즈니스 융합연구소	http://cafe.daum.net/pro-sales	세일즈 마케팅융합	개인운영
	예술과학융합 연구소	http://ko-kr.facebook.com/ewhacias	과학과 예술, 인간과 환경 등의 창의연구, 미디어중심의 융합연구	이화여자대학교
	인문기술융합 연구소	http://hit.postech.ac.kr	Digital Humanities, Image Science and Imaging Technology, Edutainment	포항공대
	지식융합연구소	http://dwucis.dongduk.ac.kr	예술과 과학, 마음과 욕망연구, 역사와 지식연구, 지식융합적 연구	동덕여자대학교
	KIAES	http://www.kiaes.org	융합지식, 사고력교육,창의력영재교육	한국고등교육재단

제 7 장

한국에서의 인문학기반 융합 연구

이 중 식*

제 1 절 서 론

한국연구재단은 2009년 '인문사회기반 학제간융합연구지원사업'이란 제목으로 신규 연구과제를 공모하기 시작했다. 당시 융합에 대한 사회적 관심의 증대로 관련 분야의 연구가 증가하고 있었다. 그러나 대부분 이공학을 기반으로 진행되었고, 인문사회과학 분야의 융합 연구는 부분적이거나 수동적 참여에 그치는 수준이었다. 연구재단이 출범시킨 이 새로운 융합 연구는 인문사회과학 분야가 융합 연구에서 주도권을 갖도록 하기 위한 것이었다. 2009년부터 매년 20~40개의 융합과제를 공모하였고 '씨앗형' 또는 '새싹형'이란 형식으로 단년 또는 다년 과제를 선정하여 지원하였다.

3년간의 운영을 마친 2011년, 한국연구재단의 문화융복합단은 심각한 고민에 빠진다. 야심 찬 시도와는 달리 인문사회기반 융합연구의 활성화가 이루어지지 않았기 때문이다. 선정된 연구의 주제가 제한적이었으며 연구의 결과도 구체적이지 않았다. 가장 큰 문제점은 융합연구자

* 서울대 융합과학기술대학원 교수.

를 규명하기가 어렵고 연구자 네트워크를 엮어낼 수 없었다는 점이다. 기대와 달리 이 사업에 대한 사회적인 주목도 크지 않았다. 한국연구재단은 이러한 상황에 대해 다음과 같이 문제점을 정리하였다. 현재 융합연구분야에는 연구자들의 네트워킹 허브 역할을 수행할 컨트롤 타워가 없으며, 발전 방향에 대한 중장기적 로드맵과 아젠다 발굴이 미미하고, 융합연구 성과를 축적하고 산업계와 시민사회의 이해를 위한 시스템이 없다는 점 등이다. 이에 연구재단은 2012년 이러한 중간자 역할을 맡아 수행할 '융합연구총괄센터'를 외주 공모하였고, 서울대학교 차세대융합기술원 인문과 기술 연구소가 선정되었다. 융합연구총괄센터의 역할은 크게 세 가지이다.

첫째, 연구자들의 협력 네트워크를 구축하는 것이다. 먼저 지역적으로 분산된 연구자들을 연결하기 위해 웹사이트(www.hat.re.kr)를 통한 온라인 허브를 구축하였다. 웹사이트에는 현재 진행중인 다양한 융합연구 소개 자료가 먼저 등재되었다. 융합연구라는 것이 생각보다 전문적이고, 이해하기 어려운 내용이라 이를 일반에 전달하기 위해서는 논문이나 딱딱한 문서의 형식이 아닌, 쉽고 흥미로운 새 형식이 필요했다. 융합연구총괄센터는 인포그래픽, 시나리오, 동영상 등을 활용하여 융합연구과제를 일반인들이나 타분야 연구자들이 쉽게 이해하도록 하는 이른바 '컨텐츠 연성화' 작업을 진행하였다. 동시에 오프라인 활동으로 1년에 4번, 전체 과제 연구자들이 모이는 협의회를 개최하였다. 이를 통해 각 연구팀들은 서로의 연구를 발표하고 융합연구가 가지는 문제점이나 이를 풀어나가는 과정에서의 노하우를 공유할 수 있었다. 돌이켜보면 2012년에 진행된 첫 협의회(제1차 융합연구총괄센터 협의회)와 마지막 협의회(성과발표회)는 성공적이었다. 첫 모임을 통해 연구자들은 서로의 연구 내용을 직접 공유함으로써 융합연구의 폭과 범위를 파악할 수 있었고, 마지막의 성과발표회를 통해 자신들의 연구를 뒤돌아 볼 수 있는 기회를 가질 수 있었다. 하지만 1년에 4번 전체 연구자들을 물리적으로 한자리에 모으는 일은 융합연구총괄센터나 융합연구자들 모두에게 꽤나 번거롭고 피로를 누적시키는 일이었다.

둘째, 미래에 대한 고민이다. 융합연구는 그 동안 지엽적이고 통합되지 못한 성격을 띄고 있었다. 이에, 인문사회기반의 학제간 융합연구 사업이라는 정체성 하에 다양한 연구 분과를 포괄할 수 있는 중장기적 로드맵의 제시 및 연도별 아젠다 설정의 필요성이 강조되었다(임기원 2011). 이에 총괄센터는 시급도와 중요도를 반영하여 차년도 융합연구 중점추진 의제를 발굴하고, 이와 함께 중장기적 비전을 담은 로드맵을 제안하고자 하였다. 이 역할을 수행하는 데에는 '델파이 기법'[1] 과 '미래 시나리오 기법'의 두 가지 기법이 주로 사용되었다. 전자는 전문가 집단의 거듭된 의견 수렴을 통해 인문사회기반 융합연구의 차년도 핵심 키워드를 도출하기 위한 것이었고, 후자는 이 키워드들을 시나리오화 하여 문제상황들을 정의 및 점검하기 위한 것이었다. 이 결과물들은 실제로 연구재단이 차년도 과제 공모 시 연구 분야의 키워드로 사용하여 과제의 방향성을 제시하는 역할을 하였다.

셋째, 새롭게 진입한 융합연구자들을 돕는 것이다. 이는 연구 방법론의 공유와 컨설팅을 통해 선배 연구자들이 거쳐온 시행착오를 피하도록 유도하는 것을 특징으로 한다. 또한 그간 진행되어온 '학제간융합연구지원사업'의 학문 분야간 융합 경향과 연구 성과물을 분석하여 신

1) 델파이(Delphi) 방법은 미국 랜드연구소(Research And Development: RAND)에 의해 기발된 미래예측 방법이다. 전문가 집단의 의견을 도출하고 전문가의 전문성을 존중하면서도 이들간의 의견 교환을 통한 합리적인 의견 조정과정을 중시하는 방법이다(이재신, 2012). 통상 연구 대상 분야의 표준화된 자료가 없을 경우에 전문가 집단의 직관을 통해 미래의 모습에 대해 합의점을 도출해 가는 방법으로, 전문가들이 한 자리에 모여 토론하기보다는 서로가 누구인지 모르는 채 개별 설문과 스코어링을 반복하는 방법으로 진행된다. 때문에 전문가들의 의견을 취합한 결과를 정리하여 다시 제시하고, 그 결과에 따라 자신의 의견을 조정할 수 있는 기회를 부여하여 다른 사람의 영향에 의해서가 아닌 미래 예측 참여자의 스스로의 판단에 의해 의견을 수정할 수 있도록 한다는 점이 큰 특징이다. 관리자는 전문가 집단의 해당 분야 미래 현상에 대한 발생 가능성, 빈도, 강도를 정리하고 이를 양적으로 환산하여 객관적으로 예측한다.

규 연구자들에게 제공하고, 연구팀별로는 개별 연구자들의 성격을 고려하여 특화된 방식의 실질적인 도움을 줄 수 있도록 하였다.

이 글에서는 총괄센터의 두 번째 역할인 융합연구 로드맵 작업에 대해 설명하고 그 과정에서의 고민을 논의해 보려고 한다.

제 2 절 델파이 조사

전문가집단을 활용한 인문사회기반 융합연구분야의 주요영역 도출에 관한 연구로서, 이준기(2012)는 해외 · 국내 융합연구 사례를 바탕으로 학제간 융합연구 지원사업 선정과제를 분석하고, 인터뷰를 및 수요조사를 진행하여 크게 네 가지 영역 — ① 사회 문제 중심의 융합, ② 상품개발과 디자인에 있어서의 인문학 중심의 융합, ③ 과학기술 발전에 다른 인문사회적용 방법론적 융합, ④ 추상 개념중심의 융합 — 의 융합연구 분야를 제시한 바 있다(이준기, 2012). 또다른 조사로서 강남준(2012)은 델파이 기법을 이용하여 사회문제 유형에 대해 ① 통일 준비, ② 남북 긴장 관계, ③ 글로벌 거버넌스, ④ 대기업 · 중소기업 문제, ⑤ 청년실업, ⑥ 저출산 극복과 복지, ⑦ 대입, ⑧ 사이버테러, ⑨ 완전 위험성, ⑩ 예비전력문제, ⑪ 의료서비스제공으로 분류하였다(강남준, 2012). 이들 연구는 각각 융합연구의 필요성, 장애요인, 활성화 방안등의 정책원활화를 위한 것과 '사회문제' 해결에 집중하여 융합연구를 분석했다는 특징이 있다. 본 연구는 이에 더해 연구 주제 영역 자체에 초점을 맞추고 인문사회기반 융합연구 전반에 걸친 연구 지도를 그리고자 하였다. 또한 델파이 기법의 폐쇄성과 반복성을 따르되 선행 연구에서 진행된 오픈형 간담회 형식의 전문가 중간 협의회를(이준기, 2012) 개최하여 융합연구지도에 대한 수렴도를 한층 높이고자 하였다.

1. 전문가 선정

델파이 연구의 핵심은 전문가 선정에 있다. 전문가 패널의 구성에 따라 수렴될 결과의 큰 그림이 결정되기 때문이다. 하지만 인문사회기반 융합분야에선 전문가를 선정하기 어렵다. 이 분야의 역사가 짧고 연구에 대한 접근도 다양할뿐더러 연구집단의 경계도 느슨하여 '이 분야만의 전문가'를 규정하기 어렵다. 이러한 고민 끝에 본 연구에서는 인문사회기반 융합연구 과제에 선정된 신규 연구자, 과제 수행을 마친 기연구자, 그리고 총괄전문가라는 세 분야에서 13명을 전문가로 선정하였다. 신규 과제 선정자들은 과제 응모과정에서 융합연구의 취지에 대해 심각한 고민을 거쳤을 것이고, 과제 수행자들은 진행과정에서 융합연구의 문제점과 의미를 실체적으로 경험했기에 전문성을 갖추었다고 간주하였다. 총괄전문가는 정부나 국책연구소가 발주한 인문사회융합에 대한 메타연구를 진행중인 연구자들을 말한다. 이들은 인문사회융합연구를 실제 진행하지는 않으나 여러 연구를 조망의 관점에서 바라보고 평가하였기에 넓은 시야의 전문성을 가지고 있다고 보았다.

2. 연구과정

연구과정은 [그림 1]과 같이 3단계로 구성된다. 먼저 델파이 준비단계이다. 이미 진행된 연구 분석을 통해 이 분야를 위한 델파이 방법의 커스터마이징을 진행하였고, 이와 동시에 전문가 선정 작업을 진행하였다. 약 2개월 정도 준비과정이 진행되었는데, 다른 미래연구에 비해 훨씬 더 오랜 시간이 걸렸고 연구 결론에 대한 확신도 상대적으로 약했다. 이는 이 분야 연구가 가지는 복합성과 모호성에 기인한다.

두 번째 단계는 개방형과 폐쇄형이 혼합된 설문 과정의 반복이다. 먼저 미래 연구주제에 대한 자유기술형식의 개방형 설문이 이루어졌다

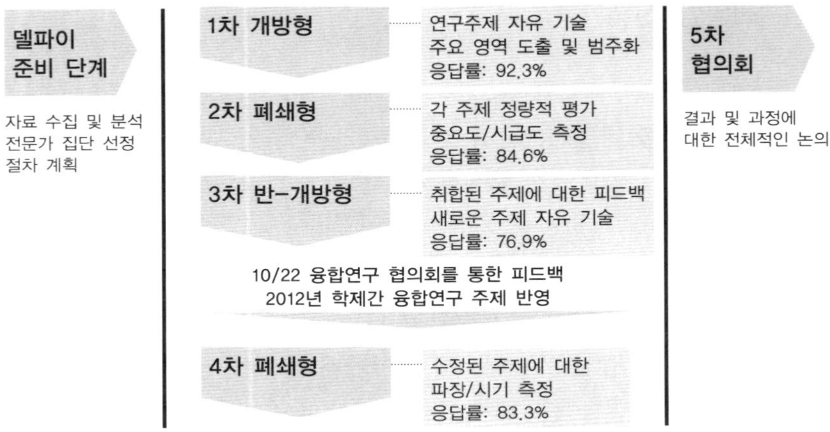

[그림 1] 델파이 연구과정

(응답률 92.3%). 취합된 연구주제들은 범주화되고 표현 수준의 평준화가 진행되었다. 2차 설문은 1차에서 정리된 연구 주제리스트를 배포하고 이를 중요도와 시급도로 스코어링하는 폐쇄형 설문으로 진행되었다(응답률 84.6%). 2차 설문이 끝나고 나서 연구주제를 살펴 보니 빈구석과 다루지 않은 영역들이 많이 존재함을 알게 되었다. 이는 델파이에 참여한 연구자들이 너무 본인의 연구분야와 직결된 의견만 제시한 것에 기인한다. 이를 보완하기 위해 3차 설문은 다시 개방형으로 진행하였다. 정리된 주제 사이의 빈 공간 혹은 연구범주를 넘어서는 주제를 자유롭게 기술하도록 요청하였다(응답률 76.9%). 오픈형 설문이 끝나고 전문가들이 직접 모이는 기회를 마련하였다. 델파이에서는 전문가들의 직접 접촉을 피하도록 권고하지만, 융합 주제의 특성상 대면 접촉을 통해 연구주제에 대한 구체적 이해와 평가 기준을 논의함이 중요하다고 판단되었다. 4차 설문은 폐쇄형으로 진행되어 정리된 연구주제들이 갖는 사회적 파장, 적용 시기 등을 측정하였다(응답률 83.3%). 마지막으로 5차 협의회는 융합연구를 진행하는 전 연구자들이 모여 4차까지 진행된 결

[그림 2] 델파이 조사 설문지

과에 대한 발표를 듣고 이에 대한 과정과 결과에 대해 전체적인 논의를 진행하는 기회를 갖는 것으로 하였다.

3. 연구결과

델파이 1차 개방형 설문에서는 총 6개 범주의 25개 연구 주제가 수집되었다(〈부록 1〉 참고). 건강, 기술에 의한 기술, 기술에 과도된 정보, 교육, 기술과 유리된 인문학, 생태가 아닌 도시로 분류된 범주를 통해 인문사회분야와 '기술'과의 만남 자체에 일차적인 장애가 있으며 이에 대한 전문가집단의 우려를 알 수 있었다. 이 결과는 2차 폐쇄형 설문에서 시급도와 중요도 스코어링 평가를 받았다. 세부적으로 생태계 전반에 관한 다학제적 융합연구나 도시공간구축을 위한 인문학 융합연구 등이 중요한 것으로 나타났으며, 새롭게 등장한 IT 기술을 사회문제 해결에 활용할 필요가 있다는 평가를 받았다. 이후 3차 설문에서는 1~2차 설문이 우리 사회의 융합 범주를 충분히 아우르는지, 범주별 주제의 갯수와 위상이 비슷한지, 빈 공간에 대한 새로운 범주나 주제의 발견이 가능한지에 대해 개방형 설문을 진행했다. 이 과정에서 14개의 새로운 주제가 추가되었다(〈부록 2〉 참고). 10월에 진행된 융합연구자 협의회에서는 델파이 조사의 중간 결과물을 공개하고 논의하였으며 최종적으로 인문사회기반 융합연구의 미래 주제를 7분야의 총 40개로 정리할 수 있었다(〈부록 3〉 참고). 7개 분야는 각각 ① 건강, 노인, 그리고 삶의 질, ② 교육, 창의성, 그리고 청소년, ③ 디지털 인문학, ④ 생태, 도시, 그리고 환경, ⑤ 소비자, 사용자, 그리고 개인, ⑥ 사회적 소통, ⑦ 사회문제 발견과 해결이다.

구체적인 연구분야는 〈부록 1〉에서 살펴 볼 수 있지만, 여기서는 연구범주에 대해 논의해 보려 한다. 연구범주들은 건강, 교육, 환경 등과 같이 다른 논의에서도 쉽게 발견되는 범주들과 디지털 인문학, 개인, 사회적 소통과 같이 인문사회기반 연구이기에 등장한 주제들이 있다. 마지막으로 사회적 문제 발견과 같이 융합연구이기에 등장한 연구주제들이 있다.

델파이 1~3차		10월 융합연구 협의회		최종 분류
건강		건강, 삶의 질		건강, 노인, 그리고 삶의 질
기술 발전의 견제		인문학으로 해석하는 기술		교육, 창의성, 그리고 청소년
기술에 과도된 정보		디지털 인문학		디지털 인문학
교육	×	생태 도시	=	생태, 도시, 그리고 환경
기술과 유리된 인문학		전에 없던 문화연구		소비자, 사용자, 그리고 개인
생태 도시		경제		사회적 소통
소비자와 사용자		기술의 창조적 활용		사회문제 발견과 해결

[그림 3] 최종 키워드 도출 과정

건강을 포함한 '삶의 질'은 가장 대표적인 융합연구 분야이다. 암환자, 고령자, 장애인의 삶은 '복합 문제'를 내포하고 있기 때문에 관심이 많다. 과거에는 의료 분야가 유일하게 이 문제를 해결하는 주체가 되었으나, 지금은 심리, 인문, 예술 등 다양한 분야가 삶의 질을 고민하게 되었다. 두 번째 연구범주인 '교육과 청소년'은 새로운 정보미디어의 등장과 연관된다. 정보미디어는 교육 현장의 혁신을 가져온다. 기존의 학습을 벗어나 창의적 사고와 협동학습을 가능케 하기에 이 분야를 고민하는 공동 연구가 촉발된다. 또한 청소년 문제를 해결하기 위해 교육학, 컴퓨터공학, 정보학 등이 융합되는 장이 형성된다. 세 번째로 우리를 둘러싼 '환경'이다. 이미 많은 사람들이 관심을 가지는 융합의 연구범주이고 전통적인 학문에서도 연구가 많이 되었다. 하지만 기존의 환경에 대한 접근이 환원주의적이었다면, 생태로서, 또는 역사와 문화 기반으로서의 환경은 도시, 역사, 농업, 지역학 등이 융합되는 근간이 된다.

'디지털 인문학'은 인문사회 분야 전문가들만이 고민하는 흥미로운 범주이다. 새로운 탄소연대측정법은 역사학과 고고학을 바꾸고, 디지털로 복원된 옛 문서들은 역사학과 서지학에 변화를 가져오며, 문헌들이 데이터베이스로 정리되고 번역본들이 통일되면서 역사적 해석을 바꾸기 때문이다. 빅데이터, 관찰 장치, 분석 장치 등이 인문공간에 대한 지평을 바꾸고 있다. 한편 '개인'을 향한 연구 주제들도 많이 등장한다. 정보화를 통해 개인들은 전에 없이 다양하고 많은 사회집단에 소속되지만, 사회와 기술의 관심은 끊임 없이 개인을 향해 축소되고 있다. 개인 휴대폰, 개인 컴퓨터, 개인 클라우드 등은 개인별로 하나씩 구성되는 우주, 유니버스에 대한 이해가 필요한 시점이기 때문이다. 이와는 반대로 사회적 이해를 원하는 '사회적 소통'이란 연구범주도 흥미롭다. SNS 및 각종 정보통신 장치들은 전에 없는 연결성을 약속하고 사람들은 관계를 늘려가고 있지만 이렇게 폭발적으로 확장된 관계가 소통에 도움이 되는지에 대한 회의를 갖게 한다. 이에 대한 연구가 사회와 소통에 대한 연구주제들이다.

마지막 연구 범주는 '사회적 문제 발견과 해결'이다. 인문사회 연구자들은 '융합' 자체도 연구의 대상이 된다고 생각한다. 융합을 위해서 연구자들이 어떤 문제를 도출하고, 어떤 방법론으로 정리할지가 융합의 연구분야 중 하나라고 인식식한다. 특히 사회문제는 융합적 해결을 필요로 하기에 문제를 발견하는 과정이야 말로 인문사회 연구자들이 가장 크게 기여할 수 있는 부분이라 생각한 듯하다.

4. 연구결과의 시각화

연구범주의 도출을 통해 미래를 예측할 수 있을까? 추출된 연구범주를 구조화 또는 시각화 하여 방향성을 도출하는 방법을 시도해 보았다. 먼저 [그림 4]에서는, 개인-사회를 가로축으로, 기술-문화를 세로축으로 놓고 7개의 연구범주를 나열해 보았다. 바탕이 되는 지도 위에 각각의 분야 내 연구주제들을 나열하고, 세부 연구분야가 가지는 방향성을 표시해보면 전문가들이 생각하는 융합의 방향성을 시각화 할 수 있다. 이를 통해 보면 '개인을 향한 연구'라는 하나의 강력한 구심점과 기술의 문화화라는 또 하나의 경향성을 발견할 수 있다.

또 다른 시각화 시도는 [그림 5]와 같이 7개의 연구범주를 3개의 지향점으로 정리한 것이다. 정신, 몸, 환경의 세 축(평면) 위에 연구범주를 올려 놓고, 각각의 연구분야의 시급성과 중요성을 레이더차트 형식으로 표기해 보았다. 진한 음영부분이 시급성이고, 제일 진한 음영부분을 중요성으로 놓았을 때 소비자와 환경에 대한 연구는 시급하나 사회적으로 진행이 덜 된 부분이고, 반면 건강에 대한 연구는 많이 진척된 것으로 나타난다.

정리하면, 인문사회기반 융합연구의 미래 연구주제에 대해 전문가집단은 건강·노인 그리고 삶의질, 교육·창의성 그리고 청소년, 디지털

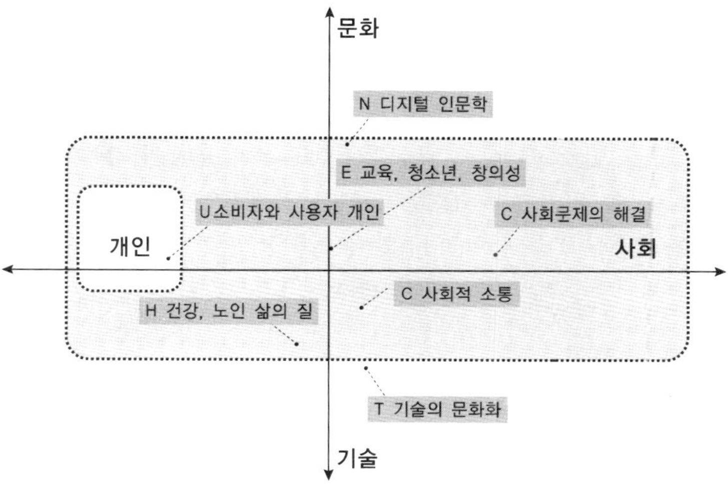

[그림 4] 연구 분야의 시각화-1

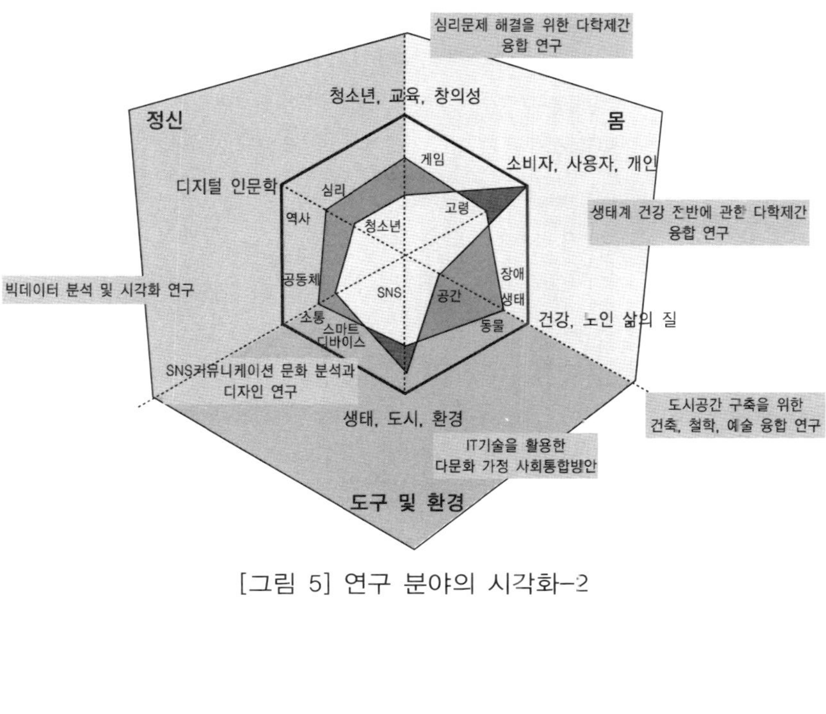

[그림 5] 연구 분야의 시각화-2

인문학, 생태·도시 그리고 환경, 소비자·사용자 그리고 개인, 사회적 소통, 사회문제 발견과 해결의 7개 분야를 주요 범주로 선정하였으며, 이 범주들 사이에서 '개인을 향한 연구'와 '기술의 문화화'라는 경향성이 보였다. 또한 시급도에 비해 관심밖이었던 소비자와 환경에 대한 연구의 가능성 등을 확인할 수 있었다. 이는 지엽적인 주제 그치고 방향성이 부족했던 융합연구 분야가 주안점을 두고 나아가야 할 방향을 제시했다는 점에서 큰 의의가 있다고 하겠다.

제 3 절 미래 시나리오

1. 시나리오 분석

시나리오 기법은 불확실성을 기초로 의미있는 미래를 도출하고 시나리오별로 대응방안을 수립하는 기법이다(김성철, 2012). 여기서 시나리오는 미래에서 발생할 수 있는 모든 가능성과 상황 그 자체를 말한다. 본 연구에서는 불확실한 환경의 변화를 추적하여 핵심이슈와 추세를 도출하는 과정, 즉 추세들의 추동 불확실성(driving uncertainties)을 식별한 후에 이를 결합하여 시나리오를 작성하고 2×2 형식의 정리된 시나리오를 전문가들에게 노출하여 대응방안을 논의·도출하는 과정으로 진행했다.

2. 연구 방법

델파이를 통해 도출된 자료들을 정제하면 추세변수들을 도출할 수 있다. 추세는 확실한 추세와 불확실한 추세로 나눌 수 있다. 확실한 추세는 누구나 확신할 수 있는 사실들로, 정보화, 글로벌화, 금융 유동화

[그림 6] 시나리오 작성 과정

등이 있을 것이다. 반면 불확실한 추세로는 한국은 통일될 것인가? 융합이 연구의 대세가 될 것인가? 인문이 융합의 중심이 될 것인가? 등이다. 여러 불확실한 추세들 중 상호 교차하여 의미 있는 것들을 남기고, 변수들의 분포를 도울 수 있는 비상관성 기준으로 2×2 축을 선정하게 되었다. 선정된 두가지 축은 다음과 같다.

첫째, '연구자들의 연결 방법': 연구자들이 융합연구를 수행함에 있어서 학연 · 지연 등 전통적인 좁은 네트워크를 벗어날 수 있겠는가? 주제 중심 또는 문제 중심으로 낯선 사람들이 모일 수 있을까?에 대한 질문이다. 한국적 상황에서 좁은 네트워크를 벗어나긴 어려울 듯하다. 하지만 정보화, 세계화 등 외부 변수들은 우리를 끊임 없이 넓은 세상과 연결하도록 요구하고 있다. 따라서 이추세는 지금으로서는 확신할 수 없지만 시나리오를 위한 중요한 축이 된다.

둘째, '인문사회에 대한 사회의 인식': 융합연구가 진정 문제중심으로 전환되고, 인문사회 전문가들이 발굴한 문제가 기술적 해결의 시발점과 인사이트를 주는 방향으로 전환될 것인가?에 대한 이 질문은 인문사회기반 융합연구가 사회문제를 해결하기 위한 자격을 갖추기 위해 필요한 본질적인 질문이기도 하다. 본 연구에서는 이 두 축을 바탕으로 네 개의 시나리오를 작성하였다.

시나리오 작성과정에서 시나리오별 네이밍을 붙이는 것이 중요한 단계이다. 네 개의 네이밍은 경쟁관계를 쉽게 상상할 수있는 익숙한 이름 체계에서 빌려 오는게 좋다. 예를 들면 삼국시대의 고구려, 백제, 신라는 서로의 차별점과 시대적 공통점을 공유하는 좋은 네이밍 체계이다. 연구팀은 고민 끝에 우리에게 익숙한 네 개의 연구 기관(조직)을 시나리오의 이름으로 사용하였다. 시나리오 1은 기술 중심의 좁은 네트워크를 나타내기 때문에, 미국의 PARC 연구소를 은유하였다. 60년대, 70년대의 PARC연구소는 최고의 기술자들과 R&D 시스템을 갖추었으

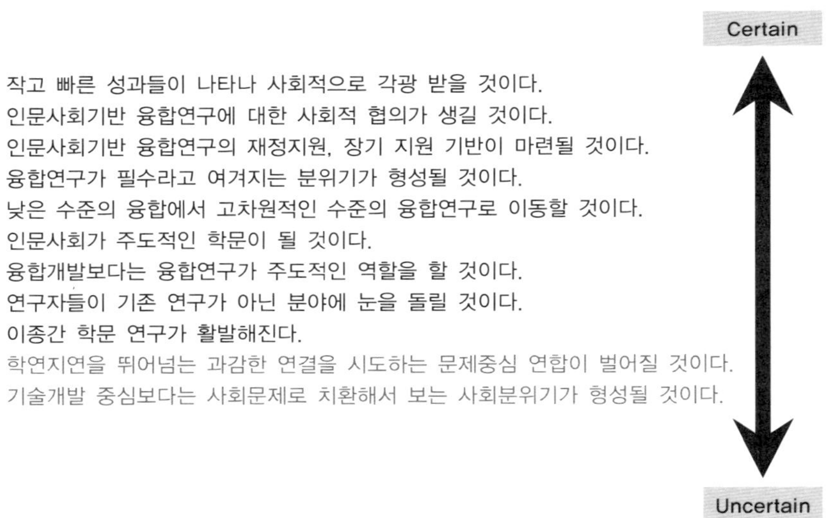

[그림 7] 추동 불확실성의 도출

나 오직 기술 중심의 사고와 현재의 사업성만을 고려하는 비즈니스 마인드로 인해 미래지향적이고 창의적인 혁신이 내부적으로만 갇힌 한계를 가졌다. 또한 지역의 기반을 넘어서지도 못하였다. 기술 증심이지만 넓은 네트워크를 가진 시나리오 2는 Fraun-hofer 연구집단의 이름을 빌려왔다. Fraun-hofer는 독일 최대 융합 연구기관으로 자연과학과 공학분야의 학자들이 가상적으로 연결되며 산업과 공공분야도 다양한 협력 연구를 진행한다. 시나리오 3은 연구의 무게가 인문사회로 옮겨가지만 연구자 마피아라는 좁은 네트워크를 가진 경우로, 스탠포드 Hoover 연구소로 은유하기로 하였다. Hoover 연구소는 미국의 공공정책을 고민하는 씽크탱크이며 정치, 경제, 군사, 행정 등 다양한 사회문제 해결을 위한 조직이다. 하지만 좁고 강력한 인적 네트워크의 범위를 넘지 못한다. 기술의 범위를 너머서며 넓은 연구자들을 엮어나가는 시나리오 4는 최근 화두가 되는 TED형 조직이다. TED는 미국의 비영리재단으로 정기적으로 기술, 오락, 디자인 등 다양한 분야를 논하는 모임과 결과를 공유하는 온라인 플랫폼을 가진다. 널리 퍼져야 할 아이디어를 모토로 전세계 곳곳의 수많은 저명 인사와 학자들이 모여 아이디어를 공

인문사회기반 ↓ / 융합연구 →		연구자 연결도/성숙도	
		학연지연(exploit)	모르지만 과감한 연결(explore)
사회적 분위기	기술개발 중심 분위기 (tech-driven)	시나리오 1 PARC 형	시나리오 2 Fraun-hofer 형
	사회문제로 치환해서 보는 분위기 (problem-driven)	시나리오 3 Hoover 형	시나리오 4 TED 형

[그림 8] 미래 시나리오 테이블

유하고 있으며, 이는 미래 융합연구가 나아가야 할 하나의 바람직한 시나리오와 연결된다.

3. 시나리오의 도출

추동 불확실성 축을 바탕으로 도출한 네 개의 시나리오는 각 연구단체 네이밍의 대표적 특성을 반영하였고, 문제상황과 대응전략을 고려하여 다음과 같이 구체화되었다.

시나리오 1: PARC 형(좁은 네트워크, 기술개발 중심)

"2020년 인문사회 기반 융합 네트워크는 당초의 기대와는 달리 제자리 걸음이다. 학문적 배경을 뛰어 넘는 교류가 잘 이루어지지 않고, 대신 학연과 지연에 기반한 연구 네트워크만이 지속되고 있다. 연구자들은 적은 예산 지원으로 연구 계획을 원활하게 수행하지 못하고 그에 따라 융합의 시너지 효과를 내지 못한다. A 연구자와 B 연구자는 A×B 이상의 성과를 내지 못하고, A+B 정도의 결과물을 제출하는 정도에 그치고 있다.
또한 사회적 차원에서 문제를 성찰하고 그에 맞는 솔루션을 도출하기 위한 융합연구를 진행시켜 나가기 보다는 단기 성과 중심의 기술 개발 중심 분위기 속에서 연구가 진행되고 있다. 이에 따라 일각에서는 '기술을 위한 기술개발'이란 우려의 목소리들이 크고, 이로 인해 융합연구의 실효성에 회의를 품는 시각들도 나타난다. 그러나 여전히 많은 연구자들이 융합연구의 가치에 대한 기대를 저버리지 않고 있다. 적은 연구비이지만 단학문적인 시각에서 벗어나 타학문과의 교류를 통한 융합의 성과물을 내기 위해 노력중이다."

시나리오 2: Fraun-Hofer 형(기술 중심, 하지만 넓고 유연한 네트워크)

"2020년 인문사회기반 융합 연구는 학연과 지연을 뛰어 넘어 자연스러운 융합의 분위기가 어느정도 형성되었다. 그러나 여전히 사회제반 문제를 해결하기 위한 적극적인 융합연구들이라기 보다는 기술개발에 집중되어 있는 분위기가 팽배하다. 많은 연구자들이 자신과는 다른 분야의 전문가들과 교류하고, 서로의 장점과 전략들을 배우려는 노력들을 한다. 이러한 학계의 분위기는 확대되어 기업, 정부 등의 사회 조직에서도 융합적 문제 해결 능력을 중요하게 생각하게 된다.

그러나 이러한 노력들은 단기간에 가시적인 경제적 성과를 볼 수 있는 기술영역들에 국한되어 있다. 이에 따라 기술 영역에서는 빅딜이 성행한다. 이로 인해 상대적으로 인문사회 문제들은 융합 연구의 대상에서 점점 멀어져 가고 윤리학, 법학, 심리학 등은 기술발전을 위한 보조 학문으로 역할하게 된다."

시나리오 3: Hoover 형(인문사회에 대한 관심, 좁은 네트워크)

"2020년 인문사회기반 융합이 연구방향의 주요 패러다임으로 자리잡기 시작한다. 기술중심적 연구방향에서 인문사회적 연구방향으로 이동한 것은 기술융합에 대한 자성의 목소리에 기인한 것이다. 이는 사회문제의 복잡도가 폭발적으로 증가함에 따라 사회문제 중심의 해결책이 필요하다는 공감대가 형성되었기 때문이다. 이로 인해 융합연구는 기술중심에서 사회문제 중심으로 전환되게 되었다.

그러나 이러한 공감대에도 불구하고 여전히 사회문제 자체가 일부 주도적인 학문세력, 스타 학자들, 학연으로 연결된 마피아들에 의해 통제되고 있는 한계 상황에 놓여 있다. 연구문제자체가 통제되고 있기 때문에 활발하고 자유로운 융합 교류가 원활하게 이루어지지 않는다. 이에 따라 일부 소외된 연구자들은 융합연구 자체에 대한 불신을 토로하며 본래 자신의 학문분야를 벗어난 연구들에 소극적인 자세로 변하기도 한다."

시니라오 4: TED 형(인문사회에서 출발, 넓고 우연한 연구망)

"2020년 드디어 인문사회기반 융합이 주도적인 학문 연구 분위기로 자리잡는다. 많은 문제들이 인문사회적 차원에서 접근할 때 해결됨을 집단적으로 경험했기 때문이다. 연구자들은 더 이상 학연과 지연에 기반한 학문적 네트워크에 안주하지 않고, 다양한 배경을 지닌 사람들과 열린 자세로 서로의 의견을 교환하고 서로의 아이디어를 평가하며 조언해 주는 것을 자연스럽게 여긴다. 이전에 알지 못했던 연구자들에게도 자신의 연구문제에 갖는 의문점을 해결하기 위해 적극적으로 조언을 얻기 위한 연락을 취하고, 만난다. 온오프라인 모두에서 융합을 위한 교류가 활발하게 이루어진다.

또한 융합 과제들은 더 이상 기술만을 위한 기술개발에 머물러 있지 않는다. 인문사회적 문제를 우선시 생각함으로써 문제중심적인 사고로 솔루션을 마련하기 위해 연구를 한다. 이는 정부와 기업 등 사회 구성원들이 적극적으로 융합연구의 가치를 평가하고 지원한 덕분이기도 하다. 넉넉하지는 않지만, 부족하지도 않은 지원예산으로 연구자들은 자신의 문제에만 집중하고, 그것을 해결하기 위한 인적, 물적 인프라를 걱정할 필요가 없기 때문이다. 정부는 이러한 융합적 네트워크를 지원하기 위한 전문 부서를 두고 있고, 중장기 사회문제를 대비한 전문가 네트워크를 활성화 한다.
사회문제는 '발견'-'논의'-'해법제시'의 과정을 통해 국민들에게 전달되고, 미디어를 통해 생생하게 전달된다. 이 과정을 통해 우리 사회가 지닌 문제를 국민들의 공감대를 바탕으로 선정하고, 이를 통해 소통함으로써 발전적인 의견교류를 사회적 차원에서 하게 된다."

4. 시나리오테이블의 함의

전문가들과의 논의를 통해 '시나리오 3 - 인문 중심, 좁은 연결망'이 가장 가능한 미래 시나리오로 평가되었다. 이는 넓은 연결망으로 이동하는 것이, 인문중심으로 전환되는 것에 비해 어렵다는 말이다. 연구가 객관화되고 문서화되고 논의의 중심이 되기보다는, 개인적이고 암묵적으로 진행되는 한국적인 상황이 벌어진다. 반면 인문사회기반으로의 이동을 긍정적으로 평가하는 이유는 한국의 사회 성숙단계가 이미 높은 수준에 올라 자연의 문제 못지 않게 사회 문제가 중요한 문제로 인식되고 있어서인 듯하다. 현재의 상황에서 시나리오 3으로 이동하기 위해 몇 가지 진행되어야 할 전략 과제들도 도출되었다.

- 인문사회 스타과제가 필요함
- 인문사회 솔루션이 등장해야 함
- 인문사회학자들에게 기술지도를 제공해야 함

가장 이상적인 시나리오는 '시나리오 4'이다. 사회문제의 해결은 인문사회기반의 연구에서 출발하며, 이를 해결하는 방식 역시 학계-산업-

시민사회가 융합적인 관점에서 원활한 소통을 통해 진행된다. 근미래에 시나리오 3이 현실화된다 하더라도 시나리오 4로 이동하기 위해서는 아래의 전략과제들이 선행되어야 한다. 전반적인 함의로는 융합은 결국 사람의 융합에서 출발한다는 점, 소통과 협력의 문화가 필요하고 결국 세대 교체가 진행되어야 진정한 융합이 진행된다는 점이다.

- 문화적 특성상 학연지연 기반으로 자연스러운 네트워크를 형성할 수 있을 것임
- 유대가 약한 전문가 집단이 형성된다면 의사소통 및 협력에 어려움이 있을 것
- 네트워크 간 유대가 강해진 후, 융합세대가 자리잡을 때 시나리오 4로 이동

제4절 결 론

인문사회기반 융합연구를 총괄하면서 느낀 점은 크게 세 가지이다. 첫째, 참여하고 있는 연구자들의 연구력이 미약하다. 인문사회기반 융합연구의 연구비 규모가 적어서인지 신진 연구자들이 많다. 또한 다양한 연구분야를 아울러야 하기 때문인지 각 분야의 주력 연구자들의 참여하지 않는다. 심리학이라면 심리학의 코어 연구자들은 융합연구에 잘 참여하지 않고, 역사학이라면 역사학의 중심 연구자들이 참여하지는 않는다. 중심연구자들만이 꼭 연구를 잘한다고 볼 수는 없다. 하지만 중심 연구자들은 연구 리소스에 대한 지배력이나 연구문제 해결능력이 높다는 것은 객관적 평가이다. 인문사회기반 융합연구의 결과물이 취약한 점도 연구력 부족으로 볼 수 있다.

두번째 시사점으로, 인문사회기반 융합연구의 목표를 연구결과보다

새로운 문제 발견의 기회로 전환할 필요가 있다. 적은 규모의 연구비로 효율을 높이고 저변을 확대하기 위해서는 창의적인 다양한 문제 발견, 새로운 접점의 가능성 제시 정도가 적당한 과제의 범위가 아닌가 한다. 이렇게 발굴된 문제들을 논의하고 검증해 나가는게 보다 발전적인 방향이 아닐까 한다. 새로운 문제를 충분히 많이 찾아내면 큰 문제에 대한 영감이 생기고 연구자들에게 동기부여가 될 것이다.

마지막으로 톱다운형 융합연구에 대한 회의이다. 이미 인문사회기반의 자생적인 융합이 많이 발견된다. 모든 학문들 중에서 응용분야는 이미 융합에 대한 방법론이 있다. 커뮤니케이션, 디자인, 산업공학은 오래전부터 융합적 접근을 하고 있으며 현실의 문제를 직접적으로 풀고 있다. 다양한 분야의 도움을 받는 노하우도 구축되어 있다. 그렇다면 인문사회기반 융합연구에서 응용분야를 배제해야 하는가? 응용분야의 발견은 자생적인 융합이 사회적인 진화 혹은 선택 체계 속에서 발전함을 보여준다. 정부 중심 혹은 연구재단 중심의 융합 활성화가 연구생태계의 자연스런 발전을 왜곡할 수도 있다는 것이다. 이런 질문은 융합에 대한 아주 본질적인 물음이 될 것이다. 결론적으로 인문사회기반 융합연구는 전혀 다른 방식의 접근과 활성화 전략이 필요하다는 점이다.

〈부록 1〉 델파이 1차 범주와 2차 스코어링

카테고리	순서	토픽	중요도			시급도		
			평균	표준편차	우선순위	평균	표준편차	우선순위
1. 건강과 보건	1	고령자용 전기 자전거 경량화을 위한 융합 연구	2.73	1.01	26	2.45	0.93	25
	2	장애인 및 고령자를 위한 첨단 전동 휠체어 연구	3.09	0.94	19	2.82	0.87	17
	3	생태계 건강 전반에 관한 다학제간 융합 연구	4.00	0.77	1	3.27	1.42	5
	4	의학, 인문학, 예술 융합을 통한 헬스케어 연구	3.55	0.93	6	2.64	1.29	20
	5	심리문제 해결을 위한 다학제간 융합 연구	3.91	0.83	3	3.45	0.93	3
	6	스마트 디바이스 건강서비스 구축 연구	2.91	1.04	23	2.64	1.03	20
	7	고령화 사회를 위한 IT 기기 개발 연구	3.00	1.00	22	2.64	0.81	20
2. 정보사회와 인간	1	기술발달의 방향성과 사회적 소통에 대한 연구	3.45	0.82	10	3.09	1.14	9
	2	SNS 커뮤니케이션 문화 분석과 디자인 연구	3.55	0.93	6	3.09	0.70	9
	3	스마트디바이스환경과 인간관계분석 연구	3.36	1.12	14	3.36	1.03	4
	4	빅데이터 분석 및 시각화 연구	3.55	0.82	6	3.09	0.83	9
3. 교육과 학습	1	미디어 유형에 따른 창의성 교육 연구	3.45	0.93	10	3.00	0.77	13
	2	청소년 진로지도를 위한 융합 안내망 구축 연구	3.55	0.69	6	3.18	0.75	8
	3	현장체험학습 스마트 디바이스 플랫폼 개발 연구	3.36	1.03	14	2.91	0.94	15

4. 소비자 와 사용자	1	생체/생리학 정보와 소비자 행태 연구	3.09	0.94	19	2.55	1.04	24
	2	아이데이션을 돕기 위한 SNS 디자인 프로토타이핑	2.91	0.83	23	2.45	0.52	25
5. 기술과 사회	1	IT 기술을 활용한 다문화 가정 사회통합방안	3.91	1.22	3	3.91	0.83	1
	2	기능성 게임으로 융합연구 참여 이끌어내기	2.82	0.60	25	2.64	0.67	20
	3	신문기사를 사회문제해결에 활용하는 프로그램 개발	2.64	1.03	27	2.45	1.04	25
	4	기후변화와 국제 무역 관계에 대한 연구	3.27	1.10	17	3.09	1.04	9
	5	융합의 산업적 확산과 생산성에 대한 연구	3.09	1.14	19	2.91	1.22	15
	6	문제해결을 위한 시민참여형 융합연구 허브 구축	3.45	1.04	10	3.27	1.10	5
6. 자연과학과 인문학	1	동물에 대한 생물학/문화학 융합 연구	3.36	0.81	14	3.00	0.89	13
	2	미량원소분석을 활용한 고고학 자료 연구	3.45	1.37	10	2.73	1.19	19
	3	새로운 연대측정법 개발을 위한 학제간 연구	3.18	1.25	18	2.82	1.17	17
7. 도시 공간	1	도시 농업을 활용한 도시공동체 형성	3.91	0.83	3	3.27	0.79	5
	2	도시공간 구축을 위한 건축, 철학, 예술 융합 연구	4.00	0.77	1	3.91	0.70	1

〈부록 2〉 델파이 3차 개방형 주제 추가

번호	주제	번호	주제
1	디자인 윤리의식 향상을 위한 인문융합 연구	8	기후변화 시나리오와 경제적 영향 연구
2	창의적 아이디어 발상을 위한 초기 교육 연구	9	인간중심적 자동차 상호작용 연구
3	실버세대를 위한 놀이 문화 연구	10	사상체질이론과 사회문제 해결 방안 연구
4	일상공간 개선을 위한 인문사회 기술 융합 연구	11	인간중심 디자인의 사회문제 해결 연구
5	사회문화 공동체를 위한 유기적 네트워크 연구	12	1인 가구 시대를 대비한 생활-공간 연구
6	도시생태에 관한 생물학과 사회학의 융합 연구	13	스마트디바이스 기반 도시지역 정보 연구
7	동물 질병에 관한 역사-자연과학 연구	14	현대 도시공간 이해를 위한 문학작품 분석

〈부록 3〉 델파이 최종 범주 및 4차 스코어링

카테고리	순서	주제	합계	평균	표준편차	순위
1. 건강, 노인, 그리고 삶의 질	1	고령자용 전기 자전거 경량화을 위한 융합 연구	19	1.9	0.88	9
	2	장애인 및 고령자를 위한 첨단 전동 휠체어 연구	19	1.9	0.74	9
	3	의학, 인문학, 예술 융합을 통한 헬스케어 연구	17	1.7	0.48	21
	4	심리문제 해결을 위한 다학제간 융합 연구	21	2.1	0.57	3
	5	스마트 디바이스 건강서비스 구축 연구	20	2	0.82	7
	6	고령화 사회를 위한 IT 기기 개발 연구	21	2.1	0.74	3
	7	실버세대를 위한 놀이 문화 연구	21	2.1	0.57	3
	1	미디어 유형에 따른 창의성 교육 연구	20	2	1.25	7

2. 교육, 창의성, 그리고 청소년	2	현장체험학습 스마트 디바이스 플랫폼 개발 연구	18	1.8	0.92	17
	3	창의적 아이디어 발상을 위한 초기 교육 연구	18	1.8	0.42	17
	4	아이데이션을 돕기 위한 SNS 디자인 프로토타이핑	13	1.3	0.67	38
	5	청소년 진로지도를 위한 융합 안내망 구축 연구	19	1.9	0.32	9
3. 디지털 인문학	1	기후변화 시나리오와 경제적 영향 연구	23	2.3	0.67	1
	2	동물에 대한 생물학·문화학 융합 연구	16	1.6	0.70	27
	3	미량원소분석을 활용한 고고학자료 연구	16	1.6	0.84	27
	4	새로운 연대측정법 개발을 위한 학제간 연구	15	1.5	0.85	31
	5	동물 질병에 관한 역사-자연과학 연구	15	1.5	0.71	31
	6	디자인 윤리의식 향상을 위한 인문융합 연구	15	1.5	0.71	31
	7	빅데이터 분석 및 시각화 연구	19	1.9	0.99	9
4. 생태, 도시, 그리고 환경	1	도시공간 구축을 위한 건축, 철학, 예술 융합 연구	19	1.9	0.32	9
	2	현대 도시공간 이해를 위한 문학작품 분석	14	1.4	0.52	34
	3	일상공간 개선을 위한 인문사회 기술 융합 연구	17	1.7	0.48	21
	4	도시생태에 관한 생물학과 사회학의 융합 연구	17	1.7	0.67	21
	5	도시 농업을 활용한 도시공동체 형성	16	1.6	0.52	27
	6	스마트디바이스 기반 도시지역정보 연구	19	1.9	0.57	9
	7	인간-동물 생태계 전반에 관한 다학제간 융합 연구	22	2.2	0.79	2
5. 소비자, 사용자, 그리고 개인	1	인간중심적 자동차 상호작용 연구	16	1.6	0.84	27
	2	생체·생리학 정보와 소비자 행태 연구	14	1.4	0.52	34
	3	1인 가구 시대를 대비한 생활-공간 연구	18	1.8	0.63	17
6. 사회적 소통	1	스마트디바이스환경과 인간관계분석 연구	17	1.7	0.82	21
	2	기술발달의 방향성과 사회적 소통에 대한 분석	21	2.1	0.74	3

	3	사회문화 공동체를 위한 소통 허브의 구축	18	1.8	0.63	17
	4	새로운 공동체를 위한 SNS 디자인	19	1.9	0.99	9
	5	IT 기술을 활용한 다문화 가정 사회통합방안 제시	17	1.7	0.67	21
7. 사회문제 발견과 해결	1	신문기사 마이닝으로 사회문제 발견	14	1.4	0.70	34
	2	문제해결을 위한 시민참여형 융합연구 허브 구축	17	1.7	0.48	21
	3	기능성 게임으로 융합연구 참여 이끌어내기	12	1.2	0.42	40
	4	사상체질이론과 사회문제 해결방안 연구	13	1.3	0.48	38
	5	사회문제 해결을 위한 디자인의 역할 연구	14	1.4	0.52	34
	6	융합의 산업적 확산과 생산성에 대한 연구	19	1.9	0.74	9

제 8 장

중국에서의 학문간 교차 연구

쩡쇼잉 · 왕호우천*

제1절 서　　론

과학은 자연현상에 대한 이론 형태의 지식이다. 자연계의 각종 현상은 본질적으로 상호 관련된 유기적인 '정체(整体)'(혹은 총체)이므로, 과학 자체는 '정체화(整体化)'(혹은 총체화)의 특징을 갖고 있다. 과학기술이 수직적으로 깊이 발전함에 따라 여러 학과들은 고도의 분화와 종합이 동시에 나타나는 추세를 보여주고 있고, 학과의 교차융합은 과학발전의 시대적 특징과 혁신의 원천으로 되고 있다. 과학의 발전사를 통해 알 수 있듯이 과학은 종합, 분화, 재종합의 과정을 거쳐 왔다(路甬祥, 2005). 20세기 하반기에 들어선 후 점점 더 많은 수의 '교차학과'가 생기면서 과학의 선도적 문제 혹은 난해 문제들이 해결될 수 있었다. 이 글은 교차학과의 배경과 발전에 대한 이해를 전제로 '교차학문 연구(交叉學問, interdisciplinary research)'의 실천 현황, 특히 사회과학과 자연과학 분야의 교차 범위 및 실천 분야에 대해 논의하고, 이를 통해 과학 발전

* 郑晓瑛(ZHENG Xiaoying) · 王灏晨(WANG Haochen): 베이징대 인구연구소 교수. [번역: 이수봉(LI Xiufeng), 북경사범대(Beijing Normal University) 교수.]

에서 사회과학의 중요성을 충분히 인식하고 자연과학과 사회과학의 융합 발전을 위해 참고가 될 정보를 제공하려고 한다.

제 2 절 교차학문 발전의 인구학적 배경

과학 발전의 목적은 인류사회를 더 빨리, 더 좋게 발전시키기 위함이다. 인간의 현대 생활에 대한 추구는 학과 발전의 중요한 동인이므로 인구(人口) 관련 배경에 대해 설명할 필요가 있다. 여기에서 먼저 중국 인구의 발전 및 현황을 소개하고자 한다.

중국은 역사적으로 인구 및 가족 호수(戶數)에 대한 통계수치가 있었다. 하지만 전국적으로 통계를 위한 기준 및 방법이 부족하였기에 고서(古書)에 적혀 있는 인구 수치는 대략적으로 추측한 것이었다. 실제적으로 각 조대(朝代)의 영토 범위가 증가와 축소를 반복함에 따라 통계 범위도 변화해 왔다. 이러한 추측 수치는 중국 인구 발전의 대략적인 추세를 보여주는데, 중국 인구는 지난 3천 년 동안 완만한 증가세를 유지하다가, 송나라 휘종(宋徽宗)[1]시기에 처음으로 인구수가 1억을 초과하였으며, 18세기 청나라 건륭(乾隆) 황제[2] 시기에 비교적 빠른 속도로 증가하기 시작하여, 1953년 제1차 인구조사 때에 인구수가 6억을 초과하였다.

1949년 후 의료수준이 향상됨에 따라 전염병유행이 적어지고 이로 인해 사망률이 대폭적으로 감소되고 평균수명이 증가되었다(宋新明, 2003). 인구성장도 "고출생, 고사망, 저성장"에서 20세기 50~80년대의 "고출생, 저사망, 고성장"으로 변화되었으며, 변화 시간이 짧고 인구규모가 커졌다. 2010년 제1차 인구조사때 중국의 총 인구수는 약 13.7억이

1) 송나라 제8대 황제로서 1100년부터 1126년까지 재위했음(역자 주).
2) 청나라 제6대 황제로서 1736년부터 1795년까지 재위했음(역자 주).

고, 60세 이상의 노인이 13.2%, 65세 이상의 노인이 8.87%를 점했는바 이는 중국이 노령화사회에 진입했음을 의미한다(中華人民共和國國家統計局, 2011). 노령 및 고령노인의 절대적 수가 증가함에 따라 건강리스크와 양로압력(養老壓力)이 뚜렷하게 커졌다.

중국 각 지역의 노령화 수준은 차이가 있는 인구의 이동성은 이러한 차이를 확대시키고 있다. 다상태모형(多狀態模型)은 출생률, 사망률, 교육전환과 순 유입 인구를 포함한 상태에서 예측을 진행한다. 이 모형에 근거하여 북경, 상해 등 발달하고 노령화 수준이 상대적으로 높은 도시에 대한 예측을 하였는데 인구의 이입은 비교적 효과적으로 유입지(流入地)의 노령화 증가속도를 완화하고 있다(龐麗華 외, 2006). 하지만 이입지역은 이입인구를 위해 의료, 교육 등 분야의 서비스를 제공해야 하며, 인구 출생의 질적 결과도 다양한 유형의 유입 인구에 따라 복잡해지면서 인구의 건강 리스크를 증가하고 있다(陳功 외, 2006).

비록 유행병, 기생충 감염병으로 사망하는 인구수가 위생조건이 개선됨으로 하여 감소되고 있지만, 이와 동시에 생활수준의 제고, 오염정도가 심해짐으로 하여 호흡계통, 순환계통, 심장혈관 및 악성종양 등의 만성병이 현재 중국의 가장 중요한 사망원인으로 되고 있다(鄭曉瑛, 2003). 이러한 질병들은 치류주기가 길고 의료자원 소모가 크며 일부 악성 질병들은 사망율이 비교적 높다.

현재 중국 인구의 또 고령 장애자의 비중이 크다(國家統計局, 2007). 1987년의 전국 제1차 장애자조사에서 60세 이상의 장애자가 전체 장애자수의 32%를 점했다(國家計算中心, 1989). 2006년 제2차 전국 장애자조사 때는 비중이 53%에 달했다.

도시와 농촌의 경제적 수입 및 의료수준의 차이도 중국인구의 건강에 영향을 미치는 요소이다. 2000년에 진행된 제5차 인구조사에 의하면 중국의 도시와 농촌의 인구비례는 1:2.5라고 한다(李恩平, 2012). 당시 도시와 농촌주민 가족의 일인당 경제적 수입의 비례는 2.7:1에 달했으며 이러한 격차는 계속 확대되고 있다. 이는 중국 국내에서 많은 사람들이 건강 보장을 받지 못하는 중요한 원인이다.

종합적인 차원에서 보면, 노령화와 장애자 문제를 포함한 인구의 특징, 유행병학(流行病學)의 변화, 질병으로 인한 사망 원인의 변화 및 도시와 농촌지역 수입 수준과 의료 수준의 차이 등 인구의 건강과 관련된 문제는 빠른 속도로 발전하고 있는 중국 경제와 사회에 복지시스템, 의료, 양로, 사회적 형평성 등 면에서 거대한 도전을 초래하고 있다. 단순하게 생물과학, 의료기술 등 자연과학의 차원에서는 공공정책의 효과적인 해결 방법을 찾을 수 없다. 하지만 사회과학이 독립적인 대응을 하기에는 기술적인 도구가 부족하다. 따라서 자연과학과 사회과학이 교차적으로 상호 우세를 보완해주는 것이 인구건강에 관련된 문제들을 풀어나가는 데 새로운 방법과 동력을 제공할 것이다.

제 3 절 교차학문의 인식과 이해

1. 국내 · 외 교차학문의 발전

'다학문적(inter-disciplinary)'이라는 용어는 '교차학문'의 어원으로 볼 수 있다. 이는 미국 콜롬비아대 심리학자 우드워스(R. S. Woodworth)가 1926년 미국사회과학연구협의회(SSRC)의 설립대회에서 처음 제기하고 확산시킨 전문 용어로서, 하나의 학문분야의 범위를 초과한 연구를 지칭한다. 1937년에 출판된 『옥스포드영영사전(증보판)』과 『신웹스터영영사전』에 처음으로 '다학문'이라는 용어가 수록되었다. 20세기 50년대와 60년대에 이르러 '교차학문'이라는 용어는 더욱 많은 사람들에 의해 사용되기 시작했다. 1970년에 프랑스에서 '대학의 다학문 문제'를 주제로 국제학술회의가 열렸으며, 「다학문: 대학에서의 강의와 연구문제」라는 학술대회논문집이 출판되었다. 1976년에는 영국에서 국제적인 교차과학 학술지인 『교차과학평론(*Interdisciplinary Science Review*)』이 창간되었다. 1980년, 국제교차학문협회가 정식으로 설립되었으며, 다학문연구와 다학문관리에 관한 연구를 중심으로 여러 차례 다학문국제학술회의를 개최하였다(鄭曉瑛, 2007).

중국 내에서 교차학문에 대한 논의는 1980년대부터 시작되었다. 판대넨(范岱年, 1981)은 자연과학과 사회과학 간에는 큰 간격이 존재하고 있다고 하였다.[3] 1984년에 국무원에서 통과된 「과학연구에 대한 여섯 가지 방침」은 "자연과학 중에서 사회과학과 교차된 학문분야가 있는데 이를 비판하면 안 된다"고 특별히 언급하였다. 이는 정부 문서에서 처음으로 "교차학문"라는 용어를 사용한 것이다. 1984년 12월 16일에서 20일까지 중국사회과학원 대학원과 중국과학원 대학원은 북경에서 "현대 자연과학과 사회과학"이라는 주제의 학술회의를 개최하였는데, 토론의 주제가 바로 자연과학과 사회과학의 융합 문제였다. 1985년 4월에 첸쉐썬(錢學森)[4] 등 학자들의 주도 하에 베이징에서 전국 제1차 교차과학 학술토론회가 열렸으며, 회의에서 "교차과학의 새로운 시대를 영접하자"는 결론을 도출하였다(王續琨, 2006). 1986년 천진에서 학술지인 『교차과학』이 창간되었으며, 1987년에는 광명일보출판사에서 『교차과학문고』 제1집이 출간되었다. 이후 교차학문을 주제로 한 다수의 책들이 전국 각지에서 출판되었다.

2. 교차학문의 분류

첸쉐썬(錢學森, 1985)은 교차학문의 개념을 "자연과학과 사회과학이

3) 과학철학을 연구하는 중국의 유명한 학자로서 중국 과학원 및 사회과학원에서 근무하고 북경항공대학의 교수를 지냈음(역자 주).

4) 중국의 유명한 과학자(1911~2009)로서 MIT와 CALTECH 교수를 역임했음(역자 주).

상호 교차된 분야에서 새롭게 생겨난 학과"로 정의한다. 교차학문은 두 개 이상의 서로 다른 학과의 이론과 방법이 상호 침투되어 과학적 규칙을 전제로 실천 과정에 대한 증명을 통하여 더욱 효과적인 학과군으로 되는 것을 말한다. 응용적인 시각에서 보면 교차학문은 다음과 같이 분류할 수 있다.

1) 내부 교차

과학의 발전에 따라 동일한 학과 내에서도 더욱 정교하고 심도 있는 방향으로 자학과(子學科)간의 연계가 점점 더 멀어지게 된다. 학과 내부의 상호 융합은 더욱 많은 영역으로 확장되며 학과의 전체적인 실력을 강화하게 된다. 생물화학과 분석화학의 결합을 '내부' 교차 연구의 예로 볼 수 있다.

2) 근거리 교차

서로 다른 학과간의 합작은 '근거리' 교차에 속한다. 예를 들면 수학과 통계학 혹은 역학의 교차이다. 수학을 주요한 도구로 경제학, 인구학 등 사회과학이 점차적으로 자연과학과 같은 "경성(硬)"과학으로 전환되었으며 예전보다 더욱 엄밀성을 갖게 되었다(王筑生, 1996).

3) 원거리 교차

사람들이 원래 무관하다고 생각하는 합작도 비교적 중요한 문제를 해결할 수 있다. 예를 들면 분석화학과 물리학, 전자학의 교차, 그리고 생명과학, 환경과학 등 정보화시대 기술의 결합은 분석화학으로 하여금 광범위하게 교차된 학문분야로 발전하게 하였다.

4) 계(界) 교차

과거의 교차학과는 통상적으로 자연과학과 사회과학계 내부에서의 교차였다. 인류사회의 발전은 점점 복잡해지고 있으며, 사회과학과 자연과학의 합작은 과학으로 하여금 전체적인 시스템학과로 발전하게 하였다. 사회과학과 자연과학을 동등하게 중요하다고 보아야 하며, 그 중 특히 사회과학을 지도적인 위치에 놓아야 한다(杜俊民, 2000).

3. 교차학문의 과학발전에 대한 의의 및 현실적 의의

과학기술이 비약적으로 발전하고 학문분야가 분화되면서도 종합적인 발전추세를 보임에 따라 학과간의 교차와 융합은 과학기술 발전의 시대적 특징과 혁신의 원천으로 되었다. 과학의 발전역사를 보면 알 수 있는 바, 과학은 종합, 분화, 또다시 종합의 과정을 반복하였다. 과학의 발전 중에서 나타난 새로운 문제는 학과융합을 요구하고 있으며, 사회발전과정에서 생긴 종합적이고 복잡한 문제는 여러 학문분야 이론과 방법의 융합과 교차를 통해서만 해결할 수 있다.

20세기에 나타난 수많은 학과 중에서 대다수는 교차학문의 범주에 속한다(顧浩, 2006). 현재 비교적 성숙한 5,550개 학과 중에서 교차학과가 약 2,600개에 달하는데 이는 학과 총수의 46.8%을 점한다. 20세기 마지막 25년 중 노벨 자연과학상을 받은 학자가 95명인데 그 중 교차학문 분야가 45개로 47.37%를 점하고 있다(張春美 외, 2001).

교차학문의 과학적 의의는 노벨상을 예로 설명할 수 있고, 현실적인 의의는 실질적인 문제해결 능력에서 볼 수 있다. 작금의 지속가능한 발전의 이념은 생산에서 적은 투입과 많은 산출, 소비에서 적게 배출하고 많이 이용, 생활에서 그린을 주목하고 환경보호와 건강을 중시할 것을 강조하는 것이다(溫家宝, 2009). 중국의 국가주석 시진핑(習近平)은 2013년 전국인민대표대회와 전국정치협상회의 기간에 "창의성을 동력으로 하는 발전전략을 실행"해야 한다는 것을 강조하였으며, 중국의 과학기술계는 응당 자주적인 창조와 협동창조를 강화해야 한다고 하였다(新華

社, 2013).

중국은 현재 전 지구적 금융위기, 기후변화, 환경오염, 새로운 에너지 확보와 노령화 등의 도전을 받고 있다. 이때 과학기술 창조 능력을 강화하고, 새로운 방법과 기술이 갖고 있는 문제점을 극복하여 중국경제의 진일보 발전을 실현해야 한다.

4. 교차학문과 인구학

인구학은 인류의 생물적 속성과 사회적 속성을 함께 다루는 학과이다. 위펄(Whipple, 1919)은 1919년에 인구학의 주요 구성(分支)부분으로 계보연구, 통계와 생명등록, 인구통계, 유행병 등을 제시하였다. 그 중에는 사회과학 외에 수학과 의학 등도 포함되어 있다.

인구학은 애초부터 교차학문의 특성을 갖고 있었으며 개방적인 학문이었다. 작금의 인구학은 중국이 당면하고 있는 인구와 관련된 여러가지 난해한 문제들을 해결하고 환경, 정책, 사회구조의 배경하에서 의학, 생명과학, 통계학, 수학, 지리학 등 자연과학 도구와 수단을 도입하여 사회학과 경제학의 분석시각으로, 인군(人群) 중에 존재하는 중요한 문제의 각 요인간의 관계 및 영향요소를 찾아내어 문제해결에 도움을 주고 하는 학문이다.

제 4 절 중국 교차학문의 발전과 실천사례

1. 북경대 교차학문의 발전과 성과

북경대는 사회과학과 자연과학 분야에서 중국내에서는 선두를 달리고 있는 종합대학교이다. 2006년부터 2010년까지 SSCI에 수록된 논문이 100여개 학과의 1,329편이었는데 그 중 논문수가 25위 안에 드는 학과 중에서 13개가 이과(理科)와 의학에 속해 있으며, 논문 수가 404편에 달한다. 이를 통해 북경대 내의 자연과학과 사회과학의 교차학문 발전은 일정한 기초가 있다는 것을 알 수 있다(何洁 외, 2012). 학교에서는 새로운 연구기관 설립을 통하여 학과 발전추세를 파악하고 학술포럼을 개최하며 다학문적인 연구실험실을 신설하는 등의 교차학문 발전을 위해 지원을 아끼지 않고 있다.

2. 인구연구소와 융합학문

북경대 인구연구소는 인구학이 대표적인 교차학과라는 것을 믿는 전제 하에서 인간의 건강 문제를 핵심적인 연구 주제로 하고 사회과학과 자연과학의 서로 다른 시각에서 인간이 태어나기 전부터 세상을 떠나는 전 생명주기에 대한 연구를 진행한다. 인구연구소가 주도하여 진행한 "중국인의 선천적 문제점의 유전자와 관련 환경의 통제연구"는 두 차례 국가중점기초연구발전계획(약칭 '973 계획')의 지원을 받았다. 인구연구소는 국내에서 처음으로 사회과학분야의 연구소가 두 번이나 '973 프로젝트'를 따낸 연구기구로 되었다. 유아 사망률 40‰ 이하에서 나타난 선천적 장애아동들의 영향요인을 연구하기 위하여 프로젝트 연구팀은 인구학, 유행병학과 의학방법을 채용하여 환자 케이스의 비교연구를 진행하고, 배아발육이대전잠대열(胚胎發育二代前瞻隊列)을 발견하고, 수학과 통계학으로 질병수치를 수집하며, 환경과학과 지리학 방법으로 공간 환경과 병을 도발한 유전자에 대한 판별과 간섭을 진행하였다. 다음으로 각종 영향요소를 이용하여 정보과학과 통계학으로 모의 확대함으로써 가능한 후과에 대해 예측하는 동시에 효과적인 간섭을 실행하였다.

이 과정에서 사회과학은 자연과학으로서는 대체할 수 없는 역할을 발휘하였다. 예를 들면 인간의 거주문화와 선택, 생활행태가 선천적 질병에 대한 영향, 출생상태와 성인건강간의 관계 등의 과학적 발견이다. 또한 미시적 원인을 분석하기 위하여 생물실험에서 기형요소의 표달방식을 찾고, 유전자기술을 통해 잘못된 위치를 확정하고 칭화대학의 분자스캔설비를 이용하여 "당씨종합증(唐氏綜合症)" 환자의 비정상 21호 염색체 공간위치의 각 기하변수를 확정하였다. 두 번의 973프로젝트 실행을 통해 발표한 학술논문이 191편인데, 그 중 WHO Bulletin과 PNAS 등을 포함한 SCI급 저널에 175편을 발표하였으며, 학술서 4권, 정부상을 받은 학술성과가 4건이다. 이 프로젝트 외에도 인구연구소는 인구학, 사회학, 경제학과 의학, 지리학을 통합하여 진행한 연구프로젝트들이 다수 있으며, 이는 각이한 학과배경을 가진 연구원들이 자신의 재능을 충분히 발휘할 수 있는 기회를 제공하였다.

3. 하상주단대공정

유명한 고고학 교차학과 프로젝트인 '하상주단대공정(夏商周斷代工程)'[5]은 다학문 교차학과의 중요성을 입증해주는 또 하나의 대표적인 사례이다. 북경대 과학기술고고학(科技考古學) 실험실은 세계적인 연구수준을 자랑하고 있다. 제4기 연대학(第四紀年代學) 측정실험실의 정확도는 세계 10위권에 들며, 선후로 "제9차 5개년계획" 국가과학기술 중대 프로젝트인 하상주단대공정(夏商周斷代工程)과 "제10차 5개년계획"의 중대 프로젝트인 "중화문명탐원공정예연구(中華文明探源工程預研究)"의 연대(年代) 측정을 진행함으로써 하상주연대학(夏商周年代學)의 수립을 위해 중요한 공헌을 하였다. 프로젝트에 참여한 학자들은 역사학, 문헌학, 고고학, 고문자학(古文字學), 역사지리, 천문역산(天文歷算), 과

5) 夏, 商, 周는 기원전 시대에 중국에 존재한 왕조의 명칭임(역자 주).

학기술연도측정기술 등 다양한 학문적 배경을 갖고 있으며, 「하상주연표(夏商周年表)」를 포함한 다수의 연구 성과를 이룩하였다(李學勤, 2003).

제 5 절 사회문제와 교차학문의 발전수요

1. 교차학문 발전의 필요성

성숙된 학문분야는 규범적인 지식체계를 갖고 있는데, 이는 상대적으로 독립적인 학과체제뿐 아니라 성숙된 연구방법과 명확한 연구내용을 포함하고 있다. 학문의 발전에 따라 학과의 변두리 심지어 내부지대에까지 단일한 학과가 해결하지 못하는 복잡한 문제가 존재하며, 이런 문제에 대한 인식과 연구능력은 인근학과의 힘을 빌려야 하는데 이러한 과학자체로부터 발생한 욕구가 교차학문 발전의 동력이 된다. 유명한 미국과학기술기금회 회의 보고서인 "인간성능의 취합기술: 나노기술, 생물기술, 정보기술과 인지과학"(약칭 NBIC)은 21세기 가장 중요한 교차학문 발전의 이정표로 불리우고 있다(National Science Foundation, 2002). 위의 네 분야 기술의 취합은 우연적인 것이 아니다. 각 학과는 발전 중에서 서로 자연스럽게 교류와 침투를 번복하고 상호보완을 통해 자연과학과 사회과학의 융합을 추진하게 된 것이다.

2. 사회발전의 수요

사회의 발전은 사회과학, 생명과학, 화학, 물리, 기계 등 여러 분야에서 발생한 문제들을 서로 교차시키면서, 각이한 시각에서 이 문제들의 해결방법에 대한 창조적인 의견을 제공하고 있지만, 하나의 체계적인 지식시스템에 포함시키기 힘들다. 이는 교차학문의 새로운 계획과 개선

방법 및 관련 체제의 출범을 요구하며, 각이한 학과의 특징을 종합하여 문제해결의 방향과 방법을 발견한다. 과학이 해결해야 할 문제는 각각 독립적인 별도의 문제가 아니라 문제덩어리로 볼 수 있다. 사회발전에 따라 지속적으로 나타나는 문제덩어리들은 각이한 학문분야의 지식들이 교착적으로 조합되어 해결해 줄 것을 요구하게 된다.

3. "계(界)" 간의 교차와 과학발전의 내재적 논리

자연과학과 사회과학은 과학발전의 초기에는 명확한 구분이 없었다. 사회의 발전에 따라 연구영역이 점차 깊어짐에 따라 자연과학과 사회과학이 서로 분리되어 일정한 수준의 발전을 거쳐 양립하는 과학의 두 "계"를 구성하였다. 자연과학은 사회과학으로부터 문제를 인식하고 해결하는 방법을 배우며, 자연과학은 사회과학의 각 학문분야에 물질적인 기초와 분석도구를 제공하였다. 이렇게 서로 보완하는 상태에 있는 내적 논리는 두 개의 "계"가 실천과정에서 함께 과학효과의 최대화를 위해 각자의 역할을 하는 것을 설명할 수 있다.

4. 환경과 건강연구의 수요

건강은 인간의 기본적인 욕구이며, 건강에 영향주는 요소는 자연환경과 사회환경의 범주에 포함시킬 수 있다. 자연환경과 건강간의 관계에 대한 연구에서 주목해야 할 것은 환경생물, 화학, 물리원소들이 사람의 몸에 미치는 영향 즉 생물학적인 상태의 변화이다. 사회환경과 건강간의 관계에 대한 연구에서는 인구발전, 인구와 사회, 경제, 자연환경 등 관계의 규칙성과 수량관계(數量關系)를 찾아내야 한다. 따라서 환경과 건강의 관계에 대해 연구를 진행하는 것은 사회과학과 자연과학이 서로 보완적인 관계에 처해있다는 것을 설명한다. 앞에서 서술한 바와 같이 인구연구소가 진행해 온 연구는 이 두 가지 "계"가 결합한 일종의 유익한 탐색이라고 볼 수 있다.

제6절 결 어

교차학문의 발전 대세는 누구도 막을 수 없다. '멀거나 혹은 가까운 거리'의 교차는 대량의 연구 성과 및 신흥 학과를 만들어내고 있으며, '계(界)'를 융합한 교차적 연구의 우세도 이미 나타나고 있다. 현실적으로 과학기술 연구에 종사하는 일부 전문가들이 사회과학에 대한 이해가 부족하고 그들이 갖고 있는 '기술지상(技術至上)'의 편견도 융합학문의 발전을 저해하고 있는 현상으로 존재하고 있다. 하지만 "강은 청산이 막을 수 없어 반드시 동쪽으로 흐르게 된다(靑山遮不住, 畢竟東流去)". 융합학문의 발전과 함께 자신을 고의적으로 고립시키는 단일학과는 발전을 이루기 힘들 것이며, 다학문 이론과 방법의 우세는 사회발전으로 인해 나타나는 에너지, 인구, 환경문제 등의 해결과정에서 뚜렷이 나타날 것이다. 사회과학과 자연과학간의 융합을 중시해야만 더 많고 더 새로운 교차학과가 지속적으로 나타나고 사회과학과 자연과학이 상호 보완하고 서로 지원하는 상황 하에서만 과학의 발전과 인류사회의 번영이 실현될 수 있다.

제 9 장

일본에서의 문리간 학제 연구

나까오 마사요시*

제1절 서　　론

지구환경문제의 해결을 지향하는 학문적 기반을 형성하고자, 2001년 총합지구환경학 연구소(이하 '지구연')이 일본 쿄오토에 창설되었다. 지구연은 지구환경 문제로 인해 도래하게 될 '인간과 자연계 사이의 상호작용의 순환'을 규명하는 모름지기 '지구환경학'이라고도 일컬어 짐직한 학문의 기반 형성을 목표로 하고 있다. 이를 위해, 인문사회과학에서 자연과학에 이르기까지의 여러 학문분야를 총합하고, 국내외 대학 및 연구기관과 네트워크를 연결, 총합적인 연구 프로젝트를 추진하는 방식을 채용하고 있다. 한편, 새로이 설립된 일본 정치사회학회(政治社會學會)는 그 지침 중의 하나로 '문리융합형 학제연구 실현을 위한 새로운 시점 재개발'을 거론하고 있다. 그래서 이 글에서는, 자연과학과 인문사회과학 연구자들의 협동에 의한 '다학제 연구'의 판단 지표가 될 선도연

---

* 中尾 正義. 일본 대학공동이용기관 법인 인간문화기구/총합지구환경학연구소 이사. 이 글은 "文系と理系の研究者の協働による 学際的研究の現状と課題," 政治社會論叢, 2012, 1: 15-26을 번역한 것임. [번역: 김성주(Sungjoo K. Ogino) The Millennium Project, Japan Node Member]

구(pilot study)적 시도로서 지구연이 실행했던 사업 중의 하나인 '오아시스 프로젝트'의 사례를 소개하면서, 다학제연구가 갖는 문제점과 과제에 대해 생각해 보고자 한다.

제 2 절 종합지구환경학연구소

'더워져 가는 지구'에 관하여, 연구자들 사이에서는 이미 1970년대에 지적되고 있었으나, 위정자를 포함해 일반인들이 지구온난화를 문제로 인식하게 된 것은 1980년대에 들어서서부터였다. 더욱이 이 문제로 기인되는, 사막화의 확대, 지구 성층권내 오존 감소, 산성 비의 발생, 토양 침식, 해양 오염, 생물다양성의 소실, 산림생태의 쇠퇴, 수자원의 고갈, 이상기상의 다발화 등등, 여러 문제가 '지구규모로 발생하고 있다'는, 이른바 '지구환경문제'로서 지금은 널리 인식되게 되었다.

이러한 문제에 대한 일본정부의 대처 중 하나가 총합지구환경학 연구소의 창설이었다. 당초 연구소 창설에 대한 구상 단계에서는, 예를 들어 이제부터 전개될 온난화 상황의 예측과 온난화로 인한 영향 평가 등에 공헌할 연구를 실시하는 연구소라는 이미지가 강했었다. 달리 말하면, 어떤 의미에서는 이공계 연구소를 상정하고 있었던 듯했다.

그러나, 연구소 창설에 관여된 검토가 보다 진행되는 중에, 이과의 학문분야를 중심으로 한 연구만으로는 지구환경문제 해결에 다다르지 못하는 것이 아닐까 라는 의구가 제기되었다. 즉, 지구의 환경문제는 '자연계와 인간의 상호작용'에 의한 것이어서, 인간 문제를 외면하는 중에는 환경문제의 근원에 다가설 수 없지 않을까 라는 고찰이었다. 따라서, 새로이 창설되어야 할 연구소에서는, 인문사회과학에서 자연과학에 이르기까지 여러 학문분야를 총합함으로써, 지구환경문제가 원인이 되어 도래할 장면들을 명확히 하고, 그 해결을 지향하는 맥락적 탐구가 이행되어야 할 필요가 있다는 결론에 달하게 된 것이다. 이러한 뜻은, 당시 가칭으로 '지구환경과학 연구소'로 불리고 있던 연구소가, '과학'이라는 표현을 빼고 최종적으로 '총합지구환경학 연구소'로 그 명칭을 바꾼 사실에 반영되어 있다.

즉, 총합지구환경학 연구소는, 초대 소장이었던 히다까 토시타까(日高敏隆)의 말을 빌리면, '지구환경문제의 근원은, 자연에 도전하여 이를 지배하려고 해온 인간의 삶의 양식, 즉 언어의 가장 넓은 의미로 적자면, 인간 "문화"의 문제이다'라는 인식을 기반으로 한다. 이는, 지구연의 영자 표기명으로 채용한 「Research Institute for Humanity and Nature (RIHN)」에도 표현되어 있다.

제 3 절 오아시스 프로젝트

사례로 다룰 오아시스 프로젝트는 지구연이 창설된 직후인 2001년도의 예비연구를 거쳐, 2002년도에서부터 2006년도까지 5년동안 실시되었던 사업이다. 정식 명칭은 '수자원 변동으로 인한 부하(負荷)에 대한 오아시스 지역의 적응력 평가와 그 역사적 변천'이나, 약칭으로 '오아시스 프로젝트'라고 한다. 주된 연구대상지역으로, 중국 서부에 위치한 '흑하'라고 불리우는 하천유역을 설정했다. 흑하는, 그 원천이 치렌산맥으로, 북쪽으로 흘러 오아시스지대를 비옥하게 한 후, 사막지역의 말단에 자리한 호수에 유입해 소실하는 전형적인 내륙형 하천이다. 이러한 프로젝트를 기획한 이유나 조사대상지역의 선정이유 등에 관한 자세한 기술은 이 글에서는 생략하나, 그 사업내용과 목표는 대강 다음과 같은 것이었다.

유라시아 중앙 건조지대의 오아시스에서는, 지구규모의 변동에 연동하여 수자원에 시대적 변화가 가해져, 사람들의 삶의 터나 생업형태도 역사적으로 크게 변해왔다. 예를 들어, 이 지역에서의 유목산업과 농경산업의 공존시대, 혹은 양자가 경합하고 있던 시대 등등이 역사적으로 변천해 왔었다. 더 나아가, 농경이 차차 더 우세해지는 과정에서 유목산업은 쇠퇴하나, 최근에는, 사막화의 진전으로 해서 농업을 기본으로 하는 사람들의 생활기반이 위협당하게 되었다. 오아시스 프로젝트는, 수자원이 비교적 빈약한 이 지역에서, 인간생활을 강하게 규제하고 있는 물순환 과정의 변동을 이유로, 이곳에 성립하는 생태계나 이에 대한 인간의 사회, 문화, 생활형태의 적응성을 살펴, 이 지역에서의 자연계와 인간 사이의 상호작용을 역사적으로 평가하고, 이에 준하여, 수자원의 이용체계와 미래지향의 바람직한 인간사회 및 문화를 탐구하는 사업이었다.

구체적으로 적으면, 지구규모의 기후변동에 기인하여, 이 지역의 주된 수자원이었던 산악지에서의 강수량과 빙하의 용해수로부터의 물공급량의 변동상황, 또 그것들이 이 지역에서의 생업변화에 미친 영향을 포함, 시대적인 물수요 변천과정을 평가함으로써, 수요와 공급의 역사적 변천을 해명하고자 한 것이다. 이를 위해, 현지에서의 자연과학적 조사나 사회경제학적 조사에 더하여, 천연실험자료인 각종 대체기록매체의 해독과, 또 인간에 의해 적힌 고문서의 해독 등등이 실시되었다. 즉, 강수량이나 융해물 등 수자원의 양적 변동과, 이를 배경으로 하여 이 지역에서 행해진 인간활동이 이끈 영향 — 물의 유출과정으로 행해지는 관개 사업이나 그 결과로 유발된 물의 증발량 변화 등, 인간 활동으로 인한 수자원 이용상태의 변화에 기인된 물순환의 실태변동 — 의 역사를 복원해서, '물'을 기축으로 한 '자연계와 인간 활동의 상호작용의 역사적 변천'을 명확히 밝히고자 하는 것이었다. 이러한 연구를 통해, 과거의 역사적 변천과정 중에 성립된 이 지역의 문화나 가치관 형성을 좇아가 그 실태를 앎으로써 미래의 바람직한 인간사회상에 관한 지혜를 얻고자 함을 목표로 했다.

제 4 절 연구팀의 편성

위의 연구를 실시하기 위해서는, 수자원의 양이나 물이용의 역사적 변천을 복원하는 것이 첫 단계의 목표가 된다. 즉, 먼저 역사복원을 과제로 하는 '역사복원반'이 될 팀이 하나 필요하다고 착목되었다. 그러나 그 팀에 속하는 연구자들의 접근법은, 주로 역사적인 문서를 정보근거로 하는 이른바 문과에 속하는 소위 역사학자와, 연륜추정 실험자료, 얼음 실험자료나 호수밑의 퇴적물실험자료 등 대체기록매체로 불리우는 천연실험자료를 분석 해석하며 취득하는 정보를 근거로 하는, 어느 쪽인가 하면, 이과에 속하는 연구자들이 서로 완연히 다르다.

전문이 가까운 분야의 연구자들로 그룹을 만들면, 그룹내에서의 검토는 비교적 용이하다. 사물에 대한 사고방식이나 대응법이 비교적 비슷하여, 전문 용어를 때때로 섞어 사용하면서 보다 원만한 의사소통이 도모되고, 나아가 심층있는 논의도 할 수 있기 때문이다. 그러나 생각해 보면, 역사적 변천을 복원한다고 하는 것은, 그 형태가 어떤 것이든, 가능한 모든 증거와 사실들을 모으고 쌓아올려, 그것들을 총합함으로써 윤곽이 드러나는 것으로, 그 증거나 사실이 문서에서 얻어지는 것이든, 연륜을 측정하게 하는 천연자료에서 얻어지는 것이든, 무관한 법이다. 따라서 그 방법이 서로 다르다 할지라도, 어디까지나 역사 복원을 이룬다는 하나의 공통의식을 지닌 단일 팀의 존재는 불가피하다고 생각되었다.

다만, 위에서도 적은 바와 같이, 어느 정도는 그 접근법 혹은 사고방식이 가까운 그룹별 토의는, 효율의 면에서도 그렇거니와, 또 전문분야별의 지식심화를 위해서도 필요하다. 그래서 역사복원반(班)을, 역사학과 고고학을 중심으로 한 문과관련 그룹과 천연실험자료의 분석을 근거로 역사복원을 지향하는 이과관련 그룹으로 둘로 나누어, 전문적 검토를 요할 경우에는 각기의 그룹 연구회를 갖는 형태로 구성했다.

이 역사복원반에 더하여, 본래의 상황, 즉 현상 문제를 탐구해, 물의 순환 과정을 이해하는 연구반도 필요했다. 지금 내리고 있는 비가 어떻게 함양되어 하천 혹은 지하수로 되는지, 또 그 물들이 어디에서 어떻게 이용되고, 그 결과, 어느 정도가 수자원으로 이어져 사람들에게 제공되고 있는지 등, 그 현상의 순환과정연구라고도 하겠다. 이 '근본과정연구(素過程)', 즉 현상분석이 필요하다는 고찰은, 다음과 같은 이유에서였다.

하나는, 역사 복원에 이용가능한 서적, 문서류가 시대적으로 편재되어 있다는 문제이다. 구체적으로 적으면, 한, 서하, 몽골, 명, 청나라 시대에는 비교적 많은 고문서가 남아 있으나, 그 중간중간에 해당하는 시대에는 문서류가 그다지 잔존하지 않았다. 즉, 자료가 시대적으로 편재하고 있다는 점이다. 또 천연실험자료들의 경우는, 공간적으로 여기저기 흩어져 있다. 얼음실험자료는 당연히 치렌산(祁連山)을 대표로 하는 고산의 빙하지역에밖에는 존재하지 않는다. 연륜추정실험자료도, 비교적 높은 산지의 수림대에서밖에는 얻어지지 않는 경우가 많다. 반하여, 호수밑의 축적물은 유역의 최말단부에 자리하는 호수에서밖에는 채취되지 않는다. 물론 이러한 천연실험자료의 분석및 해석은, 시간적으로는 연속적인 데이터를 통해서 얻을 수 있는 경우도 많다는 장점도 있으나, 공간적으로는 별개로 서로 떨어진 이산적(離散的)인 데이터에서밖에는 취득되지 않는 것이다. 즉, 한편 시간적으로도, 공간적으로도 이산적인 이러한 데이터들로, 유역전체를 대상으로 하면서 동시에, 시간적으로도 연속적인 복원을 취하는 일은 대단히 힘든 일이라고 말하지 않을 수 없다. 다만, 물의 순환에 관한 근본과정을 알 수 있다면, 모델 해석등의 방법을 통해, 데이터가 결여된 부분도 어느 정도 보충해 갈 수 있다고 고찰한 것이다. 당연히, 역사 데이터의 해석에, 현상의 근본과정을 이해하는 것이 지극히 중요하다는 점은 일부러 언급할 필요도 없다.

그래서, 중국인민공화국 성립 이후의 약 50년간을 이 '근본과정해석반'이 연구하는 대상의 시간대로 설정했다. 이 기간이라면, 나라의 기본정책제도나 그에 의거한 다양한 데이터도 비교적 균일해 있어, '현상'에 대한 문제를 이해하는 것은 물론, 역사복원을 위한 해석이나 검토도 용이하다고 생각되었기 때문이다.

근본과정해석반(素過程解析班)에는, 기상학이나 빙하학, 수문학, 생태학 등 이계 연구자의 협력이 필요함과 더불어, 특히 나 물의 이용상황에 관해서는 관개농업 전문가나 문화인류학, 사회경제학 등, 인문사회경제계 쪽의 연구자도 불가결했다. 그러나 역시 역사복원반의 경우와 동일하게, 근본과정해석반의 경우도 전자와 후자는 그 연구방법이나 접근법이 완연히 다르다. 전자가 각양각색의 관측기기를 설치해 얻을 수 있는 물의 움직임에 관한 양적 데이터를 분석하는 것에 반해서, 후자는 오로지 앙케이트 조사 등을 포함한 인터뷰 조사에서 얻은 데이터를 기반으로 해석하는 방법을 취한다. 그래서, 특히 전문적 검토가 행해질 경우에는 근본과정해석반을 전자의 그룹과 후자의 그룹으로 나누어 제각기 검토하는 체제를 갖추었다.

즉, '역사 복원'과 '근본과정해석'이라는 두 반을 기축으로, 필요할 경우에는 각각이 다시 둘로 나뉘어 네 개의 그룹이 된다는 '이중 구조'로 편성한 것이다.

제 5 절 문과와 이과 연구자의 협동

이전이었으면 결코 만날 일이 없었음이 틀림없는 서로 다른 분야의 연구자들이, 오아시스 프로젝트로 하여 대면하게 됨으로써 얻을 수 있었던 지식과 견식의 예를 먼저 주목하고자 한다. 다음은, 몇 가지 사례를 특별한 순서없이 나열한 것이다.

1. 당안관(檔案館) 자료에 적힌 강우량 수치

조사 연구를 중국에서 실시하게 된 이상, 중국 연구기관의 협력은 불가결이다. 물론 중국의 많은 연구기관이나 대학으로부터 협력을 받을 수 있어, 그 중 하나가 중국 '제1역사 당안관(第一歷史檔案館)'이었다. 그곳에는, 17세기부터 20세기 초기까지의 청대에 기록된 방대한 양의 공문서(당안자료, 檔案資料)가 보관되어 있다. 200년 이상에 걸친 청대의 상황이 기록된, 침이 절로 넘어갈 정도로 귀한 자료들임은 물론이거니와, 흑하유역의 당시를 복원하기 위해서는 기본이 될 자료임이 틀림없다고 생각되었다.

그러나 당시의 나는, 과연 어떤 종류의 자료가 공문서로 보관되는 것인지, 그 내용에 대한 이미지를 전혀 갖고 있지 않았었다. 그런 나를 깨우쳐 주시고자 하는 뜻이셨으리라, 당안관의 책임자되는 분이 '우설량가(雨雪糧价)'라고 하는 자료의 극히 일부분을 복사해 가져와 주셨다. 그것을 읽자, 몇년 몇월 며칠이라고 하는 날짜와 지명과 함께, 식량의 가격 외에도, 우 1치(寸), 설 2치 등등의 많은 수치 데이터가 기재되어 있었다. 자세히 여쭙자, 강우량, 강설량의 기록이라 했다. 오늘날의 일본의 예로 말하면, 기상청이 발행하고 있는 '기상월보'에 상당하는 것이라 하겠다. 더더구나, 그러한 관측이 행해진 지점이, 흑하유역안은 물론, 그 주변의 70개 영역 이상이 아닌가! 연륜 해법이나 얼음 코어식 해법으로 얻을 수 있는 과거 강수량의 복원은, 세밀히 한다 하여도 그 분해능력은 1년을 단위로 하는 것이 고작이건만, 하루 단위의 데이터를 손에 넣을 수 있다는 사실에 무엇보다도 놀랐다. 그 위에, 관측 지점 70영역의 데이타라면, 강수량 분포도조차 작성할 수 있는 것. 기후복원에 그치지 않고, 기상복원에의 가능성마저도 있다. 하루하루의 일기도를 복원하는 일에 상당하는 것이었다.

곧, 그 방대한 당안관의 자료 중에서 흑하유역 및 그 주변에 관련되는 데이터를 수렴해, 그 복사를 마이크로 필름에 담아 줄 것을 부탁드렸음은 말할 필요도 없다. 200년이나 걸쳐 70점 이상의 영역에서의 하루 단위의 데이터였다. 제공해 주신 자료는 막대한 양으로, 종이에 인쇄해 제본한 바, 일반 책장의 한쪽이 완전히 가득 채워질 정도였다.

다만, 그 자료를 읽어내려 가면서, 강우량으로 기재되어 있는 수치가 너무나 큰 사실을 깨닫게 되었다. 오늘날의 흑하우역에 내리고 있는 비의 양에 비교해, 몇 십 배로, 때로는 100배를 넘는 수치까지도 여지저기서 볼 수 있었다. 청시대의 강수량이 현재보다 더 많았을 가능성이 전혀 없다고는 할 수 없으나, 그래도 지금보다도 몇 십 배나 많았으리라고 생각하기에는 무리가 있었다. 그 원인이 당시의 강우량을 측정하는 방법이 현재와 다른 탓에 있지 않을까라는 생각에 다다랐다. 도대체 어떤 방식으로 강우량을 관측하고 있었을까? 비의 양으로 기재된 수치는 어떤 수치일까? 역사에 어두운 나에게는, 이런 의문을 어떻게 해결해야 좋을지 가늠조차 할 수 없었다. 그래서, 책상을 나란히 하여 같이 당안자료의 정리를 당당하고 있었던, 역사학이 전문인 젊은 연구자 앞에서 '이 수치는 어떤 방법으로 관측하여 취득한 것이었을까?'라고 낮게 중얼거려 보았다. 한편, 그는 당안자료의 존재나 내용에 대해서는 훤한 듯했으나, '강우량의 관측방법은?'하는 식의 의문은 전혀 갖지 않았었다고 한다. 아마도, 기재된 데이터 속에서 수치 자체를 주목, 검토하는 일은 지금까지의 그의 연구대상이지 않았기 때문일 터이다.

그러나, 과연, 물건에는 임자가 있는 법이다. 며칠 후, 그 젊은 연구자는 '이런 자료가 있었습니다'라며 자신이 찾아낸, 조선(朝鮮)에서의 강우측량법에 관한 문헌을 내보였다. 그 곳에는, 현재 사용되고 있는 우량계와 똑같은 원리로 강우량을 측정했던 기구가 세계 어느 곳보다 먼저 조선에서 개발된 사실에 관한 기록이었다. 청나라에서는 아직 그러한 우량계는 없었다고 적혔다. 이른바 우량계로 불리울만한 기기가 청에 없었다면, 당안관이 보관하고 있는 데이타의 수치는 아다도 비가 내린 후에 지면을 파고 어느 정도의 빗물이 토양에 침투했는지를 측정한 것이 아닐까하는 추측에 이르렀다. 어쨌든 젊은 연구자가 보여준 서적을 통해, 당시 청에는 강우량을 측정하는 기구가 없었다는 사실만은 확인하게 되었다고 하겠다. 다만, 이 사실이, 당시 당안관 데이타의 수치가 정말로 내가 추측한 방법을 사용하여 측정했었으리라는 확증일 수는 없었다.

그런데, 얼마후, 다른 한 젊은 역사연구자가 당안관의 자료 중에서 결정적인 자료를 찾아 주었다. 예를 들면, 강희(康熙) 60년 4월 23일의 '經筵講官賴都等奏報熏 談祈雨情形折' 속에, "二十二日夜半, 降大雨 一次, 復降一陣細雨云云, 返回時, 仍降小雨, **掘土觀之**, 有一寸餘"라든지, "二十一日雞 雨瀟瀟 一陣云云, **掘土觀之**, 有一寸濕土", 혹은 "今 日雞我往返之間, 落雨二次, **各處 掘看**, 有一, 二寸不等" 등의 기술이 적혀 있다는 것이었다. 또, 강희 60년 6월 13일의 '禮部尙書賴都等奏報祈雨得雨情形折'에서도 "十二日亥時二 刻電閃雷鳴降大雨, 本時正一刻未止。**掘地觀之**, 濕有五, 六指深不等"라는 기술도 찾아냈다. 즉, "**비가 내린 후에 흙을 파보니까**, 이 정도 깊이까지만 젖은 땅이 있었다"라는 기술이 많이 발견된 것이다(이상 위의 '굵은 글자체' 처리는 - 역자). 이렇게 하여, 당안에 기재된 강우량의 데이타는 '비가 온 후에 지면을 파서, 어느 정도의 비가 토양에 침수되어 있는가를 측정하고 있었다'는 사실을 확인할 수 있게 된 것이었다.

다음은, '강우량'과 '토양 중의 빗물 침투 깊이' 사이의 상관관계만 알게 되면, 후자를 기록하고 있는 당안 자료의 수치로부터, 곧, 실제 강우량을 복원할 수 있게 된 것이다. 그 후, 현지의 토양을 사용한 강우실험이나 현지에서의 관측을 바탕으로 양자의 상관식을 구해, 당시의 강우량을 복원하게 되었다.

2. 오아시스 농업의 실태조사

오아시스 프로젝트는, 오아시스에서 행해지고 있던 농업 실태를 파악하는 것이 필수적이었다. 농업 실태란, 첫째, 하천으로부터 얼마만큼의 양의 물이 관개에 이용되고 있는지, 또, 그 중에서 어느 정도가 작물의 생육에 사용된 후 지표에서 대기로 되돌아 갔는지(증발산량, 蒸發散量), 그리고, 어느 정도의 양이 다시 지하에 침투해 이용가능한 지하수로 함양되었는지 등등, 소위 '물순환 과정'의 양적 파악이다.

산악지에서 오아시스에 유입되어 하천에 흐르는 수량이나 오아시스로부터 하류쪽으로 유출되는 양, 관개를 위한 하천으로부터의 취수량 등에 관해서는, 중국 수문국 산하의 현지 출장소 등이 연속적으로 관측하고 있어, 일부러 우리들이 새로이 측정하지 않아도, 중국측으로부터 제공받는 것으로 선처해 놓았었다. 문제는 관개 농지에서의 증발산량이나 지하에의 침투량의 정량화이었다. 중국에서는 이러한 관측은 실시되지 않고 있다. 그래서, '수문학'을 전공하는 대학원생을 현지로 파견, 그는 장기간 그곳에서 생활하며 미기상적(微氣象的) 관측이나 수문학적 계측에 종사, 각기 종류가 다른 작물의 잎에서의 증산(蒸散)량이나 밭에서의 증발량도 측정했다.

오아시스 농업에 대한 또 다른 하나의 실태조사는, 농민의 수입구조, 작물선정의 이유나 경위, 그리고 이에 필요한 관개방식 등등, 농작업에 영향을 미치는 이른바 인간활동에 관한 조사였다. 이 역시, '문화인류학'을 전공하는 한 대학원생을 현지에 파견, 장기간 체재하며 조사실시에 임하도록 했다. 즉, 근본과정해석반에 속하는 이과와 문과 연구자 두 사람이 장기간 같은 솥밥을 먹으며, 같은 장소에서 서로 완연히 다른 시점으로 조사를 하고 있었던 것이었다. 다음에 적는 이야기는, 뒤에 그들에게서 들은 체험담을 근거로 한 것이다.

앞서도 적은 바와 같이, 전자는 관측기기를 오아시스 여기저기에 설치해서 수증기량의 분포 등을 계측, 그 데이터를 정량, 해석해, 오아시스 전체의 증발산량을 추정하고자 하는 시도이다. 이를 위해, 대표적인 토지이용 방법에 따라 제각기의 증발산량을 추정한 후, 각 토지이용 방법의 분포를 파악해서 오아시스 전체의 증발산량도 추정하고자 하는 고찰이었다. 그래서 다른 한편의 인간활동 조사를 담당하는 후자에게는 오아시스 전체에서의 토지이용 실태를 파악해 주기를 기대하고 있었다.

반면, 이 조사를 위해서 후자에게는, 농민들로부터의 인터뷰조사가 그 주된 데이터 취득 방법이다. 이 방법으로 전모를 파악하는 것은, 기껏 200명 정도의 사회에서밖에는 가능하지 않다. 조사 대상이었던 장액(張掖)이라고 하는 오아시스의 인구는 한정적으로 산출해도 50만명을 넘는다. 종래의 방법을 사용해서 이 정도의 사람을 대상으로 조사를 실시하는 것은 현실적이지 않고, 위에 적은대로의 수문학적 기대에 답하기도 불가능하다. 그래서, 다음과 같은 방식을 채용했다고 한다.

우선, 인터뷰 조사를 하는 지역범위를 선정하는 작업을 했다. 그 과정을 통해, 농작업을 하는 사회단위나 작물을 선정하는 사회단위, 관개가 행해지는 단위 등의 사회구조가 보여졌다고 한다. 특히, 기대되었던 토지이용 실태를 파악하기 위해서는, 마을 위의 행정 단위인 향(鄕)이나 진(鎭)이 열쇠가 되며, 또 물의 이용에는, 관개구(灌漑區)뿐만 아니라, 수로와의 위치관계가 열쇠라는 지식을 배우게 되었다고 한다. 이러한 사회구조를 파악한 위에, 오아시스 전체를 구분, 인터뷰 조사를 실시할 대상을 선정하여, 50군데 전후의 지점에서 인터뷰 조사를 실시했다. 이때 얻은 결과를, 원격탐사(Remote Sensing) 데이터를 주로 해석하고 있던 지리학출신의 연구자와도 협력해, 지도위로 옮겨와 펼침으로써 오아시스 전체의 토지이용과 그 변화를 이해할 수 있었다고 한다.

이러한 일은, 문화인류학이라고 하는 배경을 가진 연구자가, 수문학적 요구에 응하기 위해서 자신의 수비범위를 넓혀 이른바 사회경제학적인 조사 방법을 스스로 개발해 간 과정으로 보아진다. 이것은, 자신은 가지고 있지 않았던 문제의식을 다른 분야의 연구자가 설정해 과제로 부과함에, 자신의 전문적 방법이 갖는 이점을 살리는 새로운 방법으로, 한 과제를 개척하게 되었다고도 말할 수 있겠다. 장역 오아시스에 있어서의 사회경제학적 조사는, 중국 연구자를 중심으로 한 앙케이트 조사 등을 통해 별도로도 실행되고 있었으나, 서로 다른 분야의 연구자들이 함께 동일한 목적의식을 공유함으로써, 연구자 개인이 자신의 학문적 틀도 넓힐 수 있었다는 부차적인 성과도 있었다고 고찰될 수 있다.

3. '유사(類似) 카레즈'의 발견

카레즈 혹은 카나트(Qanat)로 불리우는 건조지역 특유의 수리 시설이 있다. 이것은, 주로 산록에 펼쳐진 선상지(扇狀地)에 스며있는 복류수(伏流水)를 지하 수로에 모아 하류지역에서 관개를 하기 위한 시설이다. 일반적으로는, 선상지의 상부인 선정부(扇頂部)에서 지름이 수 미터에 달하는 수직 갱도를 지하수가 고인 층까지 굴착해, 그 밑부분에 완만한 경사를 가진 횡갱(橫坑)을 연결한다. 이 횡갱을 타고 지하수가 하류로 이끌린 후, 지표로 표출시킨 횡갱을 통해 흘러나오는 지하수를 사용해 농지를 관개하는 시스템이다. 물은 중력으로 흐르기 때문에, 일단 건설하면 그 후에는 에너지를 일체 사용하는 일없이 관개용수를 얻을 수 있는 빼어난 설비이다. 이 시스템의 대부분이 지하에 있어 그 존재나 위치를 알아채기는 어렵지만, 항공사진이나 위성사진 등으로 위에서 내려다 보면, 거의 같은 간격으로 늘어선 수직갱도 입구의 정렬(샤프트 정렬)이 인식된다.

이 시스템은, 오래전부터 현재의 이란에서 시작되어, 건조지대와 반건조지대로 널리 퍼진 것으로 보아지고 있다. 중국의 타클라마칸 사막 북단의 신장(新疆) 위구르 자치구에 위치한 투르판(Torpan)지역의 카나트는 유명해, 중국어로는 카레즈(坎爾井, Karez)로 표기되고 있다. 이 투르판의 카레즈가 유라시아 중앙부에 펼쳐진 건조지대중, 가장 동쪽에 분포한 카레즈로 간주되어 왔었다.

오아시스 프로젝트에 참가한 지리학 전문의 한 젊은 연구자가, 흑하유역의 위성사진을 관찰하다가, 위에 적은 샤프프 정렬로 의구되는 몇 점을 발견했다. 투르판보다 동쪽 지역에서는 지금까지 발견되지 않았던 카레즈가 흑하유역에 있는 것은 아닐까 라는 착목이기도 했다. 금방이라도 현지조사를 위해 달려가고 싶은 마음이었으나, 그 전에 조사 허가나 자금 준비, 그외 부차적인 준비 등등으로 시간이 걸렸다.

흑하유역에 있을 리 없는 카레즈가 있을지도 모른다는 뉴스에 신속히 반응한 사람은 현지에 있던 역사학 전문의 젊은 연구자였다. 특기인 고문서를 조사해, 카레즈에 관한 기술이지 아닐까 라고 읽혀지는 글귀를 다수 찾아냈다. 오래된 것은 이미 명(明)나라 때부터 있었다고 한다. 1394년에 조빈(曹賓)이라고 하는 인물은 '벼랑을 뚫어서 바위움(岩屋)을 만들어 물을 아래에서 점차로 위로 올려 … 똑바로 벼랑을 투과, 땅을 비옥하게 했다'라고 적고 있었다. 그 후 청나라 시대가 되자 동화(童華)라는 인물이 '지하수로(暗渠)를 마련해 그 고저 차를 이용해서 물을 이끈다'는 계획을 세워, 관청 허가를 취득, 전장 3킬로가 넘는 지하수로를 건설했다는 것이었다.

역시 카레즈가 있음직하다는 판단으로, 그 후 현지를 찾았다. 현지조사에서도, 원격 탐사 정보와 고문서 정보의 조합은 위력을 발휘했다. 카레즈가 있음직한 장소는, 위성사진으로 샤프트정렬이 특정되어 있던 곳의 경우, 당연히 비교적 간단히 찾아낼 수 있었다. 다만, 고문서에 적혀 있던 다른 한 곳은, — 샤프트 정렬이 없어 — 위성사진으로는 특정되지 않았으나, 옛 지명을 좇아 찾아본 결과, 발견해 낼 수 있었다. 도대체 '샤프트정렬이 없는 카레즈'는 어떤 형태를 하고 있는 것일까?

본디, 수직갱도(샤프트, 竪坑)와 같은 것은 어째서 팔 필요가 있었을까? 앞서도 서술한 바처럼, 수로로 이용되는 것은 지하에 옆으로 설치

된 횡갱(横坑)이니까, 수직갱도라고 하는 것은, 있어도 없어도 관계없는 것이라 하겠다. 단, 수직갱도가 필요한 이유는, 카레즈의 건설 때 횡갱을 깔아야 할 깊이까지 달하기 위함, 즉 통로가 되는 것이 제일 큰 역할이라 하겠다. 그 다음으로는, 횡갱을 팔 때 생기는 굴착토를 반출하는 통로라는 점으로 건설시에 따르는 역할도 있다. 그리고 마지막으로는, 지하에 있는 수로를 유지하기 위한 수리나 청소에 대비한 것으로, 이것 또한 통로로서의 역할이라 하겠다.

현지에서 발견한, 샤프트 정렬을 가지지 않은 카레즈는, 사실은 수직갱도 대신에, 수로와는 다른, 몇 종류의 횡갱의 열을 더 가지고 있는 형태였다. 그러한 카레즈들은 하천의 하안단구에 나란히 접하며 건설된 것이었다. 종래와 같이 수직갱도를 파는 대신, 몇 십미터마다 또 다른 횡갱을 하안단구측에 나란히 파놓았던 것이었다. 즉 수로인 횡갱에는, 하안단구의 벽으로부터 접근, 통하게 되어 있었다. 굴착토의 반출도 종래의 카레즈보다도 손쉽다. 단구측에 있는 횡갱으로부터 흙더미를 강에 떨구어 버리는 것으로 간단히 처리되어, 종래와 같이 수직갱도를 통해 지표에 반출할 필요가 없기 때문이다. 무엇보다도, 이러한 구조를 가진 카레즈에 대해서는 고문서에도 기술되어 있어, 현지에 들어가기 전부터 그러한 형태는 예상하고 있었다.

수로인 횡갱의 통로에 들어가는 입구가 나란히 정렬되어 늘어선 양상은, 하안단구의 건너편 강가에서 보면 명료하게 파악된다. 그러나, 연직방향으로 위에서 지면을 촬영하는 위성사진으로는 보이지 않은 것이었다.

이 카레즈들을 상류방면으로 더듬어 올라 가보자, 소위 일반적인 카레즈와는 크게 다른 점이 밝혀졌다. 수로인 횡갱의 가장 위쪽 취수부, 즉 원천이 있는 지점에 도착해 보니, 종래의 카레즈의 경우 그 수원이 지하수인데 반해, 흑하 유역의 카레즈는 모두 하천 상류부의 하천물을 그대로 취하고 있었다. 따라서, 카레즈를 어떻게 정의할 것인가의 문제

이겠지만, 소위 일반적인 카레즈라고 부를 수 없는 여지도 있어, 본 절의 제목을 '유사 카레즈'로 적은 것은 이에 연유한 것이다.

제 6 절 학제적 연구의 문제점과 과제

앞서 적은 장에서는, 서로 분야를 달리하는 연구자들간의 협동에 의해 이루어진 개별적인 성과를 몇 가지 기술했었으나, 여기서는, 전문이 다른 연구자들이 공통의 문제의식을 가지면서 실시하는 다학제연구가 갖는 과제에 대해서 생각해 보고 싶다.

1. 언어가 통하지 않는다.

흔히 문제점으로 자주 지적되는 것은, 말이 통하지 않는다는 점이다. 물론, 전문이 다른 연구자들이 모이는 연구회에서, 특정 분야만의 특유 전문용어를 이용하면, 당연히 서로 통하지 않는다. 그러나, 외국어도 그 나라에 얼마간 생활하면 어느 사이에 그 언어가 다소 이해되는 것과 같이, — 전문성이 연유로 수반되는 — 언어가 서로 다르다는 점은 큰 문제라고는 생각되지 않았다. 하물며, 오아시스 프로젝트의 전체집회나 역사복원반 혹은 근본과정해석반 각각의 연구회 등, 문과와 이과의 연구자들이 모두 모이는 회합에서는, 서로 가능한 전문 용어를 사용하지 않는다는 전제로 발언자들이 노력을 기울여 주었고, 행여 무심결에 사용되었다 하더라도, 주저하는 일없이 그 의미를 질문할 수 있는 분위기가 형성되어 있었기 때문에, 전혀 문제는 없었다. 때로는, 그러한 질문을 받았을 때, 발표자쪽이 그 의미를 적확히, 이해하기 쉽게 전할 수 없다고 답하게 되는 장면도 있어, 그때는 그 용어를 사용했던 사람이, 외려 그 의미를 새삼스레 자신에게 되물을 수 있는 계기가 되는 효과도 있었다. 자기 전문분야의 전문용어에 지나치게 익숙하져 있어, 그 의미를 명료하게 파악하지 않은 채로 사용하고 있었다는 사실을 깨닫게 되는 경우이기도 했다.

제각기의 전문분야 특유의 언어에 있어서는, 대부분의 경우, 위와 같은 예이나, 때때로 같은 언어가 분야에 따라 다른 개념을 표현할 경우도 있다. 이런 때야말로 '말이 통하지 않는다'는 것이 오해의 원천으로, 공동 연구의 근원적인 문제로 드러나는 경우이다. 오아시스 프로젝트의 경우, 이러한 문제가 다행히 경험되지 않았지만, 일반론으로 확대할 때 문제가 될 터이다.

2. 이웃집 잔디가 더 푸르다

그것보다 더 큰 문제는 '이웃집 잔디가 더 푸르게 보인다'는 점이다. 즉, 자신과 완연히 다른 전문가가 드러내는 정보 쪽이, 더 '진리'로 생각되는 것이다. 다른 분야로부터 제공된 정보가 더 확실하게 느껴지거나, 결론을 끌어낼 때 설정된 전제 등을 전문이 달라 깊이 음미할 수 없다는 이유로 순순히 믿어 버린다. 그 내용이, 자신이 기대해 받아들이고 싶었던 '사실'이나 '결론'일 경우에는 특히나 더 그렇다.

이 폐해를 피하기 위해서는, 일종의 '동료 평가(peer review)의 공간'이 함께 마련될 필요가 있다. 즉, 제공된 화제를 그 분야의 또 다른 전문가가 음미하는 공간을 설정하는 것보다 더 나은 방법은 없을 것이다. 결론을 끌어내게 된 과정이나 암암리에 설정된 전제 등을 드 다른 전문가가 되씹어 가늠하는 상황을 보는 것으로, 미온한 결론이었는지 아닌지, 혹은 모호한 가정에 기초를 둔 것인지 아닌지를 분별하게 되어, 제공된 결론의 '위태'나 '확실성'을 전문 외의 연구자도 간취할 수 있기 때문이다.

바꿔 말하면, 필요한 전문 분야에 대해서, 복수의 연구자가 관여하도록 하는 것이 긴요하다. 어떤 한 사람만이 한 분야를 대표해 참가하고 있으면, 그 사람의 논리나 결론, 혹은 그가 찾은 '사실'을 다른 누구도 음미하지 못하는 상황이 되어, 그 '사실'이나 '결론'이 독자적이 되어버리기 때문이다.

3. 서로 다른 '작법(作法)'

또 하나. 내가 오아시스 프로젝트를 수행하는 과정에서 자주 문제로 삼은 것은, 문과와 이과에서는 서로 '작법'이 다르다는 점이었다. 이 '작법'이라는 표현에 대해서는 조금 설명이 필요하다.

문과의 연구자가 저술하는 논문이나 서적은 한 사람의 저자가 쓴 것이 많다. 이에 반해, 이과의 논문 등은, 저자가 혼자인 경우도 있지만, 많은 경우 복수의 저자에 의한 공저라고 하는 형태를 취한다. 다만 그 차이는, 각각의 학문이 지향하는 목표가 다르다는 '본질'에 관계하는 문제일 가능성이 있다.

일반적으로, 이과의 논문 등에서 드러내고자 하는 것은, 연구결과로 얻을 수 있었던 새로운 '사실의 발견'인 경우가 많다. 이에 반해, 문과의 저작물에서 표현하려고 하는 것은, 연구결과로 이끈 새로운 '사고방식, 관점, 그 틀의 구조 등에 대해서, 설득성을 가지고 제시하는 것'이라 할 수 있겠다. 적어도, 그런 것들을 목표로 삼고 있는 듯이 느껴졌었다.

전자의 경우에는, 한 사실이 결론에 다다르기 위해서 공헌한 거의 모든 사람이 저자로서 이름이 열거된다. 그 중의 누구 한 사람이라도 결여되어도 그 사실에 다다르지 않는 까닭에, 모든 사람이 그 사실을 이끄는데 있어 공헌자임을 선언하는 의미도 있을 것이다. 또한 동시에, 저자 한 사람 한 사람이 그 사실이 진실인지 아닌지에 대해서도 책임의 일단을 모두 짊어지고 있음을 의미한다. 그들 중 누구 하나라도 틀리면, 최종적으로 얻는 결론도 틀린 것이 되기 때문이다.

문과의 경우는, 사실의 발견이라는 점보다도, 다양한 사실을 모아 전체로서 새로운 패러다임 등을 창출할 수 있었을 때, 그것을 저작물에 표현해 제시하고자 하는 것은 아닐까라는 생각을 하고 있었다. 문과가 '한 사람의 총합'이라고 불리우는 연유이다. 한 결론이, 복수사람들의 논의를 거쳐 총괄되고 전원의 합의가 있은 후에 끌어너어지는 것보다도, 혼자서 사고해, 혼자서 결론을 끌어내는 것이 더 손쉬운 것은 말할 필요도 없겠다. 그렇기 때문에, 단독 저자의 저작물이 된다.

그러나, 이과 출신인 내가 오아시스 프로젝트를 통해 문과 연구자들과의 교제를 깊이하며 그들의 저작물 등에 접할 기회가 늘어나는 과정 중에, 문과의 경우에도 사실의 발견과 같은 논문이 상당 부분을 차지하고 있음을 깨닫게 되었다. 그럼에도, 어째서 '단독 저술'이라는 스타일에, 그토록, — 어떤 의미로는 — 구애되고 있는 것일까?

그리고 지금에 이르러는, 그 이유가 이른바 '(광의의) 작법'이라고 불리우는 것에 있지 않을까 라는 생각에 이르게 된 것이다. 즉, 문과가 본디 지향하여 목표로 삼고 있는 것이, 사실의 발견과 같은 — 대수롭지 않은 — 것이 아니고, 참신한 사고방식, 혹은 개념, 패러다임의 제시라고 하는 고차원적인 것이어야 한다는 의욕의 표시로, 이른바 '작법' 그 자체를 지킨다고, 혹은 지키고 싶다고 생각하고 있는 것은 아닐까?

다도 등에서도 그렇지만, 본디 '작법'이라고 하는 것은, 다양한 틀이나 요구, 합리성 등을 감안해서 만들어져 이어져온 것이라 하겠다. 다만, 일단 완성되면, 그것이 성립되었던 시기의 조건과 지금의 조건에 차이가 있건 없건, 반드시 지켜져야 할 '작법'으로 제시된다. 그리고 많은 경우, 조건이 이전과는 다르다라는 이유로해서 작법이 무시하면 전체 균형이 깨져버린다. 이렇듯, 앞서 제시되었던 종래의 작법을 무시한다고 하는 것은, 지금의 새로운 조건에 맞도록, 관계하는 현상 전체에 주의를 기울이며, 모든 과정을 재구축할 필요성에서 일어나는 것이다. 하나에서부터 열까지 작법을 다시 만들지 않으면 안됨을 의미한다 해도 과언이 아니다. 한편, 여러 가지 조건을 감안해서 '어떠해야 하는가'를 그 첫걸음부터 구축해 간다는 험난한 작업에 들어가는 것보다도, '이래야 한다'라고 앞서 완성되었던 작법을 그냥 준수하는 쪽이 물론 편하고, 또 무난하다.

4. 다학제적 연구의 과제

문과 연구자에게 있어 연구라는 것은, 적어도 의욕이라는 면에서는, 제각기의 사실을 밝힌다고 하기보다는, '이미 앞서 밝혀진 많은 사실'들을 바탕으로 하여 '그 위'에 새로운 사고방식이나 개념, 패러다임을 고찰한다는 점에서 시작한다. '이과는 문과의 종복(從僕)이다' 라고, 당시 내가 후배인 이과 연구자들에게 자주 말했던 것도, 이러한 연유이다.

한편, 종래의 작법이 품는 문제는, 문과가 연구의 바탕으로 하는 '앞서 이미 밝혀진 많은 사실들' 중에, 이과의 연구로 얻을 수 있었던 사실들이 아직 자리하지 않았다는 점을 우선 꼽을 수 있을지도 모르겠다. 오늘날 행하게 된 다학제연구의 이점은, 문과적 방법과 이과적 방법으로 취할 수 있는 양쪽의 사실들이, 비로소 한 자리에 함께 모아져 총합될 수 있다는 점일 것이다.

다만, 이과 연구자들도 단지 사실의 발견만을 목표로 하여 연구해 온 것은 아니다. 이미 밝혀진 많은 사실을 바탕으로, 새로운 사고방식이나 개념, 패러다임을 제시해 온 케이스도 많이 있다. 문과에도 사실을 제시하는 논문이 많다고 하는 사실을 깨닫게 된 이래 특히나 더욱, 이과 문과를 막론하고 이른바 학문에는, '사실의 제시'라고 하는 단계와, '사실들을 총합해 설득성을 갖는 사고방식의 제시'하는 단계라고 하는 '두 단계가 있다'고 고찰하는 쪽이 보다 이해하기 쉽다고 생각하게 되었다. 이때 '제2 단계'를 담당하는 쪽이, 반드시 그 배경이 문과 분야인 연구자일 필요도 없을 뿐더러, 이과 분야의 연구자일 필요도 없다.

물론, 모든 연구자가 '제2 단계'를 담당해야 할 필요 또한 있을 티 없다. 그렇지만, 결코 다학제연구에 한정되는 이야기만도 아니니, '제2 단계'의 연구를 짊어질 수 있는 인재가 지극히 한정되어 있다라고 하는 것이 문제가 되지 않을까?

그렇게 생각하면, 학제연구가 갖는 과제는, 문과 이과를 구분함없이 양자에서 이미 얻어낸 혹은 밝혀진 관련사실들을 모아, 그 사실들을 종합적으로 음미하고 깊이 사고, 이해하는 저작(咀嚼)과정을 거치며, 새로운 사고방식, 개념, 패러다임을 설득성있게 제시하는 이 '제2 단계의 연구를 어떻게 진척시켜 갈 것인가'라는 점이라 할 수 있겠다. 소재가 되는 사실을 얻는 수단이, 문과 학문이어도 이과 학문이어도 무방하다.

문제가 설정되면, 이과적 방법으로 획득되건, 문과적 방법으로 획득되건, 그 문제에 관련하는 사실들을 모아 깊이 음미해, 설정된 과제에 다가가는 것이다. 다학제연구를 한다는 그 자체는 목적이 아니다. 설정된 과제의 해결에 필요한 분야의 지혜를 '총동원'해서 대응할 뿐이다. 문과적 방법으로 얻은 지식이나 견식만으로도 충족되는 과제도, 또한 이과적 방법만으로도 처리해 충분한 과제도 있다. 인간에 대해서 생각하는 과제를 설정했을 경우는 전자이고, 자연의 섭리에 관한 과제의 경우는 후자일 것이다. 그러나, 지구환경문제나 역사문제 등, 문과와 이과에 함께 관계하는 과제에 대하여는 종합적으로 대응하지 않을 수 없고, 문과와 이과 양자 모두를 거치지 않을 수 없다는 점이다. 문제가 있다고 한다면, 문리 양자의 지혜가 필요할 경우임에도, 스스로가 속하는 종래의 자기분야에 칩잠해 갇히려는 경향이 있다라는 점뿐일 것이다.

5. 다학제적 연구의 미래

연구자들의 세계는 동업자 조합이라고 할까, 일종의 길드(guild)적 색조가 짙다. 외국에 가도, 전문이 같은 연구자라면, 이전 만난 적도 없고 전혀 몰랐던 연구자를, 돌연 방문해도, 실로 극진히 대접해 준다. 그리고는, 현재 대응하고 있는 연구 과제나 문제의 소재, 부닥치고 있는 벽 등에 대해서 함께 뜨겁게 이야기를 나눈다. 동종의 문제를 다루고 있는 '동료'라고 하는 의식이 대단히 강한 것이다. 하물며, 몇 번인가 논의로 대면해 맞부딪쳐 본 적이 있는 '동료'라면, 어떤 일이더라도 다소의 무리는 들어 준다. 연구자의 세계에서도 '연줄'은 중요한 것이다.

오아시스 프로젝트에 참가했던 많은 젊은 연구자들은 한결같이, 전문이 전혀 다른 많은 동료들과 서로 알게 된 것이 가장 의미 있는 일이었다고 말한다. 이들 중에는, 지금의 전문분야에 더욱 다가가, 그 분야의 석학에의 길로 힘찬 걸음을 내딛는 사람도 있을 것이다. 그런 경우라 할지라도, 자신의 세계와는 완전히 무관하다고 생각되는 분야의 연구자들과 함께 지낸 경험은, 반드시 연구에 좋은 힘이 될 것임은 틀림없다. 특히, 앞 절에서 진술했던 '제2 단계의 연구'에는, 한 분야 안에서의 문제라 하더라도 소위 '교양'이 불가결하기 때문이다. 그런 경우에는 특히, 구체적으로 무엇인가를 알고 싶은 것이 생겼을 때에, 많은 분야의 연구자와의 '연줄'이 있다고 하는 것은, 실로 강력한 무기를 가지고 있다고 하겠다.

그리고, 어떤 사람은 학제연구의 길로 나아갈지도 모른다. 오아시스 프로젝트에서의 경험을 통해 필자는 젊은 학자들이 정말로 유연하다는 사실을 절실히 실감했다. 어느 정도 완성된 연구자들과 비교해, 다른 분야의 학문에 대한 이해도 빠르고, 자기 전문과도 다른 세계에 자진해서 나아가, 지금까지의 전문에 더하여 제2의 전문분야를 습득하려고 생각하는 사람들도 나타났다.

오아시스 프로젝트의 최대 성과 가운데 하나는 이러한 젊은이들이 생기있게 활달히 성장해 준 사실이 아닐까 생각한다. 문과와 이과의 연구자들의 협동에 의한 학제연구의 미래는 실로 밝다고 생각한다.

제 3 부 적용 사례

제 10 장

한국어 문식성 발달 및 장애 연구

조증열 · 이광오 · 박혜원 · 박순길 · 김영숙*

제 1 절 서 론

우리는 지금 세계화 시대에 살고 있으며, 세계의 거의 모든 사람들은 2개 혹은 3개의 언어와 문자를 배우고 있다. 한국 아동들도 만 3~4세가 되면 한글을 배우기 시작하며, 초등학교 3학년이 되면 학교에서 영어를 배우고, 중 · 고등학교에서는 한자를 배운다. 외국에서도 한국어와 한글을 외국어로 배우는 사람들도 점차 증가하고 있다. 예를 들면, 한류의 열풍으로 한국어와 한글을 배우는 외국인들의 수가 증가되고 있으며, 한국으로 이주하여온 외국인이 증가하여 한국이 다문화 사회에 변화되고 있다. 언어와 문자의 학습은 언어와 문자의 특성, 개인이 처한 환경적 요소, 학습자의 나이, 개인의 인지적 특성 등 여러 요인의 영향을 받기 때문에(Harris & Hatano, 1999), 국내외의 많은 연구자들은 모국어와 외국어의 언어 및 문자 학습에 관여하는 정신과정과 영향 변인을 밝히고 다양한 학습자에게 적절한 교육방법을 제시하고자 노력하고 있다.

---

* 조증열: 경남대 교수, 이광오: 영남대 교수, 박혜원: 울산대 교수, 박순길: 남부대 교수, 김영숙: 플로리다주립대 교수.

문식성(literacy)이란 문자의 읽기와 쓰기를 일컬으며, 매우 복잡한 정신과정을 포함한다(Harris & Hatano, 1999; McBride-Chang, 2004). 구체적으로, 읽기에는 낱자의 변별, 자음 · 모음 대응규칙의 이해, 자모체계의 원리 이해, 글자의 개념과 구조에 대한 이해, 기억과 추리력, 초인지적 책략 등 다양한 기술이 포함된다. 읽기에는 단어 읽기, 문장 읽기, 덩이글 읽기 등 여러 수준이 있으며, 쓰기는 소리를 듣고 의미를 파악하고 글자로 기록하는 것으로, 일반적으로 읽기와 비슷하다고 보지만 최근에는 다른 점이 강조되고 있다(Fitzgerald & Shanahan, 2000).

문식성의 중요성 때문에 서양과 중국에서도 수없이 많은 연구들이 출판되었고, 한국에서도 많은 연구들이 수행되었다. 구글(Google Scholar)을 탐색해보면, 최근까지 읽기('reading')에 관해서 출판된 국외의 단행본 및 논문은 20만 편 이상에 이른다. 국내에서도 '읽기'를 주제어로 출판된 논문의 수가 2,000편 이상이며(e-journal KISS 참조), 학위논문은 15,000편 이상에 이른다(국회도서관 참조). 논문의 편수가 많을 뿐 아니라 심리학, 언어학, 교육학, 특수교육학, 아동학 등의 다양한 전공에서 다양한 대상을 연구하는 것은 문식성의 중요성을 시사한다고 볼 수 있다. 특히 다양한 전공의 연구자들이 문식성을 다른 측면에서 연구하고 연구 대상에 맞게 적절하게 적용하여 읽기 과학'을 실생활에 적용하고 있다. 한글의 특성과 문식성과 관련하여 최근에 중요하게 다루어지는 연구 주제를 중심으로 국내외 문헌들을 아래에 간략히 개관해 보겠다.

제 2 절 한글의 특성에 관한 언어심리학적 연구

한글은 세계에서 가장 과학적이며 우수한 문자 중의 하나로 인정 받고 있다(Coulmas, 2003). 한글은 자모문자이며, 특히 한 개의 자모가 한 개의 소리로 나타내지기 때문에 철자-음소의 대응 관계가 비교적 규칙적이고 음운적으로 투명한 언어이다. 반면에 영어는 자모문자이지만 한 개의 알파벳이 여러 개의 음소로 나타내지기 때문에 한글만큼 철자-음소 대응관계가 규칙적이지는 않다. 또한, 한글은 자모문자이지만 자모가 조합되어 글자로 모아쓰기를 하며, 쓰여진 글자 간에는 분명한 시각적 경계가 존재하며, 음절과 글자가 한국인의 말하기와 읽기에중요한 기본단위가 되고 있다(이광오, 1995, 1998). 따라서 한글에서 음소와 음절 모두 중요하여 음소-음절 문자(alphabetic syllabary)로 기술되기도 한다(Taylor & Taylor, 1995).

반면에, 표어문자(logograph)인 중국어에는 음소를 나타내는 자모가 없으므로 음운에서 매우 불투명한 언어이다. 중국 글자(character)는 음절이면서 동시에 하나의 형태소(의미를 나타내는 최소의 단위)이므로 의미에서는 투명한 언어이다(McBride-Chang, 2004). 필기된 중국어의 기본 단위는 음소가 아니라 음절이며, 형태소는 다른 단어나 개념을 만들기 위하여 아주 유연하게 합성될 수 있다. 한국어는 음절의 구조가 중국어와 비슷하고, 합성 형태소(compounding morphology)와 동음어(homophone)가 많은 점에서도 중국어와 비슷하다(Taylor & Taylor, 1995). 한국 어휘의 60% 이상이 중국에서 온 한자어이다. 따라서 한글은 영어처럼 자모문자의 특성과 중국어처럼 표어문자의 특성을 가지고 있어서 음운적으로 의미적으로 비교적 투명한 문자라고 볼 수 있다.

언어심리학 연구에서 한국어 음절의 주된 하위구조(subsyllabic structure)는 영어와 중국어와는 다르다는 연구들이 제시되었다. 이광오는 일련의 연구들을 통하여 영어가 초두자음(onset)과 각운(rhyme)으로 구분되는 반면에, 한국어 음절 구조는 음절체(body)와 말미자음(coda)이라는 것을 실험으로 제시하였다(이광오, 1995, 1998). 이런 특성들은 한국어와 한글의 독특성을 나타내주며, 한국인의 한글 정보처리 및 문식성에 관한 언어심리학적 연구는 세계적인 관심을 받고 있다(Zigler & Goswami, 2005).

제 3 절 문식성에 관한 언어심리학적 연구

지난 20~30년 동안 여러 언어의 문식성(읽기와 쓰기)의 과정을 밝히려는 연구와 문식성에 영향을 주는 인지적 변인이 무엇인지에 관한 연구가 매우 활발히 진행되었다. 대부분의 연구들은 서양에서 진행되었고 주로 영어, 독일어 등의 읽기를 다룬 것이었지만, 최근에는 중국어와 일본어 등 아시아와 아랍의 언어를 다루는 노력이 있었다(Harris & Hatano, 1999; Joshi & Aaron, 2006; McBride-Chang, 2004). 영어 읽기를 다룬 기존의 많은 연구들은 음운적 처리가 아동과 성인의 읽기 및 쓰기와 관련이 되며 장기적으로 예측한다고 주장한다(Ehri, Nunes, & Willows, 2001, 개관). 음운인식이란 단어 속에 들어 있는 여러 가지 소리의 단위와 유형을 지각하고 아는 것으로 정의되며, 소리의 단위는 음절, 음소, 음절의 하위단위(예, 초두자음, 각운, 음절체 등)로 나누어진다. 영어와 같은 자모문자에서는 음소를 나타내는 철자가 있기 때문에 읽기의 학습에서 소리를 음소로 분절할 수 있는 능력 즉 음소분절 능력이 특히 중요하다고 볼 수 있다(Ehri et al., 2001). 반면, 중국어와 같은 음절문자에서도 어린 아동의 읽기 습득에 각운 인식, 혹은 음절 인식이 중요한 영향을 준다(McBride-Chang, 2004, 개관).

한글 습득과정에서는 음소 인식과 음절 인식 모두가 한글의 문식성 발달에 중요한 요인으로 나타났다(조증열, 2011, 개관; Cho & McBride-Chang, 2005; Cho, McBride-Chang, & Park, 2008). 이 결과는 한글이 alphabetic-syllabary라는 것을 잘 지지해준다. 또한 한글의 초기 읽기 발달에 음절체 인식이 중요하고 한글 읽기에 큰 영향을 준다는 결과는 한글 읽기의 과정이 다른 언어(예, 영어 중국어)의 읽기 과정과는 다르다는 것을 시사한다(Kim, 2007; Yoon, Bolger, Kwon, & Perfetti, 2002). 한국에서 수행된 문식성 연구도 많으며, 이들은 주로 음운인식을 다루었고 주된 결과는 음운인식이 아동의 초기 읽기에 중요하다는 것이었다(김미배 · 배소영, 2007; 김선옥 · 조희숙, 2003; 김현자 · 조증열, 2001; 이차숙, 1999; 장유경 · 김숙현, 2003; 최나야 · 이순형, 2007). 또한 일반적으로 자모 언어를 배우는 아동들은 자모지식을 가장 먼저 학습한다는 외국의 여러 연구들(McBride-Chang, 1999)과는 달리, 한국의 아동들은 자모지식보다 음절지식을 먼저 습득하며, 음절지식이 자모지식과 음운인식의 습득에 영향을 준다는 연구도 있었다(Cho, 2009). 이런 결과들은 한국어와 한글의 특성이 한국 아동의 읽기 습득 방식에 영향을 주고, 이 습득방식은 다른 언어(예, 영어와 중국어)와 다르다는 것을 시사한다. 따라서 한국인을 대상으로 하여 언어간 및 문화간 비교연구를 하는 것은 국제적으로 학문적 가치가 크다고 볼 수 있다.

최근에 형태소 인식(morphological awareness)과 영어 및 중국어 문식성 발달과의 관계를 다룬 연구가 많이 보고되었다. 형태소란 단어에서 의미를 나타내는 가장 작은 단위이다. 예를 들어, 'cats'는 'cat'과 복수형을 나타내는 's'인 두 개의 형태소를 포함하고 있다. 형태소 인식은 어린이가 단어의 형태소 구조에 대해 의식적으로 인식하고, 그 구조를 조작할 수 있는 능력이다(Carlisle, 1995). 영어권의 연구에서는 굴절어와 파생어의 읽기와 학습에 주로 초점을 맞추어 형태소 인식 능력이 읽기와 쓰기에 영향을 준다는 결과를 얻었지만(Kuo & Anderson, 2006, 개관; Ku & Anderson, 2003), 중국어 읽기에는 합성어를 구성하는 형태소 인식능력이 중요한 것으로 나타났다(Ku & Anderson, 2003; McBride-Chang et al., 2005; Shu, McBride-Chang, Wu, & Liu, 2006).

형태소 인식은 한글 읽기 발달에 중요하다(Cho et al., 2008; McBride-Chang et al., 2005). McBride-Chang 등(2005)은 미국, 중국과 한국의 초등학교 2학년 아동의 모국어 읽기를 비교한 언어간 비교연구에서, 영어 읽기는 음소인식의 영향을 받고, 중국어 읽기는 형태소인식이 영향을 받고, 반면에 한글 읽기는 음운인식과 형태소 인식 두 가지의 영향을 모두 받는다는 결과를 얻었다. 한국의 유치원 아동의 읽기에는 음운인식과 형태소인식이 모두 영향을 주지만(Cho et al., 2008), 초등학교 고학년으로 가면 음운인식의 영향은 줄어들고 형태소인식의 영향력은 더욱 커진다는 것을 볼 수 있다(Cho, Chiu, & McBride-Chang, 2011). 아동뿐 아니라 성인들의 숙달된 한글 읽기와 한자어의 학습에 형태소 인식이 중요하다는 증거들도 제시되었다(배성봉 · 이광오 · 박혜원, 2012; 이광오 · 이인선, 1999). 지금까지 한국에서 연구된 내용은 주로 합성어 형태소 인식을 다루었지만, 한국어에는 합성어, 파생어, 굴절어의 형태소가 모두 풍부하므로 앞으로 형태소 인식의 발달과 그 영향력에 관한 연구는 많을 것으로 기대된다. 그러나 지금까지 형태소인식의 영향에 관해서 국내에서 출판된 연구는 아주 적은 것 같다. 읽기가 숙달될수록 형태소인식의 영향은 점차 커지는 경향이 있으므로, 아동들의 능숙한 읽기 습득을 위해서, 읽기부진 아동이나 열악한 교육환경에 있는 저소득층 혹은 다문화 가정의 아동들의 한글 문식성 습득을 중재하기 위해서 특별히 형태소인식의 훈련이 필요할 것으로 보여진다.

제4절 문식성 및 학습 장애 연구

읽기 장애는 학습장애의 주된 유형으로 학습장애 아동의 약 80%가 읽기에 장애를 가지고 있으며, 일반 아동의 약 10~15%가 읽기장애를 보인다(Vauhgn, Moody, & Schumun, 1998). 학습 장애나 학습 부진을 다룬 국내외의 많은 연구는 읽기 장애를 다루었는데(김동일, 2001; 송종용 · 신민섭, 1998; 이경화, 2004; Snowling, 2000), 이것은 학습장애를 가진 아동들이 단어 재인과 읽기 이해에서 심각한 곤란을 겪는다는 것을 시사한다. 읽기 장애에 관한 많은 연구는 영어권 아동들을 대상으로 하였고, 최근에는 여러 다른 언어들 즉 중국어, 독일어, 일본어의 읽기 장애를 다룬 연구들이 출판되고 있다(예: Ho, Chan, Tsang, & Lee, 2002; Wimmer, Mayringer, & Landerl, 2000; Wydell & Butterworth, 1999). 읽기장애는 다양한 결손 원인을 가지고 있다. 그 중에서 음운결손(phonological deficit)이 영어를 포함한 자모언어에서의 주된 원인으로 꼽힌다. 음운결손은 음운 정보를 다루는 데 어려움을 가지고 있으며, 특히 비단어를 읽는 데 문제가 있다(Castles and Coltheart, 1993). 또 다른 유형으로는 명명속도 결손(naming-speed deficit), 시각결손(visual deficit), 철자결손(orthographic deficit), 형태소 결손(morphological deficit) 등이 있다. 철자결손은 표면(surface) 난독증이라고도 불리며, 불규칙단어를 읽는 데 문제를 보인다(Castles & Coltheart, 1993).

언어에 따라 발달난독증의 주된 결손유형이 달라지는 경향이 있다. 영어권의 아동에서는 음운결손 유형이 많으나(Ziegler & Goswami, 2005, 개관), 중국과 독일 아동에서는 명명속도 결손이 많이 나타난다(Ho et al., 2002; Wimmer et al., 2000). 중국어의 경우에는 시각과 철자결손(Ho et al., 2002)과 형태소 결손도 보고되고 있다(Shu et al., 2006).

한글 읽기 장애는 주로 음운인식과 명명속도의 부진과 관련이 되는 것으로 연구 되었다(김미경 · 안성우 · 윤치연, 2003; 박순길, 2012; 박순길 · 조증열, 2007; 원호택 · 신민섭 · 송종용, 2000; Cho & Ji, 2011; Kim & Davis, 2004). 또한 몇 연구에서는 시각결손도 중요한 유형으로 나타났다(박순길, 2006; 박순길, 2012; 임혜숙, 1996; Cho & Ji, 2011). 영어권의 연구에서는 시각결손이 중요하지 않은 것으로 나타났지만 우리나라의 연구에서 주된 유형으로 나타난 것은 수평과 수직의 직선으로 구성되어 있는 한글 자모의 특성과 관련이 될 수 있을 것 같다(이경애, 1984; Cho et al., 2008). 한국에서도 읽기장애에 관한 연구가 많이 수행되었으나, 주로 다루어진 변인들은 음운인식과 명명과제이었으며 사용한 과제의 종류가 많지 않았다. 앞으로의 연구에서는 음운, 명명, 시각 과제뿐 아니라, 형태소 과제 등 다양한 과제를 종합적으로 사용하여 개개인의 인지적 프로파일(cognitive profile)을 분석하여 결손의 유형을 확인하고, 개인이 가진 결손의 유형을 보완해 줄 구체적인 훈련 프로그램이 필요할 것이다. 읽기 부진을 보이는 학습장애 아동은 인지, 지각, 언어적 문제뿐만 아니라, 정서적 불안, 낮은 자아개념, 낮은 학업성취도 등의 특성을 보이며(김윤옥, 2000; Swanson, 1984), 주의력 결핍 과잉행동과도 관련이 있으며(Holborow & Berry, 1986), 학업효능감, 학업동기와 자기 결정성 등에서 낮은 점수를 보였다(박순길 · 조증열, 2011). 따라서 학습장애 아동들의 인지적, 정의적 특성과 학업적 특성들 간의 관련성을 심도있게 규명하는 것이 필요할 것이다.

제 5 절 다문화 · 다언어 환경에서의 이중 문식성 발달에 대한 언어심리학 및 아동학 연구

이중언어 및 이중 문식성을 다루는 언어심리학 연구에서는 모국어의 음운처리 기술이 외국어의 읽기와 어휘 학습과 관련이 되며 또한 영향을 주고 전이(transfer)된다는 연구 결과들이 보고되었다(Gottardo, Yan, Siegel, & Wade-Eooley, 2001; Wang, Cheng, & Chen, 2006; Wang, Park, & Lee, 2006). 최근에는 모국어의 형태소 인식능력이 외국어의 읽기를 증진시킨다는 연구들이 보고되었다(Wang, Cheng, & Chen, 2006). 대부분의 연구는 프랑스어-영어, 스페인어-영어, 이스라엘어-영어에서처럼 영어와 음운 및 형태소 구조에서 비슷한 유럽어를 모국어로 하고 외국어인 영어 읽기로의 전이를 다루었다.

최근에는 영어와는 표기가 완전히 다른 중국어와 한국어를 모국어로 하여 언어간 전이를 연구하는 것이 각광을 받고 있다. 예를 들어서, 모국어인 중국어의 음운기술이 영어 읽기와 관련되며 잘 예측할 수 있었다(Gottardo et al., 2001). 미국에 거주하는 한국어-영어 이중언어 사용자를 연구한 Wang, Park, & Lee(2006)는 모국어인 한국어의 음소탈락이 외국어인 영어의 읽기에 영향을 준다는 결과를 얻었다. 유사하게, Cho와 McBride-Chang(2005b)는 한국의 초등학교 2학년의 한국어 음운인식능력이 3학년의 영어 읽기에 영향을 준다는 것을 보고하였다. 우리나라에서 발표된 문헌들은 주로 아동의 음운인식 능력과 영어 읽기 및 어휘학습과의 관계를 살펴보았으며 이들 간의 관련이 높다는 것을 보고하였다(조증열 · 서상록, 2004; 조증열 · 이강은, 2004; 한유미 · 조복희, 1999; 한찬숙 · 이춘재, 2003; 황혜신 · 황혜정, 2000). 이런 국내외의 결과들은 음운인식 능력은 유사하지 않은 언어 간에도 전이된다는 것을 시사한다.

형태소 인식의 전이에 관한 연구는 비교적 적은 편이다. Wang, Cheng & Chen(2006)의 연구에서는, 외국어인 영어 형태소인식능력이 모국어인 중국어 읽기에는 영향을 주었지만, 중국어 형태소인식능력이 영어 읽기에는 영향을 주지 않았다. 한국 초등학생을 종단 연구한 Cho 등(2011)은 한국어 형태소인식능력이 외국어인 영어 읽기에 영향을 주지 않는 것으로 나타났다. 후속연구에서는 영어와는 표기체계가 확연히 다른 한글을 사용하여 언어간 전이를 심층적으로 연구한다면 국제적인 관심을 받을 수 있을 것이다.

요사이 이중언어 환경에서 한글을 배우는 집단이 크게 증가하고 있다. 이들은 크게 해외 거주 한민족(재외동포 및 해외 거주 한국아동), 국내 거주 외국인과 다문화가정 아동, 그리고 영어유치원 등에 다니며 한글과 동시에 영어 등 외국어를 배우는 한국 아동을 들 수 있다. 재외 한인은 2007년 현재 남한 인구의 14%에 이르는 약 704만 명에 이른다(외교통상부). 최근의 연구들이 중국에 거주하는 조선족 아동들의 이중언어 발달에 관한 연구들이 수행되었고(박혜원 · 강봉경, 2004; 윤혜경 · 박혜원, 2005a, 2005b; 윤혜경 · 박혜원 · 나은영, 2005; 이귀옥 · 전효정 · 박혜원 · 강와숙 · 장미자, 2005), 미국에 거주하는 한국 아동을 연구한 결과들도 발표되고 있다(Pae, Sevcik, & Morris, 2009; Wang, Park, & Lee, 2006). 앞으로 재외동포의 이중언어 사용을 연구하는 것은 이론적으로도 중요할 뿐 아니라 이들이 한국어와 한글을 유지(maintenance)할 수 있도록 지원(Heritage Language Program)하는 데 필요한 국가적인 과제라고 볼 수 있다.

또한 국내 외국인의 수가 100만 명을 육박하면서 다문화가정의 아동에 대한 관심이 높아지고 있고 현재 많은 연구들이 실시되고 있다. 이들이 한국 사회에 적응하는 데 가장 큰 어려움 중의 하나는 언어와 문자의 소통 문제일 것이다. 일반가정의 아동에 비하여 다문화가정의 아동은 어휘력(자연 발화의 길이)이 낮았고(이정민 · 박혜원 · 배성봉, 2012), 음운인식과 단어 재인 등의 인지적 및 문식성 기술이 낮은 것으로 나타났다(박혜원 · 이국희 · 조증열, 2012). 하지만 아직 이들의 언어, 문식성, 인지적 발달에 대한 종단적인 연구는 많지 않다. 앞으로 언어습득의 민감기에 있는 다문화 가정 아동의 언어 및 문식성 발달을 이해하고 지원할 수 있는 구체적인 방안을 마련하는 것이 절실하다고 하겠다.

제6절 저소득층 아동의 문식성 연구

가정의 환경에 따라서 언어 및 문식성 발달에 큰 차이가 있다. 일반적으로 중산층 가정의 유아에 비해서 저소득층 가정의 유아는 어휘력, 단어 읽기와 수학 능력, 인지적 능력(예, 음운인식, 형태소 인식력)이 낮다고 보고되었다(이지연 · 곽금주, 2008; 최은영 · 이지현, 2011; Aikens & Barbarin, 2008; Duncan & Seymour, 2000). 예를 들면, 이기숙(2008)의 연구에서는 저소득층의 아동은 중산층의 아동보다 한글 읽기와 쓰기, 어휘력 등의 수행이 낮으며, 그 차이는 3~4세에는 크지만 5세가 되면 점차 줄어들었다. 가정에서의 자발적인 읽기 활동도 가정의 소득수준과 관련이 되어, 소득수준이 낮은 가정의 경우 아동에게 풍부한 자료를 제공하지 못하고 아동은 책읽기 등의 자발적 독서 활동을 적게 한다는 것이다(김명순·한찬희·유지영, 2012; McCormick & Mason, 1986). 조증열 등(2012)의 연구에서는 도시와 농촌의 아동을 비교하였는데, 4세의 경우 농촌 아동은 도시 아동보다 단어 읽기, 글자읽기, 받아쓰기, 음절탈락, 종성탈락, 명명속도, 시공간력 등의 여러 과제에서의 수행이 더 낮았지만, 5세의 경우 차이를 보이는 과제의 수는 줄어들었지만 농촌 아동은 단어읽기, 종성탈락, 명명속도, 시각 변별력에서 수행이 더 낮게 나타났다. 현재 국내에서는 가정 환경이 열악한 지역에 거주하는 아동에 관한 연구가 비교적 많지가 않을 뿐 아니라, 연구에서 사용한 과제들도 다양하지가 않았고, 종단적 연구는 거의 없었다. 추후에 이들의 문식성 발달 과정이 중산층 아동과는 어떻게 달라지는지에 대한 분석을 한 종단적 연구가 필요하고, 이들에게 어느 시기에 어떤 프로그램으로 개입하는 것이 가장 효율적인지에 관한 중재연구가 절실하다고 하겠다.

제7절 결 론

문자의 사용은 인류가 문명사회로 발달하는데 중요하게 작용하였다. 현재 우리나라 아동, 청소년, 성인들은 한국어뿐 아니라 영어, 중국어 등 다양한 언어와 문자를 배우고 있다. 언어와 문자를 학습하는 것은 결코 단순한 과정이 아니며, 언어와 문자의 특성, 학습자가 처한 환경적 특성, 학습자의 연령, 학습자 개인의 특성 등 여러 가지 요소에 영향을 받고 있다. 따라서 국내외의 많은 연구자들은 한국어와 한글의 언어적 특성을 밝히고, 언어 및 문식성 발달에 관여하는 정신 과정을 밝혀보고, 문식성 발달에 영향을 주는 인지적, 언어적 및 지각적 변인들이 무엇인지를 확인하고, 다른 문자(예, 영어 와 중국어)의 영향변인과 어떻게 다른지를 언어심리학적 관점에서 비교하려고 노력하고 있다. 또한 교육환경이 열악한 저소득층 및 농어촌의 아동들, 특정한 인지-언어적 능력에서 결손을 보이는 문식성 장애 아동들, 또한 이중언어 및 이중문자 사용자인 다문화 가정의 아동을 대상으로 하여, 이들의 문식성 발달과정과 영향 변인에 대해 분석하고, 일반 아동과 비교하여 한국어 문식성 발달과 장애의 현실을 파악하는 노력을 기울인다. 이렇게 심리학, 언어학, 교육학, 특수교육학, 아동학 등의 여러 분야의 연구자들이 융합하여 읽기 과학을 연구하는 것은 궁극적으로 한국의 사회과학 연구를 세계화하고 실용화하는 데 기여하게 될 것이다.

제 11 장

국가브랜드 연구

김유신 · 김유경*

제1절 서 론

융합학문 혹은 융합연구란 개별 분과학문 혹은 개별 분과학문연구를 전제로 한다. 현실은 복합적으로 비분리된 채로 잡다(manifold)로 우리에게 주어진다. 칸트의 범주는 이러한 잡다를 범주에 의해 현상을 구성하여 파악하려는 우리의 인식 틀이다. 우리는 복합적인 현상을 개별 분과학문적 시각에 의해 내용을 분리시키고, 개별 분과학문에 포착된 내용을 분석하고, 이들을 종합하여 현상을 인식한다. 물리학은 물리학적으로, 사회학은 사회학적으로, 예술은 예술적으로 현상을 인식한다. 이러한 학문을 칸트의 범주와 유비시켜 학문범주라고 부를 수 있다. 칸트의 범주는 선천적이지만, 이 개별 분과학문은 역사적으로 우연적으로 발생한 것이다. 그리고 범주에 배속된 것은 우리가 의식하거나 의식적으로 분석할 수 없는 것과는 달리 우리가 의식적으로 탐구 대상의 어떤 측면을 학문범주에 배속시켜 이론적으로 실험적으로 분석하고 종합한다.

---

* 김유신: 부산대 전자공학부 교수, 김유경: 한국외국어대 미디어커뮤니케이션학부 교수.
이 글은 2010년도 한국연구재단(교육과학기술부 인문사회연구역량강화사업비)의 지원을 받아 연구되었음(NRF-2010-330-B00285).

따라서 현실에 대한 파악이란 이러한 개별 분과학문 범주 속에서 파악된 내용을 종합해서 보는 것이다. 그런데 개별 분과학문은 스스로 존재론을 가지고 자신의 존재론의 완결성과 인식론적 배타성을 추구하기도 하고, 인식론적으로 타 학문을 자신의 학문 영역으로 환원하려고도 한다. 이 점에서는 타 학문의 인정은 오로지 실용적 관점에서 인정할 뿐이다.

개별 분과학문의 출현은 역사적으로 사회적으로 우연적이고 그 역할도 변한다. 나아가서 그 경계도 변할 수 있음을 개별 분과학문 연구자들은 인식하고 있다. 융합연구의 필요성과 출현은 이것을 웅변적으로 말해주고 있다. 타 학문을 이해하고 협력하는 것이 융합연구이다. 이 융합연구를 보편적으로 다루는 학문적 훈련분야(discipline)는 현재 없다. 앞으로도 아마 없을 것이다. 만약 있다면 그 학문과 다른 학문의 융합을 다루는 또 다른 학문의 존재를 인정하여야 하므로 무한 회귀가 이루지게 된다.

물론 개별 분과학문의 우연적 발생처럼 개별 학문들의 융합을 통해서, 새로운 개별 학문은 가능하지만, 융합학문이란 일반 모델이 없다는 것은 개별 학문이 항상 열려있어야 함을 의미한다. 이것은 개별 학문이 이상적으로 존재론적 완결성과 배타성이라는 제국주의적 태도보다는 타 학문에 대한 포용성과 협동성을 자신의 학문적 태도로 가져야 함을 함축한다.[1] 융합의 형태로서는 모듈형, 침투형, 생성형이 있는데, 우리의 연구는 융합모델로서는 침투형 모델에 가깝다.

---

1) 융합의 모델로서 모듈형, 침투형, 생성형 세 가지를 언급했으나, 융합을 통한 새로운 학문의 생성은 가능하지만, 그것은 어디까지나 개별학문이지 융합일반을 다루는 융합학문이란 것은 없다.

제 2 절 침투형 융합으로서의 국가브랜드 연구

이 국가브랜드 연구는 국가와 국가의 구성요소인 주권, 영토, 국민과 관련된 다양한 활동과 그 가치를 증대시킴으로서 선진사회를 위한 사회통합적 시스템을 구축하려는 목적에서 이루어진 것이다. 이를 위해 철학, 경영학, 커뮤니케이션학의 세 축으로 융합을 시도했다.

국가브랜드는 국가의 정체성을 반영해야 한다. 그렇지 않으면 국가브랜드란 임의적이고 허구의 산물로 그친다. 국가 정체성이란 한 국가의 정신과 핵심 역량의 원천이라고 할 수 있다. 정체성은 여러 가지 변화 속에서도 지속적인 어떤 형태의 동일성이다. 정체성은 대개 철학적이고 형이상학적인 주제인데, 이 연구는 이 정체성의 해명과 더불어 국가 정체성이 무엇인지도 설명해야 한다.

이 연구에서는 국가 정체성의 발견과 재정립을 위해 철학적 토대를 공고히 하는 노력을 수행하였다. 세계 전근현대를 통털어 선진시스템을 경험적으로 갖춘 나라들의 국가 정체성을 선행이론을 통해 관찰하여 정체성을 구성하는 기초요소를 결정하였다. 예컨대, 국가 정체성이 어떤 형태로 존재하며 내재되어 있거나 표명되고 있는가에 관심을 두고 사회과학적 연구방법론에 입각한 객관적 조사를 실시하였다. 즉, 국가 정체성이라는 스스로 국가내의 전통과 유산의 전스에 의해 존재하는 내부적 시각도 중요하지만, 우리의 외부고객들 — 즉, 방문자, 투자자, 외교인, 기업, 기타 국민 등 — 이 평가하는 우리의 현재 또는 미래의 바람직한 형상에 대해 그 인식과 의견을 관찰하는데 중점을 두었다. 바로 이 단계가 이 연구의 융합의 출발이요, 융합연구의 시도이다.

인문학적이고 철학적인 관점에서 정체성에 대한 정의를 기본적으로 만들었다. 이것은 매우 추상적이기 때문에, 여기에 역사학적인 자료와 인류학적인 신화 이론들을 끌고 와서 국가 정체성에 대한 이론을 형성하였다. 다음에 이러한 사변적 정의를 보다 정교화 하여 측정가능하고, 관찰 가능한, 객관적 시도로 끌어내기 위해 우리는 브랜드라는 경영학적 관점을 도입하였다. 인문학적 원천과 사회과학적 프레임이 만나는 침투형 융합을 시도한 것이다. 침투형 융합이란 융합하려는 학문 영역이 서로 타 영역의 이론을 차용할 수 있도록 상대영역의 이론을 자신에게 가져온다.

'자유, 평등, 박애'는 프랑스인들이 자부심을 가지고 대내외에 표명하는 그들의 국가 정체성이라고 평가되고 있다. 이것은 과거 그들의 역사, 전통, 유산, 신화 등에서 발현되며, 사회 시스템 곳곳에서 그 징후와 효과가 포착되어 왔음은 주지의 사실이다. 철학이 형이상학이면서 인류학 및 신화학을 끌어드린 것이다.

우리에게도 이런 요소가 있는가? 즉, 과거 '동방의 고요한 아침의 나라', '배달민족', '홍익인간'의 정신은 무엇이며, 인구에 회자되어 왔던 'dynamic Korea'와는 무슨 관련이 있는 것인가? 오히려 갈등적 관계에 있으면서 진정한 우리의 정체성을 정립하고 국민 스스로가 정권의 일시적이고 단기적이며 선동적 요소로 보이는 이를 인정하는 데 큰 불편이 있지 않았는가? 국가 정체성에 관련된 이 같은 갈등적 요소를 차단하고, 보다 객관적이고, 체계적인 방법으로 우리의 것을 찾아내어, 이를 재정립하고 의견 지도자와 정책 입안자, 국민에 이르기까지 이를 전 사회적 시스템 속에서 공유하고 전파하는 과정을 만들어 내는 것이 이 연구의 목적이다. 나아가, 우리의 이 같은 통합시스템의 구축사례를 모범으로 세계에 수출하여 최근 '한류' 문화 등의 우수한 모델이 세계적으로 각광을 받고 있는 즈음에 이들이 일시적 현상이 아니고 우리의 국가 유산, 사회 시스템, 글로벌 성장 잠재력에서 발현된 필연적 요소일 수 있다는 가정을 가능케 하는 데에 후속적 목표가 있다.

그러기 위해 우리가 시도한 융합 체계는 인문학적 요소인 정체성을 우리 사회 구성원이 공유해야하는 핵심 가치로 상정하고, 이를 내외부적 시각과 평가로 재구성하는 이른바 '브랜드화' 과정을 수행하게 되었다. 브랜드화란 경쟁 구도 속에서 차별화하여 그 가치를 극대화하려는 노력을 의미한다. 즉, 우리의 정체성이 단순히 인문학적 사고나 담론으로 그치기보다 이를 끄집어내어 모든 이해관계자가 그들의 역할과 책임 속에서 이를 적용하고 공유하여 정체성에 기반을 둔 국가 활동이 일관되게, 통합적으로, 이루어질 때 비로소 국가는 브랜드로서의 가치를 극대화할 수 있는 모판을 형성하게 되는 것이다.

우리의 연구방법은 바로 이 같은 전제와 가설을 가능하게 하는 융합적 시도이다. 우리가 보는 우리의 핵심 사상, 정신, 가치를 우리 국민의 의견과 인식에서 찾아내는 시도를 서베이를 통한 양적, 혹은 심층 인터뷰를 통한 질적 방법으로 시행하면서 보다 객관적이고 입체적인 관찰과 분석을 시도했다. 경영학 관점에서 국가를 브랜드화하려는 시도는 기업의 브랜드관리 원리를 국가에 도입하여 재해석하고 재가공하는 방법으로 이루어 졌다. 즉, 기업브랜드의 정체성 혹은 핵심사상 — 예컨대, 삼성의 '가족정신'이나 '일등주의', LG의 '사랑', SK의 '행복', Virgin group의 'Iconoclasm", 현대카드의 'Break-the-rule' 정신 등 — 은 소비자의 관점에서 다양한 조사를 통해 정립되고 일정한 시간 동안 durable, constant, cohesiveness 라는 원칙을 지키며 기업 활동의 각 분야 반영되어 비즈니스를 이끌고 있다. 마찬가지로, 국가의 정체성이 브랜드화하기 위한 노력은 정체성을 도출하고 이를 정립하기위하여 보다 국민의 시각으로 정교화하려는 노력이다. 나아가, 커뮤니케이션 관점을 도입하는 최종 융합이 이루어지는데 이는 이 연구의 실행과 성과와 관련된 중요한 내부 브랜딩(internal branding) 과정이다.

다시 말해, 국가가 많은 advisory committee와 key infomant를 통해 정립한 국가의 핵심 사상을 어떻게 적용하고 공유하고 확산할 것인가에 대한 실질적 노력을 의미하며, 장기적으로 우리의 진정한 국가정체성이 형성되고 유지되어갈 수 있는 '관리'의 단계로 접어들게 된다.

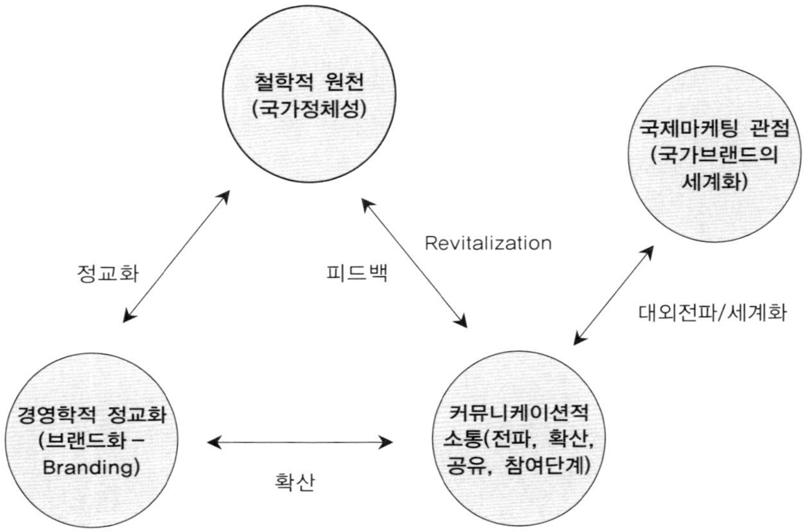

[그림 1] 침투형 모델: SSK 국가 브랜드 융합연구 모델

1. 국가 정체성의 개념과 구성

국가의 정체성을 구성하는 요소는 여러 차원을 지닌다. 역사적 영토, 공통의 신화, 역사적 기억, 공통의 대중문화, 공통의 언어 등이다(Smith, 1993). 따라서 국가의 정체성을 파악하려는 작업은 학제간 학문이거나, 다학문적인 영역이다. 정체성이란 고정된 것이 아니라 형성되는 어떤 것으로 국가의 경우에는 더욱 그렇다. 역사에서 보듯이 국가는 처음에는 조그만 씨족이나 조그만 부족국가로 시작했다가 대제국이 될 수도 있는가 하면, 대제국이었다가도 얼마 안 있어 소국으로 전락할 수 있다. 정체성이 고차적으로 존재자가 지니는 속성으로 구성된다고 하면, 그 속성들은 시간에 따라 변하기 때문에, 정체성은 변한다. 그럼에도 어떤 존재자의 정체성을 말할 수 있으려면, 그러한 변화 속에서도 어떤 연속

성을 지녀야 한다.

국가에 있어, 민족이나 종족적 성격(ethnicity) 같은 것은 실제로 존재하기도 하지만, 상당한 부분은 인위적 구성이다(Anderson, 2006). 우리나라의 경우 Land of Morning Calm이 보다 본원적인 우리의 정체성이었다면, Dynamic Korea에 내재된 'Dynamism'은 인위적으로 구성된 정체성의 성격을 가진다고 볼 수 있다. 또한, 국가 역시 단일한 역사만을 가지는 것이 아니므로, 국가를 지시하기 위해서는 복합적 역사를 언급하지 않으면 안 된다(Smith, 1993). 이 경우에는 당연히 역사의 취사선택과 구성이 필요하게 된다. 이러한 과정을 강조하게 될 때 우리는 국가를 사회적 구성이라 부를 수 있으며, 그러한 역사를 구성 또는 취사선택한다고 하더라도 임의적이 아니라, 어떤 지속적 요소의 보존이나 유지를 위한 노력이라 할 수 있다.

국가의 역사가 긴 경우 국가의 정체성을 이해하는 상호 연결된 한 방식으로 Barthes(1957)의 신화개념은 유용하다. 그에 의하면, "신화"는 하나의 허구적인 이야기가 아니라, 오히려 그것은 세계에 대한 대중-문화를 영속적으로 지지하는 지지대이며, 그 신화는 시대를 관통하여 내려오고 끊임없이 재해석이 된다고 한다. 이런 점에서 신화나 혹은 신화시대에 밀접한 이야기들을 토대로 국가의 정체성 표현을 위한 슬로건 사용은 의미가 있고 실제로 여러 국가는 그것을 사용한다. 그러나 여기에는 이론적으로 많은 문제점 또한 존재한다. 오늘날, 국가 정체성을 위한 신화적 건축물은 그 현상의 다면적이고 복잡한 구조의 출현에 의해 도전을 받으며, 결과적으로 국가를 브랜딩 하는 전략의 내용을 표상하는 국가적 정체성에 대한 아이디어는 엄밀하게 질문돼야 할 것을 요구한다. 사회학이나 관련 영역 부분에서 명성 있는 학자들은 국가 정체성(national identity)이 민족 국가(the nation state)의 부속물 중 하나이고, 둘 다 급속히 사라져버리는 현대성의 세계에 속한다고 논증한다(Eagleton, 2000). 이러한 주장에 따르면 국가 간의 경계와 모국이라는 것은 극복될 수 있지만, 동시에 이 주장은 국가의 정체성과 국가의식 결여에 대한 문제점을 쉽게 간과할 수 있는 약점을 지니고 있다. 이러한 맥락에서, 국가라는 사회적 존재는 국가에 속하는 인간적 존재에 의해 형성되고 유지되는 것이라고 볼 수 있다. 따라서 국가를 어떻게 이해하고 미래에 대해 어떤 비전과 계획을 가지고 있는가가 바로 국가의 정체성을 구성한다고 말할 수 있다. 즉, 국가의 정체성은 고정적인 어떤 존재가 아니라, 구성이 되는 것이라고 볼 수 있으며 그렇다고 국가의 정체성이 임의로 구성될 수 있는 것은 아니다(김유경 · 김유신 외, 2010).

국가는 영원하지도 않고, 또한 국가의 구성요소는 변하기 때문에 국가 정체성을 어떤 영속적인 속성을 사용하여 파악하려는 것은 어려움이 많다. 국가란 구성원에게 소속감과 안정감을 주며, 구성원이 보호하고 충성해야 할 어떤 것으로 파악되고, 나아가서 구성원들의 삶의 의미 형성에 기반 역할을 하므로, 구성원의 미래를 형성하는 것은 국가를 재구성하는 것과 밀접하게 관련이 있다. 이러한 점에서 국가는 현존하면서 현재를 초월해 있는 가상적 공동체(imagined community)역할도 한다(Anderson, 2006).

이러한 관점에서 볼 때, 국가의 정체성은 다분히 가변적이고 눈앞에 보이는 실용적인 목적을 위해 구성되는가 하면, 보편적 인간애라는 더 넓은 비전을 가지고, 또는 더 큰 목적을 위해 정체성을 구성하기도 한다. 팍스 로마나(Pax Romana)나 팍스 브리태니커(Pax Britannica) 등이 여기에 해당한다고 볼 수 있다.

관광산업을 위한 브랜딩을 목표로 하여 국가의 정체성을 찾는 것은 눈앞의 단견적이며 실용적 이득을 취하는 것이 목적일 가능성이 매우 높다. 그럴 경우, 국가정체성의 하위개념으로 관광 브랜딩은 운영되고 관리되어야 한다. 비록, 실용적이며 경제적인 목적을 위해 국가 정체성을 구성하더라도 보다 영속적이고 보편적 가치를 지향하는 국가 정체성을 형성하는 노력이 바람직하다.

2. 국가 정체성의 구분과 예시적 논의: Land Of Morning Calm vs. Dynamism

우리나라의 국가 정체성은 지금껏 논의된 바 없으며, 있다 하더라도 체계적 구성을 토대로 이루어진 것은 아니다. 먼저 국가의 정체성이 무엇인지를 이해하기 위해 우리는 국가의 정체성을 다음의 두 가지 성분으로 나누어 볼 수 있다. 하나는 지속적이며 영속적인 본질적 정체성이며, 다른 하나는 임의적이며 가변적인 성격의 구성적 정체성이다.

1) 본질적 정체성

본질적 정체성 역시 해석을 동반하는 것이지 이미 존재하는 고정적인 것은 아니다. 그것은 상황에 따라 변화한다. 그러나 그 변화는 대개

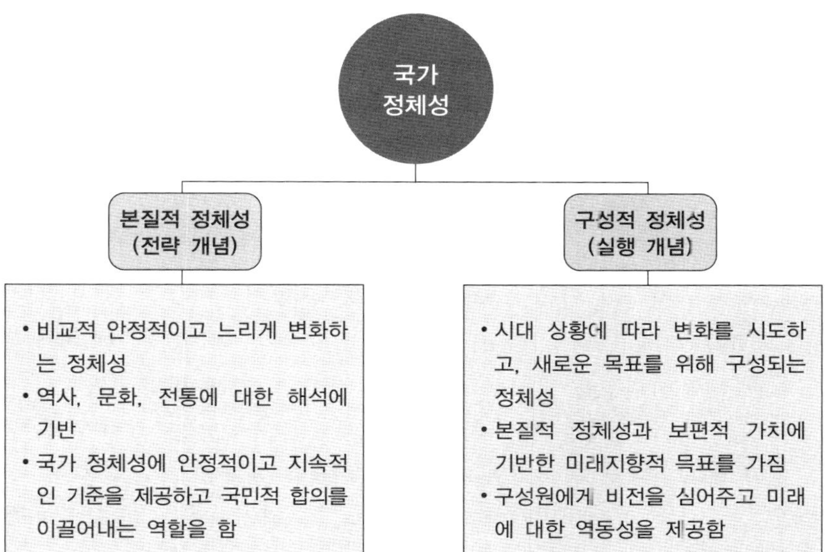

[그림 2] 국가 정체성의 구분

느리고, 변화과정이 타당할 수 있어야 한다. 또한, 이미 일어난 사건들은 변경할 수 없으므로, 비교적 안정적인이다. 그러나 과거에 일어난 사건들은 새로이 재해석하는 작업을 끊임없이 시행함으로써 본질적 정체성은 낡아 버리지 않고 실질적인 기능을 할 수 있다.

만약 이 본질적 정체성을 무시하면, 국가 정체성은 쉽게 왜곡될 수 있고, 가벼워지며, 불안정하고, 임의로 구성될 수 있기 때문에, 구성원 간에 국가의 나아갈 방향에 대해 어떤 합의를 도출하기 힘든 경우도 발생한다. 그리고 지속적인 기준이 없으므로, 그 국가에 대해 갖고 있는 지각이 잘못되었다고 하더라도 수정하기 어려우며, 옳더라도 유지하기 힘들다. 그리고 지나치게 상황 의존적이 되어 국가의 정체성이 가벼운 구성체가 된다면 국가를 위한 어떤 연대성을 갖기가 어렵다.

본질적 정체성은 어떻게 찾아낼 수 있는가, 또는 형성할 수 있는가? Gergescu와 Botescu(2004)에 의하면, 국가의 정체성을 정의하고 강조하는 방법 중 하나는 국가의 위대한 역사적·문화적 혹은 기술적인 성취를 역동적인 글로벌 영역에서 적극적인 국가 이미지로 소통할 수 있는 하나의 대표적 상징 속으로 포괄하는 것이다.

국가의 정체성을 역사적·문화적 혹은 기술적 성취를 통해 대표적인 상징 속으로 포괄시키는 것이 지니는 장점은 국가의 역사와 전통 그리고 장점들을 반영하기에 국가 정체성은 더욱 영속적인 것에 토대를 두게 되어 안정적이 된다. 그리고 역사적·문화적 성취는 국가의 참신성(novelty)을 제고할 수 있고, 진실로 한 국가를 이해하는 데 도움을 주기 때문에 신뢰성을 부여하며, 국가의 명성을 갖게 한다.

이러한 국가 정체성 형성 작업은 다른 국가의 그것과 구별될 수 있고 또한 국제적으로 진척되고 글로벌 사이트를 통과하여 수용될 수 있을 것이다. 국가 브랜딩을 화려하게 또는 더 매력적으로 만들기 위해 국가적 특징들을 넓은 범위에까지 미치는 브랜드로써 발전시키는 것이 윤리적이고 적절한가에 대한 질문이 가능하다. 이에 대해 투사된 이미지와 그것에 의한 이미지가 구성되는 실제적 특징들 사이의 거리에 대한 윤리적 지위에 관한 숙고가 필요하다. 이런 점에서 본질적 정체성에 해당하는 지속적이고 영속적 전략개념은 홍익인간(Benevolence), 조용한 아침의 나라(Morning Calm)의 역할을 해왔다고 볼 수 있다.

2) 구성적 정체성

시대의 변화에 따라 국민도 변하고, 국가의 내용도 변하고 지향하는 바도 변한다. 국가는 인간 사회라는 요소를 가지고 있기 때문에, 국가의 변화는 인간의 변화에 의존한다. 인간 존재란 자신에 대한 해석이 바로 자신의 존재 방향을 끌고 가는 존재인 것처럼, 국가 역시 스스로 해석을 통해서 자신의 변신을 시도하고 목표를 위해 자신의 모습을 구성해 낸다. 이러한 국가의 자기 구성과정은 구성원에게 비전을 심어주고 미래에 대한 역동성을 끌어내는 국가의 자기 발전 과정에 중요한 역할을 한다. 그러나 국가의 구성적 정체성은 그 내용이 때때로 지배집단이 자기 이익을 목적으로 또는 잘못된 쇼비니즘에 의한 국가 운영을 위해 도구적 이데올로기로 변모할 수 있음을 주의하여야 한다.

국가의 정체성 구성은 오늘날의 국가를 있게 만든 역사적・문화적 성취나 사건들처럼 소위 본질적 정체성을 기초로 하고, 또한 현실에 대한 경험적 파악과 보편적 가치를 기초에 둔 미래 지향적 목표를 통해서 이루어져야 한다. 다시 말해, 국가 정체성을 구성하는 작업은 어떤 단기적인 목적을 위해 역사와 문화에 대한 임의적 해석을 토대로 두어서는 안 된다. 거기에는 개념적인 요소도 있고 분석적인 요소도 있지만, 경험적인 요소와 보편적 가치를 토대를 두어야 한다. 이런 점에서 'Dynamism'의 개념은 임의적이거나 단기적 혹은 실용적 단견에 의해 형성된 것이 아니라 중장기적 비전과 목표를 가진 보편적 가치의 토대 위에서 정립된 국가정체성으로서의 가능성을 제시하고 있다고 볼 수 있다.

3. 국가 정체성의 정립을 위한 이론적 배경

다수의 학자는 국가의 문화적 속성을 국가 정체성의 주요 구성요소로 주목하고(Nye, 1992; Keillor, Hult, Erffmeyer, & Babakus, 1996; Keillor & Hult, 1999; Devos & Banaji, 2005), 국가 정체성을 파악하기 위한 연구를 진행하였다. 이 중 관념적 수준에서 국가 정체성을 논의한 다른 학자들(Brubaker, 1992; Eliot & Percy, 2007; Buchholz & Wordemann, 2000)과 달리 케일러와 헐트(Keillor & Hult, 1999)는 실증연구를 통해 구체적인 정체성 차원을 규명하고 문화적 독특성의 강도를 파악하여 국제마케팅 영역에서 국가 정체성을 활용하고자 했다. 그들은 국가 정체성을 타문화와 구별되는 문화적 특질(의미의 집합)이라고 주장한 헤르스코비츠(Herskovits, 1948: Keillor & Hult, 1999 재인용)와 소비자의 자민족 중심 성향을 연구한 쉼프와 샤르마(Shimp & Sharma, 1987), 그리고 국가 간 갈등의 원인을 문화적 차이로 규명하려 한 헌팅턴(Huntington, 1993)의 견해를 종합적으로 수용하여 문화에 초점을 맞춘 신념 구조(belief structure), 문화적 동질성(cultural homogeneity), 국가적 유산(national heritage), 자민족중심주의(ethnocentrism)의 네 가지 국가 정체성 구성요소를 제안하였다.

각 차원을 세부적으로 살펴보면 신념 구조의 경우 중동의 이슬람교처럼 해당 국가 구성원의 문화적 참여와 단결성에 기여하는 종교나 초자연적 믿음과 관련된 차원이다. 이 요소는 집단 내 갈등 해결의 원칙으로 작용하여 전반적으로 개인 간의 심리적 연결고리로서 조직 내 문화적 합의를 이끌어내는 데 기여한다. 국가적 유산은 피식민지국가 국민의 지배국가에 대한 적개심 같은 독특한 역사의 문화적 양식을 반영하는 특징(Huntington, 1996)으로서 문화·사회적 제도의 독특성 인식 및 중요성 인식 정도와 관련되어 있다. 앞서 논의된 신념 구조는 이슬람 문화권처럼 국가마다 유사할 수도 있지만, 유산과 역사는 국가 고유의 정체성을 반영하는 것이라 볼 수 있다. 세 번째 차원인 문화적 동질성은 국가를 구성하는 하위문화가 균일성을 띄는 정도를 의미하며 일반적으로 하위문화의 수는 국가 정체성의 강도와 관련하여 반비례 관계에 있다. 일례로 다민족, 다문화 국가로 분류되는 미국은 이런 의미에서 정체성의 강도가 약하다고 할 수 있으며, 단일민족인 일본은 정체성의 강도가 비교적 높다고 할 수 있다(Taylor, 1982). 마지막 차원인 자민족중심주의는 일반적으로 타문화를 평가함에 있어 자국문화가 중심이 되는 성향 정도를 뜻한다. 이 차원을 통해 가치와 행동에서 자국 제품 선호 현상 등 해당 문화의 중요성 정도(영향력 정도)를 파악할 수 있으며 원산지효과(country of origin effect)와도 관련이 있다. 데보스와 바나지(Devos & Banaji, 2005)는 미국인을 대상으로 해당국가 국민의 정체성 분석을 목적으로 실증연구를 통해 네 가지 차원-국가에 대한 감정적 애착, 선천론주의(nativism), 시민 관련 가치, 종교적 성향-의 국가 정체성 유형을 도출한 바 있다. 이렇듯 학자들은 국가 정체성에 대해 다양한 견해를 제시하고자 하였으나 공통적으로 국가 정체성의 '현재 상태', '현주소'를 중점적으로 파악하려 한 점에서 공통된 경향을 보인다(Shimp & Sharma, 1987; Nye, 1992; Huntington, 1993; Keillor, Hult, Erffmeyer, & Babakus, 1996; Keillor & Hult, 1999; Devos & Banaji, 2005).

이에 반해 일반적인 브랜드 관점에서 바람직한 브랜드 정체성은 현 상태의 특징뿐 아니라, 해당 브랜드가 지향하는 목표와 비전이 제시되어야 한다(Kapferer, 2004). 즉 브랜드 정체성은 브랜드의 성장을 위해 더욱 발전적이며 진취적인 속성을 지녀야 한다. 같은 맥락에서 국가브랜드 또한 브랜드 정체성 내에 비전이나 지향점 등 발전적 속성을 내포해야 할 필요성이 제기된다(김유경 · 김유신 · 박성현, 2010; 이진용 · 이유나 외, 2011).

4. 국가브랜드 관점에서 정체성 개념 적용 논의

전략적인 국가브랜드 관리를 위해서는 국가 정체성에 기반을 둔 국가 이미지를 형성하여 국가의 이해관계자들의 인식 속에 차별화된 포지셔닝을 구축하여야 한다. 다시 말해서 국가 정체성 정립은 국가브랜드 인지도를 높이고 국가브랜드이미지를 제고함으로써 한 국가의 브랜드 자산을 높이는 데 가장 중요한 요소이다(김곡미, 2005).

국가브랜딩은 국가가 가지고 있는 여러 가지 가치 중에서 잠재력이 가장 큰 가치를 핵심가치로 설정해 그것을 다양한 요소로 구체화하고 상징화시켜 결과적으로 국가브랜드의 이미지를 향상함은 물론 국가의 전반적인 가치를 높이는 활동이라고 할 수 있다. 한 국가가 가지는 잠재력이 큰 가치라는 것은 경쟁력 있는 실체를 발견하는 일이며 그것은 국가정체성의 정립으로부터 시작된다. 일반적으로 국가 정체성(national identity)이란 사회정체성(social Identity)의 한 형태로서 특정 국가(혹은 국민)와 연관하여 사람들이 가지고 있는 신념(beliefs)과 감정(feelings)을 일컫는다(Wiggins, Wiggins, and Zanden, 1994). 또한, 국가의 핵심역량과 실체를 기반으로 하는 핵심사상 또는 정신으로 규정할 수 있다. 국가브랜드의 목적은 국가에 대한 명확한 이해를 통해서 국가의 핵심사상과 정신으로서의 국가 정체성을 발굴하여 체계화하고, 이를 효과적으로 커뮤니케이션하여 국가에 대한 강력하고, 호의적이며 차별화된 연상 이미지를 구축하는 것이다. 따라서 국가 정체성을 정립하는 부분은 국가브랜드 관리의 가장 우선적인 전략과제라고 할 수 있다.

제 3 절 연구 설계 및 분석

1. 주요 연구 문제

본 연구에서는 한국은 국가로서 어떤 정체성을 표방할 것인가에 대한 모색을 전통, 현재, 미래지향적 관점에서 대내외 국민의 의견을 바탕으로 조사하였다. 따라서 다음과 같은 연구문제로 구성하였다.

1. 한국의 국가 정체성은 무엇인가? 어떤 범주와 영역에 걸쳐 형성되는가?
2. 국가브랜드 관점에서 한국의 국가 정체성을 구성하는 핵심 차원(Brand essence)은 무엇인가?

2. 연구의 방법

1) 전문가 조사 및 측정 문항 정제

국가정체성 차원을 측정하기 위한 문항 설정 최종점검하기 위해 Advisory Committee를 구성하였으며 Advisory Committee는 사회 통합관점의 연구자문단으로서 민·관·산을 대표하는 국가브랜드 관련 전문가 8명과 국가정체성의 다양한 관련 분야의 대표성을 지닌 전문가 4명으로 구성하였다.

전문가들은 국가정체성이란 것이 각 국가의 특성에 기인하여 매우 다양하게 도출될 수 있음을 염두에 두었다. 그러나 본 연구의 목적이 보편적으로 적용 가능한 표준화된 국가정체성 차원이 도출되어야 함에 더 큰 의미를 두고 논의를 이어갔다. 먼저 전문가들은 해당 분야의 문헌 연구를 살펴 특정 국가를 브랜딩하는 것이 제품이나 서비스를 브랜드화하는 것과 다르기에 국가의 역사와 신화, 문화라는 축적된 진실에 기반을 두어 논의하는 것과 전략적 측면에서 한 국가가 정치, 사회, 경제, 문화 등 여러 다양한 분야에서 발원될 수 있는 국가의 핵심역량과 타 국가의 이해당사자에게 기대될 수 있는 이미지 요소 등을 고려하고자 하였다. 이에 따라 Keillor & Hult(1999), Devos & Banaji(2005)의 선행 연구를 중심으로 본 연구의 목적에 따라 수정하여 국가 정체성의 구성요소를 제안하였다.

국가정체성의 구성요소는 문화적 특이성(cultural uniqueness), 글로벌 시민성(global citizenship), 국가유산(National Heritage), 가치 체계(Value System), 글로벌 리더십(Global Leadership), 감성적 애착(Emotional Attachment) 등의 6가지 차원으로 제안되었다.

2) 국가 정체성의 구성요소 정제를 위한 정성조사

애초 제안된 한국 국가 정체성에 대한 외국인 평가는 미국 15명, 중국 14명, 일본 8명, 독일 7명으로 총 42명의 일반인 외국인과 미국 4명, 중국 3명, 일본 4명, 독일 4명인 총 15명의 오피니언 리더들을 대상으로 정성적 분석을 실시하였다. 전문가의 경우는 국내에 거주하고 있는 국내 및 외국 전문가로 각 국가의 한국학 연구소 소장 및 한국어 교육학회 임원을 대상으로 실시하였다. 연상 유형 설정은 앞서 Keilor & Hult (1999)의 국가정체성 네 가지 구성요소인 신념구조, 국가적 유산, 문화적 동질성, 자민족중심주의와 Devos & Banaji(2005)의 연구를 바탕으로 구성된 국가정체성 구성요소 감성적 애착, 가치, 종교, 민족주의를 조직화하였다. 재구성된 국가정체성 차원과 외국인 오피니언 리더들에게 한국에 대하여 연상하도록 한 정성조사결과를 바탕으로 연상유형 6개를 설정하였다.

연상유형 6개는 국민의 특징을 나타내는 사람인 한국인, 국가의 사회 구조적 현실과 평가를 나타내는 사회시스템, 글로벌 사회 내 국가의 경제적 능력과 위상을 평가하는 글로벌 리더십, 세계무대의 다양한 영역에서 뛰어난 재능을 나타내는 인적 재능에 대한 평가, 국가 역사와 문화를 전반적으로 평가하는 국가유산, 국가의 미래 잠재력에 대해 평가하는 미래성장력으로 연상유형을 구분하였다. 이를 바탕으로 일반인 외국인과 오피니언 리더들을 국가별로 미국과 독일은 선진국, 일본과 중국은 인접국으로 구분하여 각 피험자에게 한국인, 사회시스템, 글로벌 리더십, 인적 재능, 국가유산, 미래성장력을 기준으로 각각이 전달하는 긍정적 이미지와 부정적 이미지, 핵심 속성에 대한 평가를 기술하였다.

정성조사 결과 한국에 대한 긍정적 이미지는 한국민의 성실하고 열정적이면 끈기 있는 인적 특성을, 우수한 기술과 디자인을 통한 경제적 발전의 원동력인 글로벌 리더십, 전통과 현대가 조화롭게 공존하는 국가유산, 한국인의 특성을 바탕으로 이루어진 경제발전과 높은 교육열 등으로 나타났으며, 부정적 이미지는 분단국, 부정부패 등에 의한 사회시스템의 불안이 여전히 존재하고 있다. 또한, 인적 재능도 소수의 탁월한 한류자원에 의존하고 있으며 다양한 영역으로의 확대가 필요하다는 평가도 나왔다.

3) 한국 국가 정체성의 정량조사

본 연구는 한국정체성에 대한 외부인들의 인식을 중심으로 조사하는 연구인만큼 외국인의 표본이 필요하다. 또한, 본 연구는 국가브랜드위원회의 2010년 글로벌 조사 결과를 토대로 한국외대 SSK 연구단이 한국의 정체성 분석에 부합하는 자료를 발췌하여 새로이 분석, 재구성하였다.

한국에 대한 지식적 수준의 차이와 각 국가의 상대적인 환경에 따른 한국에 대한 인식적 차이를 고려하여 한국에 대한 비교적 많은 정보를 접하고 있을 것으로 판단되는 중국, 일본, 싱가포르 3개 인접국가와 경제, 사회, 정치적으로 안정되어 세계무대에서 큰 영향력을 발휘하는 선진국으로 미국, 스웨덴, 프랑스, 호주를 설문대상 국가로 선정하였다. 마지막으로 최근에 급속한 경제적인 성장을 발판으로 세계무대에서 차츰 두각을 보이는 남아공, UAE, 브라질, 러시아 4개 국가를 선정하였다. 표본은 각 설문대상 국가의 국적을 가진 현지 주거인을 대상으로 선정하였다. 그리고 11개 국가에 대한 연구목적에 맞는 세 가지 분류에 따라서 표본의 비율이 적절히 분포될 수 있도록 표본추출에 주의를 기울이는 목적적 표본추출방법(purposive sampling)을 활용하였다.

연구에 활용한 응답자 수는 총 6,079명으로 선진국이 2,201(36.2%)명으로 가장 많고, 다음으로 인접국가가 2,030(33.4%)명, 신흥·성장국가가 1,848(30.4%)명으로 구성되어, 전체적으로 국가 분류별 응답자의 분포가 비교적 균등하게 표집이 되었다.

3. 연구의 결과

한국의 정체성 구성 양상의 확인을 위한 설문조사에 사용된 측정 문항에 대한 탐색적 요인분석을 실시한 결과 한국의 정체성의 유형은 '한국민, 사회시스템, 글로벌 리더십, 인적 재능, 국가 유산, 미래성장력'의 6개 차원으로 구분되어 유형화되었다. 6가지의 한국정체성 차원은 전체 변량의 71.86%를 설명하고 있었다. 일반적으로 사회과학에서 60% 내외의 변량을 요인개수 선정의 기준으로 활용하고 있다는 점을 고려할 때, 이는 매우 만족스러운 수준이라고 할 수 있다.

이러한 결과는 한국의 과거, 현재, 미래 이미지에 대한 세계인들의 총체적 평가는 6가지 차원으로 집약되고 있다는 것을 의미한다. 즉, 한국인의 특징을 나타내는 한국민, 한국의 사회 구조적 현실과 평가를 나타낸 사회시스템, 글로벌 사회에서 나타나는 한국의 경제적 능력과 위상을 평가하는 글로벌 리더십, 세계무대의 다양한 분야에서 활약으로 나타나는 한국인들의 인적 재능에 대한 평가, 한국의 역사와 문화를 전반적으로 평가한 국가유산, 한국의 미래잠재력을 묘사한 미래 성장력으로 특성 지어졌다. 한국에 대한 고유의 특성으로 평가는 다양할 수 있으나 위의 6개 요인이 한국의 정체성을 70% 이상으로 설명하는 것으로 요약되어 비교적 한국의 정체성에 대한 일반적인 인식의 차원으로 받아들일 수 있다고 판단하였다.

도출된 한국의 정체성에 대한 국가별 분류에 따른 세부적 평가를 확인하기 위해 각 구성차원에 대한 평균값을 토대로 개별 분석을 진행하였다. 전체적으로 보면, 한국이 지닌 국가 정체성의 특징적 요소는 국가유산, 글로벌 리더십, 미래성장력, 한국민 등이 상위를 이루었고, 상대적으로 사회시스템과 인적 재능에 관한 평가는 하위에 머물렀다(〈표 2〉 참조).

특히, 국가유산은 한국의 역사, 문화, 자연, 그리고 최근에 주목을 받고 있는 한류라는 대중 문화적 요소에 대한 높은 평가가 이루어졌다. 글로벌 리더십의 높은 평가는 한국의 경제적 발전, 우수한 기술력, 삼성과 현대자동차와 같은 글로벌 기업 등장 등의 우수한 경제적 성장에 대해 긍정적 평가를 받음으로써 한국의 대외경쟁력 가운데 하드파워적 요소에 대한 평가가 두드러지게 나타난 결과로서 이해할 수 있다. 한국의 향후 잠재력을 평가하는 미래 성장기회에 대해서는 한국의 정체성에 대한 전체 설명력의 비중은 작으나 IMF와 세계경제위기 시의 국가적 대응과 국민의 응집된 노력을 바탕으로 성공적으로 극복하고, 지속적인 성장의 기회를 확보해가는 최근 사례와 연관되어 높은 평가가 나왔다고 볼 수 있겠다. 또한, 전체 설명변량의 다수를 차지한 한국민의 이미지에 대한 평가는 대체로 한국민의 인간적 특징을 표현한 내용이 가장 두드러졌다. 즉, 한국 사람들의 예절, 매너, 태도, 행동특성과 함께 기질과 소양에 관한 긍정적 답변이 주를 이루었다.

구체적으로 보면, 국가유산의 경우 신흥·성장국의 평가가 가장 호의적이었으나 인접, 선진국에서도 우리의 문화유산에 대한 독창성과 전통성을 상대적으로 높이 평가했다. 글로벌 리더십의 경우 역시 신흥·

성장국의 시각에서는 한국의 세계성과 글로벌 시장에서의 괄목할 만한 위상을 가진 것으로 평가했고, 선진, 인접국에서도 큰 차이를 보이지는 않았다. 한국이 글로벌 시장에서 어느 정도의 우수한 경쟁력을 확보한 것에는 전 세계적으로 큰 이견이 없다는 결론을 확인할 수 있었다. 한국의 미래성장 가능성에 대해서 또한 신흥·성장국의 의견이 호의적으로 지배적 성향을 보였다. 그러나 인접국에서는 비교적 다른 나라에 비해 낮은 평가를 하여 미래 성장 잠재력에 대해서는 한국과의 경쟁적 입장을 드러냈다. 한국민에 대한 평가 또한 미래성장 가능성과 유사한 패턴을 보이면서 신흥, 선진국의 호평을 이끌어 낸 것으로 나타났다. 사회시스템은 다른 정체성 차원에 비해서 낮게 나타났는데, 외국 언론을 통해서 보도되는 정치, 사회적인 불안정한 모습 등으로 인해 전 세계적으로 평가가 비슷한 것으로 나타났다. 한국의 인적 재능에 대한 평가에서는 한국의 인접 국가들은 상대적으로 높게 평가한 반면, 다른 지역에서는 낮은 평가가 나타났다. 이러한 결과는 국가별로 한국의 인적 재능에 대한 정보에 노출된 정도의 차이와 자국이 갖는 인적 재능과의 상대적인 비교에 의한 결과로 판단된다.

한국의 정체성 진단을 위한 대외적 평가를 도식화하면 [그림 3]과 같다. 신흥·성장국은 한국 정체성에 대해서 전반적으로 높은 평가를 하였다. 반면, 한국에 대해 비교적 인지가 낮은 선진국은 한국의 사회체계나 인적 재능에 대해서는 낮은 평가를 하였으나 그 밖의 요소에 대해서는 기타국가들과 비교하여 유사한 패턴을 보였다. 인접국가의 경우 인지적인 요소에 의해서 큰 영향을 받을 수 있는 한국의 인적 재능과 국가유산에 대해서 긍정적인 평가를 하였지만, 지리적 근접성에 의한 일차적 경쟁 구도로 인해서 다른 차원들에 대해서는 다른 신흥·성장국과 선진국대비 낮은 평가를 하는 것으로 나타났다.

종합적으로 한국의 정체성 진단을 보면, 중국, 일본, 싱가포르 등의 인접국에서는 국가유산과 글로벌리더십에, 브라질, 러시아, 아랍, 남아

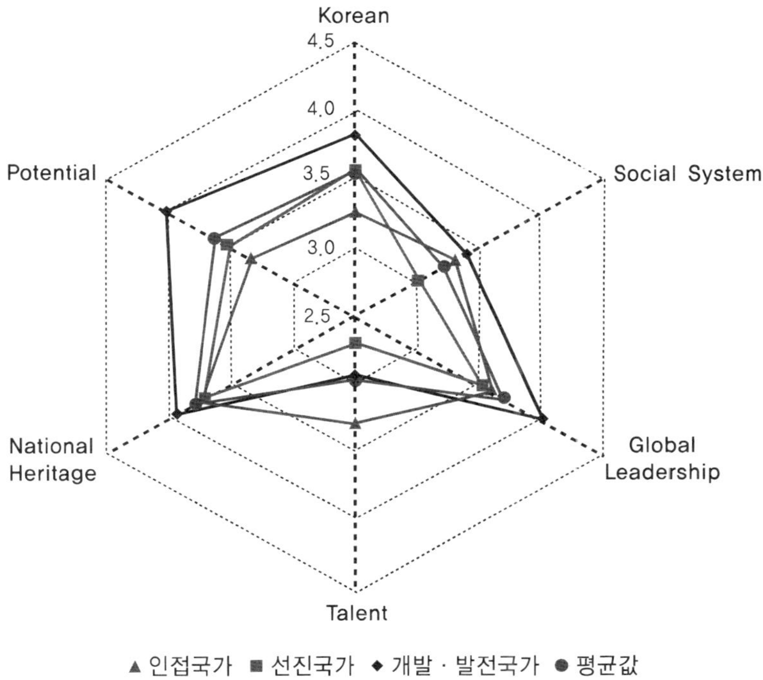

[그림 3] 한국정체성 6가지 차원에 대한 인접, 선진, 신흥 · 성장 국가의 종합 평가

공 등 신흥 · 성장국가에서는 한국의 국가유산, 글로벌 리더십에, 선진국에서는 국가유산과 한국인에 가장 높은 평가를 한 것으로 나타났다. 이는 한국의 국가정체성을 분석하여 새로운 방향성을 도출하고자 할 때 중요한 자료로서 활용가치가 높다.

한국의 국가정체성의 차원에 대한 측정문항별로 세부적인 평가의 현황을 파악하고자 각 차원의 측정문항의 평균값에 관한 기술 분석을 하였다. 해석의 간결성과 한국의 국가정체성에 관한 외국인의 인식에 바탕을 둔 한국의 국가정체성의 방향성 도출을 위하서 11개 국가를 인접국, 선진국, 신흥・성장국으로 분류하여 평가의 차이를 비교 분석하였다.

1) 한국의 글로벌 리더십

한국의 경제적 능력과 역량에 대한 글로벌 리더십 평가에서는 국가 분류별로 아주 대조적인 평가가 나타났다. 경제성장이 진행 중인 신흥・성장국들은 한국의 글로벌 리더십에 대해서 전반적으로 높은 평가를 하였지만, 한국보다 경제적인 성장성과 안전성이 높은 선진국과 인접 국가는 한국의 글로벌 리더십에 대해서 전반적으로 낮은 평가를 하고 있다는 사실을 확인할 수 있었다. 그간 한국의 경제적 능력에 대해 신흥・성장 국가에서는 긍정적인 평가를 받았지만, 상대적으로 큰 시장과 구매력을 가진 선진국들은 여전히 한국의 경제적인 능력을 낮게 평가한다는 사실을 알 수 있었다.

2) 한국의 미래성장력과 잠재력

한국의 미래성장력에 대한 세부문항 평가의 패턴은 유사하게 나타났다. 특히 한국의 발전 잠재력에 대해서는 전반적으로 긍정적인 평가를 하는 것으로 나타났다. 하지만 국가마다 평가의 긍정성에는 차이가 있었다. 신흥・성장 국가는 한국의 미래 성장력에 대해서 높은 평가를 한 것으로 나타났다. 즉, 한국의 성장 과정에서의 다양한 위기관리 능력과 발전의 양상은 신흥・성장 국가에는 한국은 우수한 성공사례로 인식되고 있음을 의미하는 결과로 볼 수 있다. 하지만 선진국과 인접국가는 상대적으로 낮은 평가를 하는 것으로 결과나 나타났다.

3) 한국의 사회시스템

한국 사회시스템에 대한 평가는 대체로 한국 사회의 안정성에 대한 측면이 상대적으로 많이 부각되었다. 한국은 법질서 준수와 국제개방, 사회적 안정성 등에 대한 분야에서 높은 평가를 받는 것으로 나타났다.

이 같은 현상은 인접 및 신흥・성장국의 평가에서도 유사한 양상을 보이고 있다. 하지만 선진국은 한국의 사회시스템 전반에 대해 상대적으로 낮은 평가를 하는 것으로 나타났다. 이러한 결과는 외국의 언론을 통해서 전달되는 한국 사회의 정치적・이념적 대립과 분열 모습에 대한 부정적인 인식의 결과로 유추해 볼 수 있다.

4) 한국인의 인적재능

한국인들의 인적 재능에 대한 평가는 대체로 낮은 것으로 나타났다. 운동선수나 예술인, 과학자 등의 인적자원에 대한 평가가 전체적으로 낮은 편이었다. 이러한 인적 재능에 대한 낮은 평가는 한국에 대한 전반적인 창의성이나 인적 우수성에 대한 부정적인 평가를 의미한다. 하지만 영화, 음악, 드라마 등을 잘 만든다는 평가항목에 대해서 인접국가에서는 긍정적인 평가를 하는 것으로 나타났다. 이러한 결과는 한류의 영향으로 나타난 결과로 보인다.

종합하면, 한국의 정체성에 대한 외국인의 인식조사결과, 한국 정체성은 한국민(Korean), 사회시스템(Social System), 글로벌 리더십(Global Leadership), 인적 재능(Talent), 국가유산(National Heritage), 미래성장력(Potential)의 6가지 차원으로 인식되고 있음을 확인하였다. 이러한 한국의 6가지 정체성 차원에 대한 인접국, 선진국, 신흥・성장국의 응답결과 비교분석을 통해서 한국의 정체성에 대한 평가는 인접국에서는 국가유산과 글로벌 리더십에, 신흥・성장국가에서는 국가유산, 글로벌 리더십에, 선진국에서는 국가유산과 한국인에 대해 가장 높은 평가를 한 것으로 결론을 얻을 수 있었다(한국외대 SSK, 2012; 이진용 외, 2011).

제4절 한국의 국가 정체성: 국가브랜드 관점에서의 탐색

전술한 학자들의 국가 정체성에 관한 연구경향을 보면 대체로 국가의 현재 상태와 현주소를 중심으로 차원들을 파악하고 있다(Nye, 1992; Huntington, 1993; Keillor, Hult, Erffmeyer, & Babakus, 1996; Keillor & Hult, 1999; Devos & Banaji, 2005). 그러나 본 연구에서는 이 같은 국가에 대한 지금의 인식과 미래 지향적 인식, 바람직한 가치를 중심으로 정체성의 브랜드화를 모색하였다.

즉 일반적인 브랜드 관점에서 바람직한 브랜드 정체성은 현 상태의 특징뿐 아니라, 해당 브랜드가 지향하는 목표와 비전이 제시되어야 한다(Kapferer, 2004). 브랜드 관점에서의 정체성은 조직의 성장을 위해 더욱 발전적이며 진취적인 속성을 지녀야 한다. 같은 맥락에서 국가브랜드 또한 브랜드 정체성 내에 비전이나 지향점 등 발전적 속성을 내포해야 할 필요성이 제기된다(김유경 · 김유신 · 박성현, 2010). 이러한 관점에서 본 연구는 다른 국가 정체성 관련 연구와 달리 '미래 성장력'이라는 차원을 도입한 점에서 주목을 끈다. 이 차원은 현재의 정체성 속성에서 나아가 발전 잠재 가능성을 파악해 볼 수 있기에 정체성의 바람직한 브랜드화에 있어 시사점을 마련해 준다. 그들은 앞서 논의한 선행 연구와 다수의 내외국인 전문가들의 심층인터뷰를 토대로 한국의 국가 정체성 구성요소를 파악하고자 하였다.

이를 위해 애초 제시된 한국민, 사회시스템, 글로벌 리더십, 인적 재능, 국가유산, 미래 성장력이라는 6가지 국가 정체성 차원을 우리의 미래지향적 관점에서 핵심역량(core competence)을 중심으로 재구성하고 이를 경쟁적 관점에서 브랜드화하였다. 즉, [그림 4]에서 보듯이, 문화와 국가유산을 브랜드로서의 문화유산으로, 한국인과 인적재능을 브랜

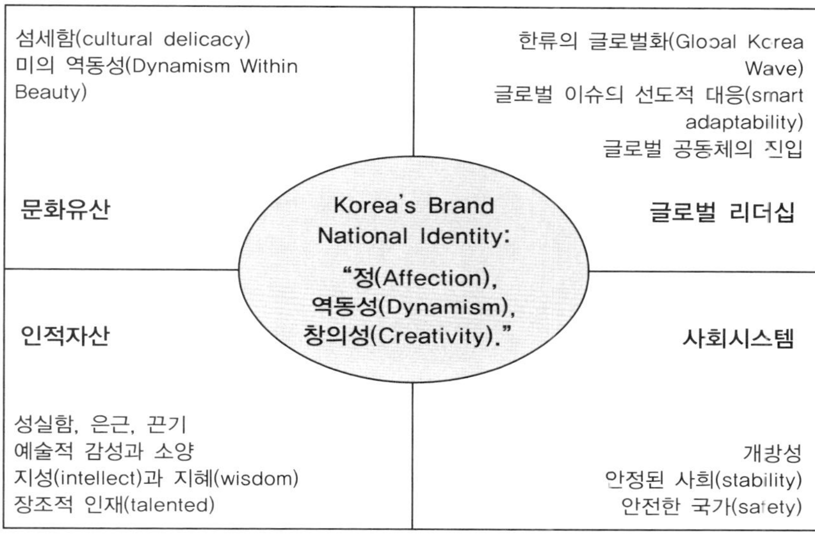

[그림 4] 국가브랜드 정체성 체계(NBIS)의 예시도

드로서의 인적자산으로, 글로벌 리더십과 미래성장력을 글로벌 리더십으로, 브랜드로서의 사회시스템 등 4개 영역을 국가브랜드화의 핵심역량으로 설정하였다.

요약하면, 우리의 문화유산은 대내적으로는 자부심과 대외적으로 독창성을 갖춘 국가브랜드로 표방하면서 그 속에 담긴 핵심적 가치, 즉 감성적 섬세함과 역동성이 강점으로 공존하고 있었다. 인적자산 또한 한국의 국가 탁월한 정체성을 드러내는 견인차 역할을 한다는데 대체로 동의했으며 이는 우리 한국인으로서의 성실, 근면함, 끈기와 함께 창조적 기질이 예술, 기술, 지성 등 다양한 분야에서 저력을 발휘했음이 관찰됐다. 이와 함께 글로벌 리더십은 미래 지향적 국가브랜드 장르로서 우리 한국이 급속한 경제적 성장으로 세계의 주목을 받아온 이후 각종 글로벌 이벤트의 국내 유치, 공여국으로서의 지위성장, 한류를 비롯한 대중문화와 인적 브랜드들의 지구촌 진출과 관련이 깊다. 특히 최근 유럽시장의 고전과 함께 약진하는 동아시아의 새로운 주류민족으로 부각한 우리의 혁신적 정체성이 세계성(globality)을 띠기 시작했다고 볼 수 있다. 또한, 이는 그동안의 형식적 국가에서 정신적 국가로의 도약을 가능케 하는 중요한 국가브랜드 영역일 것이다. 우리의 사회시스템은 비교적 대내외적으로 우리의 변화된 강점으로 평가되고 있으나 여전히 선진시장에서는 취약한 영역으로 인식되고 있어 향후 적극적으로 우리의 미래지향적 국가 정체성에서 전략적으로 다루어져야 할 브랜드 장르이다.

국가 정체성을 브랜드 관리의 관점에서 구성하는 일은 전략적이며 합리적 사고를 요구한다. 그러나 국가는 정치, 경제, 사회, 문화, 외교 등 다양하고도 복잡한 영역으로 구성되어 있어 이를 포괄하는 통합적 정체성을 정립하기란 거의 불가능하다. 그러나 그 속에 내재하는 굳건한 핵심적 사상과 방향성은 모색되어야 하며 다양한 영역에서 정교화 과정을 통해 수렴되어야 한다.

본 연구에서는 국가 정체성의 다양한 차원을 브랜드라는 차별적이고 경쟁적 사고에 기초한 전략의 관점으로 평가하였다. 따라서 아래 그림에서 나타난 한국의 국가정체성의 브랜드 본질로서의 의미는 정, 역동성, 창의성으로 추상화하였다. 브랜드관리의 관점에서 우리 국가활동의 현주소, 우리만이 지니는 주체성, 그리고, 전통과 현대를 아우르는 보편성 등을 기준으로 볼 때 적절한 개념이며 향후 더욱 구체적 의사결정과정과 확산과정에서 효율적으로 유연성 있게 사용될 수 있다고 판단하여 예시하였다.

제 5 절 결 론

국가 브랜드는 여러 이해관계자에 의해서 소유되는 공적 특성이 있다. 또한, 제품 브랜드와 달리 국가브랜드는 관광, 예술, 문화, 자연, 정치, 경제 등 매우 다양하고 복잡한 구성요소로 이루어져 있다. 즉, 국가브랜드 관리자는 다양한 요소에 대한 통제권을 가지고 있지 않기 때문에, 각 구성요소별로 민·관·산의 이해관계자와 폭넓은 협력관계를 유지해야 하는 특성이 있다. 모간, 프릿차드, 피고트(Morgan, Pritchard, and Piggott, 2002)는 정치성(politics)을 대표적인 국가브랜드 관리의 난제로 언급했다. 즉, 국가브랜드의 경우에는 이해관계가 상이한 여러 집단이 관여되어 있기 때문에 정치적 압력에서 벗어날 수 없다는 것이다. 따라서 이들 간의 합의를 이끌어내고 긴밀한 협력 체제를 갖추는 것이 매우 중요하며, 결국 국가 브랜딩이란 단순한 관리활동(managed activity)이 아니라 협력과정(coordinated process)의 관점으로 바라보아야 한다(Hankinson, 2004).

또한, 국가브랜드는 역사적으로 축적되어온 국가 정체성이라는 사실에 근거하여 형성된다는 특성이 있지만, 국가 정체성의 가변성과 다양한 시각적 차이에서 발생하는 해석의 차이는 협력의 과정을 어렵게 한다. 따라서 국가브랜드의 진정한 가치 제고를 위한 다양한 국가 구성차원의 긴밀한 협력체제 구축을 위해서는 국가브랜드 정체성에 대한 국가적 합의와 공유과정 역시 중요하다. 본 연구를 통해서 제시된 국가브랜드 정체성에 대한 접근방법이 향후 정치적 압력으로부터 국가브랜딩이 자유롭게 진행이 되고, 단기적인 가변성의 한계를 극복하여 한국의 미래 경쟁력 확보에 이바지할 수 있기를 기대한다.

제 12 장

국가 인적자원 개발 연구

정미라 · 권정윤 · 박수경 · 이방실*

제1절 서　론

20세기 후반의 현대적 기술문명의 발전에 힘입어 자연과학 연구에서는 발전된 도구를 사용하여 이전에 가능하지 않았던 문제와 지식을 연구할 수 있게 되었다. 특히, 신경과학(neuroscience) 분야의 학자들은 동물은 물론 인간 신경계의 해부학적 구조와 기능에 대한 방대한 지식을 밝혀내는 데 구심점 역할을 담당하고 있으며 인지심리학에서 설명하고자 했던 수많은 인간의 내적현상들, 예를 들면 주의, 지각, 기억, 사고 과정을 연구하는데 새로운 접근을 시도하고 있다(이정모 외, 2009). 뇌과학과 교육의 연계를 시도하는 학자들도 인지심리학, 교육학, 신경생리학 등의 연구를 기반으로 융합연구의 가능성을 강조하고 있다.

특히 유아교육 분야에서도 뇌과학과의 만남이 이루어지면서 생애초

---

* 정미라: 가천대 유아교육과 교수, 권정윤: 성신여대 유아교육과 교수, 박수경: 원광대 유아교육과 교수, 이방실: 가천대 세살마을연구원 연구교수. 이 글은 2010년도 정부재원(교육과학기술부 인문사회연구역량강화사업비)으로 한국연구재단의 지원을 받아 연구되었으며(NRF-2010-330-B00230), 2011년『유아교육연구』발표 논문의 일부를 중심으로 재구성한 것임.

기 발달의 중요성이 다시금 강조되고 있다. 특히 미국의 경우, 1997년에 백악관에서 열렸던 컨퍼런스에서 뇌발달에 영향을 미치는 다양한 변인들에 관한 논의가 이루어졌으며(Nelson, 1999), 같은 해 「연방유아발달법(The Federal Early Childhood Development Act)」을 입안하면서 영유아의 뇌발달과 성취에 영향을 주는 초기경험의 중요성을 강조하였다. 이는 태내부터 시작되는 뇌발달이 아동기로 이어지는 과정에서 뇌의 뉴런을 이어주는 새로운 시냅스의 수가 기하급수적으로 증가하고 정리되며(pruning), 활성화된다고 밝혀지면서 유아기는 뇌발달에서 가장 중요한 민감기로 인식되었기 때문이다(Balbernie, 2001; Bruer, 1999). 그 후 경험이 시냅스의 형성에 미치는 영향력과 효율성을 밝히는 과학적인 연구가 많이 진행되고 있으며, 이들 연구에서는 시냅스 형성에 영향을 주는 경험과 관련된 기제들을 밝히고 있다(Dawson, Ashman, & Carver, 2000; Fox & Rutter, 2010; Nelson, 1999). 환경의 차이가 뇌발달에 미치는 영향을 밝히기 위해 미국 뇌발달협력팀(Brain Development Cooperative Group)의 Almli의 연구팀(2007)은 MRI(자기공명영상)를 사용하여 신생아부터 4년 5개월까지의 뇌발달에 관한 종단연구를 실행하였다. 이 연구에서 아동발달연구소, 정신건강연구소, 의료기관의 전문연구진들이 학제간 협력을 통해 뇌발달과 감각·인지·언어·감성발달에 관한 주요 변인의 연관성을 밝히고 연령에 따른 미국 영유아의 뇌발달 표준을 형성하여 이에 관한 데이터베이스를 구축하고 있다.

이와 같이 인간발달과 관계하여 인문사회과학과 의과학 분야의 융합 연구가 끊임없이 시도되고 있고, 종단연구방법을 채택하는 것이 최신 연구패러다임으로 자리 잡고 있다. 예를 들면, 교육분야에서 중요한 측정개념으로 대두되어 온 IQ검사가 뇌과학적 접근으로 재조명되기도 하고(Passingham, 2006), 부모의 우울 상태가 영유아의 양육에 미치는 영향을 밝히기 위한 뇌파(Electroencephalographic: EEG) 분석이 이루어지기도 하였다(Dawson, Ashman, Hessl, Spieker, & Frey, 2001; Jones, McFall,

& Diego, 2004). 장기 융합연구의 사례로 1997년 미국에서는 국립연구회(NRC: National Research Council)와 의학연구소(IOM: Institute of Medicine)가 사회과학, 신경생물학, 행동과학의 통합적 관점에서 유아기발달과학 통합위원회(Committee on Integrating the Science of Early Childhood Development)를 구성하여 생애 초기 5년의 발달을 집중 조명하였다(Shonkoff, 2003). 뇌과학에 기초한 이러한 연구자료는 영유아는 물론 태아부터 건강과 발달 및 교육의 철저한 관리를 중요시하는 국가정책의 기본적 틀을 만드는 데 기여하였다. OECD에서도 인적자원 개발을 위한 뇌과학과 교육의 연계를 강조하면서, 구체적인 대안을 모색하는데 연구를 집중하고 있다(OECD, 2007).

뇌과학에 기반을 둔 영유아기 연구 결과들은 "세 살 버릇 여든까지 간다"는 우리 속담을 과학적으로 입증하고 있으며 특히 생애초기는 시냅스라고 불리는 신경세포간의 연결이 집중적으로 일어나는 시기임을 강조하고 있다. 뇌발달에서 생애초기의 중요성이 강조되는 이유는 뇌구조의 기초가 이 시기에 이루어지고 환경의 영향력이 크기 때문이다(Fox, Levitt, & Nelson, 2010; Hensch, 2005; Karmarkar & Dan, 2006; Knudsen, 2004). 이러한 뇌발달 연구결과는 생애초기의 중요성을 다시 한 번 강조하면서 미래의 인적자원을 위한 풍요롭고 질적 수준이 높은 양육의 필요성을 시사하고 있다.

한국에서도 1998년 「뇌연구촉진법」을 제정해 뇌과학 연구를 위한 법적인 기초를 만들었다. 그러나 아직은 뇌공학 측면에서 주로 영상 이미지를 확보하기 위한 도구 개발과 뇌의 구조와 기능에 대한 연구에 집중하고 있다. 뇌 구조와 기능 관련 연구 결과들은 의학분야와 연계되어 알츠하이머나 파킨스씨병, 또는 ADHD 등과 같은 인지나 정서 능력 관련 질병의 진단과 치료에 활용되고 있다. 교육학 분야에서도 뇌의 구조적인 기능과 학업성취의 관계를 밝히면서 기억력 강화 또는 좌·우뇌 동시 계발과 같은 뇌발달 촉진 방법을 제안하는 연구들도 수행되고 있다. 그러나 대부분의 연구들은 뇌과학과 교육을 연계한 학제적인 접근이라기보다는 뇌과학 연구 결과를 교육현장에 적용하기위한 방안을 시도하거나 기억력 강화 또는 좌·우뇌 동시 계발과 같은 뇌발달을 촉진하는 방법적인 측면에 치중되고 있다. 게다가 뇌발달의 결정적 시기만을 너무 강조한 나머지, 뇌과학 분야의 연구를 과잉 해석하거나 편파적·상업적으로 악용하는 사례도 적지 않은 것으로 지적되고 있다(김성일, 2006; Goswami, 2006).

이에 본 연구에서는 국내외 선행연구들의 검토를 통해 영유아기 뇌발달과 관련된 주요 변인들을 검토하고 유아교육과 연계시킬 수 있는 뇌과학 연구방법들에 대해 알아보았다. 또한 국내 뇌과학과 유아교육 간의 융합을 시도한 연구들의 경향을 살펴봄으로써 향후 유아교육분야에서의 뇌 기반 연구를 수행하기 위한 기초를 제공하고자 하였다.

제 2 절 영유아기 뇌발달 연구의 주요변인

뇌과학과 유아교육을 연계한 연구들은 초기의 부정적인 경험 즉, 임신과 출산 후 어머니의 스트레스 및 부모의 심리생리학적인 문제들이 영유아의 뇌와 행동발달에 미치는 장기적인 영향을 밝히고 있다 (Dawson et al., 2000). 본고에서는 지금까지 밝혀진 영유아의 뇌발달 관련 연구들에서 집중한 주요 변인인 스트레스, 애착, 어머니 우울, 영양, 수면 등의 요인에 대한 연구결과를 중심으로 살펴보도록 하겠다.

1. 스트레스

스트레스는 뇌발달에 부정적인 영향을 주는 변인으로 여겨진다. 태내기나 생애초기의 스트레스 경험은 영유아기 인지 및 사회성 발달에 영향을 미치는 중요한 요인이지만 이러한 경험의 직접적인 영향을 밝힌 사례는 거의 없고 대부분 각 요인들 간의 관련성에 주목하고 있다(Dawson et al., 2000). 스트레스가 뇌발달에 미치는 영향력을 간접적으로 분석한 Ramsay와 Lewis(1995)는 영아의 머리크기와 시상하부-하수체-부신계(HPA)의 반응간에 관계가 있다고 하였다. 영아가 태내에서 경험한 스트레스는 이후 HPA 반응과 관계가 있을 수 있다는 주장(Glover, 1997)을 통해 뇌발달에 대한 초기 스트레스의 부정적인 영향을 간접적으로 짐작할 수 있다.

어머니의 스트레스가 영유아의 뇌발달에 주는 영향에 관한 최근의 연구에서는(Buss, Davis, Muftyler, Head, & Sandman, 2010) 어머니가 임신 중 경험한 불안이 유아의 뇌발달에 미치는 영향을 종단연구로 추적한 결과, 임신 19주에 어머니가 경험한 불안이 유아 뇌의 회백질의 크기를 감소시킨다는 결과를 보고하고 있다. 산모가 받는 스트레스는 태반의 혈류를 조절하게 되므로 결국 태아에게 공급되는 산소와 영양을 조절하게 되는 것이다. 게다가 이 시기에 나타난 뇌발달의 손상은 청소년기까지 지속될 수 있다는 결과도 보고되고 있다(Mennes, Stiers, Lagae, & Van den Bergh, 2006).

2. 애 착

영유아가 부모나 양육자와 형성하는 애착 안정성이 뇌발달에 미치는 영향을 밝히는 연구들은 대부분 스트레스 호르몬인 코티졸(cortisol)의 정도를 분석함으로써 이루어지고 있다. 최근에는 일반 유아를 대상으로 한 애착의 안정성과 코티졸간의 관계를 분석한 결과, 불안정 애착을 형성한 유아들의 코티졸 수준이 유의하게 높다는 연구결과가 보고되고 있어(Ahnert, Gunnar, Lamb, & Barthel, 2004) 불안정 애착이 궁극적으로 유아의 뇌발달에 부정적인 영향을 줄 수 있음을 유추할 수 있다.

우리나라에서 실시한 연구에서는 애착 장애를 가진 유아들이 사회성, 언어, 정서 및 행동조절능력, 인지발달 등 발달의 거의 모든 부분에서 문제를 보였고, 특히 이들의 뇌 대사량이 미상핵(caudate)과 편도체[1](amygdala) 부위의 기저핵[2]에서 유의미하게 대사량 감소가 나타났다고 보고하였다(신의진, 2002).

3. 양육환경, 우울, 영양, 수면

생애초기 양육환경의 질적수준이 뇌 발달에 미치는 영향을 분석한 최근의 연구(Pollak et al., 2010)에서는 시설양육을 장기간 경험한 유아들의 시각 기억, 주의력, 시각적으로 중재된 학습 및 억제적 통제 특정을 한 결과 신경심리학적인 발달이 지체된 것으로 보고하고 있어서 유아의 뇌 회로의 특정한 측면은 생후초기 박탈된 경험에 특히 취약할 수 있음을 시사하고 있다.

'어머니의 우울' 또한 영아의 뇌발달에 영향을 주는 주요 변인으로서 연구되어왔다. 어머니의 우울은 영아의 뇌활동에 변화를 야기하고 부정적인 정서의 강도를 증가시키거나 부정적인 정서 조절을 어렵게 하는 것으로 나타났다(Dawson et al., 2000). 어머니의 우울과 안정애착이 복합적으로 영아의 뇌발달에 미치는 영향력을 분석한 연구에서는 우울증을 앓는 어머니의 영아기 자녀들의 좌측 전두엽 활동이 감소된 것으로 나타났다(Dawson et al., 2001).

'영양'이 뇌발달에 주는 영향을 밝히는 연구들은 신생아와 영유아의 음식섭취 등을 중심으로 연구되었다. 우울증을 앓는 어머니 중에서도

---

1) 편도체는 정서적인 기억, 주의집중, 흥분 및 공포 등의 기능을 담당해서 인간의 사회, 정서적인 자극과 신체적인 접촉을 촉진시키는 역할을 한다(Joseph, 1999).

2) 기저핵은 언어의 형성 또는 기능에 매우 중요한 역할을 하는 부분이다(Fabbro, Clarici, & Bava, 1996).

모유수유를 하는 경우 신생아의 정상적인 전두엽 활동이 나타났다고 밝혔다(Jones et al., 2004). 이러한 결과는 모유수유가 영아의 뇌발달에 미치는 부정적인 영향을 조절하는 변인으로 작용할 수 있음을 시사한다.

마지막으로 '수면'이 뇌발달에 미치는 연구들은 주로 수면의 기능에 주목한다. 즉, 일반적으로 신체의 여러 기능은 활동을 하면서도 회복이 되지만 대뇌 피질의 기능은 반드시 수면동안에만 회복(Horne, 2000)되기 때문에 뇌발달에 영향을 미치는 수면의 기능에 관심을 갖게 되었다. 빠른 안구의 움직임이 일어나는 REM 수면상태가 학습과제의 수행과 관계가 있는 것으로 밝혀지고 있다(Smith, 1996). 최근의 연구에서는 수면이 기억의 강화와 신경세포의 가소성 형성에 기초적인 역할을 한다는 증거가 제시되고 있다(Huber, Ghilardi, Massimini, & Tononi, 2004; Ji & Wilson, 2007).

제3절 뇌과학에 기초한 영유아 대상 연구방법

뇌과학에 기초한 영유아 발달 및 교육 관련 뇌기반 연구들은 연구방법의 측면에서 새로운 변화를 가져왔다. 그 동안 아동행동에 관한 검사지, 관찰, 질문지나 체크리스트 방법에 의존하였던 것에서 벗어나 첨단 과학적 방법이 적용되고 있다. 이러한 연구방법의 특징 중 하나는 생물학, 신경과학, 인지과학, 심리학, 교육학 등 인접학문과 결합하면서 설계에서 분석까지 다학문간 접근의 방법론적 성격을 띠고 있다는 점이다. 이러한 뇌기반적 융합연구는 생애초기 경험과 영유아기의 뇌발달을 밝히면서 다양한 연구방법을 사용하고 있다.

뇌과학에 기반을 둔 연구들은 그 대상의 측면에서도 변화가 나타났다. 초기의 쥐, 원숭이, 고양이 등을 대상으로 연구하다 점차 인간을 대상으로 확대하게 되었다(McGraw, Liang, & Provenzale, 2002; Mukhergee,

Miller, Shimony, Conturo, Lee, & et al., 2001). 인간에 대한 연구도 초기에는 의학적인 처치가 필요한 사람으로 시작하다가 최근에는 일반인으로 확대되고 있다. 물론 연구를 위해 동물이나 인간을 연구대상으로 하는 것에 대해 윤리적인 문제를 제기하는 사람들도 있지만 연구를 위해 연구윤리위원회의 심의를 거치는 등 매우 엄격한 기준을 마련하여 시행하는 것을 학계에서 원칙으로 삼고 있다.

뇌기반적 연구방법은 크게 세 가지로 뇌파나 심장박동수 등을 측정하는 전기생리학적 연구(electro-physiological studies), 뇌 영상화 연구(neuroimaging studies), 스트레스 호르몬을 측정하는 크티졸 연구(cortisol studies)로 나누어질 수 있다(Reid & Belsky, 2002). 이러한 세 가지 연구방법으로 접근한 영유아 대상 뇌 관련 연구를 연구도구, 연구방법, 분석내용을 기초로 정리하면 다음과 같다.

1. 전기생리학 연구(electrophysiological research)

영유아 대상 뇌연구에서 오래전부터 그리고 가장 많이 사용되고 있는 전기 생리학적 방법이다. 그 중에서도 연구자들이 주로 사용하고 있는 전기생리학적 방법은 뇌파측정기법(electroencephalogram: EEG) 또는 사건-관련 전위기록법(event-related potential recording: ERP)이다. 이와 같은 도구들은 뇌의 전기적 출력에 관한 해독장치로 뇌의 상태를 규명하면서 뇌파를 분석함으로써 뇌 기능을 탐지한다. 초기의 뇌파측정기법(EEG)은 수면과 의식 수준 등의 측정에 사용되었으나 이것이 발전된 BEAM(Brain Electical Activity Mapping)기법은 자극을 가했을 때 뇌의 어떤 부분이 다른 부분보다 더 활동적인지 파악하고 그 도출된 뇌파에 따라 해당 부위의 인지 기능을 밝히는 데 사용된다. EEG의 일종인 사건-관련 전위기록법(ERP)은 동일한 자극을 반복 지시하고 각 자극에 의한 전위들을 평균하여 측정치를 도출하는 것이다. 이와 같은 뇌파를

〈표 1〉 영유아 대상 전기생리학 연구들의 예

측정도구	연구대상	연구내용	관련논문
EEG	신생아 영유아	• 악기 연주와 음성 연주 간의 뇌활성화 차이 • 애착과 좌·우측 전두엽 간의 뇌활동 간의 관계 • 어머니의 우울상태, 영아의 양육, 뇌활동 간의 관계 • 긍정적인 정서와 뇌활동 간의 관계	• Dawson et al.(1999, 2001) • Hernandez-Reif et al.(2006) • Jones et al.(2004) • Light & Coan(2009)
ERP	영유아	• 언어적 자극이 뇌파에 미치는 영향 • 이중언어에 대한 뇌파 비교 • 익숙한 사물과 낯선 사물 간의 뇌파 비교 • 연령에 따른 얼굴 인식 능력의 차이	• Caver et al.(2003, 2006) • Conboy & Mills(2006) • de Hann & Nelson(1999) • Fernald et al.(2001) • Mills et al.(2004)

측정하는 전기생리학 연구들은 뇌영상 연구기법과는 달리 뇌활동의 변화를 살펴보는데 있어 공간적인 해상도는 낮지만 시간적인 해상도가 높다는 장점을 가지고 있다(이정모 외, 2009). 지금까지 영유아를 대상으로 이루어진 뇌와 관련한 주요한 전기생리학 연구는 〈표 1〉과 같다.

2. 뇌 영상화 연구(neuroimaging studies)

최근 영유아 대상 뇌 영상화 연구에 다양한 도구들이 사용되고 있다. 몇 가지 예를 살펴보면, 뇌 분석을 위한 장비인 자기공명영상(magnetic resonance imaging: MRI)은 영유아의 뇌에 대한 구조적인 정보를 제공하고 뇌의 기본적인 구성요소인 뉴런의 분포나 뇌 피질의 두께 등을 규명한다. 특히, 기능성 자기공명영상(functional magnetic reson-

〈표 2〉 영유아 대상 뇌 영상화 연구들의 예

측정도구	연구대상	연구내용	관련논문
MRI	신생아 영유아	• 뇌발달과 감각, 인지, 언어, 정서 발달과 뇌발달 간의 관계 • 연령에 따른 뇌발달의 표준 경향 • 지능검사와 뇌발달 간의 관계	• Almli et al.(2007) • Passingham(2006) • Wang et al.(2008)
MRI PET	영유아	• 부적절한 양육환경이 두뇌발달에 미치는 효과	• 신의진(2002)
fMRI	신생아	• 음성, 시각, 언어 자극에 따른 뇌 활성화 정도	• Born et al.(1996) • Fulford et al.(2003) • Moore et al.(2001)

ance imaging: fMRI)은 뇌의 해부학적 구조에 대한 영상만을 제공하는 MRI와는 달리 자극을 제시하였을 때 두뇌활동의 혈류 산소 수준(blood oxygen level dependent: BOLD)으로부터 탐지되는 신호가 변화하는 것을 바탕으로 뇌 활성화(activation) 정도를 고차원 해상을 통해 살펴볼 수 있는 도구이다. 이러한 MRI 또는 fMRI 특수 장비와 함께 최근 기계 소음을 최소화하는 헤드셋이나 머리의 움직임을 제한할 수 있는 패딩이 함께 개발 진행되고 있어(Fusar-Poli, Allen, & McGuire, 2008) 영유아 대상 MRI 영상을 얻을 수 있게 되었다. 또한 양전자 방사 단층 촬영(position emission tomography: PET)은 방사성 물질이나 방사성 포도당을 투여하여 뇌의 각 부위가 포도당을 소비할 때 방출되는 방사성 물질의 양을 해독하는 것인데 방사성 물질을 투여하는 윤리적 문제가 있어 주로 정상아보다는 치료가 필요한 영유아 대상 연구에서 사용되고 있다. 영유아 대상 뇌 영상화 연구들의 예는 〈표 2〉와 같다.

3. 코티졸 연구(cortisol studies)

뇌기반 연구를 위한 또 하나의 방법은 스트레스에 상황에 직면했을 때 분비되는 코티졸 호르몬의 분비 정도를 측정하여 분석하는 것이다(Gunnar & Quevedo, 2007; Gunnar & White, 2001). 영유아를 대상으로 하는 코티졸 연구는 채취 방법에 따라 혈액, 타액, 비뇨 측정방법으로 나누어질 수 있는데 이 중 타액채취 방법이 개발되면서 코티졸 연구가 활성화되었다(Gunnar, Talge, & Herrera, 2009). 지금까지 코티졸과 관련하여 영유아를 대상으로 이루어진 연구의 예는 〈표 3〉과 같다.

이와 같은 코티졸 연구방법을 사용할 때에는 채취시간이 짧지만 한 번의 측정만으로 코티졸 수준 파악에 어려움이 있어 동일 시간에 반복 채취하거나 일정 기간을 두고 여러 번 수집해야 한다(Watamura, Kryzer,

〈표 3〉 영유아 대상 코티졸 연구들의 예

측정방법	연구대상	연구내용	관련논문
소변	유아	• 보육시설과 가정에서의 코티졸 패턴과 연령 간의 관계	• Lundber et al.(1993)
타액	신생아 영유아	• 코티졸과 신생아 행동과의 관계 • 부모의 양육행동, 양육방법과 스트레스 반응과의 관계 • 보육시설 적응기간과 코티졸 패턴 • 각 연령별 코티졸과 보육시간과의 관계 • 보육시설과 가정에서의 코티졸 분비 패턴 비교 • 성별과 코티졸과의 관계	• Ahnert et al.(2004) • Haley & Stranbury(2003) • Keenan et al.(2003) • Sims et al.(2006) • Tout et al.(1998) • Watamura et al.(2003) • Waynforth(2007) • 박경자 외(2007) • 이영 외(2007) • 정미라 외(2012)
혈액	신생아	• 아기마사지와 코티졸과의 관계 • 캉가루식 돌보기와 코티졸과의 관계	• 정남연 · 송연신(2009) • 장미영 (2008)

& Robertson, 2009). 혈액채취방법이나 소변채취 방법의 경우 아주 어린 영아들에게 사용하기 어렵다. 특히, 혈액을 이용할 경우 혈액 채취 자체의 스트레스만으로도 코티졸 수치를 증가시킬 수 있기 때문에 타액을 이용한 코티졸 분석방법이 주로 사용되고 있다.

제 4 절 뇌과학과 유아교육 간의 국내 융합 연구 경향

뇌과학 분야와 유아교육분야 간의 국내 융합 연구는 1980년대부터 시작되어 지금까지 꾸준히 진행되어 오고 있다. 대부분의 연구들은 뇌발달 원리를 유아교육원리에 적용하고 그 효과를 보려고 한 시도가 있었다. 이에 본고에서는 1980년대부터 2013년까지 이루어졌던 뇌과학과 유아교육의 두 학문간 융합 연구를 대상과 연구주제에 따라 분석하였다.

1. 융합 연구의 대상

유아교육과 뇌과학의 학문간 융합을 시도한 연구들의 대상은 주로 영유아를 중심으로 이루어졌으며, 영유아기 교사나 부모 등 성인을 대상으로 하는 연구는 많지 않았다. 영유아를 대상으로 시도된 융합 연구에서는 뇌과학의 관점에서 유아교육의 발달적 의미 및 교육적 시사점을 찾으려는 노력(김유미, 2005, 2006, 2007; 박덕숭, 2008; 박병희, 2000; 우남희, 2004; 장미연, 2009; 정미라 · 권정윤 · 박수경, 2011; 홍정선 · 김경철, 2006)이 두드러진 특징이다. 뇌발달을 돕는 교육경험의 효과 및 영향력에 대한 연구는 영아(전선혜, 2003)보다는 유아를 대상으로 더 많이 진행되었다. 유아를 대상으로 진행된 융합 연구에서는 뇌발달에 초점을 둔 교육활동이 다중지능, 집중력, 창의성에 미치는 영향을 살펴본 연구(곽윤정 · 조태임, 2006; 송연자 · 이윤옥, 2004; 양수정 · 이한우, 2010; 조성제 · 심준영, 2011)와 교육경험 및 환경이 뇌발달에 미치는 영향을 살펴본 연구(박병권, 2008; 신의진, 2002)로 나누어 볼 수 있다.

한편, 영유아기의 부모나 교사를 대상으로 한 연구는 상대적으로 적은 편이었으나 부모를 대상으로한 연구들은, 뇌기반 부모교육프로그램 효과에 대한 연구, 뇌기반 교육 필요성에 대한 인식연구(강효경, 2010; 전영이, 2012; 정미라·권정윤·박수경·이방실, 2012) 등이 있다. 영유아의 교사를 대상으로 한 연구는 교사 본인의 뇌발달 특성을 살펴보는 연구, 뇌발달 연구모임이나 뇌교육 프로그램이 교사에게 미치는 영향에 대한 연구(김경철·홍정선, 2007; 나종민, 2009; 윤정진·김형재, 2009) 등이 있다.

지금까지 이루어진 영유아 관련한 뇌 융합 연구에서는 영아보다는 유아를 대상으로 하는 연구가 많았고 교사나 부모를 대상으로 하는 연구는 상대적으로 적었다. 향후 연구에서는 인생의 초기발달시기로 중요하게 부각되고 있는 영아에 관심을 둔 융합 연구와 영유아에게 주요한 환경인 부모, 교사를 포함한 융합 연구가 활발히 진행될 필요가 있다.

2. 융합 연구의 주제

영유아기 발달과 관련하여 진행된 뇌과학 융합 연구의 주제는 다양한 발달영역을 다루고 있다. 뇌과학적 측면에서 영유아기 발달을 영역별로 고찰하거나 유아교육에 적용 가능한 뇌과학적 근거를 탐색하는 연구(김유미, 2005, 2006, 2007; 박병희, 2000)들이 있다. 이뿐 아니라, 뇌발달과 관련된 교육적 경험이나 프로그램이 영유아의 인지발달, 창의력발달, 정서지능발달, 신체운동발달 등에 어떠한 영향을 미치는지 살펴보는 연구도 이루어졌다. 예를 들면, 영아 마사지나 체조활동이 뇌활동에 어떠한 변화를 가져오며 신체적, 정서적으로 영향을 미치는가를 살펴본 연구(전선혜, 2003)나 뇌기반 프로그램이 영유아의 인지, 동작, 언어발달 또는 다중지능에 어떠한 영향을 미쳤는지 살펴본 연구(곽윤정·조태임,

2006; 신금자, 2003; 양수정 · 이한우, 2010; 정미라 외, 2012; 조성제 · 심준영, 2011)들이 있다. 주목할 점은 이들 연구에서는 뇌과학과 연계하여 주의집중력 검사, 뇌파분석, 두뇌우위지수를 의미하는 BPI(Brain Priority Indices)검사, 색채누진행렬 검사 등으로 발달의 변화를 측정하고 있다는 점이다.

영유아교육과 관련한 뇌과학 융합 연구는 주로 유아교육학 분야에서 시도되고 있으나 일부 연구는 유아교육 이외의 교육학 분야와 인문사회학 분야에서 진행된 것들도 있다. 그런데, 융합 연구를 시도한 연구자들은 동일한 전공자들이 모여 진행한 연구뿐 아니라 학문분야가 서로 다른 연구자들이 협력하여 진행한 것들도 있다. 유아교육학 분야에서 시작된 연구들은 주로 영유아의 발달에 미치는 뇌기반적 교육이거나 뇌과학적 원리들로 유아교육을 재조명하고 재해석하는 연구가 대부분이었다. 그 외 교육학분야에서는 체육, 음악교육과 관련된 뇌발달을 살펴보거나 놀이의 의미, 책읽어주기, 역할놀이가 갖는 뇌과학적 의미를 정리하는 연구(김혜성, 2009; 오경신, 2005; 윤현정, 2007; 조정연, 2008)들이 시도되었다. 또 교육학 분야에서는 교육심리 이론인 Piaget, Vygotsky, 행동주의 이론을 뇌과학적으로 이해하고 교육에 대한 시사점을 정리하는 연구(김은아, 2004; 안영덕, 2006; 임수현, 2010)도 활발하게 진행되고 있었다.

이처럼 뇌과학과 유아교육 간의 융합 연구를 위한 연구주제는 융합 연구의 첫걸음이라 할 수 있는 상호학문 간의 탐색작업이 대부분이었다. 물론, 영유아기 발달을 돕는 교육적 방향을 뇌과학적 결과를 적용해 찾아보려고 하는 주제도 있었으나, 아직은 현장의 교수학습 지도방안에 뇌과학 결과를 적용하는 데 급급해 있거나 뇌훈련 및 뇌기능 증진 등 뇌과학 분야의 연구를 과잉해석하는 경향도 있다. 한 가지 분명한 것은 교육분야가 아닌 기타 전공분야에서 진행된 연구들이라도 영유아기와 관련된 뇌과학 융합 연구들이라면 대부분 교육과 관련된 시사점을 도출하고 있다는 점이었다. 그러므로 유아교육과 뇌과학 분야의 융합연구가 한 단계 진일보하기 위해서는 앞으로 학제간 융합의 의미를 제대로 담아내는 연구주제가 다루어져야 할 것이다.

제5절 결 론

본 연구에서는 영유아기 뇌발달에 영향을 미치는 주요 변인과 주요 연구방법들을 검토하였으며 국내에서 융합을 시도했던 연구의 경향도 살펴보았다. 이 내용을 토대로 뇌과학과 유아교육 간의 융합 연구에 주는 시사점을 제시하면 다음과 같다.

첫째, 뇌발달의 속도가 일생 중 가장 빠른 시기인 영유아기 경험의 중요성을 입증하는 실증적인 뇌기반 연구가 많이 수행되어야 할 것이다. 인간의 뇌는 출생시 완전히 형성된 것이 아니라 태내를 포함하여 출생 후 갖는 환경의 질적 수준과 경험의 종류에 따라 영향을 받는다. 최근 많은 학자들은 동물과는 달리 인간의 뇌는 생애 전체를 통한 유전과 환경의 영향을 통해 발달되지만 인생초기의 경험이 특히 중요함을 강조하고 있다(Blackmore & Frith, 2000; Nelson, 1999). 뇌 구성과정에서 환경은 발달의 전반적인 방향뿐만 아니라 신경망 구성에도 직접적인 영향을 미치므로 생애초기에 적절한 경험을 제공함으로써 뇌세포를 활성화시키는 일은 매우 중요하다. 두뇌발달의 대부분은 생애 초기 경험에 의한 것이며 유아기는 뇌발달이 가장 급속히 이루어지고, 외부 자극 및 영향에 가장 민감한 시기이다. 많은 학자들이 영유아기는 뇌발달의 측면에서 '민감기' 또는 '발달의 최적기'로 밝히고 있으므로(Hall, 2005), 이 시기에 적절한 경험을 제공하는 것은 매우 중요하다. 따라서 영유아기 환경적 경험이 뇌발달에 미치는 영향력을 밝혀주는 다양한 실증연구가 유아교육분야에서도 수행되어야 하겠다. 특히 영유아기에 제공하는 경험의 종류나 질, 또는 제공되는 시기에 따른 뇌발달의 차이를 밝히거나 이러한 영향력의 지속성을 밝히는 종단적 연구는 뇌발달에서 영유아기의 중요성을 입증해주는 중요한 근거가 될 것이다.

둘째, 뇌발달에 영향을 주는 다양한 요인들을 과학적 방법으로 밝히는 연구가 유아교육분야에서도 이루어져야 할 것이다. 인간은 자신의 뇌를 구성하는데 적극적으로 관여하며, 생애초기의 불쾌한 경험이나 부적절한 환경은 발달을 지연시키는 요인이 되고 있다. 따라서 뇌발달에 긍정적 또는 부정적인 영향을 주는 요인은 무엇이며, 이러한 요인의 영향력이 무엇인지를 밝히는 연구가 유아교육분야에서도 수행되어야 하겠다. 특히 뇌의 물리적 구조는 인간 경험의 결과로 인해 변화한다는 점을 고려할 때 뇌의 물리적 구조의 변화에 영향을 미치는 경험이 무엇인지를 밝히는 연구도 함께 필요할 것이다. 이러한 입장에서 미국에서는 최근 상호작용, 풍요로운 환경, 애착의 안정성, 감각 경험, 스트레스, 운동, 모체의 환경 등이 영유아기 뇌발달에 미치는 영향력을 밝히는 다양한 연구가 활발히 수행되고 있다. 영유아기 뇌발달에 기본적인 요소가 되는 수면이나 영양섭취의 질적수준에 관한 연구도 많은 관심을 받고 있다. 뿐만 아니라 영유아는 물론이고 모체가 받는 스트레스가 영유아의 인지 및 언어, 뇌발달에 미치는 영향(Buss et al., 2010; DiPietro et al., 2006; Huizink et al., 2003)이나 영유아가 부모나 양육자와 형성하는 애착 안정성이 뇌발달에 미치는 영향을 밝히는 연구들(Matthews, 2000; Welberg & Seckl, 2001)이 그 예이다.

최근 우리사회에서 부모 이외의 2차 양육자에 의한 대리양육이 보편화되고 있는 현실에서 영유아가 주양육자는 물론 대리양육자와 형성하는 애착의 안정성은 매우 중요하다. 수유기에 영유아가 심한 모성 결핍을 경험하면 이후 우울증이나 자제력 부족, 공격성 고조 등과 같은 문제행동을 일으킬 수 있다. 바람직한 양육경험은 영유아의 정서에 긍정적인 영향을 줄 뿐만 아니라 두뇌 전두엽 피질의 기능에 영향을 주어

사회 정서적 행동 조절 능력을 향상시키는 것으로 밝혀지고 있다. 따라서 영유아가 어머니를 포함한 양육자와 갖는 애착의 유형은 두뇌의 시냅스 형성에 영향을 주며, 부정적 정서에 대처하는 힘이 되는 것이다. 반면 초기에 안정된 애착을 형성하지 못하면 코티졸의 분비가 높아 면역체계와 뇌에 부정적인 영향을 주고, 그 결과 인지, 동작, 사회성 발달에 문제를 초래할 수 있다. 이런 측면에서 Schiller(2010)는 영유아기에 새로운 상황의 탐색하고 지원하도록 격려하는 양육방식은 그렇지 않은 경우보다 뇌신경통로의 형성에 긍정적인 영향을 미칠 수 있음을 강조하고 있다.

이러한 입장에서 최근 영유아기는 물론 생애 전반에 걸쳐 인간 뇌의 특정 부위와 발달 간의 관계를 밝히는 연구들이 많이 수행되고 있다(Fox & Rutter, 2010). 우리나라에서도 영유아기 뇌발달에 영향을 주는 양육자와의 애착 유형에 따른 영향력을 밝히는 것은 물론이고 영양이나 수면, 상호작용의 질적 수준, 스트레스, 감각-운동경험 등에 따른 영향력을 입증하는 실증적인 연구들이 많이 수행되어야 하겠다. 나아가 개별 영유아에게 적절한 경험의 종류나 양은 어떠하며, 이러한 경험은 각 개인의 특성에 따라 어떻게 차별화되어야 하는지에 대한 연구도 이루어져야 하겠다.

셋째, 영유아기 발달 및 교육과 신경과학, 소아의학, 뇌과학 등이 연계된 학제간 연구가 활성화되어야 하겠다. 유아교육과 발달심리학이나 소아의학 등이 연계된 학제간 연구의 중요성은 이미 강조되고 있으나 아직 적극적으로 시도되지 못하고 있다. 향후 유아교육과 신경과학, 심리학, 소아의학 및 소아정신과학은 물론이고 뇌과학 분야와의 학제간 연구를 통해 뇌과학과 유아 학습과학을 연계시킬 수 있어야 하겠다. OECD에서는 최근 뇌과학과 연계된 학습과학의 연구개발 성과를 크게 기대하면서 특히 언어, 독서, 수학, 정서와 학습의 연계, 자기조절, 등의 문제와 뇌기능의 연계는 물론 이러한 결과를 학습에 적용하고자하는 노력을 가속화하고 있다(Ansari & Coch, 2006: 신동훈·권용주(2007)에서 재인용; OECD, 2007). 우리나라에서도 초등과학교육 분야에서는 교수학습이론을 위한 기초로 인지심리학이 활용되고 있으며, 앞으로는 교육과 인지신경과학을 연계시키는 연구가 많이 이루어질 것이라고 전망하고 있다(신동훈·권용주, 2007).

유아교육과 신경과학, 뇌과학 분야와의 학제간 연구가 활성화 된다면 연구방법이나 도구의 측면에서도 많은 변화가 일어날 것이다. 지금까지 교육 분야의 연구들은 주로 질문지나 검사도구 또는 행동관찰을 통해 얻은 연구대상자의 인식이나 외현적인 행동을 분석하였다. 그러나 앞으로는 보다 더 심층적인 방법 즉 특정 행동을 유발하는 인간두뇌의 기능을 분석하는 방법으로 연구가 수행될 수 있을 것이다. 유전과 환경간의 상호작용을 통하여 뇌가 변화하고, 그 결과 우리가 지각하고, 느끼고, 행동하고, 사고하고, 계획하는 방식이 변화하는 과정을 학습이라 한다면, EEG나 MRI 또는 fMRI 등을 활용하여 인간의 학습과정에서 시냅스를 변화시키는 행동이나 관련 신경망이 활성화되는 과정도 분석할 수 있을 것이다.

뇌과학과 영유아교육의 연계는 단순히 뇌과학 분야에서 밝혀진 점을 영유아교육에 적용한다는 일방적인 관계를 넘어 영유아교육 분야에서 필요한 연구를 뇌과학 분야에서 수행할 수 있게 되어야 할 것이다. 다시 말하면 영유아교육의 시작 시기와 기간, 방법론에 관한 논의들이 뇌과학 분야에서도 주요한 연구 주제로 자리잡을 필요가 있다. 이러한 연구가 활성화된다면 우리사회 학부모들의 과잉고육열로 인한 조기교육 및 선행학습으로 인한 피해도 뇌과학적 방법를 통해 입증할 수 있을 것이며, 적기학습의 효율성을 신경과학 및 뇌발달의 측면에서 입증할 수 있을 것이다. 또한 뇌구조의 기능적 발달 과정을 기초로 특정 과제(예를 들면 외국어나 쓰기, 형식적 수학 학습 등)가 가장 효과적으로 이루어지는 적정 시기를 밝히는 연구도 이루어져야 할 것이다. 이러한 뇌과학과 교육학 분야의 학제간 연구결과는 학습의 신경과학적 원리에 기초하여 학습, 기억, 각종 학습장애의 진단과 치료를 가능하게 할 것이며, 향후 새로운 교수학습 원리를 도출하는 데 활용될 수 있을 것이다.

제 13 장

영화와 게임물 등급분류 연구

권 만 우*

제1절 서 론

1990년대 후반까지 한국에서는 공연윤리위원회가 영화, 음반 등에 대한 내용을 심의했다. 그러나 위헌 판정 이후 민간의 자율규제를 표방하며 영상물등급위원회(이하 '영등위')가 설립되었다다(서재호 등, 2006: 397). 2006년에는 사행성 게임에 대한 규제의 필요성 때문에 게임물등급위원회(이하 '게등위')가 영등위에서 독립하여 출범하게 되었다(이종필, 2010: 321).

현재 영등위가 주관하는 영화와 비디오물의 상영 등급은 ① 전체관람가, ② 12세 이상 관람가, ③ 15세 이상 관람가, ④ 청소년 관람불가, ⑤ 제한상영가 등 다섯 가지로 분류된다. 그 분류 기준은 영상물 및 비디오물의 주제, 선정성, 폭력성, 대사, 공포, 약물, 모방위험, 무기류, 기타 등 아홉 가지 범주로 나뉘어져 있다(영등위 홈페이지, www.kmrb.or.kr, 2013년 현재).

---

* 경성대 디지털콘텐츠학부 교수. 이 글은 한국영상물등급위원회의 지원을 받아 수행하고 있는 연구 내용을 수정 보완한 것임.

게등위가 주관하는 게임물 등급 구분은 PC · 온라인 · 모바일 · 비디오게임물은 전체이용가, 12세 이용가, 15세 이용가, 청소년 이용불가의 다섯등급으로, 아케이드게임물은 전체 이용가와 청소년 이용불가로 구분하고 있으며 그 분류 기준은 영상물과 유사하게 선정성, 폭력성, 범죄 및 약물, 언어(저속어 · 비속어), 사행성 등 5가지 요소로 구성되어 있다(게등위 홈페이지, www.grb.or.kr 2013년 현재).

그러나 '표현의 자유'와 '청소년 보호'라는 두 가지 상충되는 목표를 달성하려다 보니 이러한 영상물과 게임물 등급 판정에 대해 표현의 자유 침해 및 판정의 객관성 시비가 끊이지 않고 있다. 그 주된 원인 중의 하나는 전적으로 심의위원들의 주관적인 판단에 의해 결정되는 심의방식이다. 사람에 따라 어떤 장면이 지나치게 선정적으로 느껴질 수도 있고 약하게 느껴질 수도 있는데, 합의나 다수결에 의해 결정되는 방식으로 인해 어떤 결론이 내려지든 판정 결과에 대한 불만은 존재할 수밖에 없다.

이 연구는 이처럼 사람의 주관적 판단에 대한 보완, 혹은 대안으로 수용자의 감정이나 흥분도, 인지반응을 의공학적 장비를 이용해 객관적, 과학적으로 측정하여 영상물과 게임물의 폭력성, 선정성, 유해성 등을 판단하는 등급 분류 판정 척도를 개발하여 제안하고, 아울러 이 등급분류 척도의 타당성을 검증하려고 한다.

제2절 연구의 설계

1. 연구의 목적

이 연구 과제는 현 영등위 상영 등급에 따른 ① 전체 관람가, ② 12세 이상 관람가, ③ 15세 이상 관람가, ④ 청소년 관람불가, ⑤ 제한상영가 등 다섯 가지 종류의 영상물과 게임 자극을 제시하고, 이에 대해 ① 12~14세, ② 15~18세 미만 청소년,[1] ③ 19세 이상 성인 등 세 집단이 영상물과 게임의 수용과 반응에 있어 어떻게 다른지 그 차이를 (1) 인간의 정보처리과정과 감정 반응을 이해할 수 있는 단서인 피부저항과 근육의 움직임(근전도 및 안전도), 동공확장(Eye-tracker) 등 자율신경계의 생리반응과, (2) 인간의 의지에 따라서 자유로이 운동하는 수의운동(隨意運動) 정보인 뇌신경계의 반응(EEG)을 동시에 고찰하는 융합적 방법을 사용하여 분석하고자 한다. 영상물과 게임 자극의 속성은 주제, 선정성, 폭력성, 대사, 공포, 약물, 모방위험, 무기류, 기타 등 9가지 범주 가운데 본 연구에서는 연구기간과 연구비용, 측정가능성 등을 고려 선정성, 폭력성, 대사(언어) 등 세 가지 자극을 사용하고자 한다.

이를 통해 영상물과 게임물 각각에 대해 우선 사람에 의한 심의등급방식인 (1) 현 등급분류의 타당성을 과학적 방법을 통해 검증하고, 나아가 (2) 이러한 신경과학과 생리심리학적 반응을 통한 등급분류 판정 척도를 개발하여 제안하고자 한다.

우선 1차년도인 2013년도에 선정적 영상물과 게임에 대한 세 집단(① 12~14세 ② 15~18세 미만 청소년, ③ 19세 이상 성인)의 ① 인지, ② 생리, ③ 시지각 반응을 실증 가능한 형태로 측정하고 분석하여 어떤 차이와 유사성이 있는지를 밝히고자 한다. 이를 위해 각각 네 가지 종류의 선정적 영상물과 게임(전체 이용가, 12세 이용가, 15세 이용가, 청소년 이용불가) 자극에 대해 세 집단이 ① 어떻게 반응하고 인지하는지(EEG 및 EMG)와 ② 어떤 방식으로 바라보고 반응하는지(Eye-tracking)를 실험연구를 통해 그 자극처리 기전을 조사하고자 한다. 이를 통해 인간이 선정적인 영상물과 게임을 시청하고 이용하면서 반응하고 자극을 처리

1) 청소년의 기준에 관한 법률은 청소년 보호법등 여러 가지가 있을 수 있으나, 본 연구에서는 '게임산업 진흥법' '영화 및 비디오의 진흥에 관한 법률'에서 규정하고 있는 만 18세 미만, 즉 고등학교에 재학 중인 자로 정의한다.

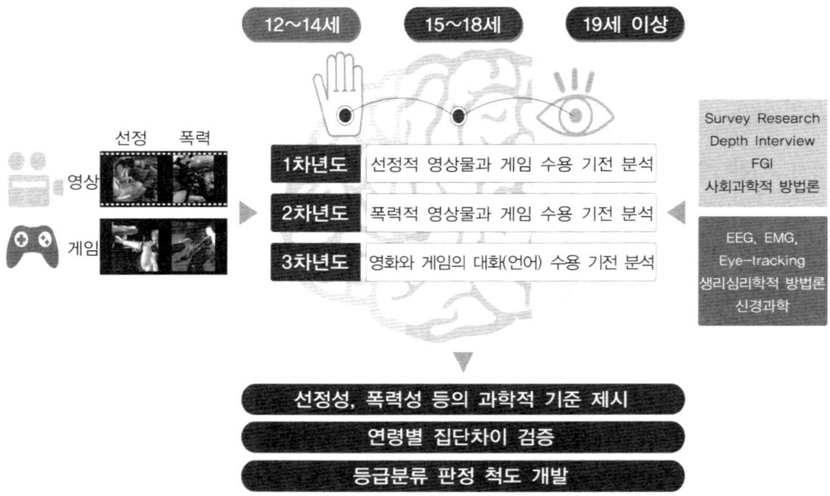

[그림 1] 연구개요 및 목적

하는 생리적 데이터를 이용해 등급분류를 판정할 수 있는 척도 모델을 개발하려고 한다.

동일한 방법을 사용하여 2차년도에는 폭력적 영상물과 게임에 대한 집단별 차이를 밝히고자 하며 3차년도에는 대사와 언어에 대한 집단별 반응들을 분석해서 동일한 등급분류 척도를 개발하여 3개년간의 결과를 통합하여 종합적인 등급분류 판정 척도를 개발하고자 한다.

2. 연구 주제의 융합성

전 세계적으로 영상물 등급분류 기구는 민간 혹은 정부 차원에서 존재하며 그 설치 목적은 「청소년 보호」라는 점이다. 그러나 청소년의 정의는 국가와 문화에 따라 상대적이며 또한 적용 영역에 따라 다른 나이를 상정하고 있다. 미국의 경우 영화등급 분류는 G(General audiences, 전체연령 관람가), PG(Parental Guidance suggested), PG-13(13세 이하 부적합), R(Ristricted, under 17, 17세 미만 성인동반 관람가), NC-17(17세 미만 관람불가)등의 다섯 가지로 구분되나(강준석, 2009: 61) 우리나라의 경우는 청소년을 18세 미만으로 상정하는 것이 그것이다.

이러한 이유 때문만이 아니라 객관적인 심의 기준이 존재하지 않고 심의위원들의 주관적인 판단에 의해 등급이 결정되다보니 심의위원의 가치관에 따라 심의결과가 달라질 수밖에 없다(서재호 등, 2006: 409). 따라서 주관적인 사람의 평가는 영상물과 게임의 맥락(Context)을 파악할 수 있는 등 장점도 있지만 이러한 단점을 보완할 수 있는 과학적 측정과 판별 방법의 보완의 필요성이 제기되고 있다.

예를 들어 선정성의 경우 아래의 표와 같이 연령별 신체노출이나 성적 접촉 등이 기준으로 제시되어 있으나 연령간에 과연 정확하게 구별이 될 수 있으며 심의위원 간에 합의가 이루어질 수 있을지 그 기준이 매우 추상적이다. 폭령성이나 대사의 저속성 등의 기준도 마찬가지이다.

특히 정보기기 및 의용공학의 발달로 인해 fMRI를 이용해 뇌 사진을 찍고, 사랑하는 연인들의 호르몬 작용을 측정하고, 요가나 명상을 할 때 뇌파를 측정하는 등의 방법을 통해 인간의 마음을 측정하는 시도가 가능해짐에 따라 영상물과 게임물의 폭력성이나 선정성, 유해성 등을 과학적으로 측정하고 평가의 가이드라인을 제시하는 것이 불가능한 일은 아니게 되었다.

본 과제가 기존의 영상물이나 게임평가 연구들과 차별화되는 점은 다분히 주관적이라고 할 수 있는 영상물과 게임의 등급판정을 다학문적, 행동주의적으로 측정을 시도하여 척도화(모델화)하려는 점이라 할 수 있다. 본 연구는 뇌과학, 생리심리학, 미디어학, 영화학 등 이질적인 초학문 분야 융합을 통해 상이한 연령 집단의 영상물과 게임물에 대한 인지와 바라보는 방식에 어떤 차이가 있으며, 왜 그러한지를 과학적으로 해명하려는 것이다. 이를 통해 학문적으로는 영상물과 게임물의 폭

〈표 1〉 연령대별 영화의 선정성 등급분류기준: 영등위

연령별 선정성 기준 / 선정성 측정 항목	12세 이상 성적 내용이나 신체 노출에 있어 선정성의 요소가 경미하고 간결하게 표현된 것	15세 이상 성적 내용이나 신체 노출에 있어 선정성의 요소가 있으나 지속적이고 구체적이지 않은 것	19세 이상 성적 내용이나 신체 노출에 있어 선정성의 요소가 지나치게 구체적이고 직접적이며 노골적인 것
신체 노출	성적 내용과 관련된 신체 노출은 가벼운 수준에서 간결하게 표현된 것	성적 내용과 관련된 신체 노출이 있으나 특정 부위가 선정적으로 강조되지 않은 것	성적 내용과 관련된 신체 노출이 직접적으로 표현되어 있으나 성기 등을 강조하여 지속적으로 노출하지 않은 것
성적 접촉	성적 접촉은 자극적이지 않고 간결하게 표현된 것	성적 행위는 구체적·지속적·직접적으로 표현되지 않은 것	성적 행위가 구체적·지속적·직접적으로 표현되어 있으나 일반 성인의 성적 수치심을 유발하지 않는 것
성적 내용 언급	성적 내용의 언급은 내용 전개상 필요한 경우 경미하고 간결하게 표현된 것	일반적인 사회윤리에 어긋나는 성관련 행위 내용(예, 성매매, 근친상간, 혼음 등)이 없으며, 청소년으로 하여금 잘못된 성적 관념을 갖게 하지 않는 것	일반적인 사회윤리에 어긋나는 성관련 행위 내용(예, 성매매, 근친상간, 혼음 등)이 있으나 지나치지 않은 것

력성과 선정성의 효과에 대해 신경과학적·생리적 기전을 규명하는 데 기여할 것이다. 나아가 사회적·국가적으로 큰 문제가 되는 표현의 자유와 청소년 보호라는 두 가지 상이한 목표에서 발생하는 등급 분류를 둘러싼 갈등에 대한 과학적 이해 도구를 제공하여 영화의 개봉이나 게임물의 시장 정착에서의 갈등 방지에 도움이 될 것으로 기대된다.

본 연구는 방법론에 있어서 상이한 연령 그룹의 게임과 영상물에 대

한 폭력성·선정성 행동과 심리 분석(사회·심리)과 미디어 자극(영상, 사운드, 문자)에 대한 설문조사와 인터뷰, 시선추적(디자인·예술), 미디어 메시지(미디어·커뮤니케이션)에 대한 수용자 뇌파반응(뇌과학·인지)과 자율신경계의 생리반응(보건의료) 측정이라는 다학제간 융합 분야로 구성되어 있어 이를 대분류 분야별로 보면 인문사회 분야(사회·심리, 문화·예술, 미디어·커뮤니케이션)와 융합과학 분야(뇌과학·인지), 의약학분야(보건의료)의 초학문적 연구가 필요하다.

본 연구는 디지털콘텐츠(연구책임자), 영상물등급위원회 연구원(참여연구원), 영상디자인(박사과정), 디지털미디어학(숙명여대), 심리학(자문위원) 안과학(시선추적 자문) 등 학제적으로 구성되어 있으며 다음과 같이 언론학, 디지털콘텐츠학, 심리학, 사회학 등 사회과학과 신경과학, 생리심리학 등 자연과학 분야, 그리고 디자인, 영상 등 예술/인문 분야와의 융합을 시도하여 시너지를 추구하며 사회과학 및 인문 분야의 접근 방법론인 서베이(Survey), 인터뷰, FGI(Focus Group Interview), 실험 방법론에 EEG, EMG, Eyetracking 등 의공학적 방법론을 접목하여 연구를 수행하고 있다.

〈표 2〉 학문분야별 연구 내용

융합 분야	내 용
언론학	TV 등 영상물의 폭력성, 선정성 효과에 대한 이론과 연구결과 적용
콘텐츠학	게임물의 사행성, 부작용 등에 대한 이론적 고찰
사회학	서베이, 심층인터뷰, FGI 등 사회과학 조사방법론 적용
심리학	영상 및 게임물의 중독 등 부작용의 사회심리학적 고찰
신경과학	EEG 등 신경계 반응 측정의 방법론적 토대 제공
생리심리학	EMG, 시선추적 방법 등 생리반응과 시지각반응 이론·방법론 공유
디자인·영상	영상물의 기호학적 분석 및 자극 제시

3. 선행연구와의 비교

1) 미디어의 폭력성과 선정성 연구

(1) 미디어의 폭력성 효과 측정 연구

지난 수십 년간 미디어의 폭력효과 연구는 꾸준히 이어져 오고 있다. 특히 1950년대 이후 TV가 등장하면서 미디어폭력에 대한 관심이 증가했으며, 1950년대 뉴스보도에 등장했던 모방범죄 사례들에 대해 논의하면서 폭력 범죄를 포함한 모방행위의 전조로서의 TV폭력에 대한 노출이 심각하게 다루어야 할 현상(Schramm, Lyle, & Parker, 1961)이라는 주장이 제기되었고, 미국 정부 역시 TV폭력의 효과에 대해 많은 우려를 나타냈으며 미디어 폭력에 초점을 맞춘 연구와 보고서를 진행시키기도 했다. 이후 다양한 연구 방법들을 통해 미디어 폭력에 대한 연구는 지금까지 이어져 오고 있다. 내용 분석을 통해 TV에 등장하는 폭력의 양을 분석하면서 미디어 폭력에 대한 정의를 내린 거브너(Gerbner, 1972), 실험 연구로 미디어 폭력물의 영향을 주장한 버코위츠와 롤링스(Berkowitz & Rawlings, 1963), 리버트와 바론(Liebert & Baron, 1972), 스타인과 프리드리치(Stein & Friedrich, 1972), 질만과 위버(Zillmann & Weaver, 1999), 앤더슨과 딜(Anderson & Dill, 2000) 등의 연구가 미디어 폭력 연구의 계보라고 할 수 있다. 그러나 지금까지 대부분의 미디어 연구는 폭력적인 내용이 공격성을 유발한다는 연구결과를 보여주는 데 그치고 있다. 하지만 영상기술의 발전은 폭력적 메시지 전달의 생생함을 증가시켜주고 있다. 오랜 연구가 진행되었던 전통적 미디어로써의 TV뿐만 아니라 3D 이상의 기술로 발전할 영화나 인터랙티브(Interactive) 성향의 게임과 같은 경우 미디어 소비가 반복적이고, 실제와 유사한 몰입감을 주기 때문에 그 영향은 더욱 크다. 특히 이런 현상들은 미디어 폭력 연구의 과학적 연구를 부추기고 있다. 최근에 자기공명영상(MRI) 기술을 적용해 TV폭력물을 시청할 때 어린이의 두뇌체계를 분석해 신경생리학이 공격이나 도주와 연관된 운동신경 계획의 유기체를 준비하는 대뇌변연계와 신피질계의 활성화와 함께 관여된다고 주장한 머레이 등(Murray et al., 2006)의 연구, 폭력적 비디오 게임을 한 13명의 남자 피험자의 관찰결과를 보고한 웨버 등(Weber, Ritterfeld, & Mathiak, 2006) 등의 연구가 그것이다.

(2) 미디어의 선정성 효과 측정 연구

성과 관련된 미디어의 선정성에 대한 관심과 연구는 1970년대 이후부터 본격화 되었다. 특히 언론의 자유가 보장되어 성과 관련한 미디어의 선정성을 통제할 제도적 근거가 없었던 미국에서 선정적인 미디어물이 범람했고 이는 사회적 일탈행동으로 이어졌기 때문이다. 70년대에는 분드라와 월터(Bundra & Walters, 1963), 버코비츠(Berkowitz, 1964) 등의 공격단서이론(aggressive cue theory)[2] 연구, 질만(Zillmann, 1971)의 흥분 전이 이론(excitation transfer theory)[3] 등의 연구가 활발하게 진행되었다. 이후 성적으로 노골적인 영하를 관람한 참여자는 성적인 내용을 담지 않은 영화를 관람한 통제집단보다 일반인들의 오럴 섹스, 항문 섹스, 가학피학적 변태성용, 수간(獸姦)의 빈도를 일관되게 과대평가한다는 연구(Zillmann & Bryant, 1988a, 1988b), 성적 내용의 프라임타임 프로그램을 많이 소비한 청소년은 성적으로 부도덕함 그리고 피해자가 얼마나 부당한 취급을 받았는지에 대한 판단에서 통제집단보다는 훨씬 관대하다는 연구(Bryant & Rockwell, 1994), 성적으로 폭력적이거나 인간성을 해체시키는 음란물에 대한 반응은 남자가 여자보다 성적 미디어에 의해 더 흥분한다는 연구(Malamuth, 1996; Murnen & Stockton, 1997)

---

2) 포르노그래피를 접촉하면 또 다른 포르노그래피를 갈구하게 하고 정서적으로는 개인의 공격적인 행동을 유발한다는 이론.

3) 성 표현물은 강간신화를 정당화하여 공격성을 증대시키고, 공격적 행동을 강화시킨다는 이론.

등, 미디어 선정성에 대한 연구가 이어지고 있고, 이는 개인차이, 성별 차이, 성에 대한 태도 등 다양한 접근 방법으로 연구가 진행되고 있다. 그러나 이렇게 진행되어온 연구들은 관찰 대상자와 실험 참가자들의 행동과 행태 분석으로만 그치고 있기 때문에 선정성에 대한 명확한 과학적 근거를 제시해주지는 못하고 있다. 이런 이유에서 사회과학적인 행태분석에 자연과학적인 근거가 제시된다면 연구 결과의 타당성과 신뢰도를 높일 수 있을 것으로 기대한다. 그렇기 때문에 미디어의 선정성에 대한 명확한 기준과 근거를 제시하기 위해 사회과학적인 행태분석에 더하여 생리심리학과 뇌신경과학의 분석의 접목이 필요하다.

2) 게임물의 효과 연구

컴퓨터 게임의 폭력성이 가져오는 부정적 효과를 탐구한 연구는 지난 20년 동안 꾸준히 축적되어왔다. 하지만 폭력적 게임이 이용자의 공격성에 미치는 영향에 대해서는 정확한 결론이 나지 않고 있다. 컴퓨터 게임과 폭력성의 연관성을 주장하는 연구로는, 폭력적 게임을 하는 것은 공격적 스크립트나 개념적 스키마 등에 차례로 자극을 증가시키고 공격적 정서 상태를 만드는 등 공격적 조건을 촉발한다는 연구나(Bushman & Anderson, 2002), 폭력적 게임이 청소년들에게 적대감, 공격적 행동, 학업 성적 등 특정효과에 영향을 미친다는 연구결과(Gentile, Lynch, Linder, & Walsh, 2004), 젊은 여성이 폭력적 게임에 짧게 노출되어도 공격적 행동이 증가한다는 연구결과(Anderson & Murphy, 2003) 등이 있다. 반면, 공격성의 정의가 불분명하고, 폭력적 게임에 대한 노출이나 공격성에 대한 타당한 척도와 신뢰도에 대한 기준이 없으며, 폭력적 게임과 공격성 간의 일반적 관계는 실험적 환경에서처럼 간단하지 않다는 주장(Freedman, 2002; Olson, 2004), 장기적으로 폭력적 게임의 효과에 대해 확인할 수 있는 종단적 연구들은 결여되어 있다는 연구(Anderson, 2004)들은 컴퓨터 게임과 폭력성의 연관성을 인정하지 않고 있다. 그 외 발다로(Baldaro et al., 2004), 윌리엄스와 스코릭(Willams & Skoric, 2005), 훼스만과 테일러(Huesmann & Taylor, 2006) 등도 연관성이 없음을 주장을 하고 있다.

이렇게 상반된 연구 결과들은 지금까지 사용되어온 방법론으로는 컴퓨터 게임과 폭력성 관계의 연관성을 명확하게 찾고 있지 못하다는 것을 보여주는 반증이기도 한다. 그렇기 때문에 컴퓨터 게임과 폭력성에 대한 연관성 규명은 컴퓨터 게임의 수가 기하급수적으로 증가하고 이용 연령층이 급격하게 낮아지고 있는 지금 시대에 중요한 과제이고, 게임산업의 발전과 사회문제의 예방과 해결을 위하서는 반드시 규명되어야 한다.

3) 자율신경계의 생리반응과 뇌신경계의 수의운동, 그리고 인간의 감정과 사고

인간의 정보 처리과정을 이해할 수 있는 단서를 제공하는 징후로는 피부저항, 심장 박동수, 혈압, 체온, 땀, 동공확장 등 자율신경계의 생리반응과, 인간의 의지에 따라서 자유로이 운동하는 수의운동 정보인 뇌척수신경계의 반응으로 대별할 수 있다

인간에게 주어지는 영상물 등의 메시지 자극에 대한 주의 측정을 위해 심장박동(HR: Heart Rate), 안전도(EMG: Facial Electromyography), 피부전하활동(EDA: Electrodermal Activity), 또한 심장박동의 구성요소인 호흡기만곡부정맥(RSA: Respiratory sinus arrhythmia)과 부교감신경계(PNS: Parasympathetic nervous system) 등이 도입되기도 했는데, 특히 RSA는 주의에 따라 매우 변화에 민감한 특성을 보였다(Berntson, Cacioppo, & Quigley, 1993; Porges, 1995; Ravaja, 2004a)는 보고가 있다.

그러나 공포를 느끼면 혈압이 상승해 심장박동수가 올라간다던지 하는 생체 정보는 의식과 관계없는 자율신경반응으로 인간의 감정 상태를 이해하는 단서가 될 수 있으나(Lang et al., 2002) 문제는 그러한 자

율신경반응 징후들을 측정했다고 해서 그 데이터가 전적으로 인간의 감정이나 사고를 설명해줄 수 없다는 점이다.

특히 긍정이나 부정과 같은 메시지 자극에 대한 노출의 결과로서 동공 확대나 피부전하변동과 같은 흥분(arousal)을 측정할 수 있지만 그 결과를 주의의 투여가 증대했다거나 긍정 혹은 부정으로 유추하는 것은 상당히 위험스러운 일이며(김태용·박재영, 2005: 92), 주의(注意, attention)나 주목(注目)은 방향과 강도를 지닌 정신적 노력의 양과 초점(곽원섭, 1993: 1-2)으로 사전 지식과 같은 개인적 요인이나 자극의 구조와 내용에 따라 달라질 수 있어 단순한 자극에 대한 생리적 반응 측정만으로 인간의 내적 감정과 사고를 온전히 설명할 수는 없다.

따라서 이같은 다양한 생리적 반응과 인간의 내적 사고나 심리과정의 관련성을 설명하기 위해서는 개인의 의지나 의도로 통제하기 힘든 자동적이고 비자발적인 자율신경계 반응과 수의운동인 뇌신경계 반응을 동시에 통합적으로 고려한 분석이 필요하다.

4) 미디어 메시지 수용과정에서의 생리반응과 뇌전도 연구

통칭 생리심리학(Psychophysiology)으로 불리는 시도들은 심리적인 자극에 의해 야기되는 생리시스템의 활동 변화를 탐구하는 심리학의 한 분과로, 인간의 제반 과정(정신과 육체의 관계, 유기체와 환경의 교류 등)에 관한 기본적인 문제를 제기할 뿐 아니라 생물학적, 행동주의적, 그리고 사회과학적 관점을 가로지르는 방법론적 도구와 개념적인 전망도 제공한다(Cacioppo & Tassinary, 1990: 3).

메시지를 포함한 모든 종류의 외부 자극을 인간이 어떻게 수용하고 해석하며, 또 그에 반응하는가에 관한 연구는 20세기 전반의 행동과학의 전통에서부터 20세기 후반의 인지과학으로 그 흐름을 크게 변화시켜 왔는데 이러한 인지적 방법론들을 미디어 메시지에 적용하기 시작한 것은 크루그만(Krugman, 1971)의 광고메시지 연구 이후부터라고 평가받고 있으나(Nevid, 1984: 7) 생리심리학은 최근까지의 괄목할 만한 발전에도 불구하고 커뮤니케이션이나 미디어, 메시지에 관한 연구는 상대적으로 결핍이 있었으며 1980년대 이후에야 본격화되기 시작했는데 그 이유는 무엇보다도 비싸고 복잡한 장비와 이를 다룰 기술자, 그리고 획득한 자료를 분석하기 위한 특수한 소프트웨어가 필요하기 때문이었다(Ravaja, 2004: 194).

이러한 방법들은 여러 미디어 연구자들에 의해 메시지 시청에 있어서 자극 전이(excitation transfer)연구나(Zillman, 1996), 정치적 정보처리 과정에 있어서 감성과 인지의 역할 연구(Masters, 1991), 뇌전도 측정을 통한 TV메시지의 주목효과 연구(Reeves et al., 1989, 1999), 느린 웹사이트를 사용할 때의 기대예측 연구(Sundar & Wagner, 2002), 프레즌스(presence)의 개념과 측정에 관한 연구들(Lombard, Reich, Grabe, Bracken, & Ditton, 2000)에 활용되어 왔으며 몇 가지 실험들은 이미지의 움직임, 대뇌활성도, 다양한 생리적 반응 사이의 관계를 탐구하는 데 초점을 두었는데(Detenber, Simons, & Bennett, 1998; Simons, Detenber, Reiss, & Shults, 2000; Simons, Detenber, Roedema, & Reiss, 1999) 정지화면과 6초짜리 움직이는 영상물들을 볼 때의 다양한 생리학적 측정들을 시도한 결과와 이와 유사한 연구들(Greenwald, Cook, & Lang, 1989; Lang et al., 1997)은 주의가 안면 근육의 안전도 활동이나 심박동과 관련되어 있으며 감정과 피부전하반응(SCR: Skin Conductance Response)과의 상관관계도 관찰되었다.

미디어 분야에서 이러한 방법들이 가장 활발하게 시도되어 온 분야는 광고효과 측정이나 TV시청, 혹은 웹사이트 열득에 관한 실험연구들로서, 시선추적(Eye tracking)이나 동공반응 측정, 그리고 심장박동(cardiac response), 피부저항(EDA: Electrodermal acitivity), 근전도(EMG: Electromyograph), 뇌전도(EEG: Electroencephalogram) 등의 측정이 시도되어 왔으며 양적으로 볼 때 1993년부터 10년간의 생리학적 측정방법을 통한 미디어 분야 연구에 대한 내용분석 결과는 1993년 25편에서 2002년 43편으로 두 배 가까이 증가한 것을 보여주고 있으며 이 가운데 25%, 즉 4편 가운데 1편이 생리학적 방법이나 이론을 사용한 것으로 조사되었다(Lang et al., 2003).

5) 영상메시지 자극 처리 관련 연구(긍정/부정적 자극과 감성 간의 관계)

알파(alpha)파 혹은 8~13Hz의 주파수 대역에서의 뇌파 진폭은 정신적 활동과 역관계에 있다는 것이 끊임없이 보고되어 왔는 바, 시각적 주목과 관심이 증가할수록 알파파는 감소하는 관계에 있다는 연구들이 있다(Gevins et al., 1979; Mulholland, 1973; Mulholland & Runnels, 1962; Reeves et al., 1985; Weinstein, Appel, & Weinstein, 1980).

즉 시각적 주목의 증가가 알파파의 유의미한 감소를 가져온다는 것인데 멀홀랜드(Mullholland, 1978)에 따르면 시각적 자극에 대한 알파파 감소는 자극에 대한 단순한 봄(seeing)에 비해 능동적인 주목(looking)을 반영한다고 하며 이러한 결과는 다른 여러 연구결과들에게서 발견되는데, 예를 들면 아펠 등(Appel, Weinstein, & Weinstein, 1979)은 사람들이 TV광고를 볼 때의 대뇌활성도를 측정했는데 시청 중의 활성화와 차후의 회상에서 직접적인 관련성을 발견했으며 이와 유사하게 리브스(Reeves et al., 1985)는 TV광고상의 움직임과 장면 전환이 알파파의 감소와 관련되어 있으며 이는 광고물의 회상과 관련되어 있다고 보고했다.

밀러(Miller, 1985)는 TV시청과 같은 영상메시지의 주목도를 뇌파로 측정하는 데 있어서 좌우뇌 우세성을 둘러싼 논쟁을 제기했는데, 즉 단순한 TV시청은 알파파의 패턴과 관련 있으며(알파파는 안정, 비집중과 관련이 있기에) 따라서 TV는 저관여 매체로 우뇌의 경험이며 따라서 TV시청은 현재의 좌뇌 지배적 문화에 반대된다는 주장을 제기했으며, 메릴린과 에머리(Merrelyn & Emery, 1980)는 TV시청이 좌뇌의 분석적 능력을 감소시키고 「목적 없는 목적 추구」(goal-seeking but purposeless)

경험을 산출한다고 분석했으며, 멘더(Mander, 1978)는 TV를 알파파 상태의 미디어라고 보면서 TV가 사람들을 오직 좀비가 되도록 교육한다고 보고한 바 있다.

영상 메시지에 대한 효과 연구는 40년 이상 계속되어 왔으며 왜 그리고 어떻게 사람들이 주목하는지에 관한 괄목할 만한 정보들이 산출되었다. 그러나 이러한 많은 연구들이 주목을 시선응시의 방향(directon of eye gaze)으로 조작화 했으며(예를 들면 Anderson & Burns, 1991) 단지 선택성(selectivity)만을 검토했지 그 강도는 측정할 수 없었다는 한계를 갖고 있어, 이에 대한 대안적 방법으로 이차적인 반응시간 측정(STRT: Secondary Task Reaction Time measure)(Basil, 1994)으로 주목의 강도에 대한 지표로서 반응시간을 사용한 십여 편의 연구가 있으나 지속적인 주의집중을 측정했는가에 대한 타당성은 의문시되고 있다(Lang & Basil, 1998).

특히 본 연구 관련 자극에 대한 감성적 반응과 대뇌활성화 사이의 관련에 대하여 리브스 등(Reeves, Lang, Thorson, & Rothschild, 1989)은 부정적인 장면이 알파파 감소와 관련이 있다고 보고했으며 보우어 등(Bauer & Kranzler, 1994)도 코카인을 탐닉하는 피험자의 EEG 활동을 살펴본 결과 감성적인 신경자극보다 코카인과 관련된, 그리고 에로틱한 자극에 대뇌가 보다 활성화된다는 것을 발견했다.

데이비슨과 그의 동료들(Davidson, Schwartz, Saron, Bennett, & Coleman, 1978)은 영상 메시지에 대한 감정 반응을 평가하기 위해 반응 레버를 사용하도록 했는데, TV프로그램을 보면서 긍정적인 감정과 부정적인 감정을 느낄 때 레버를 움직이도록 한 결과 긍정적인 감정은 좌측 전두엽의 뇌파 활성화와 관련이 있으며, 부정적인 감정 반응은 우측 전두엽의 뇌파 활성화와 관련이 있었으며, 다른 연구들(Shearer & Tucker, 1981; Tucker, Stenslie, Roth, & Shearer, 1981)도 부정적인 감정반응과 우측 대뇌반구의 활성화가 관련되어 있음을 보여주고 있다.

이들의 실험은 부정적 자극이 긍정적 자극보다 반응이 크다는 리브스 등(Reeves, Lang, & Rothschild, 1989)의 실증적 결과들을 반영하고 있으나 이러한 감성적 반응과 대뇌활성화 사이의 관련이 자극의 어떤 속성 때문인지는 불분명(Lang, Bradley, & Cuthbert, 1997)하며 시몬스 등(Simons, Detenber, Cuthbert, Schwartz, & Reiss, 2003)은 짧은 TV내용의 동작과 감성적 내용이 주의집중에 미치는 영향에 관한 실험연구를 한 결과 알파파의 감소는 부정적이거나 긍정적인 정서자극 모두에 나타난 반면, 중립적인 정서자극에는 변화가 없었으며, 정지 사진과 동영상을 비교하였을 때, 정지 사진보다는 동영상에 대해 알파파 감소가 확인되었으며, 또한 긍정적이고 행복한 사람들은 좌반구 전두엽 대뇌피질이 활성화되며 우울하고 상처받기 쉬운 사람은 정반대의 현상이 일어나는 것을 발견했다(임종원 역, 2004: 80-81).

6) 언어 메시지 자극 처리 관련 연구(대뇌반구 우세, 감정과 논리, 행동의 관계)

흔히 우뇌는 감성적이며 좌뇌는 논리적이라고 가정되나 몇몇 연구는 이러한 이분법이 그리 간단하지는 않다는 것을 보여주는데 세이퍼와 레벤탈(Safer & Leventhal, 1977)은 언어와 비언어자극을 처리하는데 있어서의 좌우반구 차이를 실험한 결과 피험자들에게 오디오 테입으로부터 흘러나오는 긍정적, 부정적, 중립적 톤 등 세 가지의 자극을 청취하게 한 결과 오른쪽 귀로 듣는 사람들은 콘텐츠의 내용적 단서에 의해 자극들을 평가하는 경향이 있고 왼쪽 귀로 듣는 사람은 목소리의 톤을 단서로 사용하는 경향을 발견한 바, 이 결과들은 정서적인 자극 해석은 우뇌가 담당하고, 언어적 자극 처리는 좌뇌가 담당한다는 것을 보여준다.

이 외에도 많은 연구결과들은 두 대뇌반구 사이의 비대칭성, 즉 정보를 처리하는데 있어 좌우반구는 다른 정보처리 모드를 가진 것을 밝히고 있는데, 좌뇌는 논리적, 선형, 분석적 전략을 사용하며, 우뇌는 전체적이고 종합적인 것으로 간주된다. 이미지 인식 실험에서 오른쪽 안구 앞에 보여주는 것보다 왼쪽 눈앞에 자극을 주는 것을 훨씬 빨리 반응하는 것으로 나타났으며 문자 인식의 경우는 오른쪽 눈앞에서의 자극 제시가 인식이 더 빠른 것으로 조사(Rizzolatti, Umilta, & Berlucchi, 1971; Kimura, 1966, 1969; Durnford & Kimura, 1971)되었고, 레이와 브라이든(Ley & Bryden, 1979)은 이미지 인식이 좌측 시야에서 우세한 것을 인식과 표현 모두에서 확인했으며, 울음소리나 웃음소리 같은 청각 자극에서도 좌측 귀에서의 우세가 발견되었다(Carmon & Nachshon, 1973).

이와 마찬가지로 광고 메시지의 처리에 있어서도 와인스타인과 아펠 등(Weinstein, 1979, 1980, 1982; Weinstein, Appel, & Weinstein, 1980; Appel, Weinstein, & Weinstein, 1979)에 따르면 광고 이미지의 주목은 우뇌에서, 그리고 광고 언어메시지의 회상도의 경우는 우뇌보다는 좌뇌의 활성화를 가져온다는 것을 밝혔다.

국내에서는 남경돈·이동형(2000: 39-45)이 우리가 일상생활에서 많이 접하고 듣고 즐기는 대중음악이 뇌파에 미치는 영향에 대한 실험을 통해 분석했는데 긍정적 자극(좋아하는 음악)을 접했을 때는 우측 뒤쪽 부위에서 주로 반응을 하며 부정적 자극(좋아하지 않는 음악)을 접했을 때 볼륨이 낮아짐에 따라 β/α값이 감소하는데 반해 좋아하는 종류의 음악을 들었을 때는 음량(db)이 낮아짐에도 불구하고 오히려 좋아하지 않는 음악을 100%로 들었을 때보다 높게 나오는 성향을 발견했다.

그러나 생리적 감각의 활성화와 감정 혹은 행동의 유발을 구별하는 것이 필요한데, 뇌파 활동의 증가가 반드시 인간의 행동이나 감정이 유발되었다는 것을 반드시 의미하는 것은 아니며 신경세포의 활성화는 언어 메시지에 대해 피험자가 감정적으로 흥분했는지 혹은 메시지의 전체적인 게스탈트의 복잡성을 통합하려는 노력을 기울이고 있는지를 말해줄 수는 없다는(Nevid, 1984: 13) 한계를 갖고 있다.

7) 시지각 처리 연구(Eye-tracking Research)

인간은 외부 사물에 대한 감각 정보 중 70% 이상을 눈을 통하여 받아들이므로 시각적 자료가 다른 양식의 자극들보다 강한 주의를 유발(Anderson, 1990)하는데 사용자 시선 추적방법은 사용자가 화면의 어떤 부분을 주시하고 있는가를 살펴봄으로써 사용자의 주시패턴, 관심부분 등을 파악할 수 있다.

시선 추적 장치를 활용한 시지각 처리의 대표적인 연구 사례는 미국 포인터 재단의 신문읽기 실험이다. 이 프로젝트는 미국의 스탠포드대학과 포인터 재단이 공동으로 추진하는 것으로 1998년 12월부터 시작되어 지난 수십 년간 실시해온 종이신문의 가독성 연구에 이어 2002년부터 인터넷 신문의 가독성 연구를 시선 추적 장치를 이용해 실시해오고 있으며 국내에서는 광고나 신문 열독, 그리고 디자인과 관련한 연구들이 이뤄지고 있다(김태용, 2001, 2005).

시선추적장치의 경우 이제까지는 피험자가 머리를 움직이거나 할 경우 심한 오차가 발생했지만 2000년대 중반 이후 센서 기술의 향상으로 일상적으로 몸과 머리를 움직여도 모션 센서가 자동으로 추적해 눈 부위의 움직임을 정확하게 포착하는 것이 가능해짐에 따라 다양한 연구가 시도되기 시작했으나 학술논문보다는 광고, 마케팅, 사용성평가 등 현장에서 주로 사용되고 있는 실정이다.

8) 기타 피부전도 등 자율신경계 반응 연구들

심장의 박동수와 심전도는 사람의 육체적·정신적 상태에 따라 변화하는데 랭(Lang, 1994)은 심장박동수 측정을 통해 사람이 어떤 것에 얼마나 주의를 기울이고 있는지를 알수 있다고 주장하며, 주의를 장기적 혹은 지속적 집중과 단기적 혹은 단계적 주의집중의 두 가지로 구분하고, 단기적 주의 집중은 환경적으로 흥미 있는 것이나 갑작스럽고 새로운 자극이 있을 때 일시적으로 반응하는 것을 말하며 이런 변화들은 특정한 정향반응(OR: Orienting Response)을 수반한다고 분석했다.

정향반응은 미디어 심리학 연구에서 중심적인 개념으로 다양한 생리학적 측정방법이 사용되고 있는데(Lang, 1990; Potter et al., 1998; Thorson & Lang, 1992) 이는 주의의 단계적 변화와 관련되어 있으며 어떤 새로운 자극이나 예기치 않은 자극, 혹은 의미 있는 자극에 의해 촉발된다.

리브스(Reeves, 1985)는 시각적 자극이 신체 특히 심장박동수의 갑작스런 감소를 가져오며 피부 전도력을 증가시키고 뇌전위 변화를 가져온다고 보고하고 있으며, 또한 랭은 정지된 영상보다는 움직이는 화면이 보다 많은 흥분, 곧 심장박동수의 증가를 가져왔다고 보고하고 있다(Lang, 1990; Lang, 1995; Lang, Dhillon, & Dong 1995; Lang, 2002).

볼과 랭(Bolls & Lang, 2003)은 음성자극과 관련하여 라디오 광고의 상상수준(imagery level)이 어떻게 메시지를 기억할 때 인지적 자원을 할당하는가를 탐색했는데 피험자들은 24개의 60초짜리 라디오 광고를 들은 후 고상상 이미지 광고에 노출되었을 때 심장 반응 시간이 빨랐다고 보고하고 있다. 또한 석풀(Suckfull, 2000)은 영화분석과 심장박동 측정을 연결시키려는 실증적 연구를 시도했는데 서사구조들과 서사구조 내에서의 감동의 순간들, 그리고 주인공들과 심장박동 사이의 관계를 실험했다.

피부전기반응(EDA)은 주로 인간의 감정 상태를 측정하는데 사용되며 주로 교감신경계와 관련된 자극에 민감하게 반응하며, 교감신경계는 주의, 경악, 불안, 공포 등의 감정적 흥분에 대응하여 반응이 일어나기 때문에 감정과 관련된 거짓말 탐지 등에 유용하게 이용되기도 한다(장은혜 외, 2001). 한편 근육섬유(muscle fiber)의 수축과 관련된 전위를 기록한 근전도(EMG) 측정도 피부상에서 가능한데 근육 조직(tissue)이 피부에 더 가까울수록, 또 근육수축이 더 많이 일어날수록 피부에서의 전기신호의 양이 증가한다(김남현 외, 1999: 34-35)는 원리 때문에 피부

전기반응은 심리학에서 정보처리 연구에 응용되어 왔으며 광고 효과연구에 주로 활용되어 왔다. 캐핀(Caffyn)은 피부전기반응으로 광고효과를 측정할 경우 "소비자들은 그들의 반응을 조절하거나 합리화할 수 없기 때문에 항상 진실만을 말하게 될 것이다"라고까지 표현하며 EDA를 강조(Caffyn, 1964)했으며 플래처와 쉬멜(Fletcher & Shimell)은 광고 카피에 대한 EDA 테스트 결과 소비자의 브랜드 로열티, 경험, 구매의사 등이 순간순간의 역동적인 커뮤니케이션 관여도에 반영되며 이는 다시 소비자의 태도변화에 영향을 준다는 것을 밝혀냈다(윤선길, 1994에서 재인용).

4. 연구방법 및 내용

이 연구는 뇌과학, 생리심리학, 사회과학, 커뮤니케이션학 등 이질적인 초학문 분야 융합을 통해 연령별로 미디어의 선정성·폭력성·대사(언어)를 인지하고 있는 방식에 어떤 차이가 있으며, 왜 그러한지를 과학적으로 해명하려는 것이다.

우선 1차년도에 미디어의 선정성에 대한 연령별 집단의 인지·생리·시선 반응을 실증 가능한 형태로 측정하고 분석하여 어떤 차이와 유사성이 있는지를 밝히고자 하며, 이를 위해 현재 기준으로 등급 분류된 영상으로 반응·자극 실험을 하여 (1) 어떻게 반응하고 인지하는지(EEG 및 EMG)와 (2) 어떤 방식으로 바라보는지(Eye-tracking)를 실험연구를 통해 그 자극처리 기전을 조사하고자 한다.

① 실험에 참여할 90명[12~14세(30명), 15~18세(30명), 19세 이상(30명)]을 표본 추출 후 설문조사 분석(사회과학적 분석)

② 설문조사를 통해 선정성, 폭력성, 대사(언어)에 민감한 반응과 행태를 나타내는 양극단 집단을 배제하고, 연령별 각 10명씩 총 30

명의 대표 표본 추출(실험 전 FGI 조사 분석 실시)

③ 연령별로 선정적인 영상자극(영화, 게임) 반응 측정

④ 인지 · 생리 · 시선 반응 분석과 함께 인터뷰 면접 병행하여 시행

이를 통해 인간이 선정적인 영상물과 게임을 시청하고 이용하면서 반응하고 자극을 처리하는 생리적 데이터를 이용해 등급분류를 판정할 수 있는 척도 모델을 개발하려고 한다.

동일한 방법을 사용하여 2차년도에는 폭력적 영상물과 게임에 대한 집단별 차이를 밝힌다. 3차년도에는 대사와 언어에 대한 집단별 반응들을 분석해서 동일한 등급분류 척도를 개발하고자 한다. 이후 총 3개년간의 결과를 통합하여 영상물과 게임의 종합적인 등급분류 판정 척도를 개발하고자 한다.

이 연구 관련 실험장비는 주로 32채널 무선 EEG, EMG, 시선추적 장치등 다양한 의공학 실험장비를 사용할 것이다. 특히 방법론에 있어

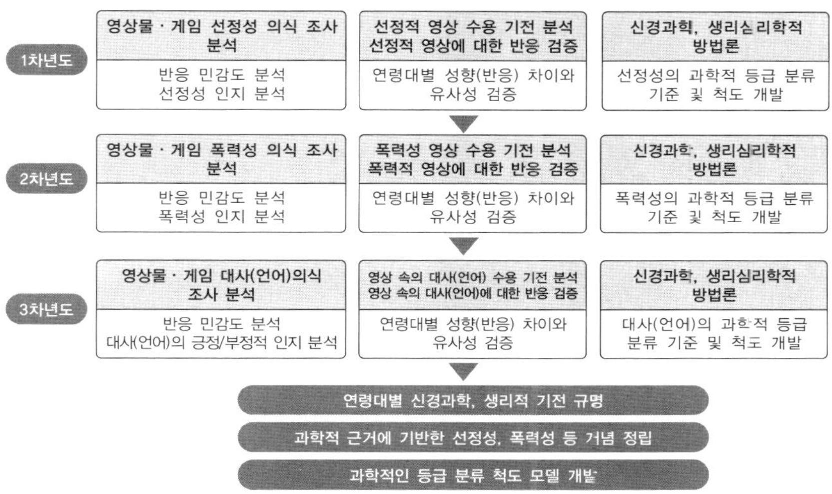

[그림 2] 연차별 연구내용과 방법

2000년대 들어 인간의 감각, 감정, 운동, 사고가 뇌의 특정한 부위의 활성화와 관련이 있다는 것을 측정하기 위해 fMRI를 선호해왔으나 본 연구와 관련하여 선정성과 폭력성을 측정하기 위해서는 시계열을 가진 긴 영상메시지나 온라인 게임을 분석함에 있어 인간의 행동이나 심리를 연구하기 위한 실험 모델이 인간의 실제 행위를 반영하기에는 아직 너무나 단순하다는 한계가 있는 바, 인간행동이나 심리를 연구하는 데는 디지털 EEG 측정 장비가 훨씬 효율적이며 최근에는 휴대형 EEG측정 장비도 개발되어 보다 실제적인 상황에서 뇌파를 측정하는 것이 가능해졌다. 따라서 본 연구는 이러한 이유로 긴 시간 동안의 영상물이나 온라인 게임에 대한 인간행동이나 심리를 연구하는 데는 휴대형 무선 EEG 계측 장비를 사용하고자 하며 아울러 EMG, 시선추적장치 등 자율신경계 반응 측정을 통합적으로 사용하고자 한다.

제3절 결 론

이 연구는 현재의 등급분류기준에 따른 연령별 집단 구성원들이 선정성, 폭력성, 대사(언어)에 대한 정보 처리과정과 반응, 대상을 바라보는 방식이 어떻게 다른지를 과학적으로 분석함으로써 학문적으로는 선정성, 폭력성, 대사(언어)의 연령별 차이와 유사성을 신경과학적, 생리적 기전을 규명하는 데 기여할 것이다.

또한 본 연구는 영화와 게임의 자극을 받아들이고 처리하는 과정을 과학적으로 설명하는 「영상인지과학」이라는 새로운 학문 분야를 제안하고, 영상등급분류 기준을 새롭게 제안한다는 점에서 기존의 연구 방법이나 이론을 새로운 패러다임으로 완전히 새롭게 제시하는 학문적 파급효과를 가져올 수 있다.

현재 우리나라의 영상물등급위원회와 게임물등급위원회에서 연령대별 등급분류는 영화 제작자, 감독, 관객들로부터 여러 가지 문제를 제기받고 있다. 이는 과학적인 기준이 아닌 심사위원의 주관적인 판단에 영향을 받고 있는 현재의 등급판정 제도 때문이다. 현재의 주관적인 영화등급 판정은 제작자 및 감독에게는 수익에 영향을, 관객들에게는 관람선택의 폭을 줄여주는 결과로 나타나기도 한다. 이에 본 연구에서 추구하는 연령별 반응에 대한 과학적 규명과 연령별 등급 분류의 과학적 기준을 제시하고, 사회적 · 국가적으로 큰 문제가 되는 등급분류를 둘러싼 다양한 갈등에 대한 과학적 이해 도구를 제공하여 영상물 등급 판정 논란 방지에 도움이 될 것이다.

나아가서는 연령별 선정성, 폭력성, 대사(언어)에 대한 가이드라인을 정립하고, 영상물 등급 분류 척도 모델을 개발하여 과학적인 영상물 등급분류에 기여할 수 있을 것이다. 아울러 본 연구결과는 현재 시민단체나 초중등 학급에서 시행하고 있는 다양한 미디어 교육의 가이드라인을 제공할 수 있을 것이다.

참고문헌

[한국어 문헌]

KOTRA. 2008. "2008 국가 브랜드 맵 작성연구."

강남준. 2012. 글로벌·사회적 문제해결형 융합연구 사업모델 수립에 관한 연구. 한국연구 재단.

강신익. 2007. "지식 대통합, 지금의 '통섭'으론 부족하다: 최재천 교수의 통섭에 대한 비판." 고대신문. 1569호. 9. 15.

강영안. 2009. 칸트의 형이상학과 표상적 사유. 서강대학교 출판부.

강준석. 2009, "MPAA의 영화등급제도에 관한 연구." 한국언론학회. 2009 가을 정기학술대회 발표논문.

강효경. 2010. "뇌교육 부모교육 프로그램이 자녀교육관 및 자녀양육태도에 미치는 영향." 국제 뇌교육 종합대학원 대학교 석사학위논문.

고인석. 2007. "'통섭'이라는 말과 그 안에 담긴 생각." 연세대 대학원신문. 152호. 2007. 4월 14일.

고혜정. 2003, "한일 양언어 모어화자에 대한 악센트지각 -음성학적 악센트의 차이에 의한 뇌파실험을 통해." 일본학보. 54: 19-31.

곽원섭. 1993, "광고에서 주의의 역할." 한국심리학회지. 6(1): 1-11.

곽윤정·조태임. 2006. "뇌발달 프로그램이 유아의 다중지능에 미치는 효과연구: 뇌호흡을 중심으로." 뇌교육연구. 1(1): 59-79.

국가과학기술위원회. 2008. "국가융합기술발전기본계획(2009~2013)(안)." 국가과학기술위원회.

권난주·안재홍. 2012. "융합 및 통합 과학교육 관련 국내 연구동향 분석." 한국과학교육학회지. 32-2.

김경철·홍경선. 2007. "뇌발달 연구모임을 통한 영아반 교사들의 신념변화과정." 한국열린 유아교육학회 학술대회 발표논문집: 543-563.

김계수. 2008. "Amos 16.0 구조방정식모형 분석." 한나래.

김곡미. 2005. "국가브랜드 전략에 있어서 정체성 구축에 관한 연구." 한국디자인학회 (5)s, 2005년 한국디자인학회 춘계학술대회 발표논문집 (78-279).

서울: 한국디자인학회.
김광웅 편. 2012. 융합학문: 어디로 가고 있나? 서울대학교출판문화원.
김근배. 2003. "포지셔닝과 재포지셔닝 전략의 평가를 위한 의사결정지원 시스템." 마케팅 연구. 18(3): 73-92.
김동일. 2001. "학습장애아동의 발달과 교육: 읽기발달과 읽기장애를 중심으로." 발달장애 학회지. 5(2): 1-15.
김문조 · 김남옥. 2011. "융합시대의 문명론적 진단." 한국사회학. 45-5.
김미경 · 안성우 · 윤치연. 2003. "한글 읽기장애 아동의 음운인식 능력과 명명속도 결손에 관한 비교 연구." 언어치료연구. 12(2): 241-254.
김미배 · 배소영. 2007. "유치원, 초등 2 · 4학년의 낱말재인 및 음운인식 능력." 언어치료연구. 16(2): 89-107.
김민규. 2012, "게임심의제 전환의 조건과 문화정책적 의의에 관한 고찰." 문화정책논총. 26(2): 175-191.
김선옥 · 조희숙. 2003. "음운자각과 초기 읽기." 한국심리학회지: 일반. 22(1): 19-43.
김선희. 2005. "사이보그와 개인동일성의 문제: 컴퓨터와의 융합을 통하여 우리는 영생할 수 있는가?" 한국철학회. 85: 171-191.
김성일. 2006. "뇌기반 학습과학." 인지과학, 17(4): 375-398.
김성철. 2012. "시나리오 분석방법." 융합과 통섭: 285.
김영식. 2009. "'과학기술시대'의 인문학." 서울대 사회과학원 주최 집담회 발표논문. 3월 17일.
김용진. 2003a. "과학문제 풀이의 사고과정에서 뇌파분석에 의한 두뇌 기능연구." 한국생물교육학회지. 31(4): 313-319.
김용진. 2003b. "공간적 인지 활동에서의 뇌파분석에 의한 두뇌기능연구." 한국생물교육학회지. 31(4): 332-338.
김용진 · 장남기. 2000a. "정신활동의 수준에 따른 우세뇌파의 분포." 한국행동생물학회지. 9(1): 51-60.
김용진 · 장남기. 2000b. "두뇌 기능의 리듬성에 기초한 두뇌순환학습 모형의 개발과 뇌파적 검증." 한국생물교육학회지. 28(4): 396-407.
김용진 · 장남기. 2001a. "시청각 학습의 반복 수행에 따른 전두부의 뇌파 활성도 변화." 한국 과학교육학회지. 21(3): 516-528.
김용진 · 장남기. 2001b. "두뇌 반구성 평가를 위한 전두부 뇌파의 활용에 관한 연구." 한국 생물교육학회지. 29(1): 87-97.

김용진 외. 2000. "문제풀이 활동에서 뇌파측정에 의한 두뇌기능 상태의 평가." 한국생물교육학회지. 28(3): 291-301.

김유경 · 김유신 · 박성현. 2010. "국가 정체성(National Identity)의 정립을 위한 이론적 접근: Korean Dynamism의 철학적, 역사적 의미에 대한 고찰." 커뮤니케이션학연구. 18(2): 5-25.

김유경 · 한은경. 2010. "브랜드관리론." 서울: 브랜드마케팅 협회.

김유미. 2005. "뇌호흡의 과학적 근거와 유아교육에의 적용 가능성 탐색." 열린유아교육연구. 10(2): 21-39.

김유미. 2006. "뇌호흡 프로그램이 아동의 학습능력 및 정서안전도에 미치는 효과." 아동교육, 16(1): 5-18.

김유미. 2007. "유아의 정서발달에 대한 뇌과학적 고찰." 한국 열린 유아교육학회, 12(1): 167-184.

김유승. 2007. "온라인 게임과 규제." 성신법학. 6: 127-145.

김유신. 2012. 양자역학의 역사와 철학: 보어. 아인슈타인, 실재론. 이학사.

김윤옥. 2000. 학습장애 아동을 위한 교수-학습 전략. 서울: 교육과학사.

김은아. 2004. "피아제 인지발달이론의 뇌과학적 해석." 서울교육대학교 교육대학원 석사학위 논문.

김정환 · 황민철 · 김진호. 1997. "인간시각 감성에 의한 뇌파의 wavelet특성," 대한인간공학회 추계학술대회 발표논문.

김종성. 2005. "춤추는 뇌: 뇌과학으로 풀어보는 인간 행동의 비밀." 사이언스북스.

김진구. 2001. "뇌파 자기조절 바이오피드백을 통한 운동학습과 EEG변화." 한국스포츠심리 학회지 12(1): 1-13.

김찬수 · 박태순. 2007, "게임물등급위원회의 발전방향 모색," 한국콘텐츠학회논문집. 7(4).

김태용. 2001. "인터넷 신문의 정보구조와 사용성에 관한 연구." 한국언론학술논총. 방일영문화재단.

김태용. 2005. "인쇄광고에 대한 수용자 주의 투여에 관한 연구." 광고학연구. 16(4): 109-136.

김태용 · 박재영. 2005. "발성사고법을 이용한 인쇄신문 독자의 기사선택과정 연구." 한국언론학보. 49(4): 87-109.

김현자 · 조증열. 2001. "학령전 아동에서 음운인식 및 한글 읽기와의 관계." 한국심리학회지: 발달. 14(2): 93-106.

김혜성. 2009. “뇌교육 프로그램이 유아의 인간친화지능과 자아성찰지능에 미치는 영향.” 국제 뇌교육 종합 대학원대학교 석사학위논문.

김흡영. 2008. “통섭을 반대한다.” 전상인 · 정범모 · 김형국 공편. 배움과 한국인의 삶. 나남.

나종민. 2009. “교사들의 뇌교육 프로그램 효과에 관한 인식과 그 교육적 적용에 관한 연구.” 전북대학교 교육대학원 석사학위논문.

남경돈 · 이동형. 2000. “대중음악을 이용한 청각자극에 의한 뇌파의 반응분석.” 한국산업경영 시스템학회 추계학술대회 논문집. 39-45.

리처드 레스탁. 임종원 역. 2004. “새로운 뇌: 뇌는 어떻게 스스로를 변화시키는가.” 휘슬러.

박경자 · 최정윤 · 권연희 · 김지현. 2006. “보육의 특성에 따른 유아의 코티졸 패턴.” 아동학회지. 28(6): 201-215.

박덕숭. 2008. “영아기 뇌발달의 특성과 보육활동 방안.” 한영논집, 11: 395-416.

박병권. 2008. “유아의 신체활동이 뇌 발달에 미치는 영향.” 종합예술과 음악학회지. 2(2): 83-97.

박병희. 2000. “두뇌 연구결과와 영아기 교육. 계명연구논집.” 18(1): 115-134.

박선희 외. 2009. “2009 융합과학 분야발전 전략 도출 연구.” 융합과학단 기획연구보고서. 대전: 한국연구재단.

박순길. 2005. “뇌성마비아의 음운처리능력과 읽기, 쓰기와의 관계 연구.” 특수교육학연구. 40(3): 145-169.

박순길. 2006. “뇌성마비아의 시지각 능력과 언어학습 기능과의 관계연구.” 특수아동교육연구. 8: 145-163.

박순길. 2012. “학습부진아동의 문식성 연구.” 특수아동교육연구. 14(2): 27-51.

박순길 · 조증열. 2007. “자체부자유학교 초등부 뇌성미비 아동의 읽기와 음운인식과의 관계연구.” 특수아동교육연구. 9(3): 171-190.

박순길 · 조증열. 2011. “학습부진아동과 일반아동의 학업동기와 자기결정성과의 관계 연구.” 특수아동교육연구. 13(4): 107-126.

박승억. 2008. “통섭(consilience)-포기할 수 없는 환원주의자의 꿈.” 철학과 현상학 연구. 36: 197-218.

박재근 · 장남기. 2001. “뇌파분석에 기초한 과학학습 중의 두뇌의 기능평가에 관한 연구.” 한국생물교육학회지. 29(4): 365-374.

박혜원 · 강봉경. 2004. “그림 Stroop 과제에 나타난 조선족 고등학생의 한글 및 한자어 처리에 관한 연구: 한족 및 한국 학생과의 수행비교.” 이중언어학. 10(26): 145-161.

박혜원 · 이국희 · 조증열. 2012. "어머니의 상호작용행동 및 언어입력과 영 · 유아의 언어발달과의 관계: 다문화가정과 일반가정의 비교." 한국생활과학회지. 21(3): 439-452.

배식한. 2007. "가능한 통섭과 불가능한 통섭-통섭과 무법칙적 일원론." 최재천 · 주일우 편. 지식의 통섭: 학문의 경계를 넘다. 이음. 241-272.

서재호 · 최성락 · 이혜영. 2006. "영상물등급위원회의 자율규제 방안에 관한 연구." 한국행정학회 학술대회발표논문집. 한국행정학회: 397-413.

송선영. 2011. "국가브랜드를 통한 국제 경쟁력 강화 방안 모색." 차세대 인문사회연구. 7: 42-65.

송연자 · 이윤옥. 2004. "우뇌 창의성 프로그램과 전뇌 창의성 프로그램이 유아의 창의성에 미치는 효과." 유아교육연구. 24(6): 5-27.

송종용 · 신민섭. 1998. "학습장애평가척도에서 나타난 읽기장애 아동과 주의결핍과잉활동장애 아동의 차이: 학습장애평가척도의 타당도 검증 연구." 한국심리학회지: 임상. 17(1): 185-196.

수전 그린필드 지음. 정병선 역. 2000. "브레인 스토리: 뇌는 어떻게 감정과 의식을 만들어낼까?." 지호.

신금자. 2003. "온머리(全腦)교육시스템에 의한 유아 두뇌 발달촉진에 관한 사례 분석 연구." 동국대학교 교육대학원 석사학위논문.

신동훈 · 권용주. 2007. "초등과학교육에서 두뇌 연구 방법의 고찰: fMRI 활용법을 중심으로." 초등과학교육. 26(1): 49-62.

신동희. 2011. 스마트 융합과 통섭 3.0. 성균관대학교출판부.

신수인 · 조진호, 김명남. 2003. "4채널 전두엽 전극배치법의 제안과 측정된 뇌파에서의 안전도 제거에 관한 연구." 멀티미디어학회 논문지. 6(1): 167-175.

신순철. 2003. "현행 영화등급분류제도의 위헌요소와 대안." 한국언론학보 47(4): 274-293.

신순철. 2008. "현행 게임물 등급분류 제도의 법리적 문제점과 대안." 언론과 법. 7(2): 29-352.

신의진. 2002. "유아기의 부적절한 양육이 두뇌 발달에 미치는 효과: 애착장애 아동의 두뇌양전자 방출 단층촬영 및 자기공명영상 소견을 중심으로." 한국과학재단 연구보고서.

안광호 · 임병훈. 2006. "SPSS를 활용한 사회과학조사방법론." 학현사.

안영덕. 2006. “Piaget와 Vygotsky 구성주의 이론의 뇌과학적 이해와 교육적 시사점.” 서울교육대학교 교육대학원 석사학위논문.
안정민. 2011. “콘텐츠 융합에 따른 심의제도 개선방안.” 언론과 법. 10(1): 189-234.
양수정·이한우. 2010. “뇌호흡 활동이 유아의 집중력과 발달에 미치는 효과.” 심리행동연구. 2(1): 1-20.
양영철. 2001. “영상물등급위원회와 등급분류제도의 위헌성에 관하여.” 영화연구. 16: 351-374.
오경신. 2005. “역할놀이 학습의 뇌과학적 고찰과 교육적 시사점.” 서울교육대학교 교육대학원 석사학위논문.
오철호. 2008. “정책연구와 통섭논의: 가능성에 대한 탐색.” 한국정책학회보. 17(3): 37-62.
오키 고스케, 김수용·하종덕 역. 1996. “뇌로부터 마음을 읽는다.” 전파과학사.
오택섭·박성희. 2005. “적대적 매체지각: 매체인가, 메시지인가.” 한국언론학보. 49(2): 135-290
우남희. 2004. “뇌발달과 아동의 인지발달.” 생활과학연구, 9: 158-168.
원호택·신민섭·송종용. 2000. “작업기억과 해부호화 기술이 한글 읽기장애에 미치는 영향.” 한국심리학회지: 임상. 19(4): 771-792.
윤선길. 1994. “텔레비전 광고에서 배경음악이 야기하는 정서적 경험과 친숙성이 소비자의 정보처리 과정에 미치는 영향, 광고연구. 22(1): 212-254.
윤정진·김형재. 2009. “영유아 교사의 뇌 선호유형과 창의적 인성간의 관계.” 한국콘텐츠학회 논문지. 10(1): 305-316.
윤중수, “뇌파학개론.” 고려의학. 1999; 이창섭·노재영 편역. 뇌파학 입문. 하나의학사. 1997.
윤현정. 2007. “전래동요에 담겨 있는 교육적 의의의 뇌과학적 근거.” 서울교육대학교 교육대학원 석사학위논문.
윤혜경·박혜원. 2005a. 조선족과 한족 대학생의 중국어, 한국어의 음절구조 지각에 대한 연구. 한국음성과학회. 12(2): 43-56.
윤혜경·박혜원. 2005b. “중국 조선족 아동의 한글 자소-음소 대응능력의 발달과 글자읽기와의 관계에 관한 연구.” 한국아동학회지. 26(4): 145-155.
윤혜경·박혜원·나은영. 2005. “조선족 아동과 한족 아동의 음운인식 능력과 모국어 읽기에 관한 연구.” 이중언어학. 29: 225-246.
음태완·김응수. 2004. “뇌파기반 뇌-컴퓨터 인터페이스 기술.” 정보과학회지.

22(2): 5-19.
이건기. 1994. "EEG신호의 분석과 BEAM." 전자공학회지. 21(12): 1207-1214.
이경화. 2004. "읽기부진아 지도방법 연구." 청람어문교육. 29: 191-217.
이관용 역. 1996. "생리심리학." 법문사.
이광래. 2008. 방법을 철학한다: 해체에서 융합으로. 지와 사랑.
이광오. 1995. "자모 대체 수행에 나타난 글자의 내부구조와 음절의 관계." 한국심리학회지: 실험 및 인지. 7(1): 57-69.
이광오. 1998. "한국어 음절의 내부구조: 각운인가 음절체인가." 한국심리학회지: 실험 및 인지. 10(1): 67-83.
이광오·이인선. 1999. "한글단어의 인지과정에서 형태소 정보처리." 한국심리학회: 실험 및 인지. 11(1): 77-91.
이귀옥·전효정·박혜원·강와숙·장미자. 2005. "중국 조선족 아동의 한국어-중국어 이중언어 발달에 미치는 영향요인." 한국심리학회지. 17(1): 113-129.
이남인. 2004. 현상학과 해석학. 서울대출판부.
이남인. 2005. "현상학과 질적 연구: 철학과 인접학문의 학제적 연구의 활성화를 위한 제언." 철학과 현실. 1: 165-180.
이남인. 2010. "인문학과 자연과학은 어떻게 만날 수 있는가?: 통섭개념에 대한 비판을 토대삼아." 철학연구. 87: 259-311.
이상욱. 2007. "다양한 목소리를 묶어 내려는 통섭의 시드." 최재천·주일우 편. 지식의 통섭: 학문의 경계를 넘다. 이음: 49-54. (서평)
이영·신의진·정지나·민성혜·이경숙. 2007. "유아의 가정에서의 코티졸 패턴과 내면화 행동성향 간의 관계." 대한가정학회지. 45(9): 53-62.
이영애. 1984. "한글글자의 시작적 체제화." 한국심리학회지. 4(3): 153-170.
이용관. 1991. "할리우드의 검열체계." 영화연구 8: 79-96.
이재신. 2012. "미래예측과 델파이 방법." 융합과 통섭: 14-19.
이정모·강은주·김민식·감기택·김정오 외. 2009. "인지심리학." 학지사.
이정민·박혜원·배성봉. 2012. "다문화가정 어머니의 언어 능력, 자발발화 특성과 자녀의 자발발화 특성 분석." 인문논총. 29: 295-309.
이종성. 2001. 델파이 방법. 교육과학사.
이종필. 2010. "게임물 등급 결정 현황 및 문제점." IT와 법연구. 4: 321-342.
이준기. 2012. 인문사회기반 학제간융합연구지원사업 후속사업 확대방안 연구. 한국연구재단.

이지영. 2002. "뇌파에 나타나는 음악정보 처리과정: P3 Event Related Potential연구." 계간낭만음악. 14(2): 127-154.

이진용. 2011. "한국의 진면목이란 무엇인가." 한국외대 SSK 연구단 세미나.

이진용·이유나·이현경·최보람. 2011. "한국의 국가 정체성 구성차원에 대한 탐색적 연구." 한국광고홍보학보. 13(4): 433-465.

이차숙. 2000. "초기 읽기의 지도의 개념적 모형." 아동교육연구. 20(1): 5-25

이창현·김유경·이효복. 2010. "한류경험의 유형이 국가브랜드이미지와 기업 및 제품의 인식에 미치는 영향에 관한 연구." 광고연구. 87: 364-389.

이학식. 2007. 마케팅조사(제2판). 세문사.

이희훈. 2010. "영화 및 비디오물의 진흥에 관한 법률상 제한상영가 등급에 관한 헌법적 평가." 법학논총 23: 69-94.

인문사회 융합연구 총괄센터. http://www.hat.ke.kr

임기원. 2011. "인문사회분야 학제간 융합연구의 중장기 발전을 위한 중점추진 전략과제 발굴 연구." 한국연구재단.

임기원. 2011. 인문사회분야 학제간 융합연구의 중장기 발전을 위한 중점추진 전략 과제 발굴 연구. 한국연구재단.

임성식·김진호·김치용. 1998. "EEG신호의 시계열 분석에 의한 쾌. 불쾌 감성 분류에 관한 연구." 인간공학회지. 17(1): 67-77.

임성식·김치용. 1998. "뇌파신호분류에 대한 비교분석 연구." 산업기술연구소 논문집. 533-542.

임수현. 2010. "행동주의 학습이론의 뇌과학적 이해와 교육적 시사점." 서울교육대학교 교육대학원 석사학위논문.

임혜숙. 1996. "시지각 읽기장애와 음운 읽기장애의 관계에 관한 일 연구." 교육학연구. 34(1): 347-366.

장미연. 2009. "생태유아교육의 교육내용 및 방법에 대한 뇌과학적 고찰." 부산대학교대학원 석사학위논문.

장미영. 2008. "캉가루식 돌보기가 미숙아의 체중과 스트레스 호르몬(코티졸)에 미치는 영향." 아동간호학회지. 14(2): 135-145.

장우린. 2001. "뇌파측정실험을 통한 3차원 디지털게임의 심리적 효과에 대한 연구." 한국 일러스트아트학회지. 9: 228-265.

장유경·김숙현. 2003. "유아의 한글 읽기에 영향을 미치는 요인." 한국심리학회지: 발달, 16(3): 87-101.

장은혜 외. 2001. "피부전기반응을 이용한 아동의 정서 구분." 2001년 한국 감성과학회 춘계 학술 발표대회 논문집. 169-174.
전선혜. 2003. "아기마사지와 체조에 따른 뇌 활동과 신체적, 정서적 변화." 한국스포츠심리학회. 14(3): 165-181.
전영이. 2012. "어머니의 영아 조기교육 및 뇌 기반 영아조기교육에 대한 인식." 경성대학교 교육대학원 석사학위논문.
전용훈. 2007. "과학적 몰이해 위에 쌓은 사상적 누각: 최한기가 추구한 지식의 통섭." 최재천·주일우 편. 지식의 통섭: 학문의 경계를 넘다. 이음.
정남연·송영신. 2009. "아기마사지가 미숙아의 신체성장과 스트레스 반응에 미치는 영향." 아동간호학회지. 15(1): 71-80.
정미라·권정윤·박수경·이방실. 2012. "뇌발달 이론에 기초한 걸음마기 영아-부모 프로그 램이 영아발달 및 어머니 상호작용에 미치는 영향." 유아교육연구. 32(6): 457-478.
정미라·권정윤·박수경. 2011. "영유아 관련 뇌 기반 연구에 대한 고찰." 한국유아교육학회. 31(2): 207-232.
정보통신연구진흥원. 2008. 주간기술동향. 1371.
정영기. 2012. "철학과 공학의 융합사례 연구: 착한 공학을 중심으로." 한국동서철학회. 63.
정용덕·안지호. 2011. "통일준비 추진체계." 행정논총. 49(2): 295-326.
정하중. 2004. "영상물등급심사제도에 관한 연구." 서강법학. 6: 51-94.
조동성·문철우·이석영. 2004. "국가브랜드와 제휴·M&A시의 브랜드 관리." 산업정책연구원.
조성제·심준영. 2011. "유아의 뇌발달 훈련에 다른 뇌기능, 사고력 및 다중지능간의 관련성 연구." 뇌교육연구. 7: 1-32.
조연하·배진아. 2005. "미디어콘텐츠별 자율등급심의모델에 관한 연구." 한국언론학회 학술대회 발표논문집. 287-293.
조영기. 2011. "게임 산업 진흥을 위한 게임등급 심의제도의 개선방안 연구." 사이버커뮤니케이션 학보. 28(3): 43-75.
조정연. 2008. "책 읽어주기의 뇌 과학적 이해와 교육적 시사점." 서울교육대학교 교육대학원 석사학위논문.
조증열·서상록. 2004. "초등학생의 한국어 음운처리 기술과 영어 어휘력 및 어휘학습과의 관계." 외국어 교육학회. 11(1): 179-195.
조증열·이강은. 2004. "초등학생의 한국어 음운처리 기술이 영어 읽기와 어휘력에 미치는 영향." 한국심리학회지: 발달. 17(4): 145-157.

조증열 · 배성봉 · 박혜원 · 박순길. 2012. "도시와 농촌 아동의 인지 언어적 기술과 문식성 · 수학 능력과의 관계." 유아교육연구: 32: 357-381.

조증열. 2011. "초등 중학년의 한글 문식성 발달에 대한 인지심리학적 이해." 한국초등국어 교육학회, 45: 335-350.

철학연구회 편. 2003. 진화론과 철학. 철학과 현실사.

최나야 · 이순형. 2007. "음운론적 인식과 처리능력이 4-6세 유아의 한글 단어 읽기에 미치는 영향." 아동학회지. 28(4): 73-95.

최덕경. 2009. "제민요술(齊民要術)에 보이는 동식물의 배양과 호한(胡漢) 농업문화의 융합." 중국사학회. 62: 23-96.

최상균. 2008. "IT기반 융합기술의 연구동향과 우리나라의 발전전략." 한국엔터네인먼트산업학회. 2-2.

최재천 외. 2008. 사회생물학, 인간의 본성을 말하다. 산지니.

최재천. 2005. "옮긴이 서문." 윌슨. 통섭: 지식의 대통합. (최재천 · 장대익 옮김. 사이언스 북스): 7-23.

최재천. 2007a. "에필로그." 최재천 · 주일우 편. 2007. 지식의 통섭: 학문의 경계를 넘다. 이음: 299-308.

최재천. 2007b. "공부하는 한국이어야 희망 있다." 국제신문. 신년 특집(석학에게 듣는다). 1월 1일.

최재천. 2008. "바야흐로 통섭의 시대." 서울대 자연대 편. 자연대 이야기. 7: 13.

최재천. 2010. "통합(統合), 융합(融合), 그리고 통섭(統攝)." 21세기 문학. 가을호: 38-48.

최재천 · 전상인 · 정범모 · 김형국 공편. 2008. 배움과 한국인의 삶. 나남.

최재천 · 주일우 편. 2007. 지식의 통섭: 학문의 경계를 넘다. 이음.

최종덕. 2007. "통섭에 대한 오해." 원주토지문화관 집중세미나 발표 논문. 7월 20일.

최종덕. 2008. "통섭에 대한 오해와 진실." 동국대 대학원신문. 148호: 4월 14일.

최창원. 2008. "영국의 국가브랜드 전략 사례연구." 동서언로. 23: 3-32.

한국외대 SSK. 2012. "국가브랜드의 선진화를 위한 통합시스템구축방안 보고서." 한국연구재단.

한유미 · 조복희. 1999. "유아의 모국어 능력, 외국어 경험 정도와 상위언어 능력간의 관계." 아동학회지. 20(3): 199-216.

한찬숙 · 이춘재. 2003. "한국아동의 음운인식 패턴과 영어단어 해독과의 관계."

한국심리학회지: 발달. 16(4): 259-272.
한충민. 1994. "한국의 대외이미지 현황과 경제적 파급효과." 경제연구. 15(1): 251-274.
홍성욱. 2007. "21세기 한국의 자연과학과 인문학." 최재천 · 주일우 편. 지식의 통섭: 학문의 경계를 넘다. 이음: 273-298.
홍우평 · 최명원 역. "말하는 뇌-언어커뮤니케이션의 비밀." 도서출판 역락. 2005.
홍정선 · 김경철. 2006. "유아 놀이와 자유선택활동의 뇌과학적 이해." 한국 열린유아교육학회 학술대회 발표논문집. 323-244.
홍종규. 2011. "미국영화산업의 발전과 검열에 대한 대응." 미국사연구. 34: 145-176.
황성기. 2008. "온라인 게임 심의 및 등급분류제도의 법적 문제점." 언론과 법 7(2): 183-216.
황승흠. 2012. "게임물 등급분류 개념의 문제점." 공법학연구. 13(1): 401-430.
황혜신 · 황혜정. 2000. "이중언어(한국어-영어)를 하는 아동의 언어능력발달에 관한 연구." 아동학회지. 21(4): 69-79.

[영어 문헌]

Aaker, D. 1996. *Building Strong Brands*. New York: Free Press.
Aaker, D. 2007. *Brand leadership: the next level of the brand revolution*. New York: Free Press.
Ahnert, L., Gunnar, M. R., Lamb, M. E., & Barthel, M. 2004. "Transition to Child Care: Associations with Infant-Mother Attachment, Infant Negative Emotion, and Cortisol Elevations." *Child Development*. 75(3): 639-650.
Almli, C. R., Rivkin, M. J., & McKinstry, R. C. 2007. "The NIH MRI study of normal brain development (Objective-2): Newborns, infants, toddlers, and preschoolers." *NeuroImage*. 35: 308-325.
Anderson, D. A. & Dill, K. E. 2000. "Video Games and Aggressive Thoughts, Feelings, and Behavior in the Laboratory and in Life." *Journal of Personality and Social Psychology*. 78(4): 772-790.
Anderson, D. A. & Murphy, C. R. 2003. "Violent computer games and

aggressive behavior in young women." *Aggressive Behavior*. 29: 423-429.

Anderson, D. A. 2004. "An update on the effects of playing violent computer games." *Journal of Adolescence*. 27: 113-122.

Anholt, S. & Hildreth, J. 2004. *Brand America: The mother of all brands*. London: Cyan books.

Aristotle. *Metaphysics.*, trans. by W. D. Ross, Oxford: Clarendon Press, 1924.

Balbernie, R. 2001. "Circuits and circumstances: the neurobiological consequences of early relationship experiences and how they shape later behavior." *Journal of Child Psychiatry*. 27(3): 237-255.

Baldaro, B., Tuozzi, G., Codispoti, M., Montebarocci, O., Barbagli, F., Trombini, E., & Nicolino R. 2004. "Aggressive and non-violent videogames: short-term psychological and cardiovascular effects on habitual players." *Stress and Health*. 20(4): 203-208.

Balint, P., R. Stewart, A. Desai, and L. Walters. 2011. *Wicked Environmental Problems. Managing Uncertainty and Conflict*. Washington, D.C.: Island Press.

Bandura, A., & Walters, R. H. 1963. *Social learning and personality development*. New York: Holt, Rinehart, & Winston.

Berkowitz L. 1964. "Aggressive cues in aggressive behavior and hostility catharsis." *Psychological Review*. 712(March): 104-122.

Berkowitz, L., & Rawlings, E. 1963. "Effects of film violence on inhibitions against subsequent aggression." *Journal of Abnormal and Social Psychology*. 66(5): 405-412.

Bernston, G. G., Cacioppo, J. T., & Quigley, K. S. 1993. "Respiratory sinus arrhythmia: Autonomic origins, physiological mechanisms, and psychophysiological implications." *Psychophysiology*. 30: 183-196.

Blackmore, S. J., & Frith, U. 2005. "The learning brain: Lessons for education." *Developmental science*. 8(6): 459-471.

Blumer, H. 1933. *Movies and conduct*. New York: The Macmillan Company.

Bolls, P. D. & Annie L. 2003. "I saw it on the radio: The allocation of attention to high-imagery radio advertisements." *Media Psychology*. 5: 33-55.

Born, P., Rostrup. E., Leth. H., Peitersen. B., & Henriksen. O. 1996. "Change of visually induced cortical activation patterns during development." *Lancet*. 347-543.

Brubaker, R. 1992. *Citizenship and Nationhood in France and Germany*. Cambridge: Harvard University Press.

Bruer, J. T. 1999. *The myth of the first three years: A new understanding of early brain development and lifelong learning*. New York: Free Press.

Bryant, J. & Rockwell, C. 1994. "Effects of massive exposure to sexually oriented prime-time television programming on adolescents' moral judgment." in Dolf Zillman, Jennings Bryant, Aletha C. Huston, ds. *Media, children, and the family: social scientific, psychodynamic, and cinical perspectives*. Hillsdale, New Jersey: Erlbaum.

Buchholz, A. & Wordemann, W. 2000. *What Makes Winning Brands Different: The Hidden Method Behind the World's Most Successful Brands*. Chichester: Wiley UK.

Bushman, B. J. & Anderson, C. A. 2002. "Violent computer games and hostile expectation: A test of the general aggression model." *Personality and Social Psychology Bulletin*. 28: 1679-1686.

Buss, C., Davis. E. P., Muftuler, L. T., Head. K., & Sandman, C. A. 2010. "High pregnancy anxiety during mid-gestation is associated with decreased gray matter density in 6-9-year-old children." *Psycho-neuroendocrinology*. 35(1): 141-153.

Cacioppo, J. T., & Tassinary, L. G. 1990. "Psychophysiology and psychophysiological inference." in Cacioppo, J. T., & Tassinary, L. G, eds. *Principles of psychophysiology: Physical, social and inferential elements*. New York: Cambridge University Press.

Caffyn, J. M. 1964. "Psychological laboratory techniques in copy research." *Journal of Advertising Research*. 4(14): 45-50.

Carr, N. 2010. *The Shallows: What the Internet is Doing to Our Brains*. New York/London: W.W. Norton & Company.

Castles, A., & Coltheart, M. 1993. "Varieties of developmental dyslexia." *Cognition*. 47: 149-180.

Cho, J. R. and Ji, Y.-K. 2011. "Cognitive profiles in Korean poor readers."

Dyslexia. 17 : 312-326.

Cho, J. R., Chiu, M. M. & McBride-Chang. 2011. "Morphological awareness, phonological awareness and literacy development in Korean and English : A 2-year longitudinal study." *Scientific Studies of Reading*. 101 : 938-947.

Cho, J.-R. 2009. "Syllable and Letter Knowledge in Early Korean Hangul Reading." *Journal of Educational Psychology*. 101 : 938-947.

Cho, J.-R., & McBride-Chang, C. 2005a. "Correlates of Korean Hangul acquisition among kindergartners and second graders." *Scientific Studies of Reading*. 9(1) : 3-16.

Cho, J.-R., & McBride-Chang, C. 2005b. "Levels of phonological awareness in Korean and English : A 1-year longitudinal study." *Journal of Educational Psychology*. 97 : 564-571.

Cho, J.-R., & McBride-Chang, C., & Park, S. 2008. "Phonological awareness and morphological awareness : differential associations to regular and irregular word recognition in early Korean Hangul readers." *Reading and Writing : An Interdisciplinary Journal*. 21 : 255-274.

Chung, K. K. H., Ho, C. S.-H., Chan, D. W., Tsang, S.-M., Lee, S.-H. 2010. "Cognitive profile of Chinese adolescents with dyslexia." *Dyslexia*. 16 : 2-23.

Conboy, B., & Mills, D. L. 2006. "Two language. one developing brain : event-related potentials to words in bilingual toddlers." *Development Science*. 9(1) : F1-F12.

Cote, J. E., & Levine, C. G. 2000. "Attitude versus aptitude : Is intelligence or motivation more important for positive higher educational outcomes?" *Journal of Adolescent Research*. 15(1) : 58-80.

Coulmas, F. 2003. *Writingsystems*. New York : Cambridge University Press.

Dale, E. 1935. *The content of motion pictures*. New York : The Macmillan Company.

Davidson, R. J., Schwartz, G. E., Saron, C., Bennett, J. & Coleman, D. 1978. "Frontalversus parietal EEG asymmetry during positive and negative affect." Paper presented at the meeting of the Society for Psychophysiological Research, Madison, Wisconsin, September.

Dawkins, R. 1976. *The Selfish Gene*. Oxford: Oxford University Press. (홍영남 · 이상임 역. 2010. 이기적 유전자. (개정판). 을유문화사.)

Dawson, G., Ashman, S. B., & Carver, L. J. 2000. "The role of early experience in shaping behavioral and brain development an its implications for social policy." *Development & Psychopathology*. 12: 695-712.

Dawson, G., Ashman, S., B., Hessl, D., Spieker, S., Frey, K., & et al. 2001. "Autonomic and brain exlectrical activity in securely-and insecurely-attached infants of depressed mothers." *Infant Behavior & Development*. 24: 135-149.

Dawson, G., Frey, K., Panagiotides, H., Yamada, E., Hessl, D., & Osterling, J. 1999. "Infants of depressed mothers exhibit atypical front electrical brain activity during interactions with mother and with a familiar, nondepressed adult." *Child Development*. 70(5): 1058-1066.

de Haan, M., & Nelson, C. A. 1999. "Brain activity differentiates face and object processing in 6-month-old infants." *Developmental Psychology*. 35: 1113-1121.

Desai, A. and, K. Harlow. 2013. "Evidence for Policy Analysis." Paper presented at the annual conference of the American Society for Public Administration, New Orleans, March 19; Forthcoming in K. Desouza and E. Johnston (eds.), *Policy Informatics Handbook*. Cambridge, MA: MIT Press.

Descartes, R., *Principes de la philosophie, Oeuvres de Descartes IX-2*, publiées par C. Adam & P. Tannery, Paris: Librairie philosophique J. Vrin, 1978, 14.

Detenber, B. H., Simons, R. F. & Bennett, G. G. 1998. "Roll'em: The effects of picture motion on emotional responses." *Journal of Broadcasting and Electronic Media*. 42: 112-126.

Deutsch, D. 2010. "Speaking in tunes." *Scientific American Mind*. 21(3): 36-43.

Devos, T. & Banaji, M. R. 2005. "American = White?" *Journal of Personality and Social Psychology*. 88(3): 447-466.

Dewey, J. 1938. *Logic: The Theory of Inquiry*. New York: Henry Holt and

Co.

Dinnie, Keith. 2008. *Nation Branding: concepts, issues, practice*. Elsevier Ltd.. (김유경 역. 2009. 글로벌 브랜드 가치제고를 위한 국가브랜드의 전략적 관리. 서울: 나남.)

DiPietro, J. A., Novak, M. F. S. X., Costigan, K. A., Atela, L. D., & Ruesing, S. P. 2006. "Maternal stress and affect influence fetal neurobehavioral development." *Developmental Psychology*. 38: 659-668.

Donahue, J. and R. Zeckhauser. 2011. *Collaborative Governance: Private Roles for Public Goals in Turbulent Times*. Princeton: Princeton University Press.

Dryzek, J. & Dunleavy, P. 2009. *Theories of the Democratic State*. NY: Palgrave Macmillan.

Durnford, M. & Kimura, D. 1971 "Right hemisphere specialization for depth perception reflected in visual field differences." *Nature*. 231: 394-395.

Ehri, L. C., Nunes, S. R., & Willows, D. M. 2001. "Phonological awareness instruction helps children learn to read: Evidence from the national Reading Panel's meta-analysis." *Reading Research Quarterly*. 36: 250-287.

Einstein A., B. Podolsky and N. Rosen. 1935. "Can Quantum-Mechanical Description of Physical Reality be Considered Complete?" *Physical Review*. 47: 777-780.

Elliot, R. & Percy, L. 2007. *Strategic Brand Management*. Oxford: Oxford University Press.

Emery, Merrelyn & Fred Emery. 1980. "The Vacuous Vision: The TV Medium." *Journal of the University Film Association*. 32: 27-31.

Fernald, A., Swingley, D., & Pinto, J. P. 2001. "When half a word is enough: Infants can recognize spoken words using partial phonetic information." *Child Development*. 72: 1003-1015.

Follesdal, D. 1968. "Hermeneutics and Hypothetico-Deductive Method," in M. Martin and L. McIntyre. eds. *Readings in Philosophy of Social Science*. New York: Macmillan. 247-258.

Foster, J. 1981. "Professional Models for Policy Analysis." *Administration & Society*. 12(4): 379-397.

Fox, N. & Rutter, M. 2010. "Introduction to the special section on the effects of early experience on development." *Child Development*. 81(1): 23-27.

Fox, S. E., Levitt, P., & Nelson III, C. A. 2010. "How the timing and quality of early experiences influence the development of brain architecture." *Child Development*. 81(1): 28-40.

Freedman, J. 2002. *Media Violence and its Effect on Aggression: Assessing the Scientific Evidence*. Toronto, Canada: University of Toronto Press.

Fry, B. and J. Raadschelders. 2013. *Mastering Public Administration: From Max Weber to Dwight Waldo*. Washington, D.C.: CQ Press.

Fulford, J., Vadeyar, S.H., Dodampahala, S.H., Ong, S., Moore, R.J., & Baker P., et al. 2003. "Fetal brain activity and hemodynamic response to a visual stimulus." *Human Brain Mapping*. 20: 239-245.

Fusar-Poli, P., Allen, P., & McGuire, P. 2008. "Neuroimaging studies of the early stages of psychosis: A critical review." *European Psychiatry*. 23: 237-244.

Gentile, D. A., Lynch, P. J., Linder, J. R. & Walsh, D. A. 2004. "The effects of violent computer game habits on adolescent hostility." *Journal of Adolescence*. 27: 5-22.

George, G. 1972. "Violence in television drama: Trends and symbolic functions." in Comstock, G. A., & Rubinste, E. A., eds. *Television and social behavior Vol. I: Media content and control*. Washington, DC: United States Government Printing Office.

Gevins, A. S., Zeitlin, G. M., Doyle, J. C., Yingling, C. D., Schaffer, R. E., Callaway, E. & Yeager, C. L. 1979. "Electroencephalogram correlates of higher cortical functions." *Science*. 23: 665-668.

Giddens, A. 1984. *The Constitution of Society: Outline of a Theory of Structuration*. Berkeley, CA: University of California Press.

Glover, V. 1997. "Maternal stress or anxiety in pregnancy and emotional development of the child [Editorial]." *The British Journal of Psychiatry*. 171: 105-106.

Goswami, U. 2006. "Neuroscience and education: from research to practice." *Nature Reviews Neuroscience*. 7: 406-413.

Gottardo, A., Yan, B., Siegel, L. S., & Wade-Woolley, L. 2001. "Factors related to English reading performance in children with Chinese as a first language: More evidence of cross-language transfer of phonological processing." *Journalof Educational Psychology*. 93: 530-542.

Greenwald, M. K., Cook, E. W. & Lang, P. J. 1989. "Affective judgment and psychophysiological response: dimensional covariation in the evaluation of pictorial stimuli." *Journal of Psychophysiology*. 3: 51-64.

Gunnar, M. R., & White, B. P. 2001. "Salivary cortisol measures in infant and child assessment." in L. T. Singer, ed. *Biobehavioral Assessment of the Infant*. New York: Guilford Press.

Gunnar, M. R., Talge, N. M., & Herrera, A. 2009. "Stressor paradigms in developmental studies: What does and does not work to produce mean increases in salivary cortisol." *Psychoneuroendocrinology*. 34: 953-967.

Gunnar, M., & Quevedo, K. 2007. "The neurobiology of stress and development." *Annual Review of Psychology*. 58: 145-173.

Habermas, J. 1968. *Erkenntnis und Interesse*. Frankfurta. M.: Schrkamp.

Haley, D. W., & Stansbury, K. 2003. "Infant stress and parent responsiveness: Regulation of physiology and behavior during still-face and reunion." *Child Development*. 74(5): 1534-1546.

Hall, J. 2005. *Neuroscience and Education: A review of the contribution of brain science to teaching and learning*. The scottish Council for Research in Education.

Hankinson, G., 2004. "Relational Network Brands: Towards a conceptual model of place brands." *Journal of Vacation Marketing*. 10(2): 109-121.

Harris, M., & Hatano, G., eds. 1999. *Learning to read and write: Across-linguistic perspective*. New York: Cambridge University Press.

Hensch, T. K. 2005. "Critical period mechanism in developing visual cortex." *Current Topics in Developmental Biology*. 69: 215-237.

Hernandez-Reif, M., Diego, M., & Field, T. 2006. "Instrumental and vocal music effects on EEG and EKG in neonates of depressed and non-depressed mothers." *Infant Behavior & Development*. 29: 518-525.

Herskovits, M. J. 1948. *Man and his works*. New York: Knopf.

Ho, C. S.-H., Chan, D. W.-O., Tsang, S.-M., & Lee, S.-H. 2002. "The cognitive profile and multiple-deficit hypothesis in Chinese developmental dyslexia." *Developmental Psychology*. 38: 543-553.

Holborow, P. L., & Berry, P. S. 1986. "Hyperactivity and learning difficulties." *Journal of Learning Disabilities*. 19: 426-431.

Horne, J. A. 2000. "REM Sleep-by default?" *Neuroscience and Biobehavioral Reviews*. 24(8): 777-797.

Huber, R., Ghilardi, M. F., Massimini, M., & Tononi, G. 2004. "Local sleep and learning." *Nature*. 430(6995): 78-81.

Huesmann, L. R. & Taylo. L. D. 2006. "The role of media violence in violent behavior." *Annual Reviews of Public Health*. 27: 393-415.

Huizink, A. C., Robles de Medina, P. G., Mulder, E. J., Visse, G. H., & Buitelar, J. K. 2003. "Stress during pregnancy is associated with developmental outcome in infancy." *Journal of Child Psychology & Psychiatry*. 44: 810-818.

Huntington, S. 1993. "The clash of civilizations." *Foreign Affairs*. 72(3): 22-49.

Huntington, S. 1996. *The Clash of Civilizations and the Remaking of World Order*. New York: Simon and Schuster.

Husserl, E., "Die Krisis der europäischen Wissenschaften und die transzendentale Phänomenologie." *Eine Einleitung in die phänomenologische Philosophie*. Den Haag: Martinus Nijhoff, 1954.

Ji, D., & Wilson, M. A. 2007. "Co-ordinated memory replay in the visual cortex and hippocampus during sleep." *Nature Neroscience*. 10(1): 100-107.

Jones, N. A., McFall, B. A., & Diego, M. A. 2004. "Patterns of brain electrical activity in infants of depressed mothers who breastfeed and bottle feed: the mediating role of infant temperament." *Biological Psychology*. 67: 103-124.

Joseph, R. 1999. "Environmental influences on neural plasticity, the limbic system, emotional development and attachment: A review." *Child Psychiatry & Human Development*. 29(3): 189-208.

Joshi, R. M., & Aaron, P. G., eds. 2006. *Handbook of orthography and literacy*. New Jersey: Lawrence Erlbaum Associates.

Kahneman, D. 2011. *Thinking: Fast and Slow*. New York: Farrar, Straus, and Giroux.

Kandel, E. 2006. *In Search of Memory: The Emergence of a New Science of Mind*. New York/London: W.W. Norton & Company.

Kapferer, N. 2004. *The New Strategic Brand Management: Creating and Sustaining Brand Equity Long Term*. London: Kogan Page.

Karmarkar, U. R., & Dan, Y. 2006. "Experience-dependent plasticity in adult visual cortex." *Neuron*. 52: 577-585.

Keenan, K., Grace. D., & Gunthorpe. D. 2003. "Examining stress reactivity in young infants." *Psychoneuroendocrinology*. 35(3): 329-338.

Keillor, B. D. & Hult, G. T. M. 1999. "A Five-Country Study of National Identity Implications for International Marketing Research and Practice." *International Marketing Review*. 16(1): 65-82.

Keillor, B. D., Hult, G. T., Erffmeyer, R. C. & Babakus, E.l. 1996 "NAID: The Development and Application of a National Identity Measure for use in International Marketing." *Journal of International Marketing*. 4(2): 57-73.

Keller, K. L. & Lehmann, D. R. 2003. "How do brands create value?" *Marketing Management*. 12(3): 27-31.

Keller, K. L. 1998. *Strategic Brand Management*. Englewood Cliff, NJ: Prentice Hall.

Kim, J., & Davis, C. 2004. "Characteristics of poor readers of Korean hangul: Auditory, visual and phonological processing." *Reading and Writing: An Interdisciplinary Journal*. 17: 153-185.

Kimura, D. 1966. "Dual functional asymmetry of the brain in visual perception." *Neuropsychologia*. 4: 275-285.

Knudsen, E. I. 2004. "Sensitive periods in the development of the brain and behavior." *Journal of Cognitive Neuroscience*. 16: 1412-1425.

Kotler, P. & Gertner, D. 2002. "Country as brand, product and beyond: A Place marketing and brand management perspective." *Journal of Brand Management*. 9(4-5): 249-261.

Krugman, H. E. 1971. "Brain wave measures of media involvement." *Journal of Advertising Research*. 11: 3-10.

Ku, Y. M., & Anderson, R. C. 2003. "Development of morphological awareness in Chinese and English." *Reading & Writing*. 16: 399-422.

Kuo, L., & Anderson, R. C. 2006. "Morphological awareness and learning to read: Across-language perspective." *Educational Psychologist*. 41: 161-180.

Landerl, K., & Wimmer, H. 2008. "Development of word reading fluency and spelling in a consistent orthography: an 8-year follow-up." *Journal of Educational Psychology*. 100: 150-161.

Lang, A. 1990. "Involuntary Attention and Physiological Arousal Evoked by Structural Features and Emotional Content in TV Commercials." *Communication Research*. 17(3): 275-299.

Lang, A. 1994. "What can the heart tell us about thinking?" in Lang, A., ed. *Measuring Psychological Responses to Media*. Hillsdale, NJ: Lawrence Erlbaum Associates.

Lang, A. 1995. "Defining Audio/Video Redundancy from a Limited-Capacity Information Processing Perspective." *Communication Research*. 22(1): 86-115.

Lang, A. Kuljinder Dhillon & Qingwen Dong. 1995. "The Effects of Emotional Arousal and Valence on Television Viewers' Cognitive Capacity and Memory." *Journal of Broadcasting & Electronic Media*. 39(3): 313-327.

Lang, A., Borse, J., Wise, K., & David P. 2002. "Captured by the World Wide Web: Orienting to Structural and Content Features of Computer-Presented Information." *Communication Research*. 29(3): 215-245.

Lang, P. J., Bradley, M., & Cuthbert, B. N. 1997. "Motivated attention: Affect, activation and action." in P. J. Lang, R. F. Simons & M. T. Balaban, eds. *Attention and Orienting: Sensory and motivational processes*. Mahway, NJ: Lawrence Erlbaum Associates.

Lang. A., Bradley, S., Chung, Y., & Lee, S. 2003. "Where the Mind meets the Messages: Reflections on Ten years of measuring psychological responses to Media." *Journal of Broadcasting & Electronic Media*. 47(4): 650-655.

Lantz, G. & Loeb, S. 1996. "Country-of-Origin and Ethnocentrism: An Analysis of Canadian and American Preference Using Social Identity

Theory." *Advances in Consumer Research*. 23(1): 374-378.

Lasch, C. 1978. *The Culture of Narcissism: American Life in an Age of Diminishing Expectations*. New York: W.W. Norton & Company, Inc.

Lasswell, H. 1948a/1951. "The policy orientation" in H. Lasswell & D. Lerner, eds. *Policy Sciences*. Stanford, CA: Stanford University Press.

Lasswell, H. 1948b/1970. "The emerging conception of the policy sciences." *Policy Sciences*. 1: 3-14.

Ley, R. G. & Bryden, M. P. 1979. "Hemispheric differences in processing emotions and faces." *Brain and Language*. 7: 127-138.

Liebert, R. M., & Baron, R. 1971. "Short-term effects of televised aggression on children's aggressive behavior." in Murray, J. P., Rubinstein, E. A., & Comstock, G. A, eds. *The Early Window: The Role of Television in Childhood*. Washington D.C.: U.S Government Printing Office.

Light, S. N., & Coan, J. A. 2009. "Empathy is associated with dynamic change in prefrontal brain electrical activity during positive emotion in children." *Child Development*. 80(4): 1210-1231.

Lombard, M., Reich, R. D., Grabe, M. E., Bracken, C. C. & Ditton, T. B. 2000. "Presence and television: The role of screen size." *Human Communication Research*. 26: 75-98.

Lundberg, U., Westermark, O., & Rasch, B. 1993. "Cardiovascular and neuroendocrine activity in preschooler child: Comparison between day-care and home levels." *Scandinavian Journal of Psychology*. 34: 371-378.

Malamuth, N. M. 1996. "Sexually explicit media, gender differences, and evolutionary theory." *Journal of Communication*. 46(3): 8-31.

Masters, R. D. 1991. "Political science." in M. Maxwell, ed, *The sociobiological imagination*. New York: State University of New York Press.

Matthews, S. G. 2000. "Antenatal glucocorticoids and programming of the developing CNS." *Pediatric Research*. 47: 291-300.

McBride-Chang, C. 2004. *Children's literacy development*. New York: Oxford University Press.

McBride-Chang, C., Cho, J, R. , Liu, H., Wagner, R. K., Shu, H., Zhou, A., Cheuk, C. S.-M., & Muse, A. 2005. "Changing models across cultures:

Associations of phonological awareness and morphological structure awareness to vocabulary and word recognition in second graders from Beijing. Hong Kong. Korea. and United States." *Journal of Experimental Child Psychology*. 92: 140-160.

McGraw, P., Liang, L., & Provenzale, J. M. 2002. "Evaluation of normal age-related changes in anisotropy during infancy and childhood as shown by diffusion tensor imaging." *American Journal of Roentgenology*. 179(6): 1515-1522.

Mennes, M., Stiers, P. Lagae, L., & Van den Bergh, B. 2006. "Long term cognitive sequelae of antenatal maternal anxiety: Involvement of the orbitofrontal cortex." *Neuroscience & Behavioral Reviews*. 30: 1078-1086.

Miller, R. 1987. *Fact and Method: Explanation, confirmation and reality in the natural and social sciences*. Princeton, NJ: Princeton University Press.

Miller, W. 1985. "A view from the inside: Brainwaves and television viewing." *Journalism & Mass Communication Quarterly*. 62: 508-514.

Mills, D., Prat, C., Zangl, R., Stager, C., Neville, H. & Werker. J. F. 2004. "Language experience and the organization of brain activity to phonetically similar words: ERP Evidence from 14-and 20-month-olds." *Journal of cognitive neuroscience*. 16(8): 1452-1464.

Moore, R. J., Vadeyar, S., Fulford., J., Tyler, D. J., Gribben, C., Baker, P. N., & et al. 2001. 2001. "Antenatal determination of fetal brain activity in response to an acoustic stimulus using functional magnetic resonance imaging." *Human Brain Mapping*. 12: 94-99.

Morgan, N., Pritchard, A. and Piggott, R. 2002. "New Zealand. 100% Pure. The creation of a powerful niche destination brand." *Journal of Brand Management*. 9(4-5): 335-354.

Mukhergee, P., Miller, J. H., Shimony, J. S., Conturo, T. E., Lee, B. C., Almli, C. R., & McKinstry, R. C. 2001. "Normal brain maturation during childhood: trends characterized with diffusion-tensor MR imaging." *Radiology*. 221(2): 349-358.

Mullholland, T. 1978. "A program for the EEG study of attention in visual communication." in B. S. Randhawa & W.E. Coffman. eds. *Visual learning, thinking and communication*. New York: Academic Press.

Murnen, S. K. & Stockton, M. 1997. "Gender and self-reported sexual arousal in response to sexual stimuli: A meta-analytic review." *Sex Roles*. 37(3): 135-153.

Murray, J. P., Liotti, M., & Ingmundson, P. T., Mayberg, H. S., Pu, Y., Zamarripa, F., Liu, Y., Waldorff, M. G., Gao, J., & Fox, P. T. 2006. "Children's brain activations while viewing televised violence revealed by fMRI." *Media psychology*. 8(1): 25-37.

National Science Foundation. 2002. "Converging technologies for improving human performance: Nanotechnology, Biotechnology, Information Technology, Cognitive Technology." NBIC Report.

Nelson, C. A. 1999. "How important are the first 3 years of life?" *Applied Developmental Science*. 3(4): 235-238.

Nevid, J. S. 1984. "Methodological considerations in the use of Electroencephalographic techniques in advertising research." *Psychology & Marketing*. 1(2): 5-19.

Nye, J. 1992. "What New World Order?." *Foreign Affairs*. 71(2): 83-96.

OECD. 2007. *Understanding the brain: The birth of a learning science*. Paris.

Olins, W. 1999. *Trading Identities: Why countries and companies are taking each other's roles*. London: Foreign Policy Centre.

Olson, C. K. 2004. "Media violence research and youth violence data: Why do they conflict?" *Academic Psychiatry*. 28: 144-150.

Ostrom, E. 2010. "Beyond Markets and States: Polycentric Governance of Complex Economic Systems." *American Economic Review*. 100(3): 641-672.

Pae, H. K., Sevcik, R.A., & Morris, R.D. 2009. "Cross-language correlates in phonological awareness and naming speed: evidence from deep and shallow orthographies." *Journal of Research in Reading*. 33: 374-391.

Papadopoulos, N. G. and Heslop, L. A. 1993. *Product-Country Images: Impact and Role in International Marketing*. New York: International Business Press.

Passingham, R. 2006. "Brain development and IQ." *Nature*. 440(30): 619-620.

Plato. *Politeia*. (박종현 역주. 국가. 서광사. 2007.)

Pollak, S. D., Nelson, C. A., Schlaak, M. F., Roeber, B. J., Wewerka, S. S., Wiil, K. L., & et al. 2010. "Neurodevelopmental effects of early deprivation in postinstitutionalized children." *Child Development*. 81(1): 224-236.

Porges, S. W. 1995. "Orienting in defensive world: Mammalian modifications of our evolutinary heritage: A polyvagal theory." *Psychophysiology*. 32: 301-318.

Potter, R. F., Lang. A. & Bolls. P. D. 1998. "Orienting to structural features in radio messages." *Psychophysiology*. 35: S66.

Raadschelders, J. 2011. *Public Administration: The Interdisciplinary Study of Government*. Oxford: Oxford University Press.

Ramsay, D. S., & Lewis, M. 1995. "The effects of birth condition on infants' cortisol response to stress." *Pediatrics*. 95: 546-549.

Ravaja, N. 2004. "Contributions of Psychophysiology to Media Research: Review and Recommendations." *Media Psychology*. 6: 193-235.

Ravaja, N. 2004a. "Effects of a small talking facial image on autonomic activity: The moderating influence of dispositional BIS and BAS sensitivities and emotions." *Biological Psychology*. 65: 163-183.

Reeves, B., Lang, A., Thorson, E., & Rothschild, M. 1989. "Emotional television scenes and hemispheric specialization." *Human Communication Research*. 15: 493-508.

Reeves, B., Lang, A., Kim, E., & Tatar, D. 1999. "The Effects of Screen Size and Message Content on Attention and Arousal." *Media Psychology*. 1: 49-68.

Reeves, B., Thorson, E., Rothschild, M., McDonald, D., Hirsch, J. & Goldstein, R. 1985. "Attention to television: Intrastimulus effects of movement and scene changes on alpha variation over time." *International Journal of Neuroscience*. 27: 241-255.

Reeves, B., Thorson, E., Rothschild, M., McDonald, D., Hirsch, J., & Goldstein, R. 1985. "Attention to television: Intrastimulus effects of movement and scene changes on alpha variation over time." *International Journal of Neuroscience*. 27: 241-255.

Reid, V., & Belsky, J. 2002. "Neuroscience: Environmental influence on child development." *Current Paediatrics*. 12: 581-585.

Rittel, H. and M. Webber. 1973. "Dilemmas in a General Theory of Planning." *Policy Sciences*. 4(1): 155-169.

Rizzolatti, G., Umilta, C. & Berlucchi, G. 1971. "Opposite superiorities of the right and left cerebral hemispheres in discriminative reaction time to physiognomical and alphabetical material." *Brain*. 94: 431-442.

Russell, B. 1962/1931. *The Scientific Outlook*. New York: W.W. Norton & Company, Inc.

Safer, M. A., & Leventhal, H. 1977. "Ear differences in evaluating emotional tones of voice and verbal content." *Journal of Experimental Psychology: Human Perception and Performance*. 3: 75-82.

Schiller, P. 2010. "Early brain development research review and update." *Brain Development: Exchange*. Nov/Dec: 26-30.

Schramm, W., Lyle, J., & Parker, E. 1961. *Television in the lives of our children*. Stanford, CA: Stanford University Press.

Shearer, S. L., & Tucker, D. M. 1981. "Differential cognitive contributions of the cerebral hemispheres in the modulation of emotional arousal." *Cognitive Therapy and Research*. 5(1): 85-93.

Shimp, T. & Sharma, S. 1987. "Consumer ethnocentrism: construction and validation of the CETSCALE." *Journal of Marketing Research*. 24: 280-289.

Shonkoff, J. P. 2003. "From neurons to neighborhoods: Old and new challenges for developmental and behavioral pediatrics." *Journal of Development & Behavioral Pediatrics*. 241: 70-76.

Shu, H., McBride-Chang, C., Wu, S., Liu H. 2006. "Understanding Chinese developmental dyslexia: Morphological awareness as a core cognitive construct." *Journal of Educational Psychology*. 98: 122-133.

Simons, R. F., Detenber, B. H., Cuthbert, B. N., & Schwartz, D. 2003, "Attention to television: Alpha power and its relationship to image motion and emotional content." *Media Psychology*. 5: 283-301.

Simons, R. F., Detenber, B. H., Reiss, J. E., & Shults, C. W. 2000. "Image motion and context: A between-and within-subject comparison." *Psy-*

chophysiology. 37 : 706-710.

Simons, R. F., Detenber, B. H., Roedema, T. M., & Reiss, J. E. 1999. "Emotion processing in three systems : The medium and the message." *Psychophysiology*. 36 : 619-627.

Sims, M., Guilfoyle, A., & Parry, T. S. 2006. "Children's cortisol levels and quality of child care provision." *Child : Care, Health & Development*. 32 : 453-466.

Singer, P. 1981. *The Expanding Circle : Ethics and Sociobiology*. Oxford : Clarendon Press. (김성한 역. 사회생물학과 윤리. 인간사랑. 1999.)

Smith, A. D. 1993. *National identity*. Reno, Las Vegas : University of Nevada Press.

Smith, C. 1996. "Sleep states, memory processes and synaptic plasticity." *Behavioral Brain Research*. 781 : 49-56.

Snowling, M. J. 2000. *Dyslexia*(2nd Edition). Madenm, MA : Blackwell Publishing.

Stein, A. H. & Friedrich, L. K. 1972. "Television content and young children's behavior." in Murray, J. P., Rubinstein, E. A., & Comstock, G. A., eds. *Television and social behavior : Vol. 2. Television and social learning*. Washington. D.C : Government Printing Office.

Suckfull, M. 2000. "Film analysis and Psychophysiology : Effects of moments of impact and progagonists." *Media Psychology*. 2 : 269-301.

Sundar, S. S. & Wagner, C. B. 2002. "The world wide wait : Exploring physiological and behavioral effects of download speed." *Media Psychology*. 4 : 173-206.

Taylor, I. & Taylor, M. 1995. *Writing and literacy in Chinese, Korean, and Japanese*. Amsterdam : John Benjamins Publishing Co.

Toffler, A. and H. Toffler. 2006. *Revolutionary Wealth*. Knopf. (김중웅 역. 부의 미래. 청림출판. 2006.)

Tout K., Haan M., Campbell E. K., & Gunnar, M. 1998. "Social behavior correlates of cortisol activity in child care : Gender differences and time-of-day effects." *Child Development*. 695 : 1247-1262.

Trope, Yaccob & Liberman, Nira. 2003. "Temporal Construal." *Psychological review*. 110 : 403-421.

Valentine, A., Weinstin, S., & Weinstein C. 1979. "Brain Activity and Recall of TV Advertising." *Journal of Advertising Research*. 19(4): 7-15.

von Neumann, J. and O. Morgenstern. 1990. *Theory of Games and Economic Behavior*. Princeton: Princeton University Press.

Wang, M., Park, Y., & Lee, K.-R. 2006. "Korean-English biliteracy acquisition: Cross-language phonological and orthographic transfer." *Journal of Educational Psychology*. 98: 148-158.

Wang, Z., Fernández-Seara, M., Alsop, D. C., Liu, W. C., Flax, J. F., Benasich, A. A., & Detre, J. A. 2008. "Assessment of functional development in normal infant brain using arterial spin labeled perfusion MRI." *NeuroImage*. 39: 973-978.

Wang. M.. Cheng. C.. & Chen. S.-W. 2006. "Contribution of morphological awareness to Chinese-English biliterac acquisition." *Journal of Educational Psychology*. 98: 542-553.

Watamura, S. E., Donzella, B., Alwin, J., & Gunnar, M. R. 2003. "Morning to afternoon increases in cortisol concentrations for infants and toddlers at child care: Age differences and behavioral correlates." *Child Development*. 744: 1006-1020.

Watamura, S., Kryzer, E. M., & Robertson, S. 2009. "Cortisol patterns at home and child care: Afternoon differences and evening recovery in children attending very high quality full-day center-based child care." *Journal of Applied Developmental Psychology*. 30: 475-485.

Waynforth, D. 2007. "The influence of parent-infant cosleeping, nurrsing, and childcare on cortisol and SIgA Immunity in a sample of british children." *Developmental Psychobiology*. 49: 640-648.

Weber, R., Ritterfeld, U., & Mathiak, K. 2006. "Does Playing Violent Video Games Induce Aggression? Empirical Evidence of a Functional Magnetic Resonance Imaging Study." *Media Psychology*. 8(1): 39-60.

Weinstein, S. 1982. "A Review of Brain Hemisphere Research." *Journal of Advertising Research*. 22(3): 59-63.

Weinstein, S., Appel, V., & Weinstein, C. 1980. "Brain-Activity Responses to Magazine and Television Advertising." *Journal of Advertising Research*. 20(3): 57-63.

Welberg, L. A., & Seckl, J. 2001. "Prenatal stress, glucocorticoids and the programming of the brain." Journal of Neuroendocrinclogy. 13: 113-128.

Wendt, A. 2006. "Social theory as Cartesian Science: an auto-critique from a quantum perspective." in S. Guzzini and A. Leander. eds. Constructivism and International Relation. New York: Routledge. 181-219.

Wertham, F. 1954. *Seduction of the innocent*. New York: Rinehart.

Whewell, W. 1837. *History of the Inductive Sciences* London: J.W. Parker.

Whewell, W. 1840. *The Philosophy of the Inductive Sciences*. London: J.W. Parker.

Whipple, G. 1919. *Vital Statistics: An Introduction to the Science of Demography*. NY: John Wiley & Sons.

Whitehead, A. 1925. *Science and the Modern World*. New York: The Macmillan Co.

Wiggins, J. A., Wiggins, B. B., & Zanden, J. W. 1994. *Social Psychology(5th ed)*. New York: McGraw-Hill. Inc.

Williams, D., & Skoric, M. 2005. "Internet fantasy violence: A test of aggression in an online game." *Communication Monographs*. 72(2): 217-233.

Wilson, E. O. 1971. *The Insect Societies*. Cambridge: Belknap.

______. 1975. *Sociobiology*. Cambridge: Harvard University Press. (이병훈·박시룡 역. 사회생물학 I-II. 민음사, 1992.)

______. 1978. On Human Nature. Cambridge: Harvard University Press. (이한음 역. 인간 본성에 대하여. 사이언스 북스. 2000.)

______. 1998. *Consilience: The Unity of Knowledge*. NY: Knopf. (최재천·장대익 역. 통섭: 지식의 대통합. 사이언스 북스. 2005.)

Wydell, T. N. & Butterworth, B. 1999. "A case study of an English-Japanese bilingual with monolingual dyslexia." *Cognition*. 70: 273-305.

Yoon, H.-K., Bolger, D.J., Kwon, O.-S., & Perfetti, C.A. 2002. "Syllabic units in reading: A difference between Korean and English." in L. Verhoeven. C. Elbro. & P. Reitsma, eds. *Precursors of functional literacy*. Amsterdam: John Benjamins Publishing Company.

Ziegler, J. C. & Goswami, U. 2005. "Reading acquisition. developmental dyslexia. and skilled reading across languages: A psycholinguistic grain size theory." *Psychological Bulletin*. 131: 3-29.

Zillmann, D. & Bryant, J. 1988a. "Pornography's Impact on Sexual Satisfaction." *Journal of Applied Social Psychology*. 18: 5.

Zillmann, D. 1971. "Excitation transfer in communication-mediated aggressive behavior." *Journal of experimental social psychology*. 7(4): 419-434.

Zillmann, D. 1996. "The psychology of suspense in dramatic exposition." in Vorderer, P., Wulff, H. J., & Friedrichsen, M., eds. *Suspense: Conceptualizations, theoretical analysis and empirical explorations*. Mahwah. NJ: Lawrence Erlbaum Associates.

Zillmann, D. & Bryant, J. 1988b. "Effects of prolonged consumption of pornography on family values." *Journal of Family Issues*. 9(4): 518-544.

Zillmann, D. & Weaver, J. B. 1999. "Effects of Prolonged Exposure to Gratuitous Media Violence on Provoked and Unprovoked Hostile Behavior." *Journal of Applied Social Psychology*. 29(1): 145-165.

[중국어 문헌]

路甬祥. 2005. 學科交叉与交叉科學的意義. 中國科學院院刊. 1: 58-60.

宋新明. 2003. 流行病學轉變:人口變化的流行病學理論的形成和發展. 人口研究. 11: 52-58.

中華人民共和國國家統計局. 2011. 2010年第六次全國人口普查主要數据公報. 4.

龐麗華・王海濤・劉玉博・張蕾・曹桂英・鄭曉瑛. 2006. 上海市未來人口和人力資本的變化趨勢分析. 市場与人口分析. 12: 1-11.

陳功・曹桂英・劉玉博・龐麗華・張蕾・任强・王海濤・鄭曉瑛. 2006. 北京市未來人口發展趨勢預測利用多狀態模型對未來人口. 人力資本和城市化水平的預測分析.市場与人口分析. 12: 29-41.

鄭曉瑛. 2003. 中國死亡模式轉變与國家衛生服務利用效率的關系. 中國人口科學. 4: 23-31.

國家統計局. 2007. 第二次全國殘疾人抽樣調查領導小組. 第二次全國殘疾人抽樣調查主要數据公報. 5.

國家計算中心. 1989. 中國一九八七年殘疾人抽樣調查資料. 9.

李恩平・基于六普. 2012. 五普的城鎮化人口統計數据修補. 人口与經濟. 4: 64-70.

鄭曉瑛. 2007. 交叉學科的重要性及其發展. 北京大學學報(哲學社會科學版). 44(3): 141-147.

范岱年. 1981. 順應自然科學奔向社會科學的强大潮流. 讀書. 11: 19.

王續琨. 2003. 交叉科學結构論. 大連:大連理工大學出版社.

錢學森. 1985. 交叉科學: 理論和研究的展望[M]迎接交叉科學的時代. 北京: 光明日報出版社.

王筑生. 1996. 社會科學与自然科學的交叉: 医學人類學. 思想戰線. 4: 69-74.

杜俊民. 2000. 試論學科与跨學科的統一. 科學技術与辯証法. 4: 56-59.

徐飛. 1992. 交叉學科的早期發展. 科學技術与辯証法. 1: 52-55.

顧浩. 2006. 論學科交叉路徑及趨勢. 上海金融學院學報. 6 67-73.

張春美・郝鳳霞. 2001. 閆宏秀. 學科交叉研究的神韻: 百年諾貝爾自然科學奬探析. 科學技術与辯証法. 6: 63-67.

溫家宝. 2009. 讓科技引領中國可持續發展. 新華社.

新華社. 2013. 習近平强調實施創新驅動發展戰略.

何沽・周輝・蕭群. 2012. 北京大學社會科學与自然科學交叉領域科學研究現狀及發展對策分析. 北京大學學報(自然科學版). 12.

李學勤. 2003. 交叉學科与文科的發展. 科學中國人. 11: 10-11.

[일본어 문헌]

アジア遊學. 2007. 特集：地球環境を黑河に探る. 勉誠出版.

市川惇信. 2008. 科學が進化する５つの條件. 岩波書店.

市川惇信. 2012. 科學は人と社會にどこまで迫れるか－『搖らぎと相互作用』の視点から. 總合研究大學院大學　葉山彙報. 1.

井上充幸・加藤雄三・森谷一樹(編著). 2007. オアシス地域史論叢－黑河流域2000年の点描－. 松香堂.

今田高俊. 2001. "複雜系とポストモダン－自己組織性論の視点から－." 今田高俊・鈴木正仁・黑石晋 (編著). 複雜系を考える－自己組織性とはなにか. ミネルヴァ書房.

OECD調査団報告. 1980. 日本の社會科學を批判する. 講談社學術文庫.

奥野正寬・鈴村興太郎. 1985. ミクロ経濟學. 岩波書店.

小長谷有紀・シンジルト・中尾正義(編著). 2005. 中國の環境政策: 生態移民. 昭和堂.

沈衛榮・中尾正義・史金波(編著). 2007. 黑水城政治社會論叢人文与環境研究黑水城人文与環境 國際學術討論會文集. 中國人民大學出版社.

Robert J. 1997. System Effects: Complexity in Political and Social Life. Princeton University Press. (荒木義修ほか(譯). 複雜性と國際政治－相互連關と意図されざる結果. ブレーン出版、2008.)

鈴村興太郎. "危機對応のための公共的選擇の課題：《改善》の経濟政策の構想と實裝." 未公表論文.

鈴村興太郎. 2010. 新しい學術の在り方－眞のscience for society を求めて. ジョセフ・ E・スティグリッツ, カール・E・ウォルシュ, 藪下史郎ほか(譯). 2012. スティグリッツ入門経濟學. 東洋経濟新報.

千葉眞(編). 2009. 平和の政治思想史. おうふう政治ライブラリー.

中小企業家同友會全國協議會. 2009. 21 世紀型中小企業づくりの決め手経營指針作成の手引き.

堂目卓生. 2008. アダム・スミス. 中公新書.

中尾正義 (編著). 2011. オアシス地域の歷史と環境－黑河が語るヒトと自然の2000年. 勉誠出版.

中尾正義・フバートル・小長谷有紀(編著). 2007. 中國辺境地域の五〇年－黑河流域の人びとから見た現代史. 東方出版.

永山國昭. 2004. 生物物理學の研究と教育－新科學論と實踐的學問のすすめ. 曾我部正博・鄉信廣(編). 生物物理學とはなにか. 共立出版.

日本學術會議／運營審議會附恒新しい學術体系委員會. 2003. 新しい學術の体系一社會のための學術と文理の融合－. 第 7 章: 90-172.

(http://search.jword.jp/cns.dll?type=lk&fm=109&agent=9&partner=BIGLOBE&name=%C6%FC%CB%DC%B3%D8%BD%D1%B2%F1%B5%C4&lang=euc&prop=500&bypass=3&dispconfig=&tblattr=1)

日本學術會議/學術の在り方常置委員會. 2005. 新しい學術の在り方－眞のscience for societyを求めて－. (平成17年8月29日).

長谷川公一(編). 2010. 吉田民人先生の思い出. 非賣品.

原丈人. 2011. 日本は『希望の制度』を輸出せよ. Voice. 8月: 150-159.

原丈人. 2011. 世界経濟を救う"新しい仕組み"J. 中央公論. 12月: 32-39.

日高敏隆, 中尾正義(編著). 2006. シルクロードの水と綠はどこへ消えたか?. 昭和堂.

ヒューム, 野田又夫(編). 1978. 原始契約について. 世界の名著27. 中央公論社.

丸山眞男. 1995. 科學としての政治學－その回顧と展望－. 現代政治の思想と行動. 未來社.

グレゴリー・マンキュー. 2008. (足立英之ほか(譯). マンキュー入門経濟學. 東洋経濟新報社.

三石博行(編). 2010. 吉田民人論文集J (CD版). 非賣品.

ルソー. 1979. コルシカ憲法草案. ポーランド統治論. ルソー全集. 第五卷所收. 白水社.

ロック, 大槻春彦(譯). 1968. 統治論. 世界の名著27. 中央公論社.

吉田民人. 2006. 大文字の第二次科學革命. 情報社會學會誌. 1(1): 21.

吉田民人. 1995. システム, 情報, 自己組織性－知の情報論的轉回－. 吉田民人・鈴木正仁(編). 自己組織性とはなにか. ミネルヴァ咨房.

吉田民人. 2008. ニュートン系科學論とダーウィン系科學論－物質科學・生命科學・人文社會科學の速續性と斷絶性－. 日本學士院. 第1部 例會 論文報告. 5月12曰.

吉田民人. 2011. 俯瞰型研究の對象と方法大文字の第二の科學革命の立場から. フランス語譯. 千里金瞄大學紀要. 8(通卷42号). 12月30日: 213-227.

저자 소개

권만우
경성대 디지털콘텐츠학부 교수

권정윤
성신여대 유아교육과 교수

김문조
고려대 사회학과 교수

김영숙
플로리다주립대(Florida State University) 교육대학 교수

김유경
한국외대 미디어커뮤니케이션학부 교수

김유신
부산대 전자공학부 교수

나까오 마사요시(中尾正義)
대학공동이용기관 법인 인간문화기구/총합지구환경학연구소(大學共同利用機關法人人間文化機構/總合地球環境學研究所) 이사

랃쉘더스 조스(Jos C.N. Raadschelders)
오하이오 주립대(Ohio State University) 및 라이든대(Leiden University) 행정학과 교수

박수경
원광대 유아교육과 교수

박순길
남부대 초등특수교육과 교수

박혜원
울산대 아동가정복지학과 교수

신은보
고려대 사회학과 박사과정

아라키 요시노부(荒木義修)
일본 무사시노대학(武藏野大學) 법학부 교수

왕호우천(王灝晨)
중국 베이징대(北京大學) 인구연구소 교수

이광오
영남대 심리학과 교수

이남인
서울대 철학과 교수

이방실
가천대 세살마을연구원 연구교수

이중식
서울대 융합과학기술대학원 교수

정미라
가천대 유아교육과 교수

정용덕
서울대 행정대학원 교수

조증열
경남대 심리학과 교수

쩡쇼잉(鄭曉瑛)
중국 베이징대(北京大學) 인구연구소 교수

최재천
이화여대 에코과학부 교수

해크만 하이디
국제사회과학협의회(ISSC) 사무총장

융합연구-이론과 실제-

2013년 12월 15일 초판 인쇄
2013년 12월 20일 초판 1쇄발행

편저자 한국사회과학협의회

발행인 배 효 선

발행처 도서출판 法 文 社

주 소 413-120 경기도 파주시 회동길 37-29
등 록 1957년 12월 12일 제2-76호(윤)
전 화 031-955-6500~6, 팩스 031-955-6525
e-mail(영업) : bms@bobmunsa.co.kr
(편집) : edit66@bobmunsa.co.kr
홈페이지 http://www.bobmunsa.co.kr

조 판 광 암 문 화 사

정가 26,000 원 ISBN 978-89-18-00074-9